戦後日本・東南アジア関係史総合年表

2003

早稲田大学アジア太平洋研究センター
「戦後日本・東南アジア関係史総合年表」編集委員会 編
龍 溪 書 舎

目　　次

凡　　例 …………………………………………… *3*

はじめに …………………………………………… *5*

戦後日本・東南アジア関係史総合年表 ……………………………………… 1

参考文献一覧 ………………………………………257

略　語　一　覧 ………………………………………265

外国人名原文表記一覧 ………………………………………267

人　名　索　引 ………………………………………281

作成者紹介 ………………………………………301

編集協力者紹介 ………………………………………301

凡　　例

1．国別区分けは、「日本」および1995年時点で実在する「東南アジア10カ国」を基本とする。したがって、東ティモール（2002年5月独立）に関する記述は便宜上インドネシアで扱い（1976年7月以前のポルトガル植民地期を含め）、分断国家時代の北ベトナムと南ベトナムに関する記述はベトナムで扱い、マレーシア連邦（1963年9月16日成立）から離脱・独立（1965年8月9日）したシンガポールは一貫してシンガポールで扱う。

　なお、ミャンマーについては、1989年6月対外向け英語国名が従来のBurmaからMyanmarに変更されたが、本年表に於いてはビルマで表記を統一してある。

2．対象期間は、基本的に1945年8月から1995年12月までの50年間としている。ただし1945年については、8月以前に関しとくに必要とみなした項目を記してある。対日関係の濃淡を反映し、国により採択した項目数に多寡がある。また一般情報が少ない国あるいは時期については、対日関係以外の項目を背景理解の必要上多めに記載している。

3．東南アジア共通事項および国際関係一般事項の記載は、原則として「日本」欄でなされている。

4．人名については、日本人の場合は原則として初出の際にフルネームで表記し、それ以外は姓のみを表記、外国人の場合は原則として当該国での一般的呼称をカタカナで表記している。なお日本人の姓・名については巻末の「人名索引」を、外国人の原綴りについては同じく「外国人名原文表記一覧」を参照されたい。

5．機関名は、原則として初出の際に正式名で表記し、それ以外は基本的に略語を使用している。なお略語は、巻末の「略語一覧」を参照されたい。

6．日付については、日付不明の場合は当該月または当該年の最後に記載し、日付不明ながら当該月の上旬・中旬・下旬が識別可能の場合は、それぞれ「上」・「中」・「下」を明記している。また継続事項の場合は、同月内の場合には（―5日）、月が変わる場合には（―4月3日）、年が変わる場合には（―62年1月20日）のように、ハイフン付で記載事項の最後に記してある。

はじめに

　第2次世界大戦前、今日東南アジアと呼ばれる地域（含東ティモール）は、タイ国を除くとすべてが欧米諸国の植民地であった。そこでは各地域は植民地宗主国との間の垂直的な政治・経済・文化的な二国間関係に組み入れられ、さらにそうした個別的な支配・従属関係を多層的に包み込む形でイギリスを中心とする列強によるインペリアル・フレームワークともいうべき秩序が形成されていた。このような枠組みの中で、日本と東南アジアの人々との関係は今世紀初頭以来、日本の南進の深まりを契機にさまざまな形の接触はあったものの、基本的には日本と植民地保有国との関係に大きく規定され、影響されることとなった。端的にいえば、両者間の関係は直接的なものではなく、多くの場合欧米列強を媒介とした間接的なものにすぎなかった（図表1参照）。

　こうした東南アジアの地域秩序と対日関係のあり方を根本から覆えしたのが、大戦中の約3年半—地域差はあるものの—におよぶ日本占領であった。日本はインペリアル・フレームワークを破壊し、「大東亜新秩序を目的」とした「大東亜戦争」を始めたが、それは実際には—少なくとも政策レベルでは—開戦前に掲げた民族解放の実現ではなく、戦時帝国日本の指導下で植民地東南アジアの再編を目指すものでしかなかった。しかしながら、皮肉にも、東南アジアの解放＝脱植民地化に向けての動きは、日本の敗戦によって—緒戦の勝利によってではなく—大きな進展をみせることになる。大戦による旧宗主国の弱体化（アメリカを除く）とともに、日本占領期の諸施策から現地指導者が自分たちの利益を引き出すべく、主体的かつ効果的な対応をみせたことも重要な一因であった。

　本年表は上に略述した戦前・戦中期の日本・東南アジア関係史を背景に、1945年8月の日本敗戦から半世紀間の日本と東南アジア各国との個別的関係を、それぞれの地域の視点を重視しつつ跡付けたものである。

　ここで本年表刊行までの経緯を、手短かに述べておきたい。1997年7月に早稲田大学アジア太平洋研究センターが設立（社会科学研究所とシステム科学研究所の統合、翌98年4月には大学院アジア太平洋研究科が発足）されたことを契機に、センター内の東南アジアを研究対象とする教員と学外の同学の研究者をメンバーとする研究プロジェクト「戦後日本・東南アジア関係の構造と動態」（代表　後藤乾一）が国際交流基金アジアセンターの助成を得て発足した。本プロジェクトは、3年間の研究活動の最終成果として2000年3月に東南アジア各国の共同研究者を招いた国際シンポジウムを開催し、その報告書を『アジア太平洋地域の中の日本・東南アジア関係—戦後半世紀の総括と21世紀の展望—』としてとりまとめた。この国際

図表1　日本・東南アジア関係史の展開

時期区分	日本の東南アジア観	東南アジアの日本観	関係態様
1. 19世紀末～1910 日本：脱亜入欧 SEA*：植民地化	視野外 「外夷」イメージ	素朴な親日観	日本→SEA 「からゆきさん」先行
2. 1910～1933 日本：国際協調主義→入欧拒否 SEA：民族主義運動の高揚	「北人南物」観 （ナショナリズム無関心）	「近代化」評価二分 （一流のアジア、西欧亜流）	植民地本国との「友好」 個人商→大企業進出（日本社会の二重性）
3. 1933～1941.12 日本：国際的孤立化 SEA：「体制」側の対応多様化	アジア主義的南進論の対象 「南の生命線」論	ナショナリズムの理解者or潜在的脅威	植民地本国の対日警戒 南方関与→南進国策 留学生の渡日開始
4. 1942～1945.8 日本：大東亜共栄圏の形成と崩壊 SEA：日本軍政下	タテマエ「解放」 ホンネ「資源」	期待→失意→反感 （敵意）	多様な形態の「協力」と「抵抗」
5. 1945.8～1952.4 日本：GHQ占領下 SEA：独立過程	日本の経済復興にとって補完関係	加害国（賠償要求）	貿易のみ再開
6. 1952.4～1967.8 日本：復興→高度成長 SEA：政治経済不安と国際的地位向上	賠償と投資の対象	「アジアの一員」としての承認、アンビバレントな対象	外交関係樹立
7. 1967～現在 日本：経済大国化 SEA：「開発」と「安定」→経済危機、新たな模索 ASEANの制度化	ODA対象（貧困、政治不安定） 経済的補完関係	ODA、投資、貿易期待と依存への不安 「傷は癒えたが傷跡は残っている」	政治経済関係の緊密化、文化関係の遅れ

*SEAはSoutheast Asia（東南アジア）の略語。左欄は各時期の日本、東南アジアの概況を示す。

シンポジウム開催とともに本プロジェクトは、戦後半世紀間の日本・東南アジア関係（史）を理解するための基礎的な工具として総合的な年表の作成、公刊を企画した。戦後50年間、日本・東南アジア関係は、政治・外交・経済・文化等あらゆる領域で飛躍的な深まりをみせたものの、こうした現実の動きをクロノロジカルに、また全域を対象に跡付けた詳細な年表は皆無であった。このような中で東南アジア各地域の現代史研究者、日本政治・日本経済の専門家をメンバーとする本プロジェクトは、後記する数多くの参考文献、資料集等に助けられつつ、本年表の公刊にこぎつけることができた。数多くの不備な点があるかと案じているが、本年表が日本と東南アジアの関係に学術的なまた一般的な関心を抱く利用者の皆様に少しでもお役に立つことができれば、編集委員会一同にとって大きな喜びである。

作成作業の第一歩をしるしてからはや6年の歳月が流れ、早くから出版を快諾された㈱龍溪書舎社長、北村正光氏には多大のご迷惑をおかけしてしまった。また、膨大かつ煩雑な作業の過程で多くの若手研究者、大学院生の協力をいただいたが、それなくしては本年表は陽の目をみることがなかった。とくに遠藤聡氏には、終始全面的な協力をうけた。

末尾となったが本年表作成の母体となった研究プロジェクトを3年にわたり助成して下さった国際交流基金アジアセンター、国際シンポジウム開催や本年表作成にあたりあたたかい支援を下さった早稲田大学「アジア太平洋における社会・文化変容研究所」、21世紀COEプログラム「現代アジア学の創生」、および終始一貫さまざまな有形無形の援助をいただいた早稲田大学アジア太平洋研究センター・同研究科には心より

謝意を表したい。また本年表公刊にあたっては、早稲田大学より2001年度出版助成金を得ている。

なお本総合年表編集委員会メンバーの担当地域別一覧は、以下のとおりである。

日本（含国際一般）―小林英夫、波多野澄雄、樋口敏広

ベトナム―白石昌也、遠藤　聡

ラオス―菊池陽子

カンボジア―小倉貞男

タイ―村嶋英治、小林純子

ビルマ（ミャンマー）―根本　敬

マレーシアおよびシンガポール―原不二夫

ブルネイ―森　元繁

インドネシア―後藤乾一、山﨑　功

フィリピン―大野拓司

2003年3月30日
「戦後日本・東南アジア関係史総合年表」編集委員会幹事
後　藤　乾　一

戦後日本・東南アジア関係史総合年表
1945（昭和20）年～1995（平成7）年

日本：ベトナム
　　　カンボジア
　　　ラオス
　　　タイ
　　　ビルマ
　　　マレーシア
　　　ブルネイ
　　　シンガポール
　　　インドネシア
　　　フィリピン

1945（昭和20）年

日　　本	ベトナム	カンボジア	ラオス	タイ
1945 4・23　大東亜大使会議開催（「宣言」採択） 7・26　対日ポツダム宣言発表	3・9　日本軍による「仏印処理」（明号作戦）、フランス植民地行政・軍隊を解体 3・11　バオ・ダイ帝、ベトナム王国独立宣言 4・17　チャン・チョン・キムを首相とする親日的政府成立	3・9　日本軍による「仏印処理」、仏印軍を武装解除 3・12　ノロドム・シハヌーク国王、カンボジアの独立宣言 3・18　シハヌーク内閣成立	3・9　日本軍による「仏印処理」、日本軍「進駐」 4・8　シーサワンウォン国王、ルアンパバーンで独立宣言	3・1　駐日ルアン・ウィチット大使、重光外相を訪問、アパイウォン首相が4月に訪日する意思ある旨伝達
1945 8・14　御前会議、ポツダム宣言（7・26発表）受諾決定 8・15　天皇、戦争終結の詔書を放送 9・2　米艦ミズーリ号上にて降伏文書に署名 10・25　連合軍総司令部（GHQ）、日本外交の全面的停止を指令 11・13　トルーマン米大統領、対日賠償使節団（団長はE・ポーレー大使）を日本に派遣	7・20　日本軍、ハノイ、ハイフォン、トゥーラン（ダナン）の3直轄都市をベトナム王国政府に移管 8・14　バオ・ダイ帝、コーチシナ直轄植民地の編入を宣言 8・15　日本敗戦時に仏印（インドシナ全体）駐留の日本兵7万人 　終戦の詔ラジオ放送 8・16　ベトミン、総蜂起を指令（八月革命） 　寺内南方軍司令官（サイゴン）東南アジア全体の日本軍に停戦を命令 8・18　在仏印の日本軍（第38軍）司令官、21日午前6時刻の停戦を指示 8・19　ベトミン勢力、ハノイの行政機関を奪取 8・27　ホー・チ・ミンを首班とするベトナム民主共和国臨時政府、ハノイに設立 8・30　フエにてバオダイ皇帝退位 9・2　ホー・チ・ミン、ベトナム民主共和国独立を宣言（ハ	8・14　ソン・ゴク・タン内閣成立 8・15　日本、連合国に無条件降伏 8・23　仏印、連合国の管理下におかれる 10・9　仏英協定でフランス軍が16度線以南の仏印地域を管理。英仏軍連合軍がカンボジアに進駐 10・16　英仏軍連合軍がソン・ゴク・タン首相を逮捕 10・17　モニレット殿下首相指名。モニレット内閣組閣	10・12　ラーオ・イサラ臨時政府樹立	7・17　「対泰措置ニ関スル件」決定（最高戦争指導会議）、タイに対する当面の武力発動を回避 8・12　日本政府からポツダム宣言を受諾することがタイ政府に伝達 8・16　タイ政府、タイ英米宣戦布告の無効を宣言 9・2　英軍がタイ進駐（47年8月8日撤退） 9・11　国名を再び「シャム」と改称し、タイ政府は一切の対日関係条約、協定の破棄を通告 9・12　タイ政府、銀行に対する制限令、及び日本人の取引禁止令を発布。並びに日本人の特定地域立退きを要求 9・14　タイ政府、在タイ日本大使館員及び領事館員に各官舎への抑留を命令 9・16　タイ政府、「連合軍に対する敵国人の抑留及び事業、資産管理法」施行 　日本人とドイツ人を連合軍に対する敵国人に指定するタイ総理府布告発布

1945（昭和20）年

ビルマ	マレーシア	ブルネイ	シンガポール	インドネシア	フィリピン
3・27 ビルマ国軍・AFPFL（反ファシスト人民自由連盟）、抗日蜂起	5 マレー半島西海岸各地でマレー人・華人流血の衝突（一46年）	6・10 豪軍のムアラ上陸により日本軍政終了	4・7 板垣征四郎第7方面軍司令官に親補（48年12月A級戦犯として刑死）	8・11 スカルノ、ハッタら寺内寿一南方軍総司令官より「独立許容」の示達を受く（於サイゴン近郊ダラット）	2・3 米軍、マニラ再占領
8・14 石射猪太郎駐ビルマ大使、バ・モオ国家主席に対し日本政府のポツダム宣言受け入れ意向を伝達 8・16 バ・モオ、石射駐ビルマ大使の取り計らいで、泰緬鉄道を使ってビルマを脱出 8・18 バ・モオ、バンコクに到着、20日サイゴンへ移動、23日台湾経由で日本へ 8・24 バ・モオ、東京立川飛行場に着く。翌25日重光葵外相と会い、26日に新潟県魚沼郡石打の薬照寺へ移動 8・27 連合軍と日本軍両代表団、ラングーンで東南アジア各地の日本軍部隊の武装解除について協議。連合軍代表は東南アジア軍司令部（SEAC）F.ブラウニング中将、日本軍代表は南方軍司令部沼田多稼蔵中将 9・6 在ビルマ日本軍代表、総督官邸において降伏文書に調印 10・16 ビルマで英第14軍による軍政終わり、ビルマ政庁による民政が復活（総督レジナ	8・15 日本軍降伏 9・14 南方軍、正式降伏 9 スランゴール州スルタン（43年11月即位）退位、流刑。前スルタン復位 9・18 プルリス州スルタン（43年2月即位）退位。46年1月、前皇太子がスルタンに 12・1 マラヤ人民抗日軍解散 12・16 トレンガヌ州スルタン（42年9月26日即位）、退位	8・17 日本軍が撤退時に放火したスリア油田施設の消火のため米国の消火専門隊到着、米国隊到着までにオーストラリア軍技師の支援で38油田中26油田は既に鎮火、残置日本軍属技師が消火に参加 8・下 イギリス軍政下、戦後の復興開始 9・2 日本軍による敵対行為終了 末日までに残りの炎上油田もすべて鎮火 10 末日までにオーストラリア軍油田地帯から撤退完了 11・11 スリアからルトンへのパイプラインによる石油の輸送を開始	9・12 南方軍、正式降伏 11・21 第1次帰還船「大安丸」出港	8・15 日本軍降伏、独立に向けての動き加速化 8・17 インドネシア共和国独立宣言（宣言文は海軍武官府前田精武官邸で起草） 8・19 第7方面軍司令官より第16軍司令官宛、インドネシア側に日本敗戦と、以後独立に協力できなくなった旨伝達方訓電 8・21 「ジャワ住民への最高指揮官告示」。第16軍、軍司令部で隷下部隊長に「終戦」の詔勅伝達、移駐地割当て 8・22 第16軍、ペタ（ジャワ郷土防衛義勇軍）解散 9・18 ジャワ軍政監部、連合軍から「原住民」の集会・武器携帯・民族旗掲揚禁止令を受ける 9・27 英蘭軍、日本軍武装解除のためジャカルタ到着 9・28 第16軍、正式降伏文書受領 10・10 バンドン等で日本軍とインドネシア武装勢力が武力衝突 10・15 スマラン事件発生、	8・15 マッカーサー連合国軍最高司令官、日本政府に対し降伏条件の実施要求を受理する全権団をマニラに派遣するよう通告 8・17 日本亡命中のJ・ラウレル大統領、「フィリピン共和国」の消滅を宣言 8・19 日本政府、降伏条件実施要求を受理する代表団（団長は陸軍参謀次長の河辺虎四郎中将）をマニラに派遣 8・30 マッカーサー、C54型機バターン号で29日にマニラを発ち、沖縄経由で神奈川県の厚木基地に到着 9・3 山下奉文大将（第14方面軍司令官）、ルソン島北部の山岳地キアンガンで米軍に降伏 9・12 ラウレル元大統領、奈良市内で連合国軍当局に身柄を拘束される。その後、横浜拘置所を経て東京の巣鴨拘置所に拘留 9・25 マニラの米軍事法廷、山下大将を戦争犯罪人として起訴

1945〜1946（昭和20〜21）年

日　　　本	ベトナム	カンボジア	ラオス	タイ
	ノイ） 　　南部のサイゴンにてベトミン勢力と英仏軍勢力の間に武力衝突 9・28　北部仏印駐留の日本軍、連合軍として進駐した中国国民党軍に正式の降伏式（ハノイ）、北部仏印駐留日本兵、ハイフォン近郊とトゥーラン（ダナン）に集結、一部兵士は脱走して、ベトミンに加わる。ハノイ在住の民間日本人1400人、クアンイエンに収容、サイゴン在住の民間日本人5500人、サイゴン近郊チーホア地区に収容 11・下　南部仏印の日本兵、キャプサンジャック（ヴンダラ）周辺に集結			9・17　セーニー首相就任
1946 3・9　賠償協議会設立 5・11　ポーレー特別大使が記者会見で日本の化学工業をアジアの被占領国に活用する賠償方針表明	3　北部仏印の日本兵（3万人）と民間人、10隻の船にて日本へ送還開始 3・18　フランス軍、ハノイ入城 4　南部仏印の日本兵7万人（ビルマ、タイより逃れて来た兵士を含む）と民間人、日本へ送還（―5月） 6・1　反ベトミン勢力、サイゴンにコーチシナ共和国樹立	1・7　仏・カンボジア暫定協定成立 5・30　カンボジア制憲議会選挙	4・25　フランス軍、ウィエンチャン占領、臨時政府バンコクに亡命	2・11　旧日本大使館新納克己元参事官より、タイ在留希望日本人（約800人）のタイ在留許可を要請する文書がクアン首相に提出 3・23　シーセーナー内務大臣より在タイ日本人の在留希望に関する文書がクアン首相に提出 4・29　シティサヤームカーン外務事務次官と在タイ英領事とで日本人残留希望者問題を討議、タイ側からのリストを英側が検討することで合意 5・8　山本元大使が残留希望

1945~1946（昭和20~21）年

ビルマ	マレーシア	ブルネイ	シンガポール	インドネシア	フィリピン
ド・ドーマン＝スミス）				日本軍、インドネシア武装勢力間で武力衝突 10・23　連合軍、南方総軍に離隊・逃亡によるインドネシア側加担、兵器交付厳禁を命令 10・25　チカンペック付近で日本軍将兵の乗った列車が襲撃され、全員死亡 11・26　シアンタル事件（スマトラ）発生 12・10　テビンティンギ事件（スマトラ）発生 12・14　バリ島で反日蜂起 12・20　第16軍、ガラン島移駐命令発令 12・24　ボルネオ（カリマンタン）のクチンで戦犯容疑者特別収容所に収容 12　中部スマトラ方面の第1次帰還、以後復員業務本格化（→46年1月）	フィリピン独立準備政府、対日協力者を裁く特別国民法廷を設置 10・8　マニラで米軍による日本人戦犯裁判（マニラ軍事法廷）が始まり、山下大将は罪状認否で無罪を主張 10・20　マニラから最初の日本人引き揚げ船、広島の呉港に到着（フィリピンから58年までに計約13万2300人が引き揚げ） 12・7　マニラ軍事法廷、山下大将に死刑判決を宣告 ポーレー大使、東京で中間賠償計画案を発表 12・11　ポーレー大使、マニラで「早期に正当な（フィリピン向け）戦争賠償を実施する」と発言
1・17　バ・モオ、前日に薬照寺を出て東京に行き、この日連合軍総司令部（GHQ）に出頭、自首。翌日、巣鴨プリズン入り。在日米軍監視下に 1・29　開戦直後の対日接触による国家反逆罪容疑のため英領ウガンダに軟禁されていたウー・ソオ元首相、英国の寛容政策に基づき釈放、ラングーン帰還 3・22　日本軍による戦争犯罪を裁くラングーン裁判開始 カラゴン村虐殺事件、泰緬鉄	1・21　戦犯裁判、開始（→48年3月12日） 1・22　賠償のため、日本国内の軍需施設没収開始 3・6　ペラ州でマレー人・華人流血の衝突 4・1　マラヤ連合、発足 6・12　寺内寿一・南方軍総司令官、ジョホールで病死	2・20　日本軍撤退後最初の油田のボーリングが完了 2・25　ルトン（現マレーシア、サラワク州の都市）の海上船積ステーションより戦後最初の原油の船積 6・30　英国の軍政終了	3・下　被検者家族婦女互助会、結成 6・2　華僑集体鳴冤委員会、結成	2—3　第25軍主力、スマトラからガラン島に移駐 4　南西方面艦隊諸部隊、ガラン島に移駐	1・26　GHQ発注の小麦粉1000トンが戦後初めてマニラから船で東京港に到着 2・23　山下大将、マニラ近郊のラグナ州ロスバニョスで絞首刑 4・3　本間雅晴中将（元比島軍司令官）、ロスバニョスで銃殺刑 4・23　フィリピン独立に向けた大統領選でM・ロハス元下院議長が当選 4・30　米議会、フィリピン独立後に向けて28年間の特恵関税

1946～1947（昭和21～22）年

	日　　本	ベトナム	カンボジア	ラオス	タイ
					者リスト提出（756名） 5・11　タイ内務省福祉局から内務大臣に残留希望者リスト提出（756名） 5・21　シティ外務事務次官と英公使館員の間で残留許可手続きに関して協議 6・9　プーミポン王位継承（ラーマ9世） 6・16　残留を希望しない日本文民3020人がバンコク港を出発 6・29　英公使官にタイ側の残留承認者リスト（524人）提出
1946		12・19　ハイフォン、ハノイなどでベトミン勢力とフランス軍衝突、第1次インドシナ戦争勃発	11・18　仏・タイがワシントン条約調印。タイは東京条約で併合したバッタンバン、シエムレアプ省などの領土をカンボジアに返還 12・4　日本の占領中の損害は39年の貨幣価値に見積もって25億ピアストルに達する（インドシナ銀行公表） 12・15　シソワット・ユテヴォン内閣成立	8・27　フランス・ラオス暫定協定調印	7・27　英公使よりタイ側から提出された残留希望者リストに関し強制送還すべき邦人名を通知 8・　イギリスが強制送還を決定した邦人が日本へ送還 8・14　英軍からタイ残留に反対しない邦人のリスト提出 9・26　768人のタイ残留希望邦人中、147人が残留を許可され、キャンプより釈放
1947	5・21　GHQの許可により、アメリカ重油、カナグ石炭、マラヤ鉄鉱石、フィリピン鉄鉱石初入荷 5・24　GHQ、戦後初の日本綿製品のインド、蘭印への輸出を発表		5・6　カンボジア王国憲法を発布	5・11　ラオス王国憲法発布	

1946～1947（昭和21～22）年

ビルマ	マレーシア	ブルネイ	シンガポール	インドネシア	フィリピン
道建設工事捕虜虐待など、計33件を審理（被告人総数120） 5　戦時中の「独立」ビルマ駐日大使テイン・マウン博士、帰国途上船上にて死去 6　この月までに戦時中の在東京ビルマ大使館員3名、全員帰国					を認めるフィリピン通商法（ベル通商法）と計6億2000万ドルの戦災補償をするフィリピン復興法を制定 6・21　ポーレー大使、懲罰型の対日賠償方針を発表。フィリピンは歓迎を表明
7・18　英国政府、閣議にてバ・モオの不起訴・釈放を決定 7・31　バ・モオ、巣鴨プリズンから釈放 8・5　バ・モオ、ラングーンに戻る 8・29　新総督ヒューバート・ランス就任 11・21　ラングーン戦犯裁判終了（死刑判決38、同執行22）	7・下　政府貿易使節団、日本へ 9　日本人63人残留 10・20　森敬湖氏に残留許可 11・7　占領期にパパア・ニューギニアに強制連行された1400人のうち、269人帰還 12　日本からの繊維製品輸入に割当制	7・6　ブルネイの統治が正式に民政に移管 7・15　現国王ハサナル・ボルキア誕生	7　日本人100人が残留希望 11・下　戦後初の対日ゴム輸出	7・20　日本人作業隊1000人、ジャカルタからホランディア（西パプア）に派遣 8・5　ジャカルタでオランダ軍事法廷開廷	7・4　フィリピン共和国独立。ロハス初代大統領、就任 ロハス政権、フィリピン復興法とベル通商法を承認。このもとで、フィリピンにおける米国人の「内国民待遇」を認める 7・中　ラウレル元大統領、巣鴨拘置所からフィリピン帰国 8・14　ロハス大統領、日本降伏1周年声明で「残虐な暴君の軍隊をうち負かした」「対日戦争は新生国家建設への団結力を高めた」と指摘
1・27　「アウン・サン＝アトリー協定」締結（ビルマ独立への道筋ほぼ固まる） 2・12　パンロン協定締結（少数民族の同意を得て、連邦制国家として独立することが決定） 4・9　制憲議会選挙（アウン・	1・1　マラヤ戦争災害請求委員会MWDCL設置 6　英、賠償として旧日本軍軍艦受け取り（―49年半ば）	1・2　首都ブルネイ市にて香港上海銀行営業開始 4　香港上海銀行スリア支店営業開始	4・22　戦後初の日本製繊維1550トン、入港 5　三井物産、通商再開のための情報を求める 　　兼松、通信許可を要請	5・4　復員船(第6次)熊野丸ジャカルタ出港、16日佐世保着、復員業務終了	1・28　米陸軍省、対日賠償調査団（C・ストライク団長）を日本に派遣 2・18　ストライク調査団、日本経済復興の観点からポーレー賠償案を緩和する内容の報告書（第1次ストライク報告書）を

1947~1948（昭和22~23）年

日　本	ベトナム	カンボジア	ラオス	タイ
1947		7・25　シソワット・ワチャヤヴォン内閣成立 12・27　第1回総選挙で民主党が圧勝		7・10　元日本憲兵隊で逃亡中の江畑朔弥がタイ警察に逮捕
1948 2・26　ストライク調査団、対日賠償政策の緩和を求める第2次報告書を米陸軍省に提出 3・9　米陸軍省がクリッフォード・ストライク団長の対日調査団の産業情勢に関する報告書全文発表（ストライク報告） 5・12　ECAFE下部機関の中印比カンボジア・ラオス構成のアジア経済会議が日本輸出増加を勧告 5・18　米陸軍省、ドレーパー使節団に随行した調査団（P・ジョンストン団長）の報告書を発表。対日賠償政策の一層の緩和を勧告する内容で、フィリピンは猛反発				

1947〜1948（昭和22〜23）年

ビルマ	マレーシア	ブルネイ	シンガポール	インドネシア	フィリピン
サン率いる反ファシスト人民自由連盟パサパラ圧勝） 5・12 日本軍による戦争犯罪を裁くメイミョウ裁判開始。計7件を審理（被告人総数12）					GHQに提出。フィリピン側は報告書に猛反発 3・14 フィリピン、米国と軍事基地協定締結。貸与期間99年 3・28 ロハス大統領、大統領府スタッフのP・ペドロサを委員長とする対日賠償諮問委員会（RAC）を設置 4・15 米軍当局によるマニラ軍事法廷の日本人戦犯裁判、終了
7・19 アウン・サンら、行政参事会主要閣僚6名と官僚1名の計7名暗殺（その後主犯として戦前の親日政治家ウー・ソオ元首相とその部下らを逮捕） 11・5 英国下院、第2読会にてビルマ独立法案を可決（上院へ） 11・18 メイミョウ戦犯裁判終了（死刑判決1、同執行1） 12・10 英国上院（貴族院）、ビルマ独立法案を可決（独立確定へ）	7 連合軍総司令部（GHQ）、民間貿易再開を制限付きで認可（マラヤ商人の訪日可能に） 8・29 英連邦8カ国、対日和平案とりまとめ（キャンベラ会議） 11 民間貿易のための暫定支払協定、締結（日英間）	7・15 第27代国王アーマッド・タジュディンの弟、現国王の父オマール、プンギラン・ブンダハラ（王室の主席大臣）に就任	8 制限付き民間貿易再開（日英間） 10・14 インド人貿易商の対日貿易申請、却下 11 民間貿易のための暫定支払協定 締結（日英間） 11・10 上記貿易商、訪日（玩具輸入を探る）		7・5 戦後中断状態にあった日本の民間交流団体、財団法人「フィリピン協会」（1935年創設）が活動を再開。会長に徳川頼貞、再任（—54年4月） 8・1 マニラでフィリピン当局による日本人戦犯裁判開始 8・19 フィリピンの実業家グループ6人が日本との貿易可能性などを探るため東京へ向かう 10・中 フィリピン政府、東京に戦後初の常駐貿易通商代表としてB・アベラ商務官を派遣
1・4 ビルマ、共和制の主権国家として英国より完全独立。コモンウェルスに加盟せず。正式国名ビルマ連邦（The Union of Burma） 4・2 ビルマ共産党、反政府武装闘争へ突入（ペグー県で蜂起） 5・8 アウン・サン暗殺の主	2・1 マラヤ連邦発足 4 日本からの施設賠償開始（—49年末） 4・下 信用状による貿易、許可 5 日英一般支払協定 6・20 全土に非常事態宣言。マラヤ共産党の武装闘争開始		4・下 信用状による貿易、許可 5 日英一般支払協定		1・3 対日協力者問題を審議してきたマニラの特別国民法廷、ラウレル元大統領らに無罪を宣告 1・6 K・ロイヤル米陸軍長官、「日本を極東における全体主義の脅威に対する防壁にする」と演説。米国の日本・フィリピンを含む対アジア安保政策

1948（昭和23）年

日　　本	ベトナム	カンボジア	ラオス	タイ
1948 7・19　GHQ、インドネシア向け日本綿製品の輸出とインド・マンガン3440トンの初輸入割当決定を発表 11・19　永井貿易庁長官が南方市場の重要性の談話発表 12・17　国際緊急食糧委員会、タイ米5万トンの対日輸出を正式許可		8・15　ペン・ヌート内閣成立		8・18　タイ政府、日本の連合国最高司令部（SCAP）に通商使節団を派遣 　　　使節団と占領軍との間で貿易通商協定、金融協定を締結 8・19　第1回会議開催。8月20日から9月1日までの会議日程作成 12　清算勘定方式への移行が合意された日タイ通商協定調印 12・15　連合国総司令部から日本との間に6000万ドルの貿易協定が正式に承認されたと発表

1948（昭和23）年

ビルマ	マレーシア	ブルネイ	シンガポール	インドネシア	フィリピン
犯ウー・ソオに対する絞首刑執行					の転換が明確化 2・3　日本の工作機械などの移設によるフィリピン向け中間賠償の第1便、マニラ港着（50年5月着を最後に打ち切り） 2・21　R・カングレオン国防相、マニラ訪問中の米太平洋艦隊司令官との会談で、「日本を50年間、国連信託統治下に置くべきである」と提案 2・26　ストライク調査団、対日賠償政策の緩和を求める第2次報告書を米陸軍省に提出。フィリピン当局は反発 4・6　米陸軍省派遣の対日賠償使節団（W・ドレーパー団長）が日本の工業製品の輸出・経済再建4カ年計画などを発表。フィリピン当局は警戒感を表明 4・15　ロハス大統領、心臓発作で死去。E・キリノ副大統領が大統領に昇格 6・19　マニラの華僑グループ、「日本製品がフィリピンに入ってくれば、ボイコットする」と発表
10　中央公論社より竹山道雄著『ビルマの竪琴』、単行本として出版 12・下　カレン民族同盟(KNU)の武装組織・カレン民族防衛機構（KNDO）、反政府武装闘争に突入、ビルマ内戦状態に	7・下　連合軍総司令部、マラヤからの鉄鉱石輸入を承認 9・2　「戦災基金」第1次案（日本からの賠償8570万ドル想定） 11・16　日英貿易協定 12　日本からの雑貨輸入を禁止（—49年5月3日）		8・18　戦後初の日本船、タンカー「田尾丸」寄港 11・16　日英貿易協定		7・23　フィリピン、独立後初めて日本人戦犯1人をマニラ近郊モンテンルパのニュービリビッド刑務所で処刑 9・24　キリノ大統領、東京に準外交機関としてフィリピン外交代表部の開設を承認し、初代駐日代表にB・アフリカ公使を任命 11・中　フィリピン、モンテンルパで日本人戦犯2人を処刑

1949（昭和24）年

日　　本	ベトナム	カンボジア	ラオス	タイ
1949 5・12　米国務省、極東委員会（FEC）構成11カ国に対し日本の中間賠償中止を通告（F・マッコイ将軍声明） 6・1　GHQ顧問ファイン博士がサンフランシスコの米貿易業者会合で日本とアジアの結合を主張 6・2　国連アジア極東経済委員会ロカナサン書記長がアジアと日本の貿易に関して清算協定研究を披露 6・上　民自党がアジア貿易促進委員会設置決定		2・12　イエム・サンボウル内閣成立		6・7　タイ政府が5月16日現在同国内に残留している日本人全部に対して正当な在留権を認める法令を発令
1949 8・15　通産省が初の貿易白書発表 9・21　GHQが東南アジア通商使節団を派遣 10・27　シンガポールで開催された国連アジア極東経済会議産業貿易委が日本とアジア諸国間貿易拡大案採択 11・18　米政府対日経済政策関係官が講和後の日本にとって南方貿易が有望である旨の談話 11・上　政府がGHQに対し東南アジア地域に5.6億ドル相当の機械・技術者輸出能力を有するとの報告提出	7・2　サイゴンにベトナム国樹立（バオ・ダイ元首）、フランスは反ベトミン勢力の結集を期待	9・20　イウ・コウエス内閣成立（―28日） 9・29　イエム・サムボウル内閣成立 11・8　フランス・カンボジア独立協定調印。フランス連合の枠内での独立を承認	7・19　フランス・ラオス協定調印。フランス連合内でのラオス王国独立 10・24　バンコクのラーオ・イサラ亡命政府解散	12・3　SCAP，金融協定・通商協定改訂のため訪タイ。輸出入総額9000万ドルの新協定締結 12・4　9000万ドルの商品を交換する通商協定成立

1949（昭和24）年

ビルマ	マレーシア	ブルネイ	シンガポール	インドネシア	フィリピン
2　この月、KNDO、ラングーンまで16キロ地点に接近	4・上　日英貿易協議（東京で）		2・上　日本製繊維に割当制 5　日本人5人入国	1・3　市来龍夫、マラン州ダンピット（東ジャワ）で戦死 2・20　小林良正（西嶋重忠）『インドネシア独立のための闘争』潮流講座・経済学全集第1巻発行	1・9　米軍の援助でフィリピンから初めて日本人戦没者の遺骨4822体を乗せたポゴタ丸が佐世保に入港 3・22　マニラ・タイムズ紙、フィリピン領海に日本漁船出没の情報があるとする警告記事を掲載 5・19　FECのフィリピン代表C・ロムロ大使、マッコイ声明に対する抗議声明を発表
11　政府軍、この月までに共産党・KNDOに対し軍事的に盛り返す ＊　この年、日本は戦後初めてビルマから米を買付け（7万トン）	7　「戦災補償計画」確定（日本からの賠償6000万ドル想定） 11・22　日英通商協定、調印 12・18　マラヤ中華商会聯合会、5000万ドル「奉納金」の返還を要求		9・25　シンガポールでFAO会議。日本は入国拒否さる 11・上　6商社が代表事務所設立の認可を申請 11・22　日英通商協定　調印		7・11　キリノ大統領、マニラで蔣介石中国総統と会談し反共共同声明を発表 7・下　戦前ミンダナオ島ダバオのアバカ（マニラ麻）栽培で成功した古川拓殖会社の古川義三社長が栽培再興を「手助けしたい」との意向がフィリピン側に伝達 8・1　マニラ・タイムズ紙、アバカ栽培地は荒れ放題だが、「（その再興は）信頼を失った日本人たちの仕事ではない」とする社説を掲載 8・21　日本ボーイスカウト連盟、アフリカ駐日代表を通じてキリノ大統領に日比友好関係の再構築を願って花瓶を贈呈 8・30　フィリピン外務省、日本政府がマニラに準外交機関（在外事務所）の開設の可否を打診してきたのに対し「反日感情が強く残っている」として「時

1949～1950（昭和24～25）年

日 本	ベトナム	カンボジア	ラオス	タ イ
1950 2・14 シーボルト対日理事会議長、バンコク会議で対日単独講和を主張 4・17 GHQ、経済通商東京会議（―22日）は、アジア域内の貿易促進の検討を発表 5・15 黄田通産省通商局長、東南アジア市場視察（―6月19日） 5・31 アチソン米国務長官が議会図書館での演説後の質疑応答で日本とアジア経済の結合を確信と言明		1・31 仏議会、インドシナ3国の独立を可決 2・7 米英がバオダイ政権、ラオス、カンボジア承認 2・19 クメール人民革命党発足 5・3 第2次シハヌーク（国王）内閣成立 6・1 モニボン殿下内閣成立		2・16 ピブーン首相、現在9000万ドルの日タイバーター協定の拡張を検討中と発表 4・2 アメリカ商務省、日タイ間の貿易額が9000万ドルに上ったと発表 5・5 プーミポン新国王即位 5・13 新婚旅行の旅程で6月3日に来日の予定と発表 5・27 タイ外相が、SCAPがタイの駐日外交代表の派遣を希望している今の時期に公使級の派遣を実現したいと表明

1949～1950（昭和24～25）年

ビルマ	マレーシア	ブルネイ	シンガポール	インドネシア	フィリピン
					期尚早」と回答 9・2　日比間の貿易再開の動きに対し、戦前に日本人が大量入植していたミンダナオ島のダバオ商業会議所などが反対声明を発表 9・7　バンコクでの国際会議に向かう日本人3人を乗せた航空機が悪天候でマニラ空港に緊急避難。8日付けマニラ・タイムズ紙は「フィリピンの空港に降り立った戦後初の日本人」と顔写真入りで報道 10・20　日本政府、日本人戦犯が収監されているモンテンルパの刑務所に加賀屋秀忍教誨師を派遣 10・31　マニラ・タイムズ紙、11月投票の大統領選キャンペーンでキリノ派運動員が敵対陣営の演説会場近くで日章旗を配って反日感情を煽ったと報道 11・8　キリノ大統領、日本占領時代の大統領だったラウレル候補と大統領選を争い、当選 12・6　東京のフィリピン外交代表部に通商顧問団を開設。J・マルセリーノ首席顧問、着任 12・28　マニラのフィリピン当局による日本人戦犯裁判終了。計151人が裁かれ、死刑17人、終身刑88人、有期刑27人、無罪19人 12・30　キリノ第2代大統領、就任式で日本に「十分な賠償と地域の安定と繁栄への協力を望む」と演説
3・21　日本（連合国占領下）との間に、1年間の通商協定を締結	1・9　コロンボで英連邦会議。対日講和協議（—14日） GHQ、民間貿易制限を撤廃 4　日本製ゴム製品輸入急増で、国内業界反発	6・4　第27代国王アーマッド・タジュディン薨去 6・6　国王の弟オマール第28代国王オマール・アリ・サイフディン3世として即位	1　越後屋、野村通商など6商社代表事務所、認可		1・10　アチソン米国務長官、米の防共安全保障ラインは日本・沖縄・フィリピンと言明 1・18　フィリピンの日本人戦犯裁判通訳4人が任務終了で帰国 2・12　J・メレンシオ第2代駐日外交代表、着任 4・3　キリノ大統領、日本から受領した工作機械など中間賠償（計約1200万ドル相当）の評価委員会を設置 5・4　日本漁船、ルソン島北部のカガヤン州バブアン島沖で拿捕 5・18　GHQとフィリピン政府の間で日比バーター貿易・金融協定に調印（年間輸出入上限を各2500万ドル相当とする） 5・22　GHQ、日本から初めてマニラの赤十字経由で日本人戦犯向け慰問品の送付を許可 5・23　東京—マニラ・セブ間の国際電話開通（3分1通話3355円） 6・19　フィリピン政府、初の日本商品展示会のマニラ開催要請を拒否

1950～1951（昭和25～26）年

日　本	ベトナム	カンボジア	ラオス	タ　イ
1950 10・8　日本・インドネシア協会発足（会長佐藤尚武参議院議長） 11・6　日本学術会議がECAFE研究連絡委員会設置検討、南方へ地下資源開発技術輸出促進 11・上　政府が海外通商調査団を米経由で欧米・東南アジアに派遣		12・23　インドシナ3国に対する米仏相互防衛協定調印（サイゴン）	8・13　ラオス自由戦線（ネーオ・ラーオ・イサラ）第1回全国大会	8　タイE.I.D.訪日。日産自動車を訪問 9・27　通商協定に基づき、日タイ貿易中間会議開始 10・25　タイ総理府が、45年8月16日以降に入国した日本人は敵国人とみなさないと布告 11・20　SCAPから在日タイ外交使節に、日本がタイの定めた事務所の機能を承諾して在タイ事務所開設したと申し入れ 12・14　日タイ通商交渉開始 12・27　日タイ新通商協定調印
1951 1・25　ダレス米特使、対日講和協議のため来日 1・27　GHQ、日本郵船(株)など海運会社にバンコク定期航路の開設許可 5・16　GHQマーカット経済科学局長、日米経済協力の具体策と東南アジア貿易につき声明（マーカット声明） 6・2　経済安定本部、マーガット声明をうけ「東南アジア開発3カ年計画試案」（仮称）を作成	2・11　ベトミン解放区（北ベトナム）にて第2回インドシナ共産党大会開催、ベトナム労働党に改称	3・3　ウゥム・チェアン・スン内閣成立 3・11　ベトミン、パテト・ラオ、クメール・イサラク同盟がインドシナ民族統一戦線結成		3・22　在バンコク日本政府在外事務所開設

1950〜1951（昭和25〜26）年

ビルマ	マレーシア	ブルネイ	シンガポール	インドネシア	フィリピン
12 ビルマ、深刻な内戦状態が峠を越え、反政府武装勢力の抵抗は特定地域に制限 * この年の日本のビルマ米買付け量17万トン（戦前36年〜41年の年平均買付け量14万7700トンの水準を越す）	8 GHQ、日本船によるマラヤからの鉄鉱石輸入を許可			7・1 日イ通商協定調印（GHQ総司令部にて）	8・24 フィリピン政府、第3国経由で輸入される日本製品の没収を指示 9・3 朝鮮戦争勃発による物資需要急増を理由に、日比バーター貿易の年間輸出入上限を各3375万ドル相当に増額 9・9 日本はフィリピンとのバーター貿易協定下で初めて硫安1500トンを輸出 12・4 対日賠償諮問委、フィリピンの戦争被害を80億7962万ドルと算定 12・15 マニラ・タイムズ紙、「日本の木材輸送船が14日に戦後初めてフィリピン（セブ港）に入港した」と報道
	1・10 英連邦首相会議で対日賠償請求問題討議 2 非常事態下で日本からの生活必需品輸入急増 3・4 ペナンで占領期殺害者の遺骨数百体発掘 4・1 戦犯144人、帰国。日本で刑期満了へ 5 ジョホールから戦後初のボーキサイト輸出 6・17 マラヤ政府、インド政府に戦争中の日本人捕虜収容費825万海峡ドル支払い 6・26 日本人農園の売却開始	3・1 100床の国立病院がブルネイ市に完成 5・31 国王オマール・アリ・サイフディン3世戴冠式	1・28 「信洋丸」、戦後初の日本製・セメント陸揚げ（8500トン）同船で商用で来航した篠崎護、上陸拒否 3・19 政庁、日本船の近海での操業を拒否 3・30 戦後初の民間人入国。通産省官吏が米穀に関する会議に出席	4・19 R・スジョノ駐日インドネシア共和国ミッション代表に任命（6月5日訪日） 6・30 新聞協会主催の時事研究会でスジョノ代表、インドネシア政府は近く正式に対日賠償請求を提出する旨発言	1・19 モンテンルパで日本人戦犯14人を処刑（フィリピン当局による日本人戦犯処刑は計17人に） 1・30 フィリピン政府、初の日本産業視察団を派遣（約5週間）。団長はF・ロドリゲス国家電力公社支配人 2・11 米国務省政策顧問のダレス特使は東京で吉田茂首相と会談後、対日無賠償政策の受諾説得工作を目的にマニラ入り（—12日） 3・8 郵便友の会の中高生会員約50人が、来日中のF・ベラノ下院議員（元抗日ゲリラ隊長）に友好を願う手紙200通を託す

1951（昭和26）年

日　　　　本	ベトナム	カンボジア	ラオス	タイ
1951 7・5　通産省が第3次貿易白書発表、重点を今後東南アジアへシフトと表明 7・14　GHQの東南アジア開発調査団に日本側が3名を派遣し出発 7・21　ウィルソン米国防動員局長官が日本工業とアジア諸国原材料の結合を提案 8・10　日産汽船・シノアンドマラヤ・日本鋼管・鋼管鉱業が共同でマレー産業開発会社設立総会開催 8・22　小杉真日本綿糸布輸出協会専務理事が未着信用状整理のためパキスタン・インドネシア訪問 8・上　米経済協力局ECAが東京に事務所新設、ウィルソン案具体化進展 9・7　朝日新聞、ドッジ・池田会談時におけるドッジの東南アジア向け輸出拡大による日本経済安定構想を報道 9・8　サンフランシスコ対日講和条約調印・日米安全保障条約調印 9・上　GHQ経済科学局特別顧問モローが財界との懇談で欧	9・8　バオ・ダイ政府、サンフランシスコ講和条約に調印 9　サイゴンのバオ・ダイ政府、「対日賠償要求額は20億ドルに上る」との声明を発表 　　バオ・ダイ政府と日本の間で、沈船引き上げに関する中間賠償協定仮調印（235万ドル）	9・8　対日講和条約に調印 9・9　第2回総選挙実施。民主党が圧勝 　　米・カンボジア経済援助協定調印 10・13　ヒュイ・カントール内閣成立 10・30　ソン・ゴク・タン元首相、フランスから釈放され帰国	8・22　ガリオン駐ベトナム米代理公使、ラオスに対日講和会議出席の正式招請状を手交 9・4　サンフランシスコ講和会議にラオス王国参加 9・6　サワン・ワッタナー皇太子、講和会議で対日講和条約に調印するとの演説 9・8　ラオス王国政府、対日講和条約に調印	8・21　バンコク各代理店からタイ政府は18日以降日本向け米輸出を見合わせたとの通知 9・8　サンフランシスコにて「日本国との平和条約」調印（日タイ関係に関係するのは16条） 10・24　タイ国政府が三井船舶、大阪商船に横浜―バンコク間の航路開設を許可したと発表 11　日本政府、講和条約調印後初となるタイへの10人の経済使節団派遣を予定と発表 12・14　日タイ間貿易のオープン・アカウント（清算勘定）管理権の移管式を開催 12・21　オープン・アカウント管理権が連合国最高司令官か

1951（昭和26）年

ビルマ	マレーシア	ブルネイ	シンガポール	インドネシア	フィリピン
					3・10 国会議員の有志らが、日本人戦犯の減刑嘆願書をキリノ大統領に送付。桜の苗木30本も寄贈 3・28 ルバング島で赤津勇一元陸軍上等兵が投降し、帰国。同島に小野田寛夫元陸軍少尉ら3人の元日本兵残置が判明 4・11 キリノ大統領、元日本資産のフィリピン政府移管を承認 5・10 キリノ大統領、対日講和条約草案検討委員会を設置。「賠償なくして対日講和なし」の原則を確認 6・22 対日検討委、日本に80億ドルの戦争賠償を請求することで合意
7・20 ビルマ政府、対日平和条約草案を拒否、サンフランシスコ講和会議不参加を表明 8・4 日本（連合国占領下）との間で貿易計画調印 9・8 ビルマ、サンフランシスコ対日講和条約に不参加 11 日本政府、ラングーンに在外事務所を開設 ＊ この年の日本のビルマ米買付け量15万トン	8 日本で「マレー産業開発株式会社」（日産汽船、日本鋼管、鋼管鉱業の合弁。篠崎護が主宰）設立 9・8 対日講和条約調印。イギリスは賠償請求権を放棄。代って日本の残置資産を戦争災害基金に組み入れ		9・11 日本人の入国を許可 9・12 占領期の虐殺遺骨1300体発掘 10・上 ジュロン通りに殉難者記念碑建立 この年、第一物産（三井物産の前身）出張員2名赴任	7・24 インドネシア政府、サンフランシスコ講和会議参加を決定 9・8 インドネシア代表団（団長スバルジョ外相）サンフランシスコ講和条約調印 9・18 インドネシア駐日代表、井口外務次官を訪問、賠償問題を協議 9・19 スバルジョ外相、サンフランシスコより帰国途中のシドニーで日本に70億ドルの賠償を要求する旨表明 10・29 東京で日イ通商交渉開始（スジョノ代表） 11・7 経済省工業局より2名米国、日本留学	7・4 フィリピン人の対日感情の融和を目的に、民間友好団体「フィリピン友の会」発足（発足式は8月15日）。会長に日本占領時代の駐比大使だった村田省蔵氏が就任 7・31 旧マニラ日本人小学校の卒業生が同窓会を結成 8・3 キリノ大統領、米国のM・コーエン駐比大使と会談後、サンフランシスコ講和会議への参加の意向を初めて公式に表明 8・30 フィリピン政府、米国と相互防衛条約を締結 9・8 ロムロ外相、米サンフランシスコで平和条約に調印

1951〜1952（昭和26〜27）年

日　本	ベトナム	カンボジア	ラオス	タイ
米の代わりに日本が東南アジアへの物資輸出拡大する期待表明 9・14　GHQ勧告を受け化学肥料20万トンを東南アジア等へ輸出する旨閣議決定 9・15　社会党と来日中のインド社会党が全アジア社会党会議開催呼びかけ、インドネシア社会党も検討 9・20　外務省に賠償事務局設置 11・14　アジア問題調査会設立 11・27　南洋経済懇談会設立 12・1　外務省が賠償担当課新設 12・12　バンドンで開催された「東南アジア大学教授協議会」に日本人学者2名が参加 12・28　左派社会党勝間田清一がアジア社会党会議準備のためインド・ビルマ・インドネシア訪問				ら日本へ委譲 12・27　ウィチットワータカーン蔵相、来年の米輸出量削減に関連して、日本、インドネシア、フィリピンなどに優先的に振り分けると発言
1952 1・11　東京で東京商工会議所の財界人とインドネシア賠償使節団が懇談 1・28　参院代表質問で吉田首相がアジアと善隣外交展開と答弁 1・上　専売公社がインドシナで製塩合弁会社設立の調査団派	5・8　バオ・ダイ政府、サンフランシスコ条約を批准	1・19　ノロドム・シハヌーク国王が個人的旅行で日本を訪問、ラ・マルセーズ号で横浜到着。仏大使同行、リッジウエイGHQ総司令官会見（1月22日）	6・20　ラオス王国政府、対日平和条約批准書を米政府に寄託	4・7　日本外務省、駐日タイ外交使節長に平和条約発効と同時に37年の友好通商航海条約の適用を再開したいと公文 4　日本政府塩業使節団特別

1951～1952（昭和26～27）年

ビルマ	マレーシア	ブルネイ	シンガポール	インドネシア	フィリピン
				11・16　通商交渉決裂 11・22　ジャカルタ、スラバヤに日本国在外事務所開設 12・14　インドネシア賠償使節団（ジュアンダ団長）訪日（―52年1月18日） 12・22　東京で日イ賠償交渉公式会談開始 12・26　インドネシア側、イ国領海内の漁獲制限を含む2原則を提示	9・15　D・マカパガル下院外交委員長、サンフランシスコ講和会議からの帰途に東京入りし「日本の賠償義務の誠実な履行を望む」と声明 9・18　マニラ開催のWHO西太平洋地区委員会の会議に、山口正義厚生省公衆衛生局長ら日本人代表3人が出席。戦後初めて公式入国を認められた日本人公務員 10・19　スポーツ交流を目的にフィリピン体育協会のJ・バルガス会長（元マニラ市長）が訪日 10・24　フィリピン友の会やYMCAなどが組織した日比子供親善世話委員会、メレンシオ駐日代表を通じて子ども向けクリスマス・プレゼントとして人形約6400体を寄贈 11・19　フィリピン・ヘラルド紙が戦後初の日本特集（全6ページ）掲載 12・1　東京・杉並の松木キリスト教会の後藤光三牧師、バギオで開催の極東キリスト教会評議会（FECCC）会議に出席。戦後初めて公式入国を認められた日本人民間人
4・30　ビルマ政府、対日戦争状態終結を宣言	2・19　鋼管鉱業社代表団、クランタンでの調査を拒否さる 2・中　日本鋼管社、Metal Export Inc.と貿易協定 3・1　日本の鉄鋼7社、鉄鉱		2・上　日本社会党代表団、来訪。労働党と交歓 3・10　日本製繊維製品の輸入許可停止 4・4　根本竜太郎・吉田茂首	1・17　「賠償に関する日本・インドネシア中間賠償協定」、「津島・ジュアンダ交換公文」仮調印 4・中　林業・繊維関係インド	1・26　マニラの戦争未亡人連盟、日本からの人形のプレゼントの受け取り拒否を宣言 1・27　日本政府の賠償交渉団6人、マニラ入り。代表は外務

1952（昭和27）年

日　　本	ベトナム	カンボジア	ラオス	タ　イ
遣方針表明 1・下　財団法人タイ室にタイ・ゴム社から総合屠殺場建設の引き合い 2・12　アジア経済協力会発足 2・中　八幡製鉄・富士製鉄・日本鋼管が比社とララップ鉄鉱山に100万ドル投資する合意 4・1　ウィルソン国防動員局長官が大統領報告提出、日本貿易先として南方市場を指摘 4・5　南邦企業とインドネシア貿易会社が真珠採取で合弁会社設立合意を発表 4・15　大阪商工会議所が不況対策として東南アジア開発などを要望 4・28　サンフランシスコ講和条約発効 5・6　緒方竹虎前国務相が事実上の首相特使としてビルマ・タイ・印パ・インドネシア訪問（―6月10日） 5・14　池田蔵相が経済同友会で財界出資の東南アジア開発会社新設計画表明 5・17　海運企業である日本ビルマ経済協力会社設立 5・20　タイ政府の帝国銀行の支店設置許可内定 6・10　ECAFEが日本、韓国、インドシナ3国等の準加盟を承認 6・12　紡績協会本委員会で政府に対し東南アジアに決済同盟設立などの要望書策定 6・13　帰国した緒方氏が第3回経済最高顧問会議で東南アジア事情説明 6・23　「東南アジア開発促進連絡会」発起人（石坂泰三、高碕達之助、小林中ら）総会開催		神戸から帰国 3・9　ソン・ゴク・タン元首相、地下に潜行 4・8　カンボジア議会が対日講和条約を満場一致で批准 6・2　カンボジアは対日平和条約批准書を米政府に寄託 6・16　第3次シハヌーク内閣成立 6・21　カンボジア政府が国連加盟を申請		顧問として宮原武雄渡タイ 4・28　日本国との平和条約発効。日タイ外交関係回復。37年12月8日調印の友好通商航海条約も適用再開 5・2　駐日タイ外交使節長、友好通商航海条約の適用再開の合意と、連合国軍とタイ政府による日本人資産の処分に関しては日本政府が権利を主張することは出来ないと理解すると公文 5・13　日本外務省、日本資産の処分に関しての日本側態度を留保すると返答 6・12　タイ国政府が日本の銀行一行がタイ国で業務を開設することを許可 6・22　日タイ貿易協定の締結交渉を20日開催の予定から7月初旬に延期することが発表
1952 7・3　東南アジア開発協力会幹事6名などが英国東南アジア総弁務官マクドナルドと会談、開発協力要望 7・5　参院本会議が「アジア諸国との友好促進に関する決議			12・1　ラオス王国政府、在日本フランス大使館を通して対日外交事務を同館に暫定的に委託	7・31　現行の日タイ貿易金融協定が期限切れとなるのに伴い、8月31日まで延長すること

1952（昭和27）年

ビルマ	マレーシア	ブルネイ	シンガポール	インドネシア	フィリピン
	石1000万トン購入協定に調印 6・29 マクドナルド総督、訪日		相特使、来訪。貿易協議 4・9 日本・シンガポール、繊維製品貿易割当で合意 4・15 日本の航空機乗り入れに合意 5 緒方竹虎・吉田首相特使、来訪	ネシア研修生を日本へ派遣 5・12 緒方竹虎（一行）、インドネシアを含む東南アジア歴訪（―6月9日） 5・17 インドネシア政府、「サンフランシスコ講和条約」の批准および「日イ中間賠償協定」の承認を無期限延期決定 5・22 スバルジョ前外相、羽田着。E.S.ポハン、C.M.チョウ（鄒梓模）同行 6・8 通商交渉使節団大野勝巳首席代表ほか、インドネシアに出発 6・11 第2次日イ通商交渉開始 6・30 東京船舶、インドネシア航路開設	省顧問の津島寿一元蔵相。日本人記者団も戦後初めて訪比 1・28 日比賠償予備交渉始まる（―2月13日）。フィリピン側交渉団代表はM・エリサルデ外相 2・3 マニラで開催のフリーメイソン大会に戦後初めて日本人も出席 2・10 初の親善スポーツ使節団としてフィリピン航空のバスケットボール・チームが訪日（―15日） 2・16 日本占領時代にロハス元大統領（当時上院議員）と親交があった神保信彦元陸軍中佐が日本人戦犯の減刑嘆願や残置日本兵の帰還工作などで訪比 2・18 神保元中佐、ルバング島で元日本兵に投降を呼びかけ 3・2 ミンドロ島で元日本兵4人投降 3・5 外務省、岡崎勝男外相名でメレンシオ駐日代表に日本人戦犯の早期恩赦と帰還を公式に嘆願 4・26 日比バーター貿易、年間輸出入上限を各5000万ドル相当に増額 4・28 日本国際学生協会の学生4人が初の日比学生交歓で訪比
8・22 日本政府、ラングーンに総領事館を開設 ＊ この年の日本のビルマ米	7・8 日本人の短期滞在を許可（戦時中の居住者は除く） 新聞記者、戦後初の入国（毎		7 新聞記者、戦後初の入国（毎日新聞） 鋼管鉱業、加商などの社員、	7 スマトラのランガル日イ合弁鉄鉱石開発プロジェクト発表（八幡製鉄技術提携）	8・15 愛の運動全国協議会、日本人戦犯の減刑・釈放請願の1000万人署名簿をメレンシオ駐

1952（昭和27）年

日　　本	ベトナム	カンボジア	ラ　オ　ス	タ　イ
案」可決 　7・20　広川農相らが東南アジア視察後来日したアンドリュース米国務省技術協力局長官と東南アジア開発で懇談 　8・10　稲垣平太郎氏ら東南アジア親善使節議員団派遣 　8・15　日本貿易会が東南アジア貿易会議開催 　8・中　旭硝子がインドネシアにソーダ工場建設計画公表 　8・27　（財）国際文化会館の設立認可 　9・16　吉田総理が関西財界人らと懇談、東南アジアへの進出促進意向表明 　10・7　日銀政策委員会で対インドネシア貿易に外貨貸付制度の適用を決定 　10・17　第3次レーヨンミッションが東南アジア訪問 　11・上　タイに初のプラント輸出となる製油工場輸出で合意 　11・中　日華経済協会主宰東南アジア経済視察団がシンガポール・インドネシアなど訪問 　12・24　大来佐武郎ECAFE事務局貿易金融部経済分析課長が日本東南アジア貿易で談話			する旨を通達	で合意 　8・1　日タイ貿易交渉開始 　8・27　日タイ間バーター貿易協定成立 　8・29　ピブーン首相、対日賠償の要求はしないと表明 　9・1　貿易及び支払いなどを取極めた二勘定制日タイ貿易支払い協定が署名、発効 　タイ国最高行政会議は日本に対し戦時特別円勘定のうち15億円の返還請求をすることを決定 　9・13　サガー・ニンカムヘーン駐日大使発令 　10・25　タイ・インドシナ国境付近で元日本兵1名捕まる 　10・28　サガー大使の信任状提出（―54年1月25日） 　11・16　戦後初代大使として太田一郎特命全権大使着任

1952（昭和27）年

ビルマ	マレーシア	ブルネイ	シンガポール	インドネシア	フィリピン
買付け量16万トン	日新聞）		短期調査で入国（―8月） 9・6　谷沢竜次・日本ゴム貿易協会会長、来訪 10・18　二宮謙・駐シンガポール総領事着任	スマトラより残留日本人8名帰国 8・7　日イ通商協定調印 8・29　ザイナル・アビディン初代駐日総領事着任 10・7　甲斐文比古総領事着任 11・14　日本経済親善使節団（団長浜口雄彦東京銀行頭取）訪イ（貿易・運輸問題）	比代表に手交 9・5　F・ロペス副大統領一行、船で米国に向かう途中で神戸と横浜に寄港（―7日）。政財界人らと賠償や日本人戦犯問題などで懇談 9・13　フィリピンの日本人戦犯向け慰問品の第1便・あめりか丸、神戸を出港 10・29　日本政府、準外交機関としてマニラに在外事務所（中川融初代所長）を開設 11・5　外務省、3月の嘆願に重ねて日本人戦犯の早期恩赦をフィリピン当局に公式嘆願 11・29　エリサルデ外相、キリノ大統領に日本人戦犯の恩赦を勧告 12・13　メレンシオ駐日代表、東京で心臓発作で死去 12・18　賠償問題で外務省の倭島英二アジア局長がマニラ入りし、エリサルデ外相と非公式折衝（―24日）。新たな中間賠償として日本側が沈船の引き揚げ、屑鉄の売却などを提案 12・18　東京・九段でのメレンシオ駐日代表の告別ミサに天皇が弔意表明 12・25　歌手の渡辺はま子がモンテンルパの刑務所を慰問。このとき歌った「ああモンテンルパの夜は更けて」が大ヒット 12・29　C・オシアス上院院内総務が賠償問題で東京入り（―53年1月16日）。吉田首相や岡崎外相らと非公式折衝

1953（昭和28）年

日　　本	ベトナム	カンボジア	ラオス	タイ
1953 1・6　アジア社会党会議開催（ラングーン）、左右社会党参加　外務省アジア公館長会議をニューデリーで開催（―15日） 1・13　倭島アジア局長がシンガポール・ベトナム訪問（―2月3日） 3・上　専売公社が比に塩田開発調査団派遣 5・8　吉田首相が閣議で東南アジア開発について英米との協力の上の総合施策具体化を指示 5・29　医師の川端正雄が外務省に対東南アジア賠償医師団派遣の許可申請提出 6・上　自由党が小金義照政調副会長を中心とする東南アジア対策特別委員会を発足 6・12　新たに外務省に設置された「アジア経済懇談会」第1回顔合わせ	1・10　バオ・ダイ政府、日本と外交関係樹立に同意	1・10　インドシナ3国（ベトナム・ラオス・カンボジア）、対日外交関係回復を受諾、日本はベトナムに公使を派遣、他の2国の公使を兼任 1・13　シハヌーク国王、国民議会、王国議会を解散 1・14　シハヌーク国王、治安維持法を公布 1・24　ペン・ヌート内閣成立。第4次シハヌーク内閣成立 4・12　シハヌーク国王が日本との外交関係樹立の可能性について調査を命じる 4・18　シハヌーク国王、米ニューヨークタイムス紙に、完全独立をめざし、対仏強硬方針をつらぬくと表明 4・23　シハヌーク国王、米国からの帰途、日本に立ち寄る 5・4　カンボジア王国国民諮問会議が「カンボジアの完全独立がフランス政府からほぼ承認されるならば、カンボジア国民は国王のもとにフランスと協力してカンボジアに侵入しようとしている共産軍を戦う用意がある」との動議を可決 5・9　仏・カンボジア新協定調印。フランスが軍事、司法、財政権限についてカンボジアに一定の譲歩を表明 5・13　シハヌーク国王がエールフランス機で東京からサイゴン経由でパリへ 6・13　シハヌーク国王、タイ	1・10　ラオス王国政府、日本との間に外交関係を創設し公使館を設置することに同意	1　在タイ大使館の正月名刺交換会に邦人150名集まる 2・20　タイ・英・米3カ国が在タイ日本資産勘定の処理について協議 4　日本人会復活のため日本人クラブ発足 5　日本人会発足。会員130人 6・9　財団法人タイ室理事長、宮原武雄タイ視察を終えて戻る 6・19　日タイ航空協定署名

1953（昭和28）年

ビルマ	マレーシア	ブルネイ	シンガポール	インドネシア	フィリピン
5・5　ビルマ政府、東京に総領事館を開設		5・上　ブルネイ国憲法起草委員会発足	3・上　日本貿易代表団、来訪　東京銀行駐在員、認可さる　共同通信、支局開設	1・15　倭島英二外務省アジア局長ジャカルタ着（賠償問題協議のため東南アジア諸国歴訪） 1・24　吉田首相の使節として橋本龍伍厚相訪イ 3・26　西嶋重忠、民間人としてはじめてスカルノ大統領と会談 4　元国会外交問題委員長ジョディ・ゴンドクスモ訪日 5・21　日本の技術習得にインドネシア青年59名訪日（360名の応募）	1・14　エリサルデ外相、引き揚げ対象のフィリピン海域の沈船は全国で計269隻と大統領委員会に報告 2・2　J・インペリアル第3代駐日代表、着任 2・4　マニラで戦後初の日比学生会議開催。日本から青山学院大学などの学生4人が出席（―21日） 2・11　キリノ大統領、日比学生会議で演説、両国友好に向けた若者の役割に期待を表明 2・23　マニラでECAFEアジア貿易会議が開かれ、日本代表も参加 3・12　中間賠償としてフィリピン海域の沈船引き揚げ協定に調印（発効は13日） 3・21　水泳とテニスのスポーツ少年使節団、訪比（―31日） 5・1　日本キリスト教協議会青年部、学生代表4人を戦争で壊れたマニラの学生センター再建の勤労奉仕に派遣（―31日） 6・1　O・カステロ国防相、朝鮮戦線視察の途中に訪日。東京で米軍司令部当局と反共戦略などで意見交換 6・15　マニラのYMCAが企画した親善観光団137人が船で初訪日 6・17　キリノ大統領、日本人戦犯全員に恩赦（減刑、釈放）表明

1953（昭和28）年

日　　　本	ベトナム	カンボジア	ラオス	タイ
		に亡命。フランスに一層の譲歩をせまるためと表明。6月20日に陸路帰国してバッタンバン、シエムレアプで独立運動を開始 6・29　カンボジア軍がプノンペン入り、すべての公共建造物を接収		
1953 7・8　吉田首相が福永官房長官と公邸で東南アジア開発計画について検討 8・10　小金義照を団長とする東南アジア経済使節団が台湾、ビルマなど訪問 8・16　吉田首相が東南アジア開発促進策の検討を閣僚に指示 8・28　石原産業が日本インドネシア石油開発合弁会社設置を首脳に進言 　石原産業がインドネシア開発投資合弁銀行設立契約調印 9・4　東南アジア派遣議員団出発（―10月6日） 9・9　吉田首相が福永長官に東南アジア開発団体の乱立整理を指示 9・29　岡崎外相、比・インドネシア・タイ歴訪、賠償問題を協議（―10月15日） 10・6　財界人の懇談会で民間のインドネシア開発調査団派遣合意 11・2　アジア産業開発協力会がアジア産業協力会に名称変更 12・2　フィリピン政府に賠償案提示（10年間、2億5000万ドル） 12・8　日本・ビルマ通商協定調印 12・18　アジアにおける民間企業の行う経済協力を側面から支援する閣議決定 　閣議でアジア関係30余団体を吸収統合するアジア協会設置決定		7・3　ラニエル仏首相、インドシナ3国に仏連合内での独立許与を通告 7・12　シハヌーク国王、「カンボジアがパキスタンと同様の完全独立を獲得するまではプノンペンに帰らない」と発言 7・29　第5次シハヌーク内閣成立。ペン・ヌート首相 8・29　フランスはカンボジアに対する裁判、警察上の主権の完全移譲に関する協定に調印 10・17　フランス、軍事権をカンボジアに委譲。フランスとカンボジアはインドシナに軍司令部を設立することに調印。フランスはシハヌーク国王にフランス軍をふくむあらゆるカンボジア内の軍隊に地域的に支配できる権限を与えることに同意 11・8　シハヌーク国王、シエムレアプからプノンペンにもどり、祝砲と住民の大歓迎を受ける 11・9　カンボジア、独立式典を挙行 11・16　シハヌークがペン・ヌート首相の後継にチャン・	10・22　フランス・ラオス友好連合条約調印。ラオス王国、完全独立	8・12　日タイ通商会談開始 8・24　日タイ通商会議一時打ち切り 8・26　タイ、英、米3カ国による合意が実行され在タイ日本資産が処分 9・4　日タイ通商協定調印 10・28　日本外務省が在日タイ大使館に対して在タイ日本資産処分に関して抗議 12・11　戦後初めて訪タイした日タイ親善航空機が日本に帰還

1953（昭和28）年

ビルマ	マレーシア	ブルネイ	シンガポール	インドネシア	フィリピン
8・19 稲垣平太郎経済使節団ラングーン訪問。賠償に関するビルマ側の意向を打診（—29日） 10・10 岡崎勝男外相、ラングーンを訪問（—13日） 12・8 日緬貿易取極めを締結 ＊ この年の日本のビルマ米買付け量17万1262トン	8・上 鉄鋼・アルミ輸入、ボーキサイト輸出で合意 10・上 鉄鉱石、試行輸出開始		7・13 アジア映画祭に永田雅一・大映社長参加 9・19 国会議員代表団6人、来訪 10・19 商船5隻入港 大阪商船駐在員事務所、開設 11・29 日本映画界代表団、来訪（中国語訳日本映画上映のため） 12・18 水産庁訓練船、戦後初の寄港 沈船解体作業員100人余の滞在許可	7・3 スマトラ残留元日本兵12名、岡崎外相宛て書簡提出（イ政府による「強制送還」問題との関連） 7 イ外務省内に賠償問題の特別委員会設置（委員長スダルソノ・アジア太平洋局長） 8・27 国会議員経済ミッション（団員6名）訪イ 10・3 岡崎外相訪イ、賠償問題でアリ首相と会談（—9日） 10・23 甲斐総領事初めてメダン訪問、アチェ反乱に日本人6名が関係しているという噂があり、その調査を兼ねる 10・29 イ国賠償調査団（スダルソノ団長）訪日、日本の経済状況（賠償支払い能力）調査と沈船引揚げ問題交渉 12・16 スダルソノ再訪日し、日イ沈船引揚げ中間賠償協定調印（60隻の引揚げに650万ドル拠出）	7・15 日本人戦犯110人が船でマニラを出港、帰国へ（22日に横浜入港） 7・16 東京で戦後初の日比学生会議 8・9 東京・日比谷公会堂で日本人戦犯恩赦に対する国民感謝大会開催（フィリピン協会主催） 11・25 大野勝巳賠償担当主任が第2代マニラ在外事務所長に着任 12・28 キリノ大統領、東京・巣鴨の刑務所で減刑服役中の日本人戦犯52人に恩赦（30日に出所） 12・30 R・マグサイサイ第3代大統領、就任

1953〜1954（昭和28〜29）年

日　　本	ベトナム	カンボジア	ラオス	タ　イ
		ナック枢密顧問を任命 11・19　チャン・ナック新内閣のソン・サン副首相が辞職したため内閣総辞職。カンボジア新内閣総辞職 11・23　シャナック新内閣成立 11・24　日本政府はカンボジアに設置予定の公使館、初代代表に外務省参与元京都連絡調整事務所長吉岡範武氏を起用 12・17　ニュエン・ヴァン・タム内閣総辞職		
1954 1・16　岡崎外相が関西財界人と懇談、賠償で東南アジアと経済関係改善狙う考え表明 4・9　藤山愛一郎大日本製糖社長を会長とするアジア協会創立総会開催 5・8　東南アジア映画祭、東京で開催 5・28　愛知通産相が東南アジア総合政策立案のための委員会設置構想を表明 6・24　国連アジア極東経済委員会（ECAFE）へ正式加盟	5・7　ディエンビエンフーの戦いでフランス軍がベトミン側に降伏 6・19　ストックホルムの「国際緊張緩和のための平和大会」で、日本平和委員会の平野義太郎会長とベトナム平和委員会のレ・ディン・タム、スアン・トイとの間で、ベトナム残留日本人の帰国問題を協議	2・9　カンボジア政府、空軍の中核を養成するため日本から1個中隊分の戦闘探索機を購入する計画と言明 2・23　チャン・ナック首相が辞表提出 3・10　フランス、カンボジアの外交権を承認 4・7　ペン・ヌート内閣成立。第5次シハヌーク内閣成立 4・17　ペン・ヌート内閣改造。国防相などを入れ替え、臨戦体制を強化 4・26　ジュネーブ会議開催。インドシナ問題の討議を開始 5・17　ジュネーブ会議のインドシナ問題9カ国秘密会談開始 5・19　ノロドム・カントール新駐日大使が信任状を奉呈 吉岡範武特命全権公使が信任状を奉呈、大使館へ昇格 6・24　カンボジア内閣総辞職	5・8　ジュネーブ国際会議開始、ラオス王国政府プーイ・サナニコーン外相派遣	3　在タイ日本資産処分に関するタイ政府見解が、日本側へ伝達 4・20　上野において財団法人タイ室企画の日タイ修好350周年記念祭開催（約1カ月の予定） 4・22　英米両国から日本外務省へ在タイ日本資産処分への抗議に関する返答が、公文でなされる 4・23　日本側より再度在タイ日本資産処理に関する抗議の口上書が、タイ側へ提出

1953〜1954（昭和28〜29）年

ビルマ	マレーシア	ブルネイ	シンガポール	インドネシア	フィリピン
1・29　日本側の30万トンの米買付けを定めたビルマ米売買取極め、ラングーンにて署名。54年7月31日まで有効	4・19　日本政府、天然ゴム輸入を自動認可制に	1　ブルネイ国憲法起草委員会ミッション、憲法事情視察のためマラヤ連邦諸州を訪問	1・4　日本毛織物協会使節団、来訪 2・18　ゴム工業視察団、来訪	1・3　倭島公使、賠償問題の会談再開申し入れ 　日本が西イリアンを買い取り移民を送るという日本の雑誌の記事をめぐりインドネシア国内紛糾 2・9　東宝が独立戦争をテーマとした日イ合同映画製作を検討、プロデューサーら訪イ 　賠償に関する岡崎外相の国会発言をめぐりインドネシア国内紛糾 2・11　スナルヨ外相、対日賠償交渉中止を言明 2・13　小滝外務政務次官、「沈船引き揚げの次はアサハン河開発」と国会答弁 3　岩田喜雄、三好俊吉郎、小田静穂らアジア経済調査会よりインドネシアに派遣 4・2　B.M.ディア、松永安左衛門を訪問	1・4　マニラで大野所長とC・ガルシア副大統領兼外相との間で賠償予備交渉再開 4・7　フィリピンで開催されたボーイスカウト国際大会に日本代表団が初参加 4・15　大野＝ガルシア日比賠償覚書（総額4億ドル、支払期間10年でさらに10年の延長可）に調印 4・17　マニラで日比賠償公式会談（―30日）。双方の全権代表問題（日本占領時代の村田省蔵大使とラウレル大統領）などで紛糾。大野＝ガルシア覚書は破棄 　フィリピン協会の第2代会長に岡部長景、就任（―6月） 4・23　ガルシア副大統領兼外相、10億ドル対日賠償案を提示 4・30　マグサイサイ大統領、日本の賠償支払い能力などを探

1954（昭和29）年

日　　本	ベトナム	カンボジア	ラオス	タイ
1954 8・18　岡崎外相がSEATO会議に日本は出席せずと言明 9・8　マニラで東南アジア条約機構（SEATO）結成 　　　東南アジア集団防衛条約ならびに太平洋憲章調印 10・6　オタワでの英連邦外相会議協議委員会（コロンボ計画）第6回会合に初参加 　　　外務省情報文化局がコロンボ計画への日本正式招聘について談話発表 11・10　訪米中の吉田首相・アイゼンハワー大統領、日米共同声明を発表 11・24　コロンボ計画技術協力会議に初参加	7・20　ジュネーブ協定締結、インドシナ戦争終結、ベトナムの国土は北緯17度の臨時境界線をもって南北に分割 7・22　日本政府、サイゴンのベトナム国と大使交換に同意 8・12　北ベトナムとの民間交易を目的として日越貿易会創立（表向きの名称は「金曜会」） 9・14　サイゴンのベトナム国政府、避難民救済を日本に要請 10・15　ベトナム国のサイゴンに日本公使館を開設 11　ベトミン支配地区よりベトナム残留日本人の第1次帰国	7・21　インドシナ3国休戦協定調印。ジュネーブ会議閉幕、最終宣言を発表 7・31　仏はベトナム国軍に対する17度線以南の軍事指揮権を放棄すると表明 8・1　第3次ペン・ヌート内閣成立 8・6　インドシナ休戦監視準備会議終了、共同コミュニケを発表 8・7　カンボジアに関する休戦協定は午前7時に実施。インドシナ戦争を通じてカンボジアではゲリラ戦以上の戦闘はなかった	7・21　ジュネーブ協定調印、ラオス休戦に同意パテート・ラーオ北部2省へ	8・31　日本政府は日タイ貿易計画の8月31日期限満了に伴い、1年間延長の書簡を交換 9・27　バンコク日本人商工会議所が32社の会員を迎えて設立総会開催 10・26　日タイ貿易会談開催 10・29　タイ国工業省がドイツか日本の商社の協力を得てタイに鉄鋼工場を建設することを決定したと発表 11・5　日タイ貿易会談妥結 11・6　日タイ貿易協定交換公文に調印。共同コミュニケを発表 12・11　日本側調査団がタイ

1954（昭和29）年

ビルマ	マレーシア	ブルネイ	シンガポール	インドネシア	フィリピン
				5・21　テジョクスマナを団長とする経済使節団訪日（藤山愛一郎日商会長の招待で2週間滞在）	る調査団9人を日本に派遣（―6月5日）。団長はJ・エルナンデス蔵相 5・1　マニラで開催の第2回アジア競技大会に日本選手団160人が参加。ラジオ東京（現TBS）など民放3社が初めて海外からラジオ中継 5・7　フィリピン軍のルバング島残置日本兵掃討作戦で、島田庄一元陸軍伍長が死亡 5・23　マニラ在外事務所長代理に卜部敏男参事官、着任 5・25　日本政府、ルバング島残置日本兵2人への投降勧告団を派遣（―6月4日） 6・8　フィリピン協会の第3代会長に村田フィリピン友の会会長が就任（―57年7月）
8・17　チョオ・ニェイン工業相兼外相代理を団長とするビルマ側代表団9名、日本政府と賠償交渉に入るため、訪日 8・19　チョオ・ニェイン工業相兼外相代理、岡崎外相と会談、他国との対等を基本要求方針とし、日本がフィリピンに対して払う用意があるとされる4億ドル（20年払い）を要求 8・20　第2回チョオ・ニェイン―岡崎会談、日本側はビルマ側要求を実現困難と説明、1億ドル（10年払い）を回答、ビルマ側は拒否。9月24日まで計13回両者で会談、賠償2億ドル10	9・中　鉄鋼業界視察団、来訪	11・15　ブルネイ国ブラカス空港公式に開港	9・上　アルミニウム業界視察団、来訪 東京銀行駐在員事務所、設置 味の素、駐在員赴任 11　味の素、事務所再開	7・3　インドネシア政府、6月末期限の貿易債務の支払延長を要請、日本政府はイへ繊維輸出禁止 7・21　アリ・サストロアミジョヨ首相、国会に日イ沈船引揚げ中間賠償協定の承認延期を要請 12・29　ボゴール会議最終コミュニケ、第1回アジア・アフリカ会議（バンドン会議）に日本も招待する旨発表 12　重光葵外相訪イ	8・10　エルナンデス賠償調査団、マグサイサイ大統領に約200ページの報告書を提出 10・15　日本新聞協会などの招きで戦後初のフィリピン新聞記者親善使節団が訪日 11・7　ニューヨークで、吉田首相とラウレル元大統領が秘密会談。賠償交渉再開の方策を協議（11日に2回目の会談） 12・17　東京のデパートで戦後初のフィリピン紹介写真展開催（フィリピン協会主催） 12・18　マニラで開催の第1回アジア野球大会に日本チームが参加（―26日）

1954〜1955（昭和29〜30）年

日　　本	ベトナム	カンボジア	ラオス	タイ
		11・27　カンボジア、対日賠償請求権を放棄すると声明 12・15　カンボジアは吉岡公使への覚書で「カンボジアがサンフランシスコ条約に基づく賠償請求権を放棄する」と通告		米から黄変菌を検出
1955 1・12　南太平洋の遺骨収集のため大成丸出発 1・25　アジア・アフリカ会議事務局より日本へ招請状（2月14日に参加を正式回答） 2・8　外務省にアジア経済協力室設置 2・19　東南アジア集団防衛条約発効 3・28　ECAFE第11回総会東京で開催（―4月7日） 4・2　シンガポール・マラヤで処刑された戦犯の遺骨帰る 4・15　日本代表団（代表、高碕達之助）、アジアアフリカ会議参加のためバンドンへ出発 4・18　アジア・アフリカ会議開く（バンドン―24日） 6・17　インドネシア貿易特別協議会発足	1・14　日本ベトナム友好協会設立、北ベトナムとの交流が主な活動 2・18　東京にベトナム国（南ベトナム）公使館が開設 　日本で日越貿易会（北ベトナムとの民間交易を目的）が正式に設立	1・7　国士舘大学柔道5段高田勝善皇宮警察講師が戦後初のカンボジア王国柔道教師として赴任 1・26　上村甲午郎経団連副会長を団長とするカンボジア親善使節団一行8人がカンボジアへ出発。日本に対する賠償請求権放棄通告のため親善訪問。2月6日に帰国。コロンボ・プランの実施等を希望 　レン・ゲット内閣成立 2・2　シハヌーク国王がラジオ放送を通じて王位を59歳の父スラマリット公に譲ることを考慮	2・9　ラオス王国政府、日本との国交関係を樹立することを決定	3・28　ワン・ワイタヤコン外相来日（―4月9日） 4・1　ワン・ワイタヤコン外相の随員4名に対して叙勲の伝達 4・6　日タイ文化協定調印 　重光外相より随員4名に対し、勲章と勲記を伝達 4・9　一万田蔵相、ワン・ワイタヤコン外相と会談 　日タイ特別円交渉妥結 4・13　タイ外相から重光外相あてに協力を感謝した電報着信 4・17　ピブーン首相訪日

1954〜1955（昭和29〜30）年

ビルマ	マレーシア	ブルネイ	シンガポール	インドネシア	フィリピン
年払い、経済協力5000万ドル（10年間）で最終同意 9・25 チョオ・ニェイン工業相兼外相代理と岡崎外相、日本―ビルマ間の平和条約および賠償・経済協力協定に仮調印 11・5 ラングーンで日緬平和条約および賠償・経済協力協定に調印（日本側岡崎外相、ビルマ側チョオ・ニェイン外相代理がそれぞれ交換公文に署名） 12・1 ビルマ、日本両国の総領事館、それぞれ大使館に昇格 12・6 稲垣経済調査団が訪緬。賠償・経済協力に関する基礎的調査およびビルマ政府との意見交換 12・20 日本の国会、日緬平和条約および賠償・経済協力協定を承認					12・26 バギオで開催の第9回アジア学生反共会議に日本から東大生ら学生代表が参加（―31日）
1・6 日本側の22万トンの米買付けを定めたビルマ米売買取極め、東京にて署名。1955年7月31日まで有効 3・16 ビルマ民族議院、日緬平和条約と賠償・経済協力協定を承認 3・18 ビルマ国民議院、日緬平和条約と賠償・経済協力協定を承認 4・12 日本政府、日緬平和条約の批准を内閣決定 4・16 東京にて、日緬平和条約の批准書および賠償・経済協力協定発効に関する公文を交換	2・18 対日貿易、原則自由化 4・1 繊維、セメントの対日輸入規制を撤廃 4・15 マラヤで処刑された戦犯162人の追悼集会、東京で開催 5・1 日本への電話開通		2・18 対日貿易、原則自由化 4・1 繊維、セメントの対日輸入規制を撤廃	4・18 アジア・アフリカ会議、バンドンで開催（―24日）高碕達之助経済審議庁長官（代表）、外務省谷正之、加瀬俊一（以上副代表）ら総勢28名が参加、この間、高碕・スナルヨ外相会談でインドネシア側10億ドルの賠償額を提示	3・6 マグサイサイ大統領、鳩山一郎新首相に電報で賠償問題への積極的な取り組みを要請（鳩山首相も8日に返電） 3・29 東京で日比賠償に関する専門家会議（―5月10日）。フィリピン政府はC・ラヌサ公使を代表とする11人を派遣 5・4 フィリピン戦争未亡人10人がフィリピン協会などの招きで訪日 5・5 東京で開催の国際商業会議所大会にフィリピン代表21人が初参加（―21日） 5・22 キリノ元大統領、フィ

1955（昭和30）年

日　本	ベトナム	カンボジア	ラオス	タ　イ
		中であると表明 　コン・R. L. ウォン・サニット駐日臨時代理大使着任、大使館へ昇格 　2・5　カンボジア政府はスラマリット新国王に正式に総辞職願いを提出、スラマリット国王はレン・ゲット現首相に新政府の組閣を要請 　2・7　シハヌーク国王、国民投票で99.8％の支持を獲得。国王は独立達成の使命を果たしたかとの設問 　2・19　コン・R. L. ウォン・サニット氏、臨時代理大使に 　2・21　吉岡範武氏、臨時代理大使に 　3・2　シハヌーク国王が退位。ノロドム・スラマリット王が即位 　3・7　吉岡範武氏、特命全権大使に 　4・7　シハヌーク殿下、サンクム（人民社会主義共同体）を結成 　5・11　ニエク・チェウロン前パリ駐在高等弁務官が駐日大使に任命 　5・16　米・カンボジアが軍事援助協定調印		
1955 　7・22　河野農相が東畑精一東大教授を東南アジア米穀事情調査としてタイ・ビルマに派遣すると発表 　10・4　経済閣僚懇談会で翌日のフーヴァー米国務次官らとの会談での東南アジア開発計画における日米協力案など検討 　10・17　シンガポールで開催されたコロンボ会議に石橋通産	10・24　ベトナム国で国民投票実施、バオ・ダイがゴ・ディン・ジエムに敗れる 　10・26　サイゴンを首都とするベトナム共和国（南ベトナム）	9・11　カンボジア第3回総選挙。ノロドム・シハヌーク前国王の率いる人民社会党サンクムが91議席全部を獲得して完勝 　10・1　レン・ゲット内閣総辞	9・17　ウィエンチャンに日本大使館開設 　10・26　日本の初代ラオス大使、太田一郎氏ウィエンチャンに到着。ただし、タイ大使も兼	7・4　ワン・ワイタヤコン外相訪日（―6日） 　7・6　重光外相とワン・ワイタヤコン外相との間でタイ国特別円決済問題に関する特別円処

1955（昭和30）年

ビルマ	マレーシア	ブルネイ	シンガポール	インドネシア	フィリピン
（賠償10年間総額2億ドル、経済協力10年間5000万ドル、それぞれ役務と生産物供与で実施） 4・18 バンドン会議にウー・ヌ首相出席（―24日）					リピン協会の招きで訪日（―6月9日） 6・3 日比賠償技術協定、調印
7・19 ウー・ヌ首相、イスラエル、ユーゴスラヴィア、英国、米国のあと、日本を公式訪問（―23日） 10・18 日本政府との間で、	10 戦前の日本人保有建築物、競売に 11・中 日本人の長期滞在・永住を許可		7 三井物産支店、操業 8 住友商事支店、操業 9・9 戦争災害補償局、日本石油3社のシンガポール政府に対する600万海峡ドルの支払請	8・22 インドネシア貿易産業代表団、訪日 8 アナック・アグン・グデ・アグン外相が8億ドルの賠償額提示	8・12 マグサイサイ大統領、8億ドル対日賠償案をマニラ在外事務所を通じて日本側に正式提示 9・5 ベル通商法を改定（ラ

1955〜1956（昭和30〜31）年

日　　本	ベトナム	カンボジア	ラオス	タイ
相ら政府代表参加 10　経団連防衛清算委員会が東南アジア諸国へ兵器輸出調査団派遣計画立案 11・24　外務省、経済外交の基本方針を決定（対東南アジア経済協力を提唱）	樹立、ゴ・ディン・ジエム大統領就任	職。シハヌークに新内閣の組織が委任された。第7次シハヌーク内閣成立（一12月31日） 10・2　カンボジア新内閣成立。シハヌーク首相と外相を兼任。サム・サリが副首相 10・3　シハヌーク国王を首班とするカンボジア新政府成立 12・4　シハヌーク・カンボジア首相が国賓として訪日 12・6　日本・カンボジア通商協定締結交渉 12・9　日本・カンボジア友好条約調印。両国の貿易はバーター方式で。カンボジアは日本人移民受け入れと国内工業発展のための日本資本をふくむ外資導入に特別の便宜を与える方針 12・15　カンボジア、国連に加盟 12・27　シハヌーク辞表提出。3カ月以内に辞職すると公約。カンボジアの国連加盟を実現し、日本と友好条約を結ぶという公約を果たしたと回顧	任し、バンコク在住 10・27　太田大使、シーサワンウォン国王に信任状を提出	理協定仮調印 7・9　バンコクにて日タイ特別円処理協定調印 8・5　日タイ特別円協定、効力を発生 9・6　日タイ文化協定発効
1956 2・21　石坂泰三新経団連会長が就任後の会見で東南アジア諸国との提携促進構想を表明 2・28　アジア地域ユネスコ会議、東京で開催（22カ国参加） 3・22　経団連首脳らが来日中のロバートソン米国務次官補と東南アジア援助などで懇談 3・29　アジア協会がアジア諸国研修生のための技術センター設立計画方針を表明 3・下　経団連副会長植村甲午郎を団長とする東南アジア経済使節がベトナム・タイ・ビルマ・パキスタン訪問（一4月20日） 4・下　経団連が東南アジア各国へ技術調査団派遣計画表明	1　南ベトナム、2億5000万ドルの戦争賠償を日本に要求 3・下　植村使節、南ベトナム政府と賠償交渉 5・12　日越貿易会・日本国際貿易促進会の共同代表団、ハノイで（北）ベトナム輸出入総公司と第1次民間貿易協定を締結	1・3　シハヌーク・カンボジア首相辞任 1・4　ウゥム・チェアン・スン新首相兼内相発足。プラク・サリン蔵相、シリク・マタク国防相、キィエウ・ヴァン外相 1・7　ウゥム・チェアン・スン首相が辞任。王宮前で300人のシハヌーク支持派がデモを行った結果、決められたもの。	1・6　ラオス愛国戦線（ネーオ・ラーオ・ハクサート）、全国大会開催 3・27　日本外務省、渋沢信一駐タイ大使にラオス大使を兼任させることを決定	4・6　通商交渉において清算勘定から現金決済へ移行することが決定 4・9　日タイ貿易取決め調印 4・16　日タイ貿易取決め発効し、オープン・アカウントから現金決済方式へ移行（57年12月31日まで有効） 5・19　渋谷真一特命全権大使着任

1955〜1956（昭和30〜31）年

ビルマ	マレーシア	ブルネイ	シンガポール	インドネシア	フィリピン
役務・生産物供与手続きに関する公文と合意議事録を交換 11・1　日本政府、ラングーンにビルマ賠償使節団事務所開設、使節団による経費支出に基づき賠償支払い開始 12・21　賠償使節団と東京銀行・富士銀行との銀行取極め 12・24　初年度賠償実施計画提示			求を却下（占領期にインドネシアから輸入したもの） 11・中　日本人の長期滞在・永住を許可 11・19　越後屋、再開 　　　三菱商事支店、開設 12・2　サーカス団来訪		ウレル＝ラングレー協定） 10・11　フィリピン海軍、ミンダナオ島沖を通過中の日本漁船・大進丸を不法入国容疑で拿捕 12・下　女優の淡路恵子、マニラに妻子がいるフィリピン人ジャズ歌手ビンボー・ダナオとの"婚約"発表が話題を呼ぶ（ダナオの離婚が成立せず、65年12月に離別）
1・6　日本側の25万トンの米買付けを定めたビルマ米売買取極め、東京にて署名（56年7月31日まで有効） 2・6　ビルマ戦における日本軍戦没者遺骨収集のため、初めての遺骨収集団がビルマとインドに向けて出発（日本政府主催、厚生省・外務省の職員と遺族らから成る12名）。1351柱を収骨、	2・11　日本マレー・シンガポール協会、結成 4・9　教員視察団164人、訪日	6・20　厚生省遺骨収集団（団長鹿江隆）ブルネイ訪問	4　日本との合弁水産企業設立を解禁	1　鳩山首相の私的特使として三木武夫訪イ、ハラハップ首相と会談 3・31　国際商業会議所アジア委員会第5回総会（於バンドン、4月4―6日）出席のため同総会議長加納久朗国際商業会議所副議長ら羽田発 6・19　鮎川義介、松永安左衛門、西嶋重忠等訪イ（賠償問題、	2・26　東南アジア善隣関係樹立協会（会長は内山岩太郎神奈川県知事）が戦争で壊れたマニラ大聖堂再建で募金を開始 2・29　キリノ元大統領、死去 3・14　鳩山首相、賠償交渉と平行してフィリピンとの貿易・経済関係拡大工作で藤山愛一郎日本商工会議所会頭を特使としてマニラに派遣（―4月11日）

1956（昭和31）年

日 本	ベトナム	カンボジア	ラオス	タ イ
5・25　船田防衛庁長官・増原同庁次長が参院内閣委で東南アジアにも将来防衛駐在官を派遣すると答弁 5・下　経団連が東南アジアとの経済協力懇談会開き、海外技術協力会社設置構想表明 6・12　国連ＡＡ会議に加瀬大使参加 6・25　経団連が東南アジア技術協力のための日本技術協力会社設立方針を決定		カンボジア新首相辞任、シハヌーク前首相の帰国までの管理内閣となる 1・14　大同海運、川崎汽船がカンボジア定期航路の開設を計画。プノンペンに対しセメント、雑貨、建設資材の輸送 2・6　シハヌーク殿下、カンボジアの中立維持、SEATO不参加を宣言 2・13　カンボジア政府が日本に対し年間1万人の日本人移民を受け入れると申し入れた件で、具体的な打ち合わせのため矢口麓蔵外務省移住局長がカンボジアへ出発 　　シハヌーク殿下、中国をはじめて訪問。(―21日)周恩来首相の平和5原則を支持すると発言 2・21　仏印特別円処理に関する日仏交渉開始（東京） 3・11　第8次シハヌーク内閣成立 3・30　シハヌーク首相辞任 3・31　キム・ティット副首相が臨時首相に就任。シハヌーク首相の辞職理由は米軍軍事援助に対する支払い方法の問題で国立銀行総裁と衝突したため 4・22　カンボジア農業移民計画で入植適地調査のため石井外務省移住局次長ら農林、建設、厚生省関係者が出発 4・28　ニエク・チュウロン駐日カンボジア大使が皇后陛下にカンボジア大綬章を贈呈 5・16　日本青年団協議会が定		

ビルマ	マレーシア	ブルネイ	シンガポール	インドネシア	フィリピン
3月15日に帰国 3　対ビルマ賠償、最初の契約認証5件（10億円分）				スマトラ石油問題協議）（―7月5日）	4・17　藤山特使、民間ベースの経済借款案（藤山私案）をまとめて再びマニラ入り 4・27　マニラで、卜部所長代理とラヌサ経済審議会計局長との間で日比賠償協定に仮調印 5・8　賠償協定の正式調印で首席全権の高碕達之助経済審議庁長官がマニラ入り。フィリピン側首席全権はF・ネリ特命大使 5・9　マニラで日比賠償協定（総額5億5000万ドル、支払期間20年）締結。同時に2億5000万ドルの経済開発借款協定も調印 5・29　衆議院、日比賠償協定を承認 6・3　参議院、日比賠償協定を承認

1956～1957（昭和31～32）年

日　　本	ベトナム	カンボジア	ラオス	タイ
		期大会で日本とカンボジアの勤労青年の交換を行う計画を可決		
1956 7・27　東京銀行がシンガポールに支店開設許可獲得 8・13　日本商工会議所（日商）が訪比経済使節団派遣 9・17　一万田蔵相が個別に国民政府・インドネシア・セイロン・南ベトナム蔵相・中央銀行総裁と会談 9・20　一万田蔵相がワシントンのIMF・世銀総会に出席し東南アジア開発計画で意見交換（―10月7日） 10・12　アジア協会が経済協力調査団を東南アジア諸国に派遣 10・31　JETRO、海外市場白書を発表（東南アジア重視） 12・13　高碕経企庁長官がウェリントンでのコロンボ会議から帰国、東南アジアへの中小工業進出構想を表明 12・16　日本機械輸出組合が東南アジアに機械の巡航見本市開催	7　日本ベトナム友好協会訪問団、ハノイを訪問し、ホー主席と懇談 8・25　ベトナム民主共和国（北ベトナム）外務省、日本に対し戦争賠償を要求する正当な権利の保有を明言（日本外務省は、ベトナム民主共和国は正当な政府ではないとの理由で請求拒否） 12　日本商社代表団13名、ハノイで各社別に商談（渡航は中国ルート、香港ルート）	7・14　シハヌーク前首相、チェコ訪問でシロキ・チェコ首相との共同声明に調印、そのなかで日本、中国をはじめ他の主権国家の国連加盟を要望 7・20　日本、カンボジア友好条約批准書交換（プノンペン） 8・7　一井秀男臨時代理大使が任命 8・21　高碕外相代理が一万田蔵相を訪ね、カンボジアへの経済協力について外務・大蔵・経企庁からなる調査団を送ることを決定 9・15　第9次ノロドム・シハヌーク内閣成立（―10月24日） 10・15　シハヌーク・カンボジア首相辞任。理由は財政問題、反対派の攻撃、行政改革の困難など 10・25　サン・ユン内閣成立（―57年2月1日） 11・27　吉岡範武特命全権大使が着任 12・29　サン・ユン内閣総辞職	10・4　東京にラオス大使館開設 10・19　カムマーオ駐日ラオス大使着任 12・26　プーマ首相、対日賠償請求権放棄を渋沢大使に申し入れ	7・24　三井金属鉱業と葉賢才公司とで日タイ合弁会社設立予定と発表
1957 1・24　外務省で第5回アジア太平洋地域公館長会議開催（―26日） 1・29　国際建設技術協会が東南アジアへの技術顧問派遣促進のためのレセプション開催 2・8　日本硫安工業協会がビルマに合弁会社設立計画発表		1・3　サン・ユン内閣再発足（―4月8日） 3・16　ノロドム・スラマリット国王がサン・ユン内閣総辞職を承認	3・11　ラオス王国政府、対日賠償請求権を放棄	1・28　バンコクの日本大使館が近くバンコクに情報センターを設置すると発表 3・2　タイ政府が日本などからのシャツ生地輸入禁止措置を

1956〜1957（昭和31〜32）年

ビルマ	マレーシア	ブルネイ	シンガポール	インドネシア	フィリピン
	8・5 日・マ合弁のイースタン・ミネラル・トレーディング社に日本企業が50万海峡ドルを融資 10・3 タイ国境で元日本兵の共産ゲリラ隊員（宮谷勇）、射殺 10・下 戦前、戦中の滞在者の入国を許可		8・4 チュアン・フイチュアン（元136部隊華人班副隊長）、「血債」請求のため訪日 10・下 戦前、戦中の滞在者の入国を許可 ブリジストンタイヤ支店、設立	8・9 インドネシア新聞界代表6名（アダム・マリク他）日本新聞協会の招待で訪日 9 倭島公使、「インドネシアが焦げつき債務を返済するなら純賠償2億5000万ドルを供与する」と提示、イ側不満、交渉停滞 10 モロタイ島に日本軍人が多数残っているという情報	7・16 フィリピン上院、日比賠償協定とサンフランシスコ平和条約を批准（発効はともに23日） 7・23 日比間の外交関係、正常化。インペリアル駐日代表が臨時駐日大使に就任。同時にト部マニラ在外事務所長代理が臨時駐比大使に就任 8・8 国交樹立後初の訪比親善使節団がマニラ入り。団長は村田フィリピン協会会長 8・23 朝海浩一郎初代駐比大使、着任 9・2 E・キンテロ臨時駐日大使、着任 9・11 マニラのマラカニアン宮殿（大統領府）での朝海大使の信任状奉呈式で、戦後初めて「君が代」が演奏 9・13 賠償協定交渉のキーパーソンの1人だったネリ元特命大使が初代駐日大使に着任 11・19 遺骨収集促進を目的にした民間団体「日比慰霊会」発足
2・1 日本側の10万トンの米買付けを定めたビルマ米売買取極め、ラングーンにて署名（57年7月31日まで有効） 5・23 岸首相、ビルマを公式	3・12 ラグビー選手団、訪日 3・中 日本労働組合代表団、来訪 5 ゴム業界視察団、来訪	1・1 ブルネイ国政府とロイヤル・ダッチ・シェル・グループの合弁企業ブルネイ・シェル石油㈱設立 5・2 ラジオ・ブルネイ（ブ	1・8 日本人会、結成 1・19 東京銀行支店開設 2・13 日章丸船上で日本機械見本市、開催（―14日） 3・14 日本労働組合代表団、	4・20 倭島公使帰国、「日本は純賠償2億ドル、焦げ付き債権1億ドル放棄、借款5億ドル案を提示」と談 6・3 鶴見代理総領事、クリ	2・5 1月31日にマニラ入りした訪比親善使節団11人（団長は小西英雄参院議員）に元憲兵隊大尉がまじっていることが発覚、戦争未亡人会などが日本大

1957（昭和32）年

日　本	ベトナム	カンボジア	ラオス	タ　イ
2・27　鉄道車両工業協会が東南アジアへ鉄道車両部品使節団派遣 4・19　岸首相が衆院外務委でEEC型東南アジア共通市場創設は困難との見解表明 5・20　岸首相第1次東南アジア訪問（緬印パ泰など）、アジア経済開発基金・技術研修センター設置を提唱（―6月4日） 6・6　外務省案「東南アジア開発基金構想」をマッカーサー米大使に手交 6・20　岸首相、米上下院で演説、日米協力によるアジアの発展と反共を強調 6・28　電電公社が台湾・南ベトナム間米軍用無線設計契約調印		3・27　仏印特別円の決済に関する日仏議定書調印（東京） 4・1　カンボジア内閣総辞職 4・9　第10次ノロドム・シハヌーク内閣成立（―7月25日） 5・20　岸首相、東南アジア6か国訪問（―6月4日） 6・29　オウム・チェアン・グオン臨時代理大使任命		表明 5・31　岸首相、タイを公式訪問（―6月2日） 6・1　岸首相、ピブーン首相と会談 6・2　岸首相、ピブーン首相と共同声明を発表
1957 7・18　日商、政府の対インドネシア向け輸出6カ月禁止措置の緩和を申入れ 7・24　米国防総省筋が日米間で日米及び対東南アジア向け兵器輸出方式について検討中と言明 8・12　アジア協会が小林中氏を会長に選任、アジア会館建設決定 8・22　小林中移動大使、賠償問題で東南アジア各地を訪問（―10月） 8・26　アジア協会会員が岸首相訪問、アジア調査研究機関設置で一致 　　　バンコクで東南アジア在外公館経済担当官会議開催、小林中	11・20　岸首相、サイゴン訪問、ゴ・ディン・ジエム大統領と賠償問題などについて会談 12　賠償交渉で日本は「植村試案」を発表し、3900万ドルの賠償を提案、一方ベトナム側は4650万ドルを提案 12・24　南ベトナムとの賠償交渉にあたる植村甲午郎政府代表出発	7・26　シム・ヴァル前国会上院議長を首班とする内閣成立（―58年1月9日）。中立政策を堅持すると説明 11・7　日本・カンボジア経済交渉開始（吉岡前大使・フレク・フオウン計画省顧問）。 11・18　国王、永世中立法に関する法令の発効に関する命令に署名 11・21　岸首相、カンボジア	11・19　ラオス、第1次連合政府成立 11・23　岸信介首相、ラオス訪問。サワン・ワッタナー皇太子と会見 11・24　岸首相、プーマ首相と会談対日賠償請求権放棄に謝意を表明	8・1　ワン・ワイタヤコン外相、日本訪問の意向を表明 8・19　バンコクに日本情報事務所が開設される。前年のニューヨークについで2番目 8・26　小林中東南アジア移動大使の訪タイに際して、渋沢在タイ大使と共にワン・ワイタヤコン外相と会談し、タイ特別円問題に関して協議 9・15　タイ政府、日本人科学

1957（昭和32）年

ビルマ	マレーシア	ブルネイ	シンガポール	インドネシア	フィリピン
訪問、ウー・ヌ首相と共同声明を発表		ルネイ国営放送局）開局	来訪 4・1　ブラガ保健相、東京で岸首相と会談 5・22　貿易使節団（12人）来訪 5　ゴム業界視察団、来訪 5　ホゥルデン・トレイディング社（マンダム社の合弁、化粧品製造販売）設立	スマス島での仏原爆実験にインドネシアも共同で抗議するよう求めたメモランダムを手交 6・9　同和火災保険会社の招きで日本へ留学していた7名の青年が適応困難として途中帰国 6・11　スバルジョ元外相訪日（松永安左衛門の招待、非公式に賠償問題で懇談）（―17日） 6・17　高木広一が総領事に任命	使館に抗議 2・8　元憲兵隊大尉、単独帰国 2・15　日本から吉野桜1500本がマニラに着く。ルソン島北部のベンゲット道路（20世紀初頭に日本人労働者が建設）の沿道に植えるためにフィリピン協会などが寄贈 2・25　日本の機械巡航見本市船・日昌丸がマニラ入港 3・17　マグサイサイ大統領、飛行機事故死。ガルシア副大統領が大統領に昇格 5・7　フィリピン女子大学の修学旅行グループ64人が初訪日 6・15　湯川盛夫第2代駐比大使、着任 フィリピン政府招聘留学生として日本から戦後初めて学生2人が留学。期間は約1年（招聘制度は60年代半ばまで続き、日本から計約10人がこの制度下で学ぶ）
9・27　ウー・ヌ首相、議会で日本の対ビルマ賠償を振り返り、憎しみを捨て冷静に対処したため、協定に定められた内容で妥協した旨、発言 12・20　日緬貿易取極めの1年延長に関する公文を交換 12・21　日本側の5万トンの米買付けを定めたビルマ米売買取極め、東京にて署名（58年7月31日まで有効）	8・2　日本政府、初代大使任命 8・31　「マラヤ連邦」独立 9・2　日本政府、マレーシア・シンガポールからの留学生2人に奨学金提供 9・9　臨時代理大使　平井勇、着任 10・9　リー・ハウシク蔵相、訪日 11・24　岸信介首相、来訪	12・下　ブルネイ国王、英国にて憲法制定に関して英国外相と非公式会談	8・20　衆議院議員代表団、リム・ユウホク主席大臣を表敬訪問 東京海上火災保険、代理店開設 9・19　日本政府移動大使・小林中、来訪	7・13　イスハック総領事、インドネシア側賠償案を岸首相に手交 9・18　スバンドリオ外相訪日、岸信介首相と会談（―20日） 10・16　ハッタ元副大統領訪日（私的資格で、賠償問題協議のため。―29日） 10・17　ハッタ、藤山外相と会談	7・25　フィリピン協会の第4代会長に賠償協定締結時の首席全権だった高碕元経済審議庁官が就任（―58年7月） 7・31　日比バーター貿易・金融協定、失効 8・1　日比間貿易、ドル決済に移行 10・1　在留邦人の親睦組織「マニラ日本人クラブ」結成 10・10　フィリピン外務省、

1957（昭和32）年

日　本	ベトナム	カンボジア	ラオス	タ　イ
東南アジア移動大使も参加（―28日） 9・3　自民党小委員会で東南アジア諸国との文化協定要綱決定 9・23　藤山外相、ダレス米国務長官に東南アジア開発基金構想を提示するも支持得られず 9・27　一万田蔵相がワシントンでの国際金融公社（IFC）年次総会でアジアへの援助拡大を訴える演説 10・1　コロンボ計画に関する年次報告書を外務省が発表 10・15　自民党アジア問題調査会と外交部会がアジア協力体制の整備促進を提唱 10・21　第9回コロンボ会議で石井副総理が演説、開発基金に触れず 11・2　GATT総会出席後帰国した河野経企庁長官が東南アジア開発基金構想への米の了解とれずと談話 11・5　大洋興業がタイ湾の漁業権獲得を発表 11・18　岸首相東南アジア（ベトナム、カンボジア、ラオス、マラヤ、比、シンガポール）などを歴訪（―12月8日） 12・10　閣議で東南アジアなど20カ国の鉄道首脳を招待する決定 12・17　石炭総合研究所がビルマ炭田探鉱契約調印 12・25　自民党政調会が次年度予算の留保財源から50億円をアジア経済協力基金に充てる決定		訪問。スラマリット国王夫妻と会見。シム・ヴァル首相と会見、日本側の15億円の経済援助について一致、15億円の物資、技術による経済援助を3年間で提供（交換公文は22日調印） 11・22　岸・シム・ヴァル共同声明。両国政府はカンボジアの中立がアジアにおける平和と安定の要素であることを確信し両国が国際問題の解決のため国連憲章の目的、原則に従うことを宣言。核実験の停止を求めることに合意。日本はカンボジア援助のため経済援助を与える。両国間の貿易増加のため共同して努力する		者によるタイ国奥地学術調査を安全上の理由により認可せず 9・16　サリット元師クーデタ　ピブーン首相は国外へ亡命 9・24　渋沢在タイ大使、ポット首相と会談 11・29　ワン・ワイタヤコン外相が来月、訪問先のアメリカからの帰途する途中に日本訪問の意図があることが公式に発表 12・28　日タイ貿易協定調印

ビルマ	マレーシア	ブルネイ	シンガポール	インドネシア	フィリピン
				10・19　板垣修外務省アジア局長、スジョノ外務省アジア太平洋局長と会談 10・22　ハッタ、岸会談 10・23　鮎川義介邸にて岸、小林中、西嶋重忠、ハッタ、スバルジョら昼食会 10・29　岸＝ハッタ最終会談 11・18　岸首相東南アジア訪問（ベトナム、インドネシア、―28日） 11・24　小林中政府代表、羽田発、バンコク、シンガポール経由で26日ジャカルタにて岸首相と合流 11・28　岸＝スカルノ会談、賠償に関して原則合意 岸＝ジュアンダ両首相共同声明 11・30　日本外務省、岸・スカルノ会談の内容発表（賠償2億2300万ドル、貿易債権1億7700万ドル棒引き） 12　山下太郎（アラビア石油社長）石油問題で訪イ 12・8　小林・ジュアンダ覚書発表 12・14　インドネシア領海12カイリ宣言 12・24　賠償協定、平和条約成文化交渉のため日本側代表団羽田発 12・28　日本船7万5000トンのチャーターに関しジャカルタ・ロイド副社長ハズナンと日本の船舶会社関係者の間で基本的に一致	日本人の入国・滞在規制を発表 11・21　A・ブニエ元日本人戦犯収容所長、親善訪日 11・22　東南アジア善隣関係樹立協会がマニラ大聖堂再建でセメント6万袋を寄贈 12・6　岸信介首相、日本の首相として独立後のフィリピンを初めて公式訪問。首脳会談で、日本人の入国規制緩和や戦没者の遺骨送還問題などを協議（―8日） 12・24　松竹歌劇団、マニラで初公演（約3週間） 12・30　ガルシア第4代大統領、就任

1958（昭和33）年

日　　本	ベトナム	カンボジア	ラオス	タ　イ
1958 1・9　岸首相が比・インドネシア・英・ラオス駐日大使を官邸に招待 1・20　ジャカルタでインドネシアとの平和条約・賠償協定調印 2・7　通常国会で対南ベトナム賠償問題が激しく論議され審議が中断 2・13　一万田蔵相がフィッツジェラルド米国際経済協力局（ICA）長官に「アジア開発銀行」の設置を提案 2・15　アジア・アフリカ婦人会議、コロンボで開催 3・10　ECAFE総会で日本・アフガン・インド・マラヤ・タイが共同で域内貿易促進専門家会議決議案提出 3・12　外務省で第6回公館長会議開催（―14日） 外務省、「外交青書」を発表 4・1　三鷹市にアジア文化図書館会館 4・25　衆議院解散で輸出入銀行への東南アジア開発協力基金設立予算案が不成立 4・26　日本技術協力会社がICAの資金協力の下で南ベトナムへ造船技術指導団派遣 5・15　通産省、「経済協力白書」を発表 5・24　国立競技場で第3回アジア競技大会開催 6・7　岸首相、インドネシア首相への書筒で「日本は内戦に介入せず」と表明 6・22　日商と東商が東南アジア技術協力視察団派遣	1・14　南ベトナム農業視察団一行4名、日本の農業視察のため訪日 2・7　日本経済代表団、南ベトナムの経済状況視察のため訪問 2・8　ホー・チ・ミン、ニューデリーでの記者会見で、統一後のベトナムは対日賠償を要求せずと談 2・12　北ベトナムの『ニャンザン』紙社説、日本と南ベトナムの間のいかなる協定も容認せず、日本に対する賠償請求権は留保すると発表 3・3　南ベトナム、植村試案を受諾することを日本に通告 3・14　南ベトナム漁業視察団4名、日本の海洋漁業視察のため訪日 3・18　日本国際貿易振興協会と日越貿易協会、（北）ベトナム輸出入総公司と「第2次貿易協定」をハノイで調印 4・26　日本造船技術指導団16名、南ベトナム訪問、ICA資金でサイゴン造船所の整備と技術指導を実施 5・7　南ベトナムの漁業関係官4名訪日、日本海洋漁業を視察 5・10　久保田前メキシコ大使、南ベトナム駐在大使に任命（7月26日赴任） 5・17　北ベトナム外務省、日本と南ベトナムとの賠償交渉を	1・7　国民議会、解散 1・10　エク・イ・ウゥン内閣成立（―1月15日） 1・16　ペン・ヌート内閣成立（―4月23日） 3・23　第4回総選挙、サンクム全議席（61）を獲得 4・24　シム・ヴァル内閣成立（―7月9日）	3・6　プーマ首相、国賓として来日（―8日） 3・7　プーマ首相、岸首相と会談岸首相10億円の経済援助贈与を約束	1・1　日タイ貿易協定発効 1・17　渋沢在タイ大使、タノム首相に対して、タイ特別円問題に対する日本政府の早急な解決希望を伝達 5・10　日本政府から日タイ特別円協定による第4年度分支払金11億円支払われる

1958（昭和33）年

ビルマ	マレーシア	ブルネイ	シンガポール	インドネシア	フィリピン
	5・22　ラフマン首相訪日		2・15　日本貿易博覧会、開催 5・9　日本航空乗り入れ 6・27　日本商工会議所調査団、来訪 6　シンガポール・セメント工業社(小野田セメントの合弁)設立（操業は11月）	1・19　藤山愛一郎外相訪イ（—23日） 1・20　藤山外相、ズバンドリオ外相間で平和条約ならびに賠償協定調印 1・21　日イ経済協力による初の合弁銀行プルダニア銀行設立（2月1日開設） 1・29　スカルノ大統領訪日（—2月15日、この間スマトラ反乱勃発） 1・30　岸・スカルノ会談 2　日本インドネシア友好協会結成（会長イリ・サスミタアトマジャ） 　スカルノ大統領一行小林中邸訪問（松永安左衛門、中谷義男、西嶋重忠出席） 2・14　スカルノ、東京で「歴史におけるアジア」と題した講演 　赤坂「加寿老」で岸、スカルノ、木下商店社長会談 2・15　帝国ホテルにてスカルノ、市来龍夫、吉住留五郎の碑文（芝青松寺）を書く 　スカルノ、台東区近喰病院に入院中の前田精を見舞う 3・13　インドネシア、日イ賠償協定批准 3・28　M・ヤミン前教育文化相、スバンドリオ外相の特使として訪日 4・4　日本、日イ賠償協定批准 4・15　スバンドリオ外相訪日	1・7　日比貿易に関する新協定締結 1・20　日本政府派遣の遺骨収集船・銀河丸、マニラ入港（3月10日帰国） 3・22　東京・京橋ブリジストン画廊で初のフィリピン現代美術展開催 6・30　R・ブスエゴ駐日臨時大使、着任

1958（昭和33）年

日　本	ベトナム	カンボジア	ラオス	タ　イ
	一切無効とみなすと声明 6　北ベトナムに対する第3国経由の決済が直接決済、配船が直接配船となる			
1958 7・8　衆議院東南アジア視察議員団出発（―9月3日） 7・25　財団法人・日本貿易振興会（JETRO）発足 8・1　経済閣僚懇談会で河野自民党総務会長が東南アジア穀物買い入れ会社設立提案 8・19　高碕通産相が東南アジア貿易の振興会社設立構想表明 8・29　外務省で藤山外相がマッカーサー大使と会談、東南アジア開発基金設立協力要請 8・上　紡績協会が東南アジアへ市場調査団派遣 10・6　東京でのFAOアジア極東会議で渡部食糧庁長官が東南アジア技術センター提案 10・20　シアトルでコロンボ計画協議委員会会議開催され、閣僚会議に池田大臣が出席（―11月13日）	7・26　久保田貫一郎大使がサイゴン着任、日本と南ベトナムの間の賠償交渉にあたる 8　日本の賠償案を南ベトナムが原則的に受諾 8・11　第4回原水爆禁止世界大会に（北ベトナム）ハノイ市代表団3名訪日、広島などを訪問（―27日） 10・3　北ベトナム外務次官、日本と南ベトナムの賠償交渉を非難し、対日賠償権を留保する	7・10　第11次ノロドム・シハヌーク内閣成立（―60年4月18日） 7・23　中国とカンボジアが外交関係樹立 9・15　シム・ヴァル特命全権大使着任 10・22　シハヌーク首相、訪米の帰途、羽田着	10・15　日本・ラオス経済技術協力協定調印	9・14　ピブーン元首相アメリカへ向け東京を出発 10・20　サリット「革命」軍事独裁政権成立

1958（昭和33）年

ビルマ	マレーシア	ブルネイ	シンガポール	インドネシア	フィリピン
				対日講和条約批准書交換、発効 4・25　駐ジャカルタ日本総領事館が大使館に昇格、高木広一臨時代理大使（参事官）着任 5・13　駐東京インドネシア総領事館が大使館に昇格、イスカンダル・イスハック総領事が臨時代理大使に 芝青松寺にて市来龍夫・吉住留五郎の慰霊碑序幕式 5・17　西嶋重忠、イブヌ・ストゥォと石油初交渉 5・22　木下商店、インドネシア向け内航船9隻600万ドルの契約と朝日新聞報道 5・24　東京でアジア大会開催（インドネシア代表69名参加）（―7月） 6・3　賠償使節団長バスキ・ジャティアスモロ東京着任、賠償実施に関する両国協議開始 6・6　ナジール海運相訪日（船舶購入交渉のため）	
9　門司市（現北九州市門司区）に、ビルマ政府仏教会と門司地元有志によって世界平和パゴダ建立	7・10　日本商工会議所代表団、タン・シュウシン商工相と会談。技術援助を協議 7・20　初代特命全権大使　林馨、着任 8・4　稲作専門家3人、着任 10・9　ラフマン・アブドゥル臨時代理大使、着任 11・12　リー・ティアンケン初代駐日大使、着任	9・26　首都ブルネイ市にイスラム教寺院オマール・アリ・サイフディン・モスク完成	8　緒方信一・文部省学術局長（昭南特別市時代の警務部長）立ち寄り。華人が反発 10・中　パシル・パンジャン火力発電所建設工事への日本人技術者招致で、大戦期の占領への反発再燃 12・10　日本商品展示会。「鳴冤会」会員が会場に乱入	7　企業関係者を中心とする23名の経済使節団訪イ 7・24　黄田多喜夫初代大使信任状提出 7・28　アスマウン初代大使信任状提出（10月28日着任） 8・1　日本インドネシア通商産業協会（奥田新三会長）と日本インドネシア協会（佐藤尚武会長）合併、日本インドネシア協会設立（谷正之会長） 9・5　石油に関する日本イン	7・14　M・アデバ第2代駐日大使、着任 7・22　フィリピン協会の第5代会長に伊藤武雄・元大阪商船社長が就任（―61年2月） 7・24　日比間の入国・滞在手続き簡素化に関する協定調印（発効は8月1日） 12・1　ガルシア大統領、フィリピン大統領として戦後初めて日本を公式訪問（―6日）

1958～1959（昭和33～34）年

日 本	ベトナム	カンボジア	ラオス	タイ
11・25 日本小型自動車工業会が東南アジア訪問日本自動車親善使節団派遣 11・28 アジア経済研究所発足 12・5 岸首相、来日中のガルシア比大統領と会談、共同声明を発表 12・8 アジア・アフリカ経済会談、カイロで開催（一14日） 12・29 日本水産がマラヤと合弁マグロ漁業会社設立合意	と談 12・25 北ベトナムのベトナム祖国戦線中央委員会、南ベトナム当局と日本との賠償交渉は認めないと声明 12・28 ハノイで、ベトナム赤十字社と日本赤十字社・日本平和委員会・日本ベトナム友好協会等の代表団との間で、共同コミュニュケ調印 12・29 北ベトナム残留日本人の引き揚げ問題について日本代表とハノイで交渉妥結 日本政府、北ベトナム渡航の旅券発行を解禁			
1959 1 第1回ラオス踏査団、メコン川流域4カ国の共同要請に応じて主要支流の踏査を開始 2・7 アジアアフリカ青年会議に日本代表団出席 3・18 外務省で第7回公館長会議開催（一23日） 東京でアジア生産性国際会議開催（一20日） 3・26 日綿実業がビルマ政府と賠償による送電工事受注発表 3・下 ブリヂストンタイヤがマラヤにタイヤ製造合弁会社設立交渉 4・24 大成建設がホテルインドネシア建設仮契約発表 4・下 小野貿易が日・マラヤ時計製造合弁会社設立交渉 5・8 岸首相、高碕通産相、藤山外相、小林理事長、東畑教授が会談しアジア経済研究所の機構改革で合意 5・26 政府が南ベトナム・カンボジア・ラオス・タイにウルシ調査団派遣決定 6・23 外務省が東南アジア駐在16カ国経済担当官会議開催 6・25 外務省経済協力部が今後の東南アジア経済協力推進策基本方針発表	1・26 岸首相、通常国会で南ベトナムと賠償交渉を進める方針を明言 2・24 （北）ベトナム残留日本人の第2次帰国者（8名）帰国 3 南ベトナム、賠償協定で日本案に賛成の回答 3・28 北ベトナム外務省、対南ベトナム賠償問題で日本を非難する声明 5・5 日本と南ベトナム政府サイゴンで賠償交渉に妥結 5・10 南ベトナムと賠償協定をサイゴンで締結、日本から藤山外相が出席（7月2日批准） 5・14 北ベトナム外務省、日本と南ベトナムとの賠償協定は無効と声明 5・19 日本総評代表団、北ベ	1・13 メコン川総合開発の調査に参加する日本側調査団出発 3・2 日本、カンボジア経済技術協力協定調印。岸首相がカンボジアを訪問した際、カンボジアは賠償を放棄するかわりに日本からの経済技術協力を要請 3・5 日本政府は次官会議でラオス、カンボジアに対する経済技術協力の実施機構について両国が賠償を放棄したかわりに行うためであることを踏まえて協議、ビルマ、フィリピン賠償と同様、賠償実施連絡協議会（会長・藤山外相）が中心となり取り扱うことを決定 5・14 藤山外相、カンボジア訪問。国王、首相に接見 5・16 日本・カンボジア経済協力協定に関する覚書き調印	1・15 日本政府、メコン川開発調査団を派遣。ベトナム、カンボジア、ラオスを空から調査開始（一19日） 1・22 メコン川開発調査団、ウィエンチャンをジープで出発 1・23 日・ラオス経済技術協力協定批准書、ウィエンチャンで交換 1・24 メコン川開発調査団ターケークに到着 2・2 ラオス王国政府、経済援助資金取り扱い銀行に東京銀行を指定 2・9 日本外務省、駐ラオス初代大使として別府節弥元ダブリン総領事を決定 3・26 日本外務省農林両省による東南アジア移住調査団、ラオスへ出発	3・3 日本向け8万トンの米輸出契約調印 4・7 大江晃特命全権大使着任 5・11 日本政府、日タイ特別円問題解決に関する協定に基づく54億円の5年年賦分現金支払い完了を発表

1958～1959（昭和33～34）年

ビルマ	マレーシア	ブルネイ	シンガポール	インドネシア	フィリピン
				ドネシア間覚書手交 9・15　インドネシア日本友好協会、ジャカルタに設立 9・24　イ政府、対日賠償国家委員会設置 9・25　松沢達雄石油資源開発取締役を団長とする石油調査団訪イ、北スマトラ・ラントウ油田調査 11・17　金勢さき子、豊島中家族と渡イ 12・7　東畑精一移動大使訪イ（―12日）	
2・25　日緬貿易取極めの再度1年延長に関する公文を交換。同日、日本側の2万5000トンの米買付けを定めたビルマ米売買取極め、ラングーンにて署名。6月30日まで有効 4・7　駐日ビルマ大使、藤山愛一郎外相に対し、日比平和条約に基づく賠償請求の再検討を申し入れ、2億ドルを要求	3・23　ラフマン・タリブ交通相、訪日。マラヤ鉄道改善を協議	1・24　オマール・アリ・サイフディン国王、マラヤ連邦の首都クアラルンプール訪問 1・30　マラヤ連邦の初代国家元首トゥアンク・アブドゥル・ラーマン陛下ブルネイ訪問 3・14　オマール・アリ・サイフディン国王、ブルネイ憲法制定協議のため英国訪問（―4月9日）	6・3　自治国家成立 6・5　リー・クアンユウ首相の人民行動党政権発足	1・7　イ海運省、賠償船10隻は国家船舶計画により群島間連絡に使われると発表 1・20　石油調査団松沢団長、油田調査結果報告のため渡イ 1・23　対イ賠償に消費財300万ドルを供与する協定成立 2・13　社会党代議士今澄勇、衆院予算委でフィリピン、インドネシア賠償疑惑について追及 3・24　日本、賠償第1年度（58年4月－59年3月）3269万1555ドルの支払いに関して文書同意 3・27　イブヌ・ストウォ・プルミナ総裁訪日（北スマトラの石油開発について協議） 5・30　興安丸、メッカ巡礼船としてジャカルタに向け出航 5・31　早稲田大学社会科学研	1・27　フィリピン当局、ルバング島で住民1人が残留日本兵に肩などを撃たれ負傷したと発表 2・2　フィリピン当局、ルバング島で新たに住民1人が残留日本兵に射殺されたとして逮捕状を用意、「強硬措置をとる」と警告 2・10　フィリピン当局、ルバング島上空から残留日本兵に投降を呼びかけるビラをまく（マニラの日本大使館員が協力） 3・2　日比航空業務の暫定協定締結 5・7　日本政府、ルバング島の残留日本兵捜索隊を現地に派遣 5・16　フィリピンの見本市船「ラプラプ号」が東京港に入港

1959（昭和34）年

日　　本	ベトナム	カンボジア	ラオス	タイ
	トナム訪問（―25日） 5・27　北ベトナム国会、日本の対南ベトナム賠償協定は完全に無効と声明 6・27　トン・ドゥク・タン北ベトナム国会議長、日本国会議長にベトナム賠償を承認せずとの書簡を送付	（東京）、総額15億円。日本は15人の農畜業専門家をカンボジアに送り指導にあたる。カンボジアから農業専門家4人の調査団が訪日、日本の農業牧畜センター建設事業について日本側と話し合う 6・29　片岡秋臨時代理大使任命	東京銀行、日本・ラオス経済技術協力協定に基づく支払方式につきラオス国立銀行と調印 4・中　日本・ラオス経済技術協力協定に基づき上水道の建設に着手 5・17　藤山愛一郎外務大臣、ラオス訪問（―19日）	
1959 7・30　南方同胞援護会が八重山に東南アジア農業センター設置構想提唱 9・1　佐藤蔵相がガリオア返済資金を日米共同で東南アジア開発へ投入する構想を表明 9・3　藤井崇治電源開発会社総裁が岸総理に海外技術協力窓口の一元化を提案 9・8　一万田自民党対外経済協力特別委員会長が岸総理に東南アジア開発の長期取り組みを提言 9・23　藤井電源開発会社総裁が岸総理に東南アジア開発で協力諸団体一元化等を提案 通産省「経済協力白書」を発表、東南アジアとの結束強化を強調 9・30　IMF世銀総会で佐藤蔵相が新設見通しの第二世銀の融資先をアジア中心にするよう要請 10・1　一万田尚登氏らが東南アジア視察出発（―12日） 10・15　第1回アジア生産性委員会、東京で開催（―19日） 11・11　ジャカルタでの第11回コロンボ計画会議で菅野経企庁長官が技術援助の用意を表明 11・25　吉田元首相が豪・新・インドネシア・マラヤ・比・	7・30　第5回原水爆禁止世界大会に、（北）ベトナム労働総同盟およびベトナム平和委員会を代表してグエン・ズイ・チン、ベトナム・アジア・アフリカ連帯委員会を代表してブー・ディン・コアが訪日 8・11　（北）ベトナム残留日本人の第3次帰国者（32名）帰国 10・24　北ベトナム国会常任委員会、日本衆参両院に対し、対南ベトナム賠償批准の動きに抗議 11・29　北ベトナム外務省、日本衆議院の対南ベトナム賠償協定可決について、その無効と賠償請求権の留保を声明 11・30　トン・ドゥク・タン	7・31　郵政省が国際電々に対し、大阪―プノンペン間の直通無線電信連絡業務を開始するよう決定 8・25　シハヌーク首相がスラマリット国王に辞表を提出。8月26日に国王は拒否。シハヌークは辞意をひるがえし留任に同意 8・26　日本・外務省が日本・カンボジア経済技術協力協定に基づく初年度実施計画が両国間で正式決定。初年度総額12億5800万円 8・31　王宮内で爆弾が破裂、パクリヴァン儀典長爆死。①反王国派の国外移住者による報復②極東地域に起こっている事態と関連してカンボジアに深刻な	8・21　米国の対ラオス軍事援助の一環として日本製の靴、ウィエンチャンに到着 9・4　日本外務省、ラオス問題の調査が必要との見解を発表 9・7　国連安保理でラオス問題に関するラオス小委員会設置、調査団の派遣を決定 9・9　ラオス調査団政府代表に渋沢日本代表が内定 9・10　ラオス小委員会の議長に渋沢日本代表が決定 9・15　国連ラオス小委員会、現地調査（―10月13日）	

1959（昭和34）年

ビルマ	マレーシア	ブルネイ	シンガポール	インドネシア	フィリピン
				究所編『インドネシアにおける日本軍政の研究』出版 6・6　日本政府、イ政府より貨客船、造船設備調達のため約4500万ドルの賠償担保借款要請を受けたと発表 　スカルノ大統領訪日（—19日）、この期間中に根本七保子（のちのデヴィ夫人）に初めて会う、スカルノに大勲位菊花旭日大綬章 　日本政府、南カリマンタン森林共同開発を提案 6・11　インドネシア共産党、参院選での社共両党の健闘に祝電	6・16　日比親善動物交換で、フィリピン側は東京都立上野動物園に国鳥サルクイワシを寄贈。日本はマニラ動物園にライオンを贈呈
12・21　ビルマ政府、日本による次年度のビルマ米買付量3万トンという方針に不満、対日輸入信用状の発給停止を宣言。事実上の輸入禁止措置、日本の対ビルマ輸出一時中断	10・4　東京銀行支店開設	9・29　ブルネイ国王、英国政府とブルネイ協定及びブルネイ・サラワク分離協定に調印 　ブルネイ国憲法発布 10・15　ブルネイ国新イスラム法議会開会 10・21　ブルネイ国新憲法下の第1回国会開会、16名の国会議員はすべて国王が任命、国王は総選挙を2年以内に実施することを約束		8　日イ友好協会の招待で日本人女子大生3名が訪イ 8・20　北スマトラ油田開発計画協議のため小林中グループ石油交渉団（三村起一代表）渡イ 9　イ政府、残留日本人の国籍取得のための特別手続き法公布 9・5　日本政府と北スマトラ油田開発の覚書調印 9・13　スバンドリオ外相訪日（—17日） 9・16　賠償を担保とする第1次借款（2800万ドル）の交換公文調印 　船舶・造船所設備2000万ドル供与、この他に1700万ドル（賠償第2、第3、第4で）、ホテル建設（第4回アジア大会のた	9・7　日比賠償引当借款（4780万ドル）の交換公文調印 11・6　ラウレル元大統領、死去 11・11　林敬三・統合幕僚会議議長、フィリピン国防省の招きで軍事施設などの視察のためマニラ入り 12・2　日本政府のルバング島捜索隊、残留日本兵は2人とも死亡したと判断して捜索を打ち切る

1959～1960（昭和34～35）年

日　　本	ベトナム	カンボジア	ラオス	タイ
タイなどを訪問（―12月29日） 12・上　海外電力調査会・国際建設技術協会がメコン川電源開発調査団派遣	北ベトナム国会常任委員会委員長、日本参議院に対南ベトナム賠償協定の撤回を要求 12・23　日本国会が南ベトナムとの賠償協定を承認（批准書の交換は60年1月12日） ファン・バン・ドン北ベトナム首相、国会で対南ベトナム賠償協定は無効と演説 12・28　北ベトナム外務省、日本参議院が対南ベトナム賠償協定を可決したことを非難 12・30　南ベトナムで日本との賠償協定が批准	不安を起こすために企図されたテロ行為と分析 9・14　大橋忠一前代議士、特命全権大使として着任		
1960 1・中　財界が日米安保改定による東南アジア開発への日米共同体制整備を評価 2・16　外相と通産相がアジア経済研究所の所管を巡って閣議で対立 2・23　琉球政府が東南アジアへの移民のための調査団を初夏に派遣する決定 2・26　閣議で資本金52億円規模の東南アジア開発向けの海外経済協力基金法案内定 　閣議で通産省がアジ研を所管とする決定 2・27　藤山外相が大阪で記者に対し新安保に拘らず東南アジアの対日感情は良好であるとの見解 3・22　丸善石油と東綿が現地政府とシンガポールに精油工場を建設する調印	1・12　日本と南ベトナムの間の賠償協定、借款協定が発効 4・8　経済交流発展についての各方面との会談のため、ベトナム雑品輸出入総公司グエン・ゾン総裁らが訪日（第1次北ベトナム経済代表団訪日） 4・27　（北）ベトナム残留日本人の第4次帰国者（69名）帰国	2・10　日本とカンボジアの貿易取り決め調印。日本とカンボジアの通常貿易は56年末、現金決済制に移ってからは数回にわたり貿易支払い協定の締結交渉が行われながら妥結にいたらなかった 4・3　ノロドム・スラマリット・カンボジア国王死去 4・18　ポ・プルン・カンボジア新内閣は国民議会で信任を受け発足（―6月30日） 6・5　シハヌーク前首相、国	4・27　ウトーン駐日本ラオス大使着任	5・23　タイ国経済視察団訪日（―6月2日） 6・1　タイ国経済視察団、足立日商会頭らと会談し、日タイ協力委員会（仮）新設を合意

1959～1960（昭和34～35）年

ビルマ	マレーシア	ブルネイ	シンガポール	インドネシア	フィリピン
				め）資材800万ドル供与決定 9・30 金勢さき子ジャカルタで自殺 10・3 一万田尚登自民党経済協力委員長ら訪イ 10・9 吉田茂元首相訪イ（―14日） 10・13 スバンドリオ外相来日、賠償、経済協力問題を討議（―17日） 10・16 日本政府、対イ2800万ドル借款供与を決定 10・29 インドネシアの森林労働組合、日本のカリマンタン森林開発計画に反対決議 11 スカルノ大統領の招きで日本人記者6名訪イ 11・27 日本文化学院ジャカルタに設立 12・3 日本の海運関係者会議、対イ賠償で沈船引き揚げ計画を決定	
2・2 日本、ビルマ米買付量を1万5000トン増加させ4万5000トンを提案 2・6 ビルマ国民議院（下院）総選挙、ウー・ヌ率いる連邦党勝利 2・10 ビルマ政府、2日の日本側提案を評価、前年12月付の輸入禁止措置を解除 3・8 日本側の4万5000トンの米買付けを定めたビルマ米売買取極め、ラングーンにて署名（60年7月31日まで有効）	2・14 日本貿易博覧会、開催（―28日） 5・10 通商協定締結（発効は8月16日）			1 イ政府、群島の最突端を直線で結んだ内側の水域を内水とするとの決定 1・9 インドネシア賠償局、日本に商船20隻の発注決定 2・8 バンバン・スゲン（陸軍少将）大使（2代目）着任 3・9 賠償留学生第一陣20名が訪日 3・16 日本へ船舶4万7000トンを発注（建造費は賠償を担保） 3 第5妙成丸が拿捕されるなど日本漁船拿捕相次ぐ	2・23 日比友好通商航海条約の締結交渉始まる。フィリピン側全権代表はラウレル元大統領の長男のJ・B・ラウレル元下院議長 2・26 マニラで初の日比親善ファッションショー開催 3・上 フィリピン上院、日本の賠償によるマリキナ・ダム建設で日本の大手建設会社3社が「談合入札にかかわった」と非難

1960（昭和35）年

日　　本	ベトナム	カンボジア	ラオス	タイ
6・28　第9回アジア太平洋公館長会議開催（―7月1日）		民投票で圧倒的支持を獲得。シハヌーク、ソン・ゴク・タン（自由クメール）、共産主義のどれを支持するかに注目 6・14　シハヌーク殿下、国家元首に就任（―70年3月18日）		
1960 8・8　政府、西イリアン駐留のオランダ空母の横浜寄港を許可 9・3　小坂外相、オランダ大使に空母寄港拒否を伝える 9・27　池田首相、来日中のスカルノ・インドネシア大統領と会談 11・15　文部省が東南アジア諸国に教育調査団派遣（―12月18日） 12・中　硫安工業協会が東南アジア開発基金を肥料輸出に活用する政府への要望を策定 12・27　海外経済協力基金（OECF）法公布 12・28　日本政府、ラオスの被災者に対し緊急援助を行うことを決定	7・21　日本と南ベトナム、第1年度賠償計画・借款調達計画の合意 12・20　南ベトナム解放民族戦線、樹立	7・1　ボ・プルン内閣成立（―61年1月27日） 9・28　日本電気とカンボジア政府との間に国営テレビ放送局プラントの輸出契約を締結 9・30　クメール人民革命党第2回大会で、サロト・サル（ポル・ポト）を中央常任委員に、イエン・サリが中央委員に就任 12・7　カンボジアに農業技術センターを建設して技術指導するため白石代吾元関東東山農業試験場長ら14人が出発	8・9　コン・レー降下部隊長によるクーデター発生 12・12　日本政府、日本・ラオス経済技術協力協定に基づく合同委員会日本政府代表に在ラオス大使館1等書記官吉川紀彦氏を任命 12・16　ラオスのチャンパサック国連代表の要請に答え日本赤十字ラオスへ医師、看護婦を派遣、医療品を送ることを決定	10・17　産業投資奨励法が改正され本格的外資導入開始

ビルマ	マレーシア	ブルネイ	シンガポール	インドネシア	フィリピン
3・24 森永経済使節団、ビルマを訪問 4・4 ビルマ議会、ウー・ヌを再び首相に選出、ウー・ヌ新内閣成立 4・5 日緬貿易取極めの再々度1年延長に関する公文を交換（60年1月1日に遡及して発効）				4 東京のアジア映画祭にインドネシアも参加（スザンナが「アスラマ・ダラ」で最優秀子役賞獲得） 4・7 北スマトラ石油開発に関する協定調印（生産分与方式PSによる事業） 5 イ政府、インドネシアで処刑された戦犯の遺骨持ち帰許可 5・24 スカルノ大統領訪日（―6月3日） 6・1 北スマトラ石油開発協力株式会社設立 6・4 マルタディナタ海軍参謀長訪日（―7日） 6・17 イ当局、日米安保条約に抗議の声明書を手渡そうと日本大使館に入ろうとしたデモ隊を阻止、逮捕	
			9・5 三洋シンガポール社設立	8・11 バンバン・スゲン駐日大使、「カレル・ドールマン」号寄港許可の意向に対して小坂外相に抗議覚書手交 8・23 スカルノ大統領、黄田大使を招き「カレル・ドールマン」号横浜寄港許可取り消しを要求 8・30 イ軍購入使節団、軍用資材買い付け調査のため訪日 8・31 イ国会、カレル・ドールマン寄港問題で対日抗議決議 9・3 小坂外相、ヨハン駐日蘭大使に「カレル・ドールマン」号の横浜入港延期要請	11・11 大統領行政監察委員会、フィリピン国家開発公社（NDC）幹部が船舶買い付けで日本の造船会社から7万5000ドルの賄賂を受領したと告発。地元紙が連日報道 12・9 日比友好通商航海条約および議定書に調印

1960～1961（昭和35～36）年

日　本	ベトナム	カンボジア	ラオス	タイ
1961 1・6　日本共産党、「ラオス問題」で日米両国政府に抗議 1・10　伊関アジア局長がラオス・タイ・マレーシア・香港訪問 1・14　比外務省が比・台湾・韓国・南ベトナム4カ国外相会談開催を表明し、日本外務省はこれへの招聘を拒否したと言明 1・18　社会党、ラオス問題に関して在日基地の使用阻止を外務大臣に申し入れ 1・25　貿易商社懇談会の昼食会で池田首相が東南アジア一次産品買い付けと輸出を積極化すると表明 1・29　大洋漁業の鯨運搬船、インドネシア船隊に拿捕 4・20　自民党対外経済協力委員会（鹿島守之助委員長）、東南アジア援助で政府に意見書提出 6・17　東南アジア巡回医療団が日本を出発	4・1　日本からの賠償に基づき、南ベトナムのダニムダム建設の起工式挙行 （南）ベトナム国家銀行と日本銀行、コルレス契約を締結	1・15　ボ・プルン・カンボジア内閣総辞職 　　　日本・カンボジア貿易取り決め1年間延長 1・25　シハヌーク元首、首相となることに同意 1・28　第12次シハヌーク内閣成立（―62年8月5日） 5・10　加川隆明臨時代理大使任命 6・18　芳賀四郎特命全権大使着任	1・2　米国、沖縄の統合機動部隊に対しラオス情勢に応じる待機令を発令 1・4　ラオス王国政府、ウトーン駐日ラオス大使を協議のため本国に召還 1・11　外務省アジア局長、ラオス情勢視察ためウィエンチャンに到着（―13日） 1・20　日本政府、日本・ラオス経済技術協力協定に基づく援助期間の1年延長を決定 3・11　日本政府、日本・ラオス経済技術協力協定の援助期間を1年延長する正式書簡を駐日ラオス大使と交換 5・11　ラオス、3派間の停戦実現 5・16　ラオスに関するジュネーブ会議開催	4・27　バンチャード・チョンラウィチヤーンタイ貿易院主席訪日（―5月6日） 4　チョンラウィチヤーン主席、小坂外相、椎名通産相と会談 4・29　日本で天皇誕生日祝賀「日タイ親善の夕べ」開催

1960〜1961（昭和35〜36）年

ビルマ	マレーシア	ブルネイ	シンガポール	インドネシア	フィリピン
				9・22　イ国各省・国営企業官吏250名、技術研修のため訪日 9・26　スカルノ大統領日本滞在（国連総会出席のための外遊中、―28日） 10・7　ナスティオン国防相兼陸軍参謀長訪日（―10日） 11・10　日本政府、日本青年代表親善使節団14名をインドネシアに派遣 11・14　スバンドリオ外相訪日（―21日） 12・10　メダンに日本領事館設置	
1・14　ビルマ政府による賠償請求再検討の要求に対し、小坂善太郎外相、無償経済協力4000万ドルを提案。ビルマ側は引き続き2億ドルを要求 7・14　日本政府、賠償請求再検討要求に対し、無償経済協力7500万ドルを提案	1・3　スウェテンハム港で船上見本市開催	5・31　ブルネイ・マレー軍創設	1・5　船上日本見本市開催 4・11　二重課税回避協定締結（9月5日批准）	1・7　日綿の紡績借款供与契約成立（賠償による長期クレジット第1号、300万ドル） 3・21　通商航海条約予備交渉開始 4・20　日本政府、インドネシア水害被災者救援物資150万円寄贈 4・29　ハルティニ・スカルノ大統領夫人日航の招待で訪日 5　東京国際見本市視察団来日 5・24　賠償による東ジャワ・ネヤマトンネル完成 6・9　日イ原綿加工契約調印 6・17　日赤医療巡回団渡イ 6・19　アリ・サストロアミジョヨ民間工業省顧問、工業視察のため伊、西独、日本歴訪へ出発 6・23　スカルノ大統領日本滞在（―7月2日）	2・25　フィリピン協会の第6代会長に賠償交渉にもかかわった永野護元運輸相が就任（―69年6月） 3・30　土屋隼第3代駐比大使、着任 4・11　マニラでアジア生産性機構（APO）の設立に向けた協定書署名会議（―14日）。日本生産性本部の中山伊知郎会長らが出席 5・26　APOが正式発足。日本、フィリピン、タイなど8カ国が加盟 6・19　東京・日比谷公園に東京都などの協力でフィリピンの国民英雄ホセ・リサールの記念碑が完成、除幕式

1961～1962（昭和36～37）年

日　本	ベトナム	カンボジア	ラオス	タイ
1961 7・31　バンコクにおいて「バンコク宣言」を発表、タイ・フィリピン・マラヤ3カ国からなる「東南アジア連合（ASA-Association of Southeast Asia）」の正式設立を宣言 8・21　来日中のミコヤン・ソ連副首相、社会党幹部と会談しアジア非武装で合意 8・23　自民党全国組織委員会が平和部隊の現地視察先遣隊として竹下登・宇野宗佑を印パを中心とした東南アジア諸国に派遣 10　外務省が華道草月流の小野草水をインドネシアなど6カ国に派遣 10・30　JETROが「米国ドル防衛政策が日本の東南アジア向け輸出に与える影響」調査報告発表 11　外務省が華道小原流の平賀豊英をベトナムなど4カ国に派遣 11・8　日米財界人会議のアーチ・N・ブースが東南アジア援助を日米民間資本協力で推進すると表明 11・13　池田首相がNHKテレビ対談で東南アジア開発への投資積極化表明 小坂外相がコロンボ会議出席関連でシンガポール・マレーシア・ビルマ・タイ訪問（―12月1日） 11・16　池田首相アジア4カ国訪問（パキスタン、インド、ビルマ、タイ）（―30日） 12・1　池田首相が閣議で歴訪の感想	7・下　日本ベトナム友好協会代表団、ハノイのジュネーブ協定7周年記念集会に参加	7・29　テップ・パン計画相（プノンペン市長）が訪日、日本の都市計画のモデルとして名古屋市を視察 10・5　シハヌーク・カンボジア国家元首、国連総会からの帰途、非公式に訪日 10・7　シハヌーク元首、東京で演説しタイを非難 11・17　ノロドム・シハヌーク内閣成立	12・26　日本政府、駐ラオス大使に蓮見幸雄ロサンゼルス総領事を任命	9・6　スントルン蔵相が日本大使館に対し、特別円残額1000万ポンドを全額支払うよう要求する覚書を手交 11・11　タイ側が閣議において特別円96億円の無償支払い通告を出すことを決定 11・26　池田首相、タイを公式訪問（―29日） 11・29　池田首相、サリット首相、共同声明発表
1962 1・9　米国務省がガリオア・エロア返済協定に言及し、返済金は東南アジア援助に利用すると言明 1・19　閣議で郵政省が日本と東南アジアを海底ケーブルで結ぶ「東南アジア通信幹線計画」を報告 1・22　皇太子夫妻がパキスタン・インドネシア訪問、風邪の為訪比中止し帰国（―2月10日） 2・15　経済閣僚会議でECAFE提案のアジア経済協力機構構想への否定的な政府回答を決定	3・13　第2次北ベトナム貿易代表団（団長はギエム・バ・ドック鉱山輸出入総公司総裁）訪日（約3カ月滞在） 4・2　東京銀行サイゴン支店開設（操業開始は4月21日） 4・13　賠償工事従事中の河合氏、（南）解放戦線（ベトコン）	1・14　日本とカンボジアの貿易取り決めを1年間延長 2・10　ペン・ヌート首相がパリに行く途中、訪日 2・13　ニエク・チュウロン内閣成立 2・22　日本・カンボジア貿易混合委員会がプノンペンで開催	1・22　日本政府、日本・ラオス経済技術協力協定の援助期間を更に1年延長する正式書簡を駐日ラオス大使と交換 6・23　ラオス、第2次連合政府成立 6・26　ラオス連合政府、ラオスの経済開発のため日本人移民	1・31　産業投資将励法発布 大江大使、タナット・コーマン外相の間で特別円問題を最終的に解決する新特別円協定調印 3・1　日タイ特別円問題に関する新協定調印 3・8　日本とタイの租税条約締結交渉がまとまり、仮署名さ

1961〜1962（昭和36〜37）年

ビルマ	マレーシア	ブルネイ	シンガポール	インドネシア	フィリピン
11・16 池田首相、東南アジア4カ国訪問に出発（―30日） 11・18 小坂外相、ビルマを訪問、賠償終了後の経済協力について折衝（―23日）	7 味の素社、合弁企業設立 10・3 ラザク副首相、訪日 12・下 日本自動車見本市開催	8・14 国王の長男ハサナル・ボルキア、立太子	8 日本海上火災、業務開始	7・1 日イ通商航海条約調印（62年3月発効） 7・4 スカルノ大統領より日本の集中豪雨被害に対し見舞金360万円寄贈 7・5 エルカナ・トビン高等学術・科学省顧問、高等教育視察のため訪日 7・8 海軍将校3名、日本視察 7・18 神戸商高サッカー部インドネシア親善訪問（―9月8日） 8・1 ニョト共産党第2副議長、日本共産党全国代表大会に出席、その後各地を視察（―22日） 9・18 スカルノ大統領日本滞在（―21日） 10・2 スバンドリオ外相訪日（―3日） 12・1 スバンドリオ外相訪日（―3日） 12・13 イ軍事使節団（団長ヤニ陸軍参謀長）、欧米諸国をまわり日本経由で帰国	10・31 日比友好通商航海条約を日本の国会が承認。フィリピン側は批准を拒否 12・12 日比間の査証手数料の一部相互免除に関する書簡交換（発効は62年2月1日） 12・30 マカパガル第5代大統領、就任
3・2 ビルマで軍事クーデター、革命評議会が全権を掌握、ネィ・ウィン大将が議長に就任（これ以後、ビルマ式社会主義政策が採られる）	1・31 地方議会代表団43人、来訪 2 合弁マグロ缶詰企業、マラヤン・マリーン社、設立	5 WHOの日本人職員宮入正人医学博士「マラリア根絶計画」の任務で首都ブルネイ市に着任	1・3 日本政府、華文中学生徒4人に日本留学奨学金提供 ジュロン工業団地造成工事で占領期の虐殺遺体多数発掘 2・2 地方議会代表団45人、来訪 2・28 中華総商会、政府に対日賠償交渉開始を要求	1・6 スカルノ大統領による招待記者団訪イ 1・23 日イ航空協定調印 1・30 明仁皇太子ご夫妻訪イ（―2月10日） 2・1 日本政府、西イリアン向けオランダ兵輸送機の羽田着陸を拒否	4・5 M・メンデス第3代駐日大使、着任 4・20 戦時中、日本兵に腕を切り取られたというE・フーコ女史の引率で、マニラのセントポール大学生グループが修学旅行で訪日 6・5 板垣修第4代駐比大使、

1962（昭和37）年

日　本	ベトナム	カンボジア	ラオス	タイ
3・6　ECAFE東京総会開催（―19日） 3・29　駐カンボジア・南ベトナム両大使から外務省へ両国政府の日本製繊維品輸入禁止措置について公電 4・2　東京でECAFEとユネスコ・日本政府がアジア文相会議開催、タイ・ラオスなど参加（―11日） 4・17　東京で全国農業協同組合中央委主催の第1回アジア農業協同組合会議開催 4・24　東京で東南アジア海底ケーブル国際会議開催（―28日） 5・15　外務省が第11回公館長会議開催、ラオス情勢討議 5・17　在日米空軍のタイ派遣に関して社会党などが声明を発表 　公館長会議で東南アジアにおける日本商社活動制限傾向や一次産品買付要求増大の状況を討議 5・18　社会党、ラオス問題に関し在日米軍が出動している件につき衆議院外務委員会を開くよう申し入れ 6・12　閣議で小坂外相がラオスに対し経済援助強化を求める報告 6・30　海外技術協力事業団、正式発足（アジア協会が発展的解消、会長小林中） 6・下　日本租税研究協会がアジア租税会議開催準備委員会を設置	に誘拐される（5月17日救出） 5・13　日本ベトナム友好協会の招きにより、北ベトナム友好代表団（グエン・ドック・クイ文化次官以下の技術・教育代表団）訪日（約1カ月滞在）	3・27　カンボジア政府は予告なしにEFAC資金（輸出報奨外貨資金）による全繊維製品の対日輸入承認を停止、対日入超を是正するため（61年は1173万ドル） 6・10　カンボジア、第5回総選挙　サンクムの候補者が全議席独占 7・4　日本・カンボジア経済技術協力協定に基づく日本の援助期間を2年間延長むねの書簡を交換 8　人民革命党、カンプチア共産党に改名、サロト・サルが書記長 8・6　コサル・チュム内閣成立（―10月5日） 10・6　ノロドム・カントール内閣成立（―64年11月5日） 12・16　日本政府、カンボジアの要請により8万頭分の牛疫ワクチンを送付	を要請する提案を検討中と発表	れたと日本の外務省が発表 4・2　アンポン官房長官訪日（―10日） 5・9　日タイ特別円問題に関する新協定発効
1962 9・24　東南アジア賠償実施状況調査のため第2次賠償調査団派遣（―10月17日） 10・1　アジア人民自由擁護大会、東京で開催 12・上　厚生省が東南アジア諸国との医療協力推進のため諸対策と予算請求を決定 12・20　国際文化会館編『国際関係および地域研究の現状調査』刊行	8・26　日本宗教者平和協議会、南ベトナムの仏教徒弾圧に対し南ベトナム大使館に抗議		7・1　ラオス愛国戦線、日本人のラオス移住に反対を表明 7・23　ラオス中立に関するジュネーブ協定調印 7・31　大平正芳外相ら、ラオスの上水道建設への資金援助問題について最終的に協議。閣議で海外経済協力基金を活用し4億円強の貸与を了承 8・1　プーマ首相訪日（―2日） 8・2　プーマ首相、池田勇人	

1962（昭和37）年

ビルマ	マレーシア	ブルネイ	シンガポール	インドネシア	フィリピン
			3　南洋大学に日本語学科設置	2・10　日本共産党中央執行委員会、西イリアン解放のインドネシア人民闘争支持を表明 2・14　在日オランダ大使館へインドネシア学生デモ暴行事件 2・16　スラバヤ領事館襲撃事件（KLM問題との関連で） 3　第3次賠償留学生115人日本へ出発（現在総数311人） 3・13　ガルーダ航空東京乗り入れ開始 スバンドリオ外相訪日 4・6　賠償を担保とする第2次借款交換公文調印	着任
7・4　ビルマ社会主義計画党BSPP設立（党議長ネィ・ウィン大将）		7・18　マラヤ連邦のアブドゥル・ラフマン首相の提案するマラヤ連邦、シンガポール、サラワク、北ボルネオ、ブルネイを統合する「大マラヤ連邦」計画に原則として同意することをブルネイ国王、国会で表明 8　ブルネイ国第1回総選挙、人民党が全16議席を独占 12・8　アザハリ率いる北カリマンタン人民軍による反乱勃発、国王はただちに北カリマン	10・22　日本人会、正式に認可さる 11・20　日本工業製品見本市、開催 日本製綿製品輸入を巡り、地元商人と日本の輸出業者が対立	7　ホテルインドネシア竣工 8・10　スバンドリオ外相訪日（―11日） 8・21　賠償を担保とする第3次借款交換公文調印 9・18　ジュアンダ病気治療のため訪日（3週間） 10・9　アジア競技大会に対する日本陸連の態度に抗議し、日本大使館にデモ 11・12　賠償で東京にウィスマ・インドネシア（留学生会館）	7・6　フィリピン商工省・証券取引委員会（SEC）、在比日本商社駐在員の活動範囲を制限する新規定を施行 8・16　バヤニハン民族舞踊団50人が初訪日。東京などで公演 11・5　皇太子夫妻、初めてフィリピンを親善訪問（―10日）

1962〜1963（昭和37〜38）年

日　本	ベトナム	カンボジア	ラオス	タイ
			首相と会談、日本からの 4 億円強の貸与に謝意 　プーマ首相、大平外相と会談 10・12　ハノイ放送、米軍将校の援助のため日本人軍事専門家50人が南部ラオスの軍事基地及び重要兵器庫の建設に従事したと発表 10・13　ウィエンチャンのアメリカ大使館、12日のハノイ放送の内容を否定 11　新三菱重工がウィエンチャン郊外の発電所建設に着手	
1963 1・8　京大評議会が米フォード財団の支援で東南アジア研究センターを設立することを決定 4・8　東京でアジア租税大会開催、カンボジア・民国・インド・ラオス・マラヤなどが参加（―10日） 4・19　東京で初のアジア商工会議所懇談会開催、東アジア諸国と南ベトナム・比・タイ・ビルマなども参加 6・11　第12回アジア・太平洋地域公館長会議開催（―14日）		1・18　日本・カンボジア貿易取り決めの期限を 1 年間延長を決定 1・20　大阪市立大、京都大合同カンボジア学術調査隊 7 人は最高峰プノムオラル（1813メートル）の登頂と植物調査に成功	2・6　在ラオス日本大使館はパークセー市のキリスト教伝道団所属の日本人宣教師 3 人が 1 週間前から消息を絶ったと発表。パテートラーオに捕まった模様 2　久保田水道会社がウィエンチャンに取水塔を建設中。27人の日本人が64年 6 月完成を目指す 4・21　布教活動中にパテートラーオに捕まった日本人宣教師 3 人が釈放	1・22　島津久大特命全権大使着任 3・1　「二重課税防止のための租税条約」調印 5・27　タイ国王夫妻訪日（―6月5日）

1962～1963（昭和37～38）年

ビルマ	マレーシア	ブルネイ	シンガポール	インドネシア	フィリピン
		タン人民軍は非合法であり反乱軍であると非難 12・15 ブルネイ国王、反乱軍の首領アザハリは国外に逃亡、英国軍及びマラヤ連邦の治安部隊の支援をえてブルネイ警察軍が反乱軍の大部分を鎮圧したと発表、残留反乱軍兵士の武装解除・投降を呼掛 12 宮入正人博士夫人一時反乱軍に捕まるが、無事脱出		完成 11・4 スカルノ大統領訪日（非公式、―21日） 11・13 PS方式によるスラウェシのニッケル開発の予備協定調印 11・17 スバンドリオ外相訪日（―21日） 11・21 古内広雄大使（2代目）着任 12・21 日本イスラム教会メンバー4名が第23回NU大会に招待 12・29 PS方式によるカリマンタン森林開発の予備協定調印	
1・13 アウン・ヂー貿易工業相を代表とするビルマ政府賠償再検討代表団10名、日本を訪問 1・14 賠償再検討交渉、東京で始まる 1・17 四国地区ビルマ現地慰霊団、ガバーエイ・パゴダで合同慰霊祭を実施 1・25 大平正芳外相とアウン・ヂー貿易工業相との間で、賠償後の援助（準賠償）として、無償経済協力1億4000万ドル（65年4月から12年間、生産物および役務の無償供与）、借款3000万ドル（同6年間）で合意、公文に仮調印 1・29 アウン・ヂー貿易工業相一行、ビルマに帰国 2・7 経済政策でネィ・ウィンと対立したアウン・ヂー貿易	2・15 マラヤ鉄道に日本製車両15両 3・1 石原産業の合弁錫精錬企業、オリエンタル・ティン・スメルターズ社、創業 3・上 鉄鉱石輸出維持を求め、マラヤ鉄鉱石協会が日本の製鉄会社代表団と会談 3・中 日本貿易博、開催 クママン（Kemaman）鉱山社設立（東鋼通商の合弁） 6・4 二重課税回避協定締結 味の素クアラルンプール事務所開設	1・1 ブルネイ国王、新年の挨拶で残留反乱軍兵士に重ねて武装解除を呼掛 1・16 ブルネイ国王、マレーシア連邦問題の話合いのためにマラヤ連邦へ出発	1・中 家庭薬見本市、開催 2・7 文具見本市、開催 3・6 中華総商会代表団、前田憲作総領事に賠償早期支払いを要求 3・20 リー首相、前田総領事を接見し賠償協議 4 ジュロン造船所、創業	2・7 IOC、インドネシアの東京オリンピック大会参加停止を決定 2・8 日イ友好通商条約批准書交換（於ジャカルタ） 3・28 スカルノ大統領「経済宣言」を発表 5・23 スカルノ大統領日本滞在（―6月2日） 5・31 訪日中のスカルノ大統領、ラーマン・マレーシア首相と会談 6・13 スバンドリオ外相訪日、賠償引当第4次借款協定調印 6・18 ムシ川鉄橋プロジェクトの日本人技術者5名に対し、4～5ヶ月の禁固（夜警に暴行） 6・26 ジャカルタで日イ共産党共同コミュニケ	1・16 日比小包郵便約定に調印（発効は9月1日） 1・26 フィリピンで初めての日本製自動車（トヨタ）の組立工場完成 3・25 日本生産性本部、初めて訪比団をマニラに派遣 4・29 E・ペラエス副大統領、公式訪日 6・29 日本政府、マニラなどの台風被災に見舞金1万ドルを寄贈

1963（昭和38）年

日　　本	ベトナム	カンボジア	ラオス	タ　イ
1963 9・17　沖縄で青年会議所東南アジア会議開催、倉成正経企庁政務次官出席 9・19　貿易商社懇談会が東南アジアの農作物を中心に一次産品買付を促進する方針を決定 9・23　池田首相が比・インドネシア・豪・新訪問（―10月6日） 9・上　厚生省が医療担当官を東南アジア諸国に常駐させる計画作成、調査のため太宰事務次官を現地に派遣 10・3　外務省が第3次賠償調査団を東南アジア諸国に派遣（―27日） 東京でユネスコ主催の第1回アジア教育計画会議開催（―10日） 11・2　三木自民党政務調査会長が政府の東南アジア政策に誤りはないと言明	8・19　日越貿易協会と（北）ベトナム商工会議所、貿易決済に関する議定書を締結 9・14　日本、カンボジアにおける南ベトナムの利益代表国となる 11・1　南ベトナムでクーデターによりゴ・ディン・ジエム大統領兄弟暗殺 11・9　「わらび座」、ハノイで初の講演	9・14　日本、カンボジアにおける南ベトナム政府の利益代表国となる		7・24　「二重課税防止のための租税条約」発効 11・11　コロンボ計画閣僚会議出席のため古池郵政相、訪タイ

1963（昭和38）年

ビルマ	マレーシア	ブルネイ	シンガポール	インドネシア	フィリピン
工業相、革命評議会より辞任（事実上の解任）。これ以後、ビルマ政府による国有化政策すすむ 2・23 ビルマ政府、外国銀行14行を含む民間銀行全24行を国有化 3・29 ラングーンにて、日本ビルマ経済技術協力協定、合意議事録、実施細目、経済開発借款に関する交換公文に両国政府代表者が署名 6・6 ビルマ政府、外国通信社の業務を停止				6・27 北スマトラで協定後初の出油成功（ラントウ2号井）	
8・16 ビルマ政府、日本ビルマ合弁真珠養殖・深海漁業会社を国有化 10・19 ビルマ政府、産業国有化法公布 10・29 対ビルマ経済技術協力協定発効	7・27 クアラルンプール日本人会設立（11月25日正式認可） 7・下 海上自衛隊駆逐艦4隻、寄港。国内で抗議行動 8・6 サッカー・チーム来訪 9・16 マレーシア結成 9・24 華人団体、「血債」支払いを要求 「日本マレー・シンガポール協会」、「日本マレイシア協会」と改称 10・1 日本の東南アジア親善国会議員団6人、来訪 10・7 マラヤ中華商会連合、日本政府に1億1000万リンギの「血債」補償要求を提出（のち、サバ、サラワクも合わせ1億3000万に） マレー人商業会議所、マラヤ・インド人会議もこの要求を支持	7・17 ブルネイ国王、ブルネイのマレーシア連邦への不参加決定を発表	8・7 田中弘人総領事、リー首相と賠償問題協議 8・10 ブリジストン・マレーシア社、設立（65年4月操業開始、70年8月撤退） 8・25 10万人の対日「血債」（5000万シンガポール・ドル）補償要求集会 9・12 日本商社駐在員代表団6人、日本に。政府・財界に賠償問題早期決着を陳情 9・16 マレーシア結成	7・5 国営石油会社プルミガンと日本のセラム石油調査団（団長前田精）の間で石油開発協力の基本協定調印 7・10 BPUプルフタニ（国営林野会社一般指導機関）とカリマンタン森林開発協力（株）との間で東カリマンタンの森林資源開発に関する協定調印 7・17 PERSADA（日本留学生協会）が発足 7・30 マレーシア問題解決のため東京会議（スカルノ、ラーマン、マカパガル出席、—8月5日） 8・6 東京のアジア・アフリカ語学院学生14名、インドネシア政府の招きで訪イ（40日間） 8・19 インドネシア銀行代表団、日本から1000万ドル新規借款要請のため訪日	9・19 日本のミンダナオ島開発調査団が訪比 9・23 池田勇人首相、公式訪比（—26日）

1963～1964（昭和38～39）年

日　　本	ベトナム	カンボジア	ラオス	タイ
1964 1・16　R・ケネディ米司法長官来日、マレーシア問題をめぐる「東京会談」に出席（―18日） 2・1　コロンボプランに基づき東南アジア各国から郵政関係の幹部職員7名を招待（―3月6日） 2・18　朝日新聞が「東南アに日本語熱」と題する記事掲載 3・11　硫安工業協会がJETROを窓口にインド・インドネシア・比・マレーシア・ビルマの肥料市場調査決定 3・23　東京で第2回東南アジア海底ケーブル国際会議開催、日本の建設費融資決定（―25日） 4・19　東京でアジア協同組合閣僚会議開催（―26日） 4・27　東京で第2回アジア農業協同組合会議開催（―5月2	5・10　米国務長官、池田首相に親書、日本に「南ベトナム問題」で援助要請	1・1　カンボジア、貿易を国営化 2・15　日本・カンボジアが両国間の貿易取り決めを1年間延長合意 3・10　カンボジア王国会議、国民議会が緊急合同会議を開き、シハヌーク元首の中立維持政策を全面的に支持、シハヌーク政権を無条件で支持を決議 4・3　イン・ユデット臨時代	1・24　プーマ首相と蓮見駐ラオス日本大使との間で日本ラオス経済技術協力協定に基づく発電所の正式な引渡式 6・15　駐ラオス代理大使はプーマ首相と会見し、日本政府から5000ドル相当の難民援助物資を贈与すると公式に伝達 6・23　日本政府、駐ラオス大使に和田周作外務省大臣官房審議官を任命	6・11　ピブーン元首相、神奈川県相模原市の寓居で死亡

1963～1964（昭和38～39）年

ビルマ	マレーシア	ブルネイ	シンガポール	インドネシア	フィリピン
	10・24　後宮虎郎・外務省アジア局長、ラフマン首相らと「血債」問題を協議（―11月1日） 「泰緬鉄道」犠牲者1万2000人の遺族、強制労働への補償（1戸2000リンギ）を要求			9・7　GANEFO（新興国競技大会）の国内準備委員会の高官、「日本がGANEFOに参加しないということは到底考えられないこと」と言明 9・19　スバンドリオ外相、米国への途次訪日、マレーシア問題について政府首脳と会談 9・26　池田首相一行14名、訪イ（28日に共同声明） 10・1　日イ緊急経済援助借款1200万ドルについての書簡交換 11・16　ナスティオン国防相、日本を含む8カ国を訪問（―12月24日） 11・26　アイディット共産党議長、日本共産党の総選挙における躍進に対し祝電 12・3　バンドンの国立パジャジャラン大学文学部に初の日本語・日本文学科開設 12・30　大統領決定により戦後残留日本兵123人にインドネシア国籍付与の旨公表	
1・2　ビルマ政府、これまで認めてきたヴィザなし立寄り（72時間）と観光ヴィザの発給を停止、24時間の通過ヴィザのみ認める旨、発表 1・25　日劇ダンシング・チーム、ビルマを訪問 3・19　日本のビルマ戦跡巡拝団（門司平和パゴダ主催）、ラングーン市タームエ日本人墓地にて戦没者慰霊祭を挙行	5・1　クアラルンプール日本人会クラブハウス開設 5・18　死の泰緬鉄道協会、ラフマン首相に日本への83.9億円補償請求を要請 6・12　ラザク副首相、訪日 6・14　ラフマン首相、訪日 6・16　国王夫妻、訪日（―25日） 6・18　東京でマレーシア、フィリピン、インドネシア3カ		5　星日文化協会、結成	1・15　スカルノ大統領一行61名がマニラ・プノンペン旅行の帰途訪日（16日に池田首相と会談）（―20日） 1・17　マレーシア問題をめぐりスカルノ大統領、池田首相、大平外相、ケネディ米司法長官会談 1・18　スカルノ＝ケネディ会談、池田＝スカルノ会談 インドネシア銀行、東京駐在	2・25　山梨県大泉村とラウニオン州カバ町、戦後初めて日比間の自治体交流を開始（農業研修生の受け入れなど） 3・24　フィリピン側、日比航空業務暫定協定の破棄を通告（失効は6月22日） 6・13　マカパガル大統領、東京でのフィリピンとインドネシア、マレーシア3カ国首脳会議に出席するため訪日（―22日）

1964（昭和39）年

日　　本	ベトナム	カンボジア	ラオス	タ　イ
日） 4・30　自民党国会議員団（団長川島正次郎）東南アジア訪問へ出発（―5月10日） 5・18　通産省、アジア開発銀行の設立構想提案 6　主に東南アジア向け航路の発着を担う品川埠頭が完成 6・2　第13回公館長会議開催（―4日） 6・10　池田首相、来日中のスカルノ・インドネシア大統領と会談 6・13　池田首相、スカルノ・インドネシア大統領・マカパガル比大統領と会談 6・30　訪米の福田防衛庁長官、憲法の許す範囲でベトナム戦争に協力すると声明		理大使任命 5・10　田村豊臨時代理大使任命		
1964 8・4　社会党がベトナム・ラオス問題でジュネーブ協定の14国会議開催を求める声明発表	7・13　日本政府、南ベトナムへの200万ドル緊急無償援助供	7・26　田村幸久（前モントリオール総領事）特命全権大使着	9・7　ニット・シンハラ駐日本ラオス大使着任	8・4　タイ政府が新潟地震への見舞いとしてタイ米30トンを

1964（昭和39）年

ビルマ	マレーシア	ブルネイ	シンガポール	インドネシア	フィリピン
3・28 ビルマ政府、国民団結保護法公布（即日施行）、ビルマ社会主義計画党以外の全ての政治団体に解散を命じ、財産を没収 4・9 ビルマ政府、国内すべての商店・倉庫等の接収・国有化に着手。その実施機関として社会主義経済建設委員会を設置 5・17 ビルマ政府、100チャットおよび50チャット紙幣を予告なしに廃貨 6・5 ラングーン日本人学校創立、開校式。初代校長に小田部謙一駐ビルマ大使就任	国外相会議開催（—19日） 6・20 東京で上記3カ国首脳会議開催			事務所設置で意見一致 3・4 大阪商工会議所代表訪イ、スカルノ大統領を訪問（—7日） 3・13 インドネシア、東京オリンピックに不参加と発表したが、翌日に全面的に否定 3・14 対イ緊急商品援助借款1200万ドルの内容決定 4・3 スラウェシ開発で日イ協力協定調印 4・10 ルシアー・サルジョノ社会相、全国婦人会議（14—17日）に出席するため訪日 4・30 自民党副総裁川島正次郎を団長とする9名の国会議員団訪イ（—5月10日） 5・13 ハエルル・サレ副首相訪日 5・18 ハルソノ・レクソアトモジョ大使（3代目）着任 6・1 スカルノ大統領派遣学生文化使節団訪日（—6月13日） 6・7 スカルノ大統領訪日、スバンドリオ外相同行（—21日） 6・14 アジア・アフリカ人民連帯委員会インドネシア国内委員会、沖縄解放を支持する電報 6・18 スバンドリオ外相、東京でのマレーシア紛争に関するイ・比・マレーシア3カ国首脳会議に出席、19日第2回会談後共同声明発表	6・25 D・ガルシア臨時駐日大使、着任
7・2 東京で旧軍人たちによるビルマ英霊顕彰会結成	8・24 日本との航空交渉開始 9・下 リム・スイアン商工	10・28 10インチの海底パイプラインでブルネイ最初の海底		7・7 マリク貿易相、UNCTADにおける日本の態度に失	8・31 三木行治岡山県知事、日本人で初めてマグサイサイ賞

1964（昭和39）年

日　　本	ベトナム	カンボジア	ラオス	タ　イ
8・10　社会党・共産党・総評など137団体、ベトナム戦争反対集会を開催 8・11　閣議、南ベトナムへの第1次緊急援助を決定 8・31　第5回日米安保協議委で東南アジア情勢を討議 9・12　アジ研が「アジア経済の長期展望」について報告書提出 　　　JETROが東南アジアでの華僑の活動についての調査結果発表 9・14　経済同友会が米国経済開発委（CED）及び豪経済開発委（CEDA）と東南アジア経済共同研究打ち合わせ会議開催（―15日） 9・22　建設省がアジア・ハイウェー委員会の省内設置を発表 9・下　外務省がアジ研とアジア経済長期対策や域内分業問題などの研究合同委員会発足計画表明 10・6　政府が市川忍丸紅飯田会長を団長とする東南アジア経済使節団派遣 11・9　JETROがバンコクで初の東南アジアJETRO会議開催（―11日） 11・27　椎名外相、来日中のスバンドリオ・インドネシア外相に第2回アジア・アフリカ会議への参加を確約 12・5　訪米中の椎名外相がラスク国務長官との第2回会談でベトナムなど東南アジア情勢を討議	与をアメリカに通告 7・26　南ベトナム、日本など34カ国に援助増額を要求 8・10　日本社会党、共産党、総評など反戦集会開催 8・11　日本政府、南ベトナムへの緊急援助を閣議決定（50万ドル） 10・27　日本政府、南ベトナムへの緊急援助を閣議決定（100万ドル） 11・1　共同通信サイゴン支局開設 11・6　読売新聞サイゴン支局開設 11・12　米国原子力潜水艦シードラゴン、佐世保港入港 11・17　朝日新聞サイゴン支局開設 11・25　日本平和委員会の平野義太郎代表、日本ベトナム友好協会の斉藤理事ら、ハノイのベトナム人民支援の国際会議に参加	任 9・3　イセット・ボウン・テン臨時代理大使任命 11・6　ノロドム・カントール殿下内閣成立（―66年10月21日） 11・16　カンボジア、民主党が解散 11・30　コウン・ウィック特命全権大使着任 12・13　コウン・ウィック大使はジャカルタに移転し、日本を兼任 　　　ヘム・パンラシイ特命全権大使着任	9・14　チャンパサック蔵相、椎名悦三郎外相を訪問、ラオスに対する日本の経済援助を要請 11・7　日本政府、ラオス王国政府の要請を受け、ラオスの通貨安定計画に基づく為替安定基金に参加を決定	日赤に寄贈 10・23　粕谷孝夫特命全権大使着任 12・2　日本政府が中部タイにおける水害に対する見舞金として1万米ドルをタイ政府へ寄贈 12　皇太子・同妃両殿下、タイを公式訪問

1964（昭和39）年

ビルマ	マレーシア	ブルネイ	シンガポール	インドネシア	フィリピン
8・30 東京オリンピック聖火、カルカッタからラングーン国際空港に到着、アウン・サン競技場までリレー、競技場でセレモニー。翌日、バンコクへ向けて出発 9・3 IMF、IBRDの東京総会（7—11日）に出席するため、ビルマ政府代表団ラングーンを出発（団長マウン・シュエ工業相）、18日に帰国	相、訪日。日本は工業開発計画への資金援助を約束 10・2 「戦時強制労働協会」（2.9万人）、日本に1億リンギの補償を求めて国際司法裁判所に提訴 11・9 日本との航空協定、合意 12・12 日本との合弁 プライ精糖所、操業開始	油田からターミナルに原油送油		望と発表 7・8 インドネシア東京オリンピック参加決定 7・9 ウィスマ・ヌサンタラ・ビル鍬入れ式（72年11月完成） 7・28 日本外務省、練習機の対イ輸出を承認せぬよう通産相に要望 石油資源開発㈱の松沢達雄ら、資源調査のためアンボン到着 8・28 原水禁大会、世界宗教指導者会議に参加のためインドネシア代表団訪日 8・13 ジャーナリスト、児童唱歌隊ら日本人多数が独立祭に参加のため訪イ 9・10 ジャカルタ訪問中（2—7日）の宮本顕治日本共産党書記長とアイディットPKI議長との間に日イ共産党共同声明 9・12 斎藤鎮男大使（3代目）着任 9・22 ユスフ・ハッサン、ボゴールにて死去（1904—64） 9・29 スカルノ大統領、椎名外相にイ国原油取引機関としての合弁会社設立を申し入れ 10・10 東京オリンピック開会日、GANEFO出場選手の参加資格停止処分解けずインドネシア選手団帰国 10・22 日本経済使節団、マリク貿易相と会談 10・26 スカルノ大統領訪日（—31日、ピョンヤン訪問の途	受賞 10・21 J・ボルハ第4代駐日大使、着任 10・26 鹿児島大学、初のバターン半島学術調査団を派遣

1964～1965（昭和39～40）年

日　本	ベトナム	カンボジア	ラ オ ス	タ　イ
1965 1・20　佐藤栄作首相が通常国会前の記者会見で東南アジア諸国へ信用供与等の経済協力推進を表明 1・25　佐藤首相が衆院本会議で施政方針演説、東南アジアへの経済協力策拡充やアジア外交推進を言明 1・27　財界が中山素平興銀頭取を団長とする東南アジア経済使節団派遣（―2月14日） 1・28　自由民主党AA問題研究会設立 2・16　椎名外相が衆院本会議でベトナム・ラオス・マレーシア情勢について報告し米の報復爆撃支持を表明 3・18　政府が外務省顧問松本俊一を特使としてベトナム・ラオス・タイ・カンボジアに派遣（―4月1日）	1　対南ベトナム賠償協定による供与期間終了 1・23　南ベトナム政府の指導者、日本の助力を要請 2・7　米軍機、北ベトナム爆撃開始 3・2　米国、恒常的北爆（ローリングサンダー作戦）の開始 3・8　米国海兵隊、ダナンに上陸 3・27　総評・中立労連「ベト		2　日本の援助によるウィエンチャン市の上水道、発電所（火力）の建設工事など終了 4・12　ウォンサワン皇太子夫妻公賓として訪日（―20日） 4・13　天皇、皇后両陛下、来日中のウォンサワン皇太子夫妻と昼食会 　　　佐藤栄作首相、ウォンサワン皇太子夫妻を招き晩餐会 5・17　ラオス王国政府、ナム	4・15　タイ政府高官、日本のタイ経済独占を防止するため、近く日本の投資に制限を加えると発言 4・22　川島、大野両特派大使が訪タイ（―24日）。タノーム首相、タナット外相と会談 5・18　タイ国防大学研修団一行が訪日（―29日）

1964～1965（昭和39～40）年

ビルマ	マレーシア	ブルネイ	シンガポール	インドネシア	フィリピン
				中。この間デヴィ夫人帝国ホテルにて自殺未遂） 10・29 椎名外相、スカルノ大統領に対し、日本がマレーシア問題の仲介者となる用意がある旨発言 10・30 東京滞在中のスカルノ大統領と北スマトラ石油株式会社飯野社長、原油販売のため合弁会社ファーイーストオイル設立を決定 11・5 日イ航空協定改定 11・25 マリク貿易相訪日（―12月1日） 11・26 スバンドリオ外相訪日（―29日、佐藤新内閣との顔合わせ、ならびに第2回アジア・アフリカ会議について会談） 12・1 東京に海運省代表部設置決定 12・25 ハルソノ大使、経済援助増強を佐藤首相に要請（スカルノ大統領親書提出）	
3・31 日本政府の対ビルマ賠償終了（経済技術協力協定に引き継がれる） 4・1 対ビルマ経済技術協力協定に基づく無償供与開始	2・11 日本との航空協定に調印（11月4日発効） 2・下 日本政府、マレーシア、インドネシア、フィリピン3国間の調停工作開始 3・2 サバのジェセルトンに領事館開設（69年4月1日コタ・キナバル領事館に。97年4月1日総領事館に昇格） 3・下 日本、賠償問題で2500万リンギの支払いを提示	2・17 英国のマウントバッテン伯爵ブルネイ訪問 5・31 ブルネイ・マレー軍をブルネイ・マレー皇軍と改称、5月31日を皇軍記念日に指定	1・30 日本人会会報「南十字星」創刊 2・5 東南アジア経済使節団（団長・中山素平・日本興業銀行頭取）来訪	1・2 ジャガタラ友の会（旧蘭領東インド在住者の親睦団体）第1回会合 1・3 イ国連脱退（1月2日）について、日本外務省は国連の普遍性を損なうが実質的影響はさほどないとの見解 1・5 佐藤首相、国連脱退の翻意を促す親書をスカルノ大統領に送付 1・12 イ共産党、国連脱退に	2・15 マニラで開催の第1回アジア商業会議所会議に日本代表が参加 2・24 竹内春海第5代駐比大使、着任 3・10 日本政府、小規模工業技術開発センター建設準備に調査団を派遣

1965（昭和40）年

日 本	ベトナム	カンボジア	ラオス	タイ
4・28　佐藤首相がテレビ座談会で日本はベトナム戦争へ巻き込まれないと言明 4　外務省が米国の10億ドルの東南アジア開発計画構想への協力として東南アジア開発機構設立を検討 5・18　第14回公館長会議開催（―21日） 6・23　バンコクでアジア開発銀行設立のための諮問委開催、日本は渡辺武前IMF理事や片山外務省経済協力局参事官など5名を派遣（―26日）	ナムから米軍の撤退を要求する決起集会」デモ、日比谷で行われる、参加者9000人 4・1　佐藤首相、佐々木、和田社会党両副委員長らとの会談で、ベトナム問題解決のために適当な時期に行動すると表明 4・20　大内兵衛らの学者、文化人、佐藤首相宛にベトナム解決に積極的行動をとの要望書提出 4・22　『ライフ』誌掲載のベトナム戦争報道写真で、PANA通信の岡村昭彦カメラマン、米海外プレスクラブ報道賞を受賞 4・24　小田実ら呼びかけの「ベトナムに平和を！」のデモ、東京で行われる、参加者1500人「ベトナムに平和を！市民文化団体連合」（ベ平連）が発足 4・26　総評・中立労連など、「アメリカのベトナム侵略に抗議する国民総決起大会」、全国25カ所で開催 　日本の北ベトナム配船停止 5・上　ハノイで世界労組会議開催、加藤万吉（総評）、中森謹重（民放労連）、湯浅克孝（全日自労）が出席 5・7　佐藤首相、自民党青年部全国大会で、米国の北爆支持を表明 5・19　ベトナム人民支援日本委員会結成（事務局は日本ベトナム友好協会内） 6・9　「ベトナム侵略反対6・		グムダム建設費用の半分を日本など友好諸国に分担するよう要請 5・30　日本政府、ナムグムダム建設に700万ドルの援助を行うことを内定	

1965（昭和40）年

ビルマ	マレーシア	ブルネイ	シンガポール	インドネシア	フィリピン
	4・3　ブリジストン・マレーシア社、創業 4・6　サルドン運輸相、訪日（―14日） 4・20　川島正次郎・佐藤首相特使、3国調停のため来訪 5・1　ラフマン首相、訪日（―10日） 5・下　「マレーシア味の素」創業			反対する佐藤内閣を非難 1・22　プルミナが三井物産、東棉にタンカーなど総額2970万ドル大量注文 1・26　自民党小笠公韶代議士、スカルノ大統領らと会談（―28日） 1・27　インドネシア政府、日本に総額1億3870万ドルの借款を要請 2・11　スバンドリオ外相一行15名訪日（―14日） 2・20　アイディット共産党議長、斎藤大使と会談 3　第1回賠償留学生45名卒業・帰国 3・24　日本、対イ2億ドルの借款決定 3・29　川島自民党副総裁、ハルソノ大使とAA会議、マレーシア問題について会談 4・13　アジア・アフリカ会議10周年（4月17―19日）視察代表団派遣（団長川島正次郎自民党副総裁、―20日） 4・14　国営石油会社プルタミン、三菱石油と原油輸出契約を締結 4・16　川島代表団らとスカルノ大統領ら会談（―17日） 4・21　AA会議10周年式典に参加した社会党勝間田清一国際局長、アリ・サストロアミジョヨ国民党党首と会談 5・6　宇都宮徳馬団長他6名の自民党AA研究会議員団一行、イ国会の招きで訪イ　スカ	

1965（昭和40）年

日　　　　本	ベトナム	カンボジア	ラオス	タイ
	9統一行動」、全国200カ所で集会とデモ、東京では10万人参加			
1965 7・8　椎名外相が東南アジア経済開発のための9カ国閣僚会議構想を表明し、12日からの日米貿易経済合同委で打診 12・14　財界4団体が諸経済使節団の調査を元に「低開発国経済協力に関する提言」を発表、反共に拘らないアジア中心の経済協力推進提唱	7・10　京都府議会、米国のベトナム政策反対を決議 7・29　米軍機（B52）、沖縄から初めてベトナム爆撃に出撃 7・30　米軍機の沖縄発進に対し、社会党、公明党、共産党、抗議 　　　米軍機の沖縄発進に対し、沖縄立法院、超党派で抗議決議 7・31　北ベトナム、米軍機の	7・8　日本の経済・技術協力でカンボジア・モンコルヴォレイに「日本・カンボジア友好農業技術センター」完成 8・1　ヘム・パンラシイ大使はジャカルタに移転、日本を兼任。イアット・ボウン・テン臨時代理大使任命	8・2　海外技術協力事業団の日本青年海外協力隊、ラオス王国政府との間で10人の日本青年を技術協力援助としてラオスに派遣することを決定 11・上　日本政府、ナムグムダムの建設に400万ドルの贈与を行うことを決定 11・23　日本政府、ラオス王国との間に青年海外協力隊派遣	7・21　日本の在タイ大使館職員平田豊がスパイ容疑で逮捕されたと報道

1965（昭和40）年

ビルマ	マレーシア	ブルネイ	シンガポール	インドネシア	フィリピン
				ルノ大統領、共産党首脳らと会談（―14日） 5・14　ハルソノ大使、外務省に日本の対豪ジェット機売却はマレーシア支援につながるものと警告 5・19　イ共産党創立45年記念式典参加の日本共産党代表（袴田里見、西沢富夫）訪イ 　スバンドリオ外相一行23名訪日（―25日） 5・21　赤城宗徳農相、訪日中のスジャロ農相、アドモハンドヨ林業相と会談 6・5　IJIFC（日イ運賃同盟）と国営海運会社ペルニとの間で追加輸送協定調印 6・10　日本、対イ1500万ドルの商品借款決定 6・11　デヴィ夫人を会長としてインドネシア・日本友好協会発足 6・23　アリ・サディキン海事調整相、約6000万ドル相当の船舶を日本に発注	
7・2　ビルマ政府、外国公館による外国語教育を禁止 9　川島正次郎自民党副総裁、ビルマを訪問	8・1　マラヤワタ製鉄、設立 8・9　シンガポール、分離・独立 8・30　木村武雄・佐藤首相特使、ラフマン首相と会見	7・29　ハサナル・ボルキア皇太子、従妹のサレハと結婚 12　日系企業の現地法人「竹原造船所（ムアラ）」設立 ブルネイ国初の現地資本のブルネイ国民銀行設立、竹原造船所（ムアラ）は同銀行より100万ブルネイ・ドル（約1億2000万円）の融資受領	8・9　マレーシアから分離・独立し、共和国に	7　ブル島森林開発契約（PS方式） 7・17　丸紅、兼松、三井物産3社、PS方式で砂糖工場近代化の予備契約 8・16　イ共産党、日韓基本条約を非難 　独立20周年記念式典参列のため川島自民党副総裁ら訪イ（―24日）	7・1　横浜市とマニラ市が日比間では戦後初めて姉妹都市関係を締結 8・31　黒沢明・映画監督、マグサイサイ賞受賞 9・22　日本漁船・第5千栄丸、ルソン島北部沖で拿捕され、船長射殺事件発生 9・28　マニラ近郊のタール火山が爆発。日本政府は噴火被災

1965（昭和40）年

日　　本	ベトナム	カンボジア	ラ　オ　ス	タ　イ
	沖縄発進に日本政府にも責任があると国際監視委員会に抗議 8・2　佐藤首相、衆議院本会議で、米軍機の沖縄発進に対して当惑と言明 8・14　沖縄駐留の米海兵隊第1師団第7連隊、南ベトナムのチュライ海岸に上陸 東京で「ベトナム問題と日本の進路討論集会」（ティーチ・イン）開催（一15日） 9・30　南ベトナム前首相、佐藤首相との会談で「民主安定」に対する援助を要望 12・10　UPI通信の沢田教一カメラマンの写真「安全への逃避」が第10回世界報道写真展で大賞とニュース部門1位		取り決めを締結 12・24　青年海外協力隊の第一陣、ラオス隊5名がラオスに出発 12・下　日本政府はラオス為替安定基金に対して来年度は75万ドルを拠出する方針であると発表	

1965（昭和40）年

ビルマ	マレーシア	ブルネイ	シンガポール	インドネシア	フィリピン
				8・28 ニョト共産党中央委第二副委員長、朝日新聞との会見で、インドネシア人民は沖縄・小笠原本土復帰のために闘争に貢献大と談 8・30 与野党国会議員団（荒船清十郎団長）、スカルノ大統領を表敬訪問 8・31 国営森林公社プルフタニ、三井物産、南方林業との間にPS方式による森林開発事業協定調印 9・7 日本の左派系諸団体、10月15日からジャカルタで開催の外国軍事基地反対国際会議参加のための準備会合開催 9・12 衆参両院議長の招待でインドネシア国会議員団訪日 9・30 9月30日事件発生 10・10 「赤旗」、9月30日事件に関する最初の特派員報告を掲載 11・1 日本政府、対イ食糧・衣料援助を決定 11・3 斎藤鎮男大使帰国、9月30日事件後も友好関係継続するべきと発言 11・12 西イリアン開発協力覚書調印 11・18 川島＝ハルソノ（大使）会談、イ政府は緊急援助よりも借款の条件緩和を希望と言明 サルビニ復員軍人相訪日（―25日） 11・21 ジャカルタで桜丸見本市 11・29 日綿、繊維工業省と	に見舞金5000ドル寄贈 10・25 フィリピンから初の海軍親善訪日で、駆逐艦リサール号が横須賀に入港 12・30 F・マルコス第6代大統領、就任。岸元首相が就任式に出席

1965～1966（昭和40～41）年

日　本	ベトナム	カンボジア	ラオス	タイ
1966 2・18　横山正幸外務省顧問を大使としてベトナム紛争早期解決のため欧州、中近東とベトナム周辺国訪問（―5月中） 3・3　下田武外務省次官が経済同友会に東南アジア開発閣僚会議開催に協力を要請 3・13　社会党代表団がカンボジア・北ベトナム訪問（―29日） 4・6　東京で東南アジア開発閣僚会議開催、8カ国代表参加（―7日） 4・18　バンコクで東南アジア外相会議準備会議開催、粕谷駐タイ大使が外相会議を反共組織と理解しないと発言 5・24　外務省がアジア太平洋大使会議開催（―27日） 6・14　ソウルでアジア太平洋閣僚会議（ASPAC）開催、椎名外相参加 6・25　日米貿易経済合同委関係閣僚委開催、両国で東南アジア援助問題をめぐって意見相違	1・7　佐藤首相、訪日中のハリマン米移動大使とベトナム和平について会談 2・10　南ベトナムへの緊急援助（衣料など20万ドル分）に対する日本政府方針表明 2・15　ベトナムに対する医療援助に関して、南北ベトナムで差別なしとの日本外相答弁 2・17　ソ連、日本政府に対し、米国のベトナム攻撃の後方基地提供と抗議 3・1　日本政府閣議で、南ベトナム難民援助に7200万円支出を決定 3・28　日越貿易協会と北ベトナム商工会議所、貿易協議議事録締結 4・12　日本外相、ベトナム情勢報告で「民主安定」に対する強い手段が必要との主張を表明	4・16　日本政府は円借款を中心とする700万ドルの援助供与を決定。プノンペン新港の建設、トウモロコシの増産、森林開発など 4・27　日本・通産省は11億5800万円（320万ドル）の円借款を考慮。灌漑ポンプ400台、トラック80台の買い付け等 4・30　ベトナム問題で各国の意見を打診している横山特使がカンボジア入り	4・4　東南アジア開発閣僚会議出席のため、プーマ首相日本訪問（―18日） 4・15　プーマ首相、佐藤首相と会談。経済協力を要請 5・4　日本政府、ワシントンでナムグム開発基金協定に署名	

1965〜1966（昭和40〜41）年

ビルマ	マレーシア	ブルネイ	シンガポール	インドネシア	フィリピン
				織物機械借款輸入契約（800万ドル）調印 12・23　斎藤大使スカルノ大統領を訪問、600万ドルの繊維借款の決定を報告 12・28　バンク・ネガラ・インドネシアの送金遅滞を事由とする保険事故に政府免責措置 12・29　日本からの対イ輸出が事実上全面停止 同日以降対イ輸出保険契約の適用を停止 12　バンドン教育大学に日本語講座開設	
	4・3　ラザク副首相訪日（東南ア開発閣僚会議出席）。日本政府に経済協力を要請	1・4　ハサナル・ボルキア皇太子、弟のモハメッド・ボルキアと共に英国士官学校に入学	3・1　日本企業の第3国貿易を禁止（工業投資促進、国内貿易業者保護のため） 4・上　リム・キムサン蔵相、来日（東南ア開発閣僚会議出席）。日本政府に経済協力を要請 4・26　総領事館、大使館に昇格 4・28　初代大使に上田常光・総領事 6・4　リー・クアンユー首相、「血債問題を適当な時期に日本に提起」と表明	1・4　政府・自民党、南ベトナム・タイ・マレーシア経由インドネシアに及ぶ海底電線設置を決定 デヴィ夫人帰国（―10日） 1・17　日本国防会議代表団訪イ 1・30　日本共産党中央委員会、インドネシアにおける軍・イスラム団体の反共運動を非難 2・7　東京に西イリアン問題調整事務局設置 2・8　西イリアン問題調整事務局、三井物産との間に西イリアン開発協力協定調印 2・9　日本在郷軍人協会はサルビニ在郷軍人相が提案したアジア・アフリカ在郷軍人会議に同意 2・14　公明党の和泉・鈴木両議員訪イ	2・15　青年海外協力隊（JOCV）のフィリピン派遣に関する交換公文とその実施取り決め調印 2・23　JOCVの第1陣として12人がフィリピン着任 3・1　O・ブリャンテス臨時駐日大使、着任 4・27　日本の旧陸軍士官学校出身で、ラウレル元大統領の次男、J・ラウレル3世が第5代駐日大使着任 5・7　ロペス副大統領、公式訪日 5・17　マルコス大統領、日系商社の事業活動を認める覚書を発表 5・19　日本政府、国立フィリピン大学（UP）に日本関係の図書380冊を寄贈 6・19　埼玉県羽生市とバギオ

1966（昭和41）年

日　　本	ベトナム	カンボジア	ラ　オ　ス	タ　イ
	5・2　UPIの沢田教一カメラマン、ピュリッツアー賞報道部門受賞			

1966（昭和41）年

ビ ル マ	マレーシア	ブルネイ	シンガポール	インドネシア	フィリピン
				3・5　牛場信彦外務次官訪イ、情勢を検討（―10日） 3・10　サンギル・タラウド諸島の領海を侵したかどで2隻の日本漁船が拿捕 3・11　スカルノ大統領、スハルト陸相に政治の権限委譲（3．11令） 日本商社輸出再開 3・24　日本政府、対イ援助政策の一環として「東京クラブ」開催を提唱 3・28　日本政府、インドネシア新内閣を公式に支持 3・29　日本政府250万ドルと米7万トンの無償緊急援助決定 4・7　ジャカルタ駐在日本人記者団、450万旧ルピアをソロ水害地に寄付 4・12　ルクミト・ヘンドラニングラット陸軍少将第4代大使として着任 4・21　日本対イ緊急援助として、約9億円の支出を決定 4・26　ハルソノ大佐他4名の情報省使節団、外交政策の明示など目的として日本・欧米訪問に出発 5・11　経済使節団技術チーム（団長ウマルヤディ外務次官）訪日 5・24　ハメンク・ブウォノ副首相を団長とする経済使節団訪日 5・30　対イ貿易、新決済方式での再開を決定 6・15　日本政府、対イ3000万	市が姉妹都市提携

1966（昭和41）年

日　本	ベトナム	カンボジア	ラオス	タイ
1966 7・上　通産省が100億円の東南アジア諸国向け「肥料回転基金」設置構想検討 8　バンコクにアジア太平洋協議会（ASPAC）常設委員会が設立 8・24　登坂重次郎自民党代議士を団長とする衆院東南アジア政治経済視察団出発 10・18　外務省が東南アジア農業開発会議準備のため東南アジア7カ国に調査団派遣（―11月4日） 10・19　椎名悦三郎外相がタイ・マレーシア・シンガポール・インドネシア訪問 11・7　松野頼三農相が台湾・ラオス・ビルマ・比訪問（―15日） 11・22　椎名外相が内外情勢調査会月例懇談会で東南アジア訪問の感想、更なる経済協力推進を表明 経済同友会が東南アジア経済開発に関する提言発表、欧米の東南アジア援助重視呼びかけ 11・24　東京でアジア開銀創立総会開催、渡辺武大蔵省顧問が初代総裁に就任（―26日） 12・6　東京で東南アジア農業開発会議開催、東南アジア農業開発基金設置に同意（―8日） 12・19　マニラにてアジア開発銀行が業務開始	9・23　椎名外相、国連で演説し、ベトナム和平に対する22日のゴールドバーグ米国連大使提案を支持するとの表明 10・13　「ベトナムにおけるアメリカの戦争犯罪調査日本委員会」の設立総会、東京会館で開催 10・16　ベ平連第1回全国懇談会、ベ平連の名称を「ベトナムに平和を！市民連合」と改称 10・21　総評など、ベトナム反戦スト 11・11　「ベトナムにおけるアメリカの戦争犯罪国際法廷」（ラッセル法廷）への協力のため、同法廷日本委員会設立事務局長の森川金寿弁護士がバートランド・ラッセル卿とロンドンで会談 12・15　ラッセル国際戦犯法廷日本委員会第1次調査団、北ベトナム訪問、ラッセル国際法廷第1次調査団と合同	9・11　カンボジア第6回総選挙。サンクムが完勝 9・18　シリワット・シリ・マタク殿下特命全権大使として着任 10・19　ロン・ノル内閣成立 11・16　日本・三木武夫通産相、カンボジア訪問。11月17日にロン・ノル首相と会見、日本・カンボジア経済協力問題を協議。シハヌーク元首と会談、70年の大阪万博にカンボジアは参加（―19日） 12・7　アジア・ガネフォ大会に北朝鮮代表全日本ミドル級元チャンピオン金田義男（金貴河）が日本大使館に亡命を申し出。カンボジア政府が保護	10・上　松野頼三農林大臣、ラオス訪問 12・6　日本政府、ラオス為替安定基金に対する本年度分の追加拠出として50万ドルの贈与を決定	9　8月のタイ東北地方における水害に対し5000米ドルの見舞金をタイ政府へ寄贈 10・19　椎名外相訪タイ。タナット外相と会談

1966（昭和41）年

ビルマ	マレーシア	ブルネイ	シンガポール	インドネシア	フィリピン
				ドル緊急借款を正式承認 6・28 米、対イ1050万ドルの長期借款供与協定成立を発表	
9・19 ネィ・ウィン革命評議会議長、26日まで日本を公式訪問（20日天皇と会見） 11・11 松野頼三農林大臣、ビルマを訪問	9 クアラルンプール日本人小学校開校 10・22 椎名悦三郎外相、来訪。1.5億リンギの借款提供を提案 11・9 サバのピーター・ロー州首相訪日（―28日） 11・17 ラフマン首相、「血債」問題で佐藤首相に親書 11・22 円借款協定に調印（第1次マレーシア計画に1.5億リンギ） 12・10 「血債」問題で中華商会連合内に行動委員会設置		9 日本人学校、開校 10・15 日本と技術訓練センター協定 10・24 椎名悦三郎外相来訪。「血債」補償（無償、借款各2500万シンガポール・ドル）で原則合意 11・30 中華総商会、「血債」政府間合意を受け入れ 12・9 対日民間航空協定、仮調印	7・1 商品借款108億円供与締結 8・8 対イ円借款（3000万ドル円借款）第1号として肥料26億円分輸出 8・20 日本留学生団体PRI（学生連盟）、アンペラ（国民の悲願）実現のため挺身すると誓う 8・23 日本政府、訪日中の賠償使節団との間で賠償第9年度5億9868万円の実施計画合意 8・30 日本議員団訪イ 9・19 対イ債権国会議予備会談開催（―20日） 9・29 インドネシア、国連復帰決定 10・8 マリク外相訪日（―12日） 10・25 椎名外相ら訪イ、スハルト将軍、ハメンク・ブウォノ国務相らと会談（―28日） 11・5 プルミナと石油資源開発（株）、カリマンタン東・北部の石油資源開発30年契約締結 11・8 アリフィン・スリアトマジャ新駐日賠償使節団長就任 11・30 在日インドネシア民間企業連盟GASPESD設立（67年1月に事務所開設） 12・19 パリでIGGI（イ援助国会議、―20日）開催	9・16 フィリピン、米国との軍事基地協定を改定。基地貸与期間を25年に短縮 9・21 海上自衛隊の練習艦隊が戦後初めてフィリピンを公式に親善訪問 9・28 マルコス大統領、公式訪日（―10月3日）。日比合同委員会の設置に合意 9・29 日本政府の援助による小規模工業技術開発センター（NACIDA）建設協定締結 10・2 東京～マニラ間の定期航空路協定調印 10・24 マニラでベトナム戦争参戦7カ国会議開催（―25日） 11・9 東京で初の日比合同委員会開催（―18日） 12・14 日本政府、初めてアテネオ・デ・マニラ大学に日本研究講座を寄贈 12・19 マニラでアジア開発銀行（ADB）開所式。初代総裁に渡辺武・元世銀理事が就任。以来、歴代総裁ポストは日本人が占める

1966〜1967（昭和41〜42）年

日　　本	ベトナム	カンボジア	ラオス	タイ
1967 1・6　外務省が三木外相出席の下で幹部会開催、同外相提唱の「アジア太平洋圏」構想の具体化作業着手 3・7　東南アジア農業開発調査団第一陣出発（―4月） 4・3　東京でECAFE第23回総会開催（―17日） 4・18　日本経済調査協議会（日経調）が「東南アジアへの日本企業進出の為に」という提言を発表 4・26　マニラで第2回開発閣僚会議開催、三木外相が先進国援助倍増を提唱（―27日） 6・26　アジア商工会議所連合会第2回理事会開催（―28日）	1・16　ラッセル国際戦犯法廷日本委員会第1次調査団、北ベトナムでの調査を終え帰国 1・24　ラッセル国際戦犯法廷第2次調査団ハノイ着、21日帰国 3・10　ラッセル国際戦犯法廷第3次調査団ハノイ着 4・8　ラッセル国際戦犯法廷第4次調査団ハノイ着 4・15　南ベトナム外相、「日本は民生援助を」との見解を表明 4・20　ストックホルムで「ラッセル法廷」開廷（―5月10日）、日本委員会の森川事務局長ら3名が参加 6・6　ストックホルムで「ベトナムに関する世界大会」開催、ベ平連の高橋武智、海原峻が参加 6・10　中山駐南ベトナム大使、チャン・バン・ド外相と、医療援助を内容とする取決め文書交換	1・22　日本がカンボジアのダム建設で2000万ドル相当の円借款供与を決定 5・9　ソン・サン内閣成立 5・28　日本がカンボジアに海洋資源調査団を派遣	1・11　日・米・英・仏・豪5カ国供与のラオス通貨安定基金に対する援助協定調印 5・16　日本援助の農業・畜産センター完成タゴンで落成式 6・5　日本政府、ラオス為替安定基金に対する本年度分の拠出として170万ドルの贈与を決定	5・21　タイ国防大学研修団一行が訪日 6・21　関守三郎特命全権大使着任

1966〜1967（昭和41〜42）年

ビルマ	マレーシア	ブルネイ	シンガポール	インドネシア	フィリピン
				12・24　インドネシア国会、外資導入法を採択	
6・28　ラングーン市内、反中国人暴動で治安悪化、日本人学校臨時休校（20日間）	1・中　ラフマン首相、「血債」問題で駐マ・日本大使と数次にわたって協議 2・4　「血債」問題でラフマン首相と中華商会連合が話し合い 3・11　経済協力基金、製鉄所20ヶ所設立に1.5億リンギ援助計画 3・19　民主行動党のD.ナイア書記長、ゴー・ホクグアン副委員長ら訪日。民主社会主義セミナー（22—25日）出席 5・20　マラヤワタ製鉄、試運転開始 5・23　ラフマン首相訪日（—6月5日） 5・26　ラフマン・佐藤首相会談で「血債」補償原則合意 6・24　山陽パルプ、ゴム廃木輸入長期契約締結	3　三井建設、ブルネイ国食糧倉庫建設工事着手 6・11　ブルネイ国新通貨発行	2・15　日本占領期死難人民記念碑、落成式 3・19　リー首相訪日（—4月1日。民主社会主義セミナー出席。佐藤首相らとも会談）	1・29　西山昭大使（4代目）着任 2　パリでIGGI会議開催 2・22　西山大使、サルビニ復員軍人相・セダ蔵相を訪問 3・6　「ヌサンタラ」紙、日本の援助態度を批判 3・29　アダム・マリク外相、債権国会議で日本の態度を批判　訪イ中の秋田大助代議士、スハルト大統領代行、ハメンク・ブウォノ幹部閣僚、マリク外相らと会談 4・1　アダム・マリク外相らECAFE第23回総会出席のため訪日 4・18　インドネシア、東京国際見本市に初参加 4・27　マリク外相、「日本の民間業界は西イリアン援助（100万ドル）に乗り出すことになった」と言明 4・28　西山大使、イ国営放送・テレビを通じ日イ友好関係ならびに経済協力関係の重要性を強調 5・27　KAMI（学生行動戦線）ザムロニ議員、デヴィ夫人の帰国に反対表明 5・29　西山大使、借款問題でスハルト大統領代行と会談 5・31　イ海軍、領海内で日本漁船を拿捕	1・1　マニラで開催の女子ソフトボール第1回アジア選手権大会で京都の明徳高チームが優勝 2・1　日本の通信社では戦後初めて時事通信社がマニラに支局を開設 2・27　日本遺族会派遣の第1次戦跡巡拝団が訪比（69年の第3次まで） 3・17　フィリピンにおける初の日系企業の事業活動として三井物産が許可される 3・30　フィリピンにおける初の日比合弁企業として日本楽器が合弁会社を設立 4・9　バターン半島陥落25周年式典 4・12　安川壮第6代駐比大使、着任 4・26　ケソン市で開催の第2回東南アジア開発閣僚会議に三木武夫外相が出席 6・19　日本航空のマニラ乗り入れ許可

1967（昭和42）年

日　本	ベトナム	カンボジア	ラオス	タ　イ

1967
7・5　バンコクで第2回ASPAC開催
8・8　バンコクで、東南アジア諸国連合（ASEAN）が、タイ、フィリピン、インドネシア、マレーシア、シンガポールの5カ国で結成
8・21　牛場外務次官が記者会見で日本がASEAN加盟の可能性を否定
9・13　木川田一隆東京電力社長を団長とする訪米経済使節団が「日米協力・提携の新路線」報告発表、アジア太平洋共同開発機構設置提唱
9・20　佐藤首相ビルマ・マレーシア・シンガポール・タイ・ラオス訪問（―30日）
10・8　佐藤首相東南アジア等訪問（インドネシア・オーストラリア・ニュージーランド・フィリピン・ベトナム）（―21日）
10・21　ベトナム反戦世界統一集会開催、日本ではべ平連・総評が企画
12・28　バンコクで日本・タイ・シンガポールが東南アジア漁業センター設立協定に調印
12　労働省が東南アジアに労働力開発調査専門担当官派遣方針決定

7・3　ラッセル国際戦犯法廷日本委員会第2次調査団ハノイ着、31日帰国
7・16　総評の北ベトナム視察団ハノイに出発、8月4日帰国
7・25　北ベトナムのベトナム祖国戦線、日本社会党委員長に対し、社会党の代表団5名の受入を受諾
7・29　北ベトナム平和委員会、日本政府が第13回原水爆世界大会に参加を希望する代表団の入国査証交付拒否に抗議
7・30　松谷僧正以下の日本仏教徒代表団、北ベトナム訪問（―8月5日）
8・28　「ベトナムにおける戦争犯罪を糾弾する東京法廷」、東京千代田公会堂で開廷、日本政府・財界に有罪の判決を下し閉廷
9・15　日本ベトナム友好協会

7・10　シハヌーク元首、国境を承認しない国とは外交関係凍結と言明
8・6　カンボジア臨時内閣（ソン・サン首相）が総辞職
8・29　佐藤首相が三木外相と会い、カンボジア国境紛争にからむカンボジア訪問について協議、国境問題は再検討の必要があるため訪問は当分延期することを決定
9・4　吉岡範武首相特使が帰国、佐藤首相に「カンボジアの国境問題に関する決意は堅いがシハヌーク元首はこの問題と切り離して日本との友好を望んでおり、シハヌーク元首が佐藤首相の同国訪問を取り止めたことに怒りを覚えているとの報道を否定した」と報告
9・28　栗野鳳臨時代理大使任命

7・14　日本政府、駐ラオス大使に下田吉人外務省官房審議官を任命
7・23　北京放送、パテートラーオ放送の報道としてラオスに300人の日本人軍事要員がいると発表
9・28　佐藤首相、ラオス訪問（―29日）
9・29　佐藤首相、プーマ首相と会談
11・20　ウォンサワン皇太子夫妻、日本訪問（―21日）

9・26　佐藤総理、タイを公式訪問（―28日）。タノーム首相と会談
9・28　佐藤首相離タイに際して日タイ共同コミュニケを発表

ビルマ	マレーシア	ブルネイ	シンガポール	インドネシア	フィリピン
				6・9　日本、対イ新規援助に関する交換文と債務繰り延べに関する交換文調印 6・13　大宅壮一氏ら報道人グループ訪イ 6・19　対イ債権国会議開催（67年のイ国際収支赤字2億ドルの穴埋めに合意）、日本は6000万ドル援助（―22日） 6・22　日本医学者団訪イ、各地大学を訪問し日イ医療協力の可能性についてシワベッシ厚相と意見交換（―7月12日）	
9・20　佐藤栄作首相、ビルマを公式訪問 9・22　佐藤首相、離緬 10・2　ビルマ社会主義計画党、党内に社会主義経済計画委員会を設置	7・19　中華商会連合、「血債」補償案受け入れを拒否 8・16　閣議、「血債」協定調印（17日の予定）拒否を決定 8・18　「マレーシア日本協会」結成（ペナン） 9・9　マラヤワタ製鉄、正式開所 9・12　円借款一般協定に調印 9・21　日本との親善支払い（血債）協定、調印 9・22　佐藤首相、来訪（―24日） 10・12　木材業使節団、訪日 11・14　中華商会連合、「血債」協定受諾を決定 11・16　「海外鉱物資源開発会社」、マムート銅山採掘権を獲得	10・4　オマール・アリ・サイフディン国王退位 長男ハサナル・ボルキア第29代国王として即位	9・21　日本との親善支払（血債）協定、調印 9・25　佐藤首相、来訪（―26日） 12・28　日本と漁業研究所設置で協定	7・7　アリ・ムルトポ大統領補佐官、福田赳夫自民党幹事長と会談 イ海軍、ハルマヘラ島西方で日本鉱石専用船を拿捕（12日釈放） 7・20　総評大会にインドネシア代表出席（―23日） 8・2　日本アラフラ真珠株式会社、コラコラ会社との間で合弁事業協定調印 東棉と海事省との間で、西・南部カリマンタン海域での海洋資源開発・えび及び魚類の採取事業について協定 8・31　牛場外務次官、日本のアセアン不加入を言明 9・11　自民党国会議員団訪イ 9・15　共同通信の渡辺記者とヘラルド紙のピーター・ポロムカ記者が抑留中のスバンドリオ元外相に取材することを許可	8・11　農政学者の那須皓博士、マグサイサイ賞受賞 9・12　マニラの日本大使館付属広報文化センター開所式（実際の開所は68年4月） 9・16　マルコス大統領、投資奨励法に署名 10・18　佐藤栄作首相、公式訪比（―21日） 11・20　日本航空、東京～大阪～台北～マニラ路線の運航を開始 日本政府派遣の第2次遺骨収集団が訪比（―12月20日）。その後、フィリピンでの遺骨収集は地方自治体や民間組織などを中心に80年代半ばまで続く

1967〜1968（昭和42〜43）年

日 本	ベトナム	カンボジア	ラオス	タイ
	代表団ハノイ着 9・22 三木外相、国連で演説し、ベトナム問題の早期解決を呼びかける 10・21 佐藤首相、サイゴン訪問、南ベトナム政府首脳と会談 11・17 佐藤首相訪米、日米共同声明で米国のベトナム政策を全面的に支持の表明 12・27 青木新駐南ベトナム大使、信任状提出	10・22 力石健次郎特命全権大使着任 11・15 シハヌーク元首が日本人記者団と会見。北爆停止、ベトナム国民の主権と民族自決の尊重、米軍撤退、国境尊重をしぶれば外交凍結と言明		
1968 2・1 外務省が次回の開発閣僚会議議長国のシンガポールが印パ招聘予定であると公表	1・30 南ベトナムで、解放勢力によるテト攻勢開始	1・22 日本がカンボジアのダム建設で1100万米ドルの円借款	3・30 日本青年海外協力隊員のうち2名がパテートラーオ軍	1・12 6000万米ドルの「第1次円借款交換公文」調印

1967～1968（昭和42～43）年

ビルマ	マレーシア	ブルネイ	シンガポール	インドネシア	フィリピン
				9・中　民社党議員団訪イ 10・2　インドネシア銀行日本支店開設決定 10・3　経団連、対イ経済協力についてのインドネシア委員会設置 10・6　インドネシア銀行ラディウス・プラウィロ総裁訪日、水田蔵相と会談 10・7　イ国会代表団（団長シャイフ国会議長）訪日（―12日） 10・8　佐藤首相公式訪イ（―11日） 10・9　「シナル・ハラパン」紙、「日本がアジアで再び生命線を主張するのではないか」との趣旨の論文を掲載 10・24　吉田茂元首相死去でスハルト大統領代行が弔電 11・10　日本、対イ1000万ドル（360億円）贈与協定調印 12・21　大統領補佐官グループ、サドリ外資導入委員会委員長らが経団連との会合に出席するために訪日 12・27　日本財界首脳、佐藤首相と対イ援助について協議 12　日イ漁業問題委員会、ジャカルタにて初会合 インドネシア大学文学部に日本研究講座（日本政府による寄贈講座）設置	
	4・3　日本輸出入銀行など、最初の円借款協定に調印。200	2　三井建設、ブルネイ国の首都ブルネイ市の下水道建設工	4・11　来訪中の三木武夫外相、120万Sドルの技術援助に	1・6　土光使節団、ランポン計画推進のため訪イ	3・1　日本政府派遣の「青年の船」が訪比（―3日）

1968（昭和43）年

日　　本	ベトナム	カンボジア	ラ　オ　ス	タ　イ
2・15　外務省が次回の開発閣僚会議へのインド参加取り止めを公表 2・25　日本万国博協会理事朝海浩一郎が万博参加招聘のためタイ・マレーシア・シンガポール・インドネシア訪問（―3月6日） 3・4　マニラで第1回アジア開銀総会開催、（―7日） 3・9　シンガポールで第3回開発閣僚会議開催、三木外相出席（―11日）	2・14　沖縄喜手納村長ら、B52の即時撤去を米軍に要求 3・5　UPIの峯弘道カメラマン、南ベトナムで取材中に地雷で死亡 3・13　北ベトナム、B52の沖縄基地使用で日本政府を非難 4・12　沖縄でB52反対デモ 4・14　日本外務省、ベトナム和平後の対策を模索（対米依存への反省を含む） 4・22　日本外相、「海外援助」に関連して、ベトナム復興に協力するとの答弁 5・10　日本船（光徳丸）、北ベトナムのハイフォンに就航 5・13　北ベトナム、米国との間でパリ会談開始 6・10　日本政府、南ベトナム在留邦人の引き揚げを勧告 6・11　解放戦線の砲撃で、サイゴンの東京銀行支店に直撃弾が命中	供与を決定 1・29　ペン・ヌート内閣成立 2・18　日本政府がカンボジア開発調査団派遣（福田仁志団長） 2・28　シソワット・シリク・マタク大使はフィリピン・マニラに移転、日本を兼任。イアト・ボウン・テン臨時代理大使任命 3　カンボジア政府、ASEAN加盟拒否を発表 6・28　三菱商事、三井物産、カンボジア開発、正福汽船がカンボジア政府と森林開発の合弁計画	に抑留 4・14　消息を絶っていた2名の日本青年海外協力隊員釈放	3・14　プラパート副首相訪日（―19日まで） 4・15　後宮虎郎特命全権大使着任 5・14　タノーム首相訪日（―20日） 5・15　佐藤首相、タノーム首相との会談にて日タイ貿易合同委員会を提案、タイ側も受諾 タノーム首相、内外記者団と会見 タノーム首相夫人、チョンコン・キッティカチョンが区立青山保育園に10万円を寄付 5・17　三木外相、タナット外相会談 5・20　日タイ共同声明発表
1968 7・30　キャンベラで第3回ASPAC開催、三木外相出席（―8月1日） 10・28　国際文化会館アジア知的協力プログラム開始 11・11　日米欧豪の財界がアジア民間投資会社設立 12・14　衆院予算委で佐藤総理がASPACは軍事機構意図せぬと答弁	9・7　日越貿易会と北ベトナム商工会議所、ポンド建、ポンド決済、スイスフラン、クローズ付き価値保証の決済に関する事項を確認 11・1　日本外務省、ベトナム和平に備え、「ベトナム復興基	8・24　カンボジア国民議会、シハヌーク元首に全権付与 9・6　カンボジア政府がIMF加盟を決定 9・8　プレク・トノット・ダム建設拠出10カ国が会議に参加 9・16　日本政府、カンボジア	9・24　日・米・蘭・デンマーク・タイ・豪の6カ国、ナムグムダム建設に新たに700万ドルの拠出を決定 10・16　ニット・ノーカム駐日本ラオス大使着任 11・11　下田駐ラオス日本大	10・11　バンコクにて第1回日タイ貿易合同委員会開催（―12日） 11・9　バンコクにて日本人射殺事件発生 12・10　日本などからの援助によるガンセンター開所

1968（昭和43）年

ビルマ	マレーシア	ブルネイ	シンガポール	インドネシア	フィリピン
	万リンギ 5・7 「親善支払協定」交換公文に調印 5・12 アジア海運、サラワク・日本定期航路開設 5・20 サバ帝石、石油探掘権取得	事着手 6 三井建設、ブルネイ国食糧倉庫建設工事完了 岩波映画社のスタッフを中心とした映画撮影チーム、ブルネイ国宗教庁の要請で新国王の戴冠式を中心とした記録映画の撮影開始（―9月下）	同意 5・31 初代駐日大使にアン・コクペン任命	1・16 アラムシャ大統領補佐官、援助問題討議のため訪日 1・29 インドネシア警備艇、第15幸漁丸を拿捕 2・11 増田防衛庁長官、漁船保護のための自衛艦出動もありうると言明 2・29 ハリアン・カミ紙、「日本漁業船の領海侵犯事件は年間1000件におよぶ」と指摘 3・21 三菱・三井・住友・丸紅など14社、インドネシア石油資源開発会社（資本金25億5500万円）に正式資本参加 3・28 スハルト大統領、マリク外相、セダ蔵相ら（3月27日正式就任）一行援助要請のため公式訪日（―4月1日） 4・22 IGGI会議、3億2500万ドルの対イ援助を約束（日本は1億4000万ドル） 東カリマンタン・タンジュンサンタン事件発生。インドネシア石油資源開発下請日本人作業員2名、強盗団に襲われて死傷 6・17 ウィジョヨ国家経済企画庁長官訪日、援助管理機関を共同で設置することを要請	3・2 マニラで初の日本産業見本市開催（―17日） 3・25 日比租税条約の締結交渉始まる 4・4 フィリピン航空、マニラ―東京間週2便の運航開始 5・1 マニラ日本人学校、一部補習制で開校 5・2 マニラ市長、マニラ駐在の日本商社18社に対し、ビザの不備を理由に営業停止を通告（その後、マルコス大統領裁定で通告を取り消す） 6 文部省派遣アジア諸国等留学制度で、フィリピン留学1期生派遣
9・17 日本青年親善使節団、ビルマを訪問（―23日） 12・29 ビルマ政府、日本のパイロット万年筆を含む168の民間産業を国有化	7・29 日本マラッカ海峡協議会、発足 8・1 マレーシア・シンガポール航空、週4便の東京乗り入れ開始 8・20 ラフマン首相、「血債協定」に基づく船舶2隻の引渡	8・1 ハサナル・ボルキア国王の戴冠式挙行 10 大都工業、ブルネイ国ムアラ深水港建設工事着手 11・1 大都工業、ブルネイ工事室設置 12・5 大都工業、ブルネイ支	10・14 リー首相、国賓として訪日。ホン・スイセン韓瑞生経済開発庁長官ら随行 10・22 ジェク・ユエントン易潤堂文化相、訪日 観光振興局、日本語ガイド養成コース開設	7・25 インドネシア政府、日本商社に7月から取引高の0.5％の法人税を課税すると通告 7・26 陸軍中央協同組合（INKOPAD）総裁P・ソビラン准将、西イリアンで日イ合弁	7・1 日本大使館の広報文化センターに日本語教室開設 8・8 日比為替約手協定調印 8・9 フィリピンから青少年親善ミッション23人が日本の国際交流団体の招きで訪日（―29日）

1968（昭和43）年

日　　　本	ベ　ト　ナ　ム	カンボジア	ラ　オ　ス	タ　イ
	金」推進を表明 11・23　北ベトナム中央歌舞団一行45名羽田到着、25日より全国で公演（12月29日帰国） 12・3　「戦争犯罪日本委員会」、ベトナムに第3次調査団派遣 12・9　屋良琉球政府主席、佐藤首相らを訪問し、沖縄の祖国復帰、沖縄からのB52撤去などを要望 12・11　南ベトナムのトゥック戦後問題相訪日、政財界要人と会談 12・13　日本新聞放送労組代表団、ベトナム労組連盟の招請で北ベトナム訪問	の現国境を承認 11・2　日本・カンボジア政府がメイズ増産協力に関する協力協定書交換 11・24　兼松江商ら6社がカンボジアのセメント国際入札で落札 12・12　ヴァル・キム・ホン臨時代理大使任命 12・19　日本・カンボジア貿易、69年2月まで延長決定	使、ウィエンチャンでワッタイ空港拡張計画に関する協力計画に調印 12・24　国際穀物協定の食料援助契約に基づき日本政府、ラオスに50万ドルの食料援助を決定	

1968（昭和43）年

ビルマ	マレーシア	ブルネイ	シンガポール	インドネシア	フィリピン
	し遅延を非難 8・31 マニカヴァサガム労相、訪日 9・12 フセイン・モハメド駐日大使、着任 9・13 ラフマン首相、サバ領有権問題で日本の調停を断わる 9・16 合弁自動車組立企業、アジア・オートモービル・インダストリー社、創業 11・26 日本のマラッカ海峡安全調査を許可 12・2 合弁チップ企業、サラワク・ウッドチップ社、設立	社設置	11・20 シンガポール日産社、創業 12・2 日本とマラッカ海峡調査で合意 12・21 リー首相、マラッカ海峡防衛で日本の協力を要請	漁業を行うと言明 7・27 バンダ海のマグロ漁業操業許可に関して、日本の民間漁業団体とインドネシア政府漁業当局との間で日イ漁業協定調印 8・28 東京銀行ジャカルタ支店開設 9・2 ILO東京会議参加のためインドネシア代表団訪日（―14日） 9・4 インドネシア外務省、戦前・戦中在イした定職なき日本人を警戒するよう日本大使館に要請 9・5 アジア労相会議出席のため労相ムルサリン海軍少将訪日 9・11 M.ナシール元首相、福田自民幹事長の招待で訪日 9・17 インドネシア政府、日本政府のプロジェクト援助総額4000万ドルにつき全面的に日本の手で実施するよう要請 9・24 スラバヤのジャワ・ポスト紙、「日本船8隻乗組員とイ警察の撃ち合いがあった」と報道 9・29 日本政府派遣の経団連インドネシア経済使節団（高杉晋一団長他35名）訪イ（―10月9日） 10・6 経団連にインドネシアとの経済協力を進めるためインドネシア委員会設置 10・14 ジョンソン駐日米大使、日本に対イ援助協力を要望	8・19 愛知大学柔道部7人が訪比、各地で柔道指導（―9月1日） 8・31 東畑精一アジア経済研究所長、マグサイサイ賞受賞 11・22 日比両政府、ルソン島北端からミンダナオ島南端まで全長2067キロの日比友好道路建設計画の交渉開始 12・2 マニラで開催のアジア国会議員連合会議に、日本から13人の議員団（団長は岸元首相）が参加 12・26 毛沢東主義を掲げるフィリピン共産党（CPP）結成

1968〜1969（昭和43〜44）年

日　本	ベトナム	カンボジア	ラオス	タ　イ
1969 2・28　外務省幹部会で愛知外相がアジア経済援助の強化の具体案作成を指示 4・3　バンコクで第4回開発閣僚会議開催、愛知外相出席（―5日） 4・10　シドニーで第2回アジア開銀総会開催、福田蔵相が援助を5年で倍増させると表明 5・2　第7回日英定期協議で両国が東南アジア経済発展を望むとの共同声明発表 6・9　伊豆川奈でASPAC第4回閣僚会議開催（―11日）	1・25　南ベトナム政府、解放戦線が加わる拡大パリ会談開始 1・27　ベ平連の「平和の舟」募金による北ベトナム向けの医薬品、学用品を積んだソ連船、横浜港を出港 2・4　沖縄でB52撤去要求の統一行動 2・28　ベ平連の東京フォーク・ゲリラ、新宿西口地下広場で初の集会 3・19　「ベトナムと沖縄を証言する中央集会」、東京で開催 5・17　新宿西口のフォーク集会に機動隊が初出勤 5・31　新宿西口のフォーク集会、5000人の参加 ベ平連「平和の舟」第2便、	1・1　ポク・テイエウン特命全権大使着任 3・21　日本政府がカンボジアにプレク・トノット・ダム建設で15億1740万円贈与協定・借款供与協定調印	3・3　ナムグムダムをパテートラーオのゲリラ隊が襲撃、工事を進めている日本の間組の施設に損害	2・8　タイ経済技術協力局、外国援助額は米国が5030万ドルと最大であり、その他ではオーストラリア、日本などが大きいと発表 3・1　沖縄が日本に返還された場合、沖縄のB52はウタパオ空軍基地に移駐と当局者談 3・14　タイ政府が非公式に対日輸入制限を通告 3・27　日本の対タイ技術援助額、68年末までで5億ドルとなり諸外国中第1位を占める 4・3　愛知揆一外相訪タイ（―6月） 4・6　ブンチャナ・アッターコン経済相が愛知外相に対し、日本品輸入制限を示唆

1968～1969（昭和43～44）年

ビルマ	マレーシア	ブルネイ	シンガポール	インドネシア	フィリピン
				10・20 同盟代表団訪イ（―22日） 11・13 日イ航空交渉合意、東京―ジャカルタ間空路増強決定 12・6 スハルト大統領、佐藤自民党総裁3選と新内閣組閣に対して祝電 12・12 西イリアン州政府、住民は日本資本進出に不信と表明 12・18 日本政府、三井物産と王子製紙にスマトラ、リアウ地区国有森林開発進出を認可 12・27 東ジャワ・カランカテス・ダム建設資金（円借款）14億7600万ドル供与締結	
2・7 日本政府、ビルマ政府との間で総額108億円の円借款に関する公文を交換。ビルマに対する最初の円借款（内容は賠償プロジェクト継続支援） 4 ウー・ヌ前首相、病気療養を理由にビルマを出国（その後、タイに亡命）	1・10 天然ゴム研究所、日本に支所開設 　日本輸出入銀行、円借款契約（16.4億円）に調印 1・26 海外経済協力基金、初の円借款契約（6.9億円）に調印 1・31 日本と沿岸3国、マラッカ海峡予備調査開始 5・13 クアラルンプールで反華人暴動（5.13事件）			1・11 八木正男大使（5代目）着任 1・16 木村武雄議員一行非公式訪イ（―26日） 2・1 日本外務省派遣のインドネシア経済協力調査団訪イ（約1カ月） 2・10 石原産業、インドネシア陸軍と合弁で農業開発を行うと発表 2・13 スジョノ大統領補佐官らの経済使節団訪日（―21日） 2・28 ダヌディルジョ・アシャリ少将第5代大使として着任 3・1 経済協力調査団の北嶋団長、「日本の賠償・援助でのプロジェクトは全体としてはイ	1・15 ロムロ外相、フィリピン政府初の日本関係顧問にUPアジア研究センターのJ・サニエル教授とR・サントス・クユガン教授を任命 2・17 フィリピンから初の観光業界視察団15人が訪日 2・21 日本政府、日比友好道路建設でフィピン向け初の円借款（108億円）の交換公文に調印 3・29 CPPの武装組織・新人民軍（NPA）結成 6・11 マニラのルネタ公園にフィリピン協会が寄贈した日本庭園完成。開園式にマルコス大統領、岸元首相らが出席

1969（昭和44）年

日　　本	ベトナム	カンボジア	ラオス	タイ
	横浜港を出港 6・10　南ベトナム臨時革命政府、樹立 6・15　「反戦・反安保・沖縄闘争勝利6・15統一行動」、日比谷で開催、5万人のデモ 6・25　「ベトナムの平和と統一のためにたたかう在日ベトナム人の会」（ベ平統）結成			4・10　経済省は貿易不均衡是正のため、一部を除く中古車の輸入を禁止。その大部分が日本からの輸入 5・12　タイ特別円5月末に引渡し完了 6・8　ASPAC会議出席のためタナット外相訪日（—15日） 6・17　日タイ間の通信回線が従来の短波から衛星に全面切り替え
1969 9・1　OECD、対日審査報告で日本の国際収支黒字定着を指摘、自由化促進強調	7・21　北ベトナム法律家代表団訪日（—8月19日） 8・7　大阪で「反戦のための万国博」（ハンパク）開催 9・2　ホー・チ・ミン主席死去 9・17　ホー主席追悼集会、東京千代田九段会館で、106団体、個人73名の実行委員会主催で開催 10・7　トヨタ自動車、南ベトナムのビナコ社と提携（小型トラックの現地組立） 10・8　3人の在日ベトナム留学生に徴兵令と帰国命令「ベトナム留学生支援の会」発足 10・10　ベ平連などの市民団体と、全共闘、反戦青年委、新左翼など、反安保の共同行動で、明治公園に5万人のデモ、	8・12　シハヌーク元首、新首相にロン・ノル将軍指名。13日に第2次ロン・ノル内閣成立 9・14　日本企業がカンボジアの合弁事業に参加。日本パルプ工業、東海パルプ、北越製紙など3社はカンボジア開発公社に参加した三井物産、三菱商事、正福汽船4社と製紙用原木の共同開発をすすめる話し合い 10・6　海外経済協力基金、カンボジアに初借款供与。プレク・トノット・ダム建設計画に3年間（69—71）にわたり、総額15億1740万円の借款を供与。ポック・ティエウン駐日大使が一般取り決めと初年度分7億8657万円の貸し付け合意書に調印 11・17　プレク・トノット・ダムの灌漑系統建設の計画書調印	8・9　日本政府、ラオス為替安定基金に今年度分として170万ドルの拠出を決定 9・30　プーマ首相、日本訪問（—10月3日）佐藤首相と会談。日本のラオス為替安定基金への拠出額増額を要請 10・1　日本政府、プーマ首相の要請によりラオス問題解決のため関係当事者の話し合いを実現させるよう積極的に働きかけていることを表明 12・5　日本政府、ワッタイ空港拡張のため約160万ドルの援助を供与する協定に調印 12・20　ラオスで送電線延長工事を行っている三井所有のジープがパテートラーオの砲撃を受け、乗っていたラオス人4名、カンボジア人1名が死亡	7・1　ポット・サーラシン開発相、対日輸入制限は開発途上のタイ経済に悪影響を及ぼすと反対 7・4　ブンチャナ経済相、タイ日貿易年次協定を提案 7・10　日タイ貿易合同委員会開催（—11日） 8・4　日タイメイズ貿易合意 9・2　日本政府派遣経済使節団が訪タイ 9・4　貿易委員会、日本に対して関税引き下げを要請 10・11　タナット外相非公式来日 10・24　ポット開発相訪日（—26日） 11・5　ブンチャナアッタコーン経済相訪日（—9日） 11・　第2回日タイ貿易合同委員会東京にて開催

1969（昭和44）年

ビルマ	マレーシア	ブルネイ	シンガポール	インドネシア	フィリピン
				ンドネシアの経済発展に貢献」と談 4・12 福田蔵相ジャカルタに立ち寄り、スハルト大統領・スミトロ商相と会談 4・14 IGGI会議、対イ援助4億9000万ドルを合意、日本は1億2000万ドル（―15日） 5 ジャカルタ日本人学校小学校開校（派遣教員2名、生徒11名、二部制） 6・24 ストウォ・プルタミナ社長、東京でアジア駐在員会議を主宰	
7 ビルマ政府、観光ヴィザ発給を再開（72時間） 10・9 海外で反政府活動を展開中のウー・ヌ前首相、訪日 10・17 ウー・ヌ前首相、東京で記者会見、反ネィ・ウィン闘争のために武器の調達に入っている旨、明言 10・26 日本の総理府派遣「青年の船」、ラングーン入港（―30日）		12・9 ブルネイ国政府、三菱商事、ロイヤル・ダッチ・シェル・グループによる合弁企業「ブルネイLNG」設立	8・26 日本商工会議所、結成 10・5 自衛隊艦隊4隻、「親善訪問」	7・4 69年度対イ援助に関する協定調印、1億200万ドル（商品借款1980億円供与締結 7・18 日イ漁業技術協力協定調印 8・26 日本練習艦隊、親善訪問で訪イ（―28日） 8・29 楢橋渡使節団（60名）、中小企業の進出可能性を調査のため訪イ 9・21 スジョノ大統領補佐官訪日（―27日） 9・24 石井光次郎前衆議院議長、スハルト大統領への佐藤首相親書を携え訪イ インドネシア記者団一行10名、日本新聞協会の招きで訪日（―10月7日） 10・17 対イ食糧無償援助（日本米、タイ米等）18億円供与締結	7・1 フィリピン協会の第7代会長に岸元首相が就任（―84年7月） 7・7 フィリピン政府、日本人の7日以内のビザなし入国を許可 8・1 日比郵便為替約定、発効 8・4 マニラで日比航空協定の締結交渉始まる 8・31 西本三十二帝塚山学院大学長、マグサイサイ賞受賞 10・7 マニラ郊外のリサール州マリキナにNACIDAが完成、開所式 11・1 マルコス大統領、バターン半島南端のマリベレス地区をフィリピン初の自由貿易地区に指定。日系企業の誘致に意欲を表明 11・11 マルコス大統領、再

1969〜1970（昭和44〜45）年

日　本	ベトナム	カンボジア	ラオス	タイ
	全国で53ヵ所	印。国連、FAOとカンボジア政府との間で調印 12・19　日本海外鉄道技術協力会、カンボジア国鉄に初の技術協力を決定		11月の南部タイにおける洪水に際し見舞金として日本政府が4万バーツを寄贈 11・21　チャクトン・トンヤイ農業大臣非公式訪日（―23日） 12・18　海外経済協力基金分として一計画372万ドルの貸付契約が日タイ間において成立
1970 2・27　アジア開銀特別基金に45年度3000万ドル拠出方針表明 3・11　ラオス和平への働きかけを愛知外相が表明 4・12　アジア開銀総会にて多国間援助の積極推進を渡辺武アジア開発銀行総裁が表明 4・16　政変後のカンボジア承認問題で同国が共和国になれば検討すると愛知外相が表明 4・24　政変中のカンボジアから技術者の引き揚げを外務省が検討 4・28　東京でベトナム友好協会、原水協らがカンボジア虐殺への抗議デモ 5・6　自民党アジアアフリカ問題研究会（AA研）がカンボジア米軍事介入支持表明 5・7　沖縄の返還にカンボジア問題は関係せず、また国連平和維持機関への参加意志があると佐藤総理が衆院本会議で答弁 　　　カンボジア米軍事介入は好ましくないと参院外務委員会で愛知外相答弁 　　　カンボジア問題について外交防衛連絡会議が北ベトナム・米国ともに撤退を求める基本態度を決定 5・8　カンボジア米軍事介入を積極支持せずと衆院外務委員会で政府表明 5・9　カンボジア侵攻を早くやめて欲しいと参院外務委員会で佐藤首相表明 5・11　自民党アジアアフリカ問題研究会（AA研）がカンボジア情勢に関して政府に対米忠告を求める見解表明 5・13　自民党外交調査会でカンボジア問題を討議 5・16　ジャカルタで開催されたアジア会議で愛知外相が演説 5・21　太平洋経済委員会総会が京都で開催	3・7　日本と南ベトナム、援助協定調印 3・24　日本文部省、ベトナム留学生への奨学金打ち切りを決定 4・7　東京入管、東大大学院生レ・バン・タムら14人のベトナム留学生の在留延長を許可 4・13　日本、南ベトナムに難民用住宅建設資金を供与する書簡をサイゴンで交換 6・5　日本政府、農業用資材100万ドル相当分を南ベトナムに援助することを決定 6・10　北ベトナム商工会議所経済視察団、訪日 6・14　日本でインドシナ反戦と反安保の6・14大共同行動 6・23　『ニャンザン』紙社説で、日米安保条約自動延長を非難	3・18　カンボジア国民議会と王国会議、シハヌーク国家元首を解任。チェン・ヘン国民議会議長を元首代行に選出（―72年3月10日）。シハヌークはフランスからの帰途、ソ連で事件を知る 3・19　王国会議、ロン・ノル首相に全権を付与 3・20　シハヌーク殿下、北京でクーデターを非難、カンボジア国民に訴える5項目を発表。米、ロン・ノル新政府を承認 3・23　北京滞在中のシハヌーク殿下、5項目の声明発表。民族連合政府と民族統一戦線（FUNK）結成をよびかける 4・10　南ベトナム政府はカンボジアにおける利益代表国日本を通じてカンボジア新政権と会談を申し入れ、カンボジアのベトナム人保護を依頼 5・5　シハヌーク殿下、北京でカンプチア王国民族連合政府（GRUNK）の樹立とカンプチア民族統一戦線（FUNK）の政治綱領を発表。シハヌーク大統	1・13　国際穀物協定に基づき120万ドルをラオスに贈与する第2次食糧援助のための書簡を下田駐ラオス大使とカムパンラオス外相代理との間で交換 2・23　ナムグムダムの定礎式が行われ日本から下田駐ラオス大使出席 3・20　日本政府、ラオス内戦の避難民に対して医薬品、児童用の学用品を贈与 4・24　日本政府、ラオスに対する技術開発援助の一環としてウィエンチャン平野にパイロット農場を建設するための農場建設援助協定に調印 5・22　日本政府、ワッタイ空港拡張計画に1億8000万円を供与 5・25　日本工営、ラオスのタゴン計画（127万6000ドル）の施行管理を受注	1・6　タイ経済省、化学肥料輸入を許可制に 1・24　アムヌアイ・ウィラワン投資委員会事務局長、日本からの投資制限主張 1・29　外国人技術者の長期滞在特権取り上げ 2・16　タイ投資委員会（BoI）の1969年の国別投資額発表で日本はタイについで2位 2・27　タイ政府、日本など17ヵ国との通商航海条約の破棄を通告 4・21　タパナ・ブンナーク貿易委員会事務局長、日本からの輸入制限を主張 5・　バンコクにて経団連日タイ協力委員会とタイ貿易院（BOT）の間で第1回会議開催 6・18　愛知外相、タナット外相会談

1969〜1970（昭和44〜45）年

ビルマ	マレーシア	ブルネイ	シンガポール	インドネシア	フィリピン
				10・30 シワベッシー保健相訪日（―11月5日） 12・10 IGGI会議、70-71年度の対イ援助を6億ドルに決定	選（就任式は12月30日） 12・17 賠償協定交渉の実務担当だった卜部元臨時駐比大使が第7代駐比大使に着任
4・14 ネィ・ウィン革命評議会議長、日本を公式訪問（―5月7日） 4・15 ネィ・ウィン議長、皇居にて天皇による昼食会に出席。佐藤首相同席 4・17 ネィ・ウィン議長、開催中の大阪万博ビルマ・デーに出席 5・6 ネィ・ウィン議長、東京で佐藤首相と会談。首相、ビルマへの経済・技術援助を約束。議長、ビルマからの木材や鉱産物の買付けを要望 5・7 ネィ・ウィン議長、離日 5・28 ビルマ政府、観光ヴィザの期間を72時間から7日間に延長することを決定	1・30 二重課税回避協定、締結（12月23日発効） クアラルンプール日本人学校幼稚部開設	5 大都工業、ムアラ深水港建設工事完了 三井建設、ブルネイの下水道工事に関して英国のコンサルタント会社ビニー・アンド・パートナー社へクレーム書類を提出	2・26 皇太子夫妻、来訪 4・15 日本人学校中学部、開校	1・7 マリク外相、「日本は東南アジア版マーシャル・プランを立てるべきである」と外国人記者団に発言 1・17 対イ食糧援助36億円（日本米タイ米等）供与締結 2・10 高杉海外経済協力基金総裁訪イ（―16日） 3・9 セダ運輸相、3月14日の日本万国博覧会開会式出席のため訪日 4 賠償支払い完了 ジャカルタ日本人学校、中学校併設 4・17 IGGI会議、日本の対イ援助1億4000万ドルに決定（―21日） 4・21 マリク外相、カンボジア問題に関するアジア会議開催について、八木大使と会談・合意 5・15 愛知揆一外相訪イ（―15日、21―25日） 5・25 東南アジア閣僚会議が共同声明を出して閉幕、日本援助量拡大を明記 5・28 山田陸上幕僚長非公式	1・8 フィリピン、21日以内の観光目的入国ビザを廃止 1・20 日比航空協定、署名（発効は5月13日）。東京〜マニラ間の航空運賃はエコノミークラスの往復が約12万円 6・17 マカパガル元大統領、訪日 6・19 イメルダ・マルコス大統領夫人、大阪開催の万国博覧会視察で訪日 6・22 イメルダ夫人、万博のフィリピン・ナショナル・デー式典に出席

1970（昭和45）年

日本	ベトナム	カンボジア	ラオス	タイ
5・22　開発閣僚会議がジャカルタで開催され愛知外相が出席 5・27　インドシナ問題に関する東南アジア在外公館長会議が香港で開催 6・5　クアラルンプールで日本・インドネシア・マレーシア3国特使カンボジア和平会議開催 6・17　ウェリントンでASPAC第5回閣僚会議開催され愛知外相がアジア会議の支持を演説		領、ペン・ヌート首相 5・16　カンボジア問題に関するアジア・太平洋諸国会議、11カ国参加して開催（ジャカルタ）。カンボジア領内からの全外国軍の撤退、国際監視委を復活するために国連に提案。愛知外相出席（―17日） 6・1　日本政府、人道的立場から日赤を通じ、200万ドルのカンボジア援助を決定 　スハルト・インドネシア大統領、万国博視察のため訪日。愛知外相、随行のマリク外相とカンボジア問題で会談 6・5　日本、インドネシア、マレーシア3国のカンボジア問題特使会談開く（クアラルンプール）		
1970 7・10　北を含め積極的にインドシナ諸国へ経済援助実施すべきと自民党外交調査会で小坂会長が見解 　インドシナ問題に関して国連経済社会理事会で安倍大使が演説 7・18　インドネシア・マレーシア・シンガポールとマラッカ海峡航路整備調査に関する覚書を調印 7・27　東南アジア開発援助について先進国が国民所得の1％を目標とする等の共同提言を経済同友会と米豪経済団体が発表 8・1　インドシナ人民支援を原水協予備会議が決議 8・18　訪印中の愛知外相がインド政府に対してカンボジア国際監視委員会業務に資金面等で協力を表明 8・22　アジアの実務家を招聘して知日派育成を狙う来年度予算要求計画項目を外務省が発表 9・7　アジア太平洋大使会議が開催されアジアにおける日本の役割を討議 　ひもつき援助の全廃を経済協力審議会が答申	9・14　日本社会党代表団（成田知巳委員長ら5名）、初の公式ハノイ訪問（―24日） 9・15　北ベトナム農業視察団、訪日 9・19　（北）ベトナム日本友好協会代表団（グエン・ディン・ティ常務理事ら3名）、訪日 　北ベトナムを訪問中の社会党訪問団がパリ会談での和平8項目への支持を表明 10・2　北ベトナム鉱産輸出入公司および外国貿易運輸公司代表団、訪日 10・5　日本政府、南ベトナム	8・12　福田蔵相がアジア開銀に2億ドルの特別枠でインドシナへの援助構想 9・20　シム・ヴァル特命全権大使着任 10・9　ロン・ノル政権、「クメール共和国」へ移行宣言 10・29　沢田教一カメラマンの死体、カンボジアで発見 　ドゥル・ヌット・キム・サン臨時代理大使任命 12・18　中村輝彦臨時代理大使任命	7・1　ラオス愛国戦線中央委員会、日米安保条約の自動延長を非難する声明を発表 8・5　ワッタイ空港滑走路延長工事終了。ウィエンチャンで完工式 8・10　サワン・ワッタナー国王夫妻、万国博見物のため訪日（―16日） 11・6　日本政府、駐ラオス大使に谷盛規外務省国際資料部参事官を任命 12・15　日本政府、対ラオス援助協定に調印ラオスに送電線設置のため2000万円を贈与 12・17　東京銀行、71年3月	9・1　日本大使館から日本のタイ援助の状況が発表 9・3　日本がインドネシア向け食料援助のためにタイ米買い付け 9・12　ユニバーサル・セメント社、日本製品が市場に蔓延しているためセメント売れ行き不振と主張。関税の引き上げを要求 9・28　第3回日タイ貿易合同委員会開催。28から30日までは事務レベル会議、1, 2日は閣僚会議（―10月2日） 10・7　タイ政府、日本に1億5000万ドルの借款要請

1970（昭和45）年

ビルマ	マレーシア	ブルネイ	シンガポール	インドネシア	フィリピン
				訪イ（―30日） 6・4　三木武夫元外相一行訪イ（―6日） 6・5　ユスフ工業相訪日（―9日） 6・12　北スマトラ・アサハン水力発電所調査資金（円借款）2億8800万円貸付契約締結 6・20　デヴィ・スカルノ夫人、病床のスカルノ前大統領に対面のため訪イ（翌21日死去）	
12・18　ラングーン日本人学校、スクールバスによる登下校を開始	7・24　ラフマン首相、訪日（―8月4日） 8・2　ラフマン首相、東京で日本批判 9・22　ラザク首相就任 11・22　タン・シュウシン蔵相訪日（―28日）。円借款条件緩和で合意 70年頃から華字紙の日本軍国主義批判盛ん（―70年代後半）	10・4　首都ブルネイ市がスリ・ブガワン市に名称変更 11・17　厚生省遺骨収集団（団長柏井秋久）ブルネイ訪問 12・15　ブルネイLNGよりのLNG第1船「GADINIA」大阪泉北第1基地に入港	7・15　日本シンガポール協会、設立 10・13　日本との技術協力協定、2年間延長 11・14　リー首相、訪日（―17日）	7　バンダ海の安全操業をめぐる漁業協定2年間（その後さらに1年間延長可能） 7・5　スハルト大統領、訪米の帰途非公式訪日 7・7　スジョノ大統領補佐官、経団連の招待で訪日（2週間） 7・31　日イ運賃同盟、日イ間海上運賃の10％引上げ決定 8・16　ハメンクブウォノ国務相、万博出席のため訪日（―30日） 8・29　対イ食糧援助（日本米、タイ米）36億円供与締結 10・17　マリク外相、訪米の帰途訪日（―20日）	8・20　日本貿易振興会（JETRO）、東京で初のフィリピン物産展開催

1970～1971（昭和45～46）年

日　本	ベトナム	カンボジア	ラオス	タイ
9・8　アジア太平洋大使会議で東南アジアへ投資調査団を派遣する方針を外務省が表明 　　　ECAFE第2回アジア工業化会議が東京で開催 9・14　OECD第9回開発援助委員会（DAC）上級東京会議で愛知外相が紐付き援助の全廃を原則的に支持すると発言 10・8　インドシナ和平国際会議に求めれれば参加するとの政府の意向 10・20　アジア開銀特別基金に3000万ドル拠出 12・2　カンボジアの民生援助で多国間方式を検討と愛知外相が発言 　　　丸紅飯田がタイの合弁2社に対する出資比率を下げることを発表 12・14　三井物産などが東南アジアに建設機械のリース会社設立を発表 12・16　東京海上が現地会社の株の一部取得を通じてマレーシアに進出する計画を発表 12・22　三洋電機が南ベトナムに家電組み立ての合弁会社設立計画を発表 12・23　タイが石油化学四社に工場設立許可供与 12・25　川崎製鉄と伊藤忠がインドネシアにパイプ生産合弁会社設立を発表	経済協力調査団（安倍勲団長）を派遣 12・4　日本ベトナム友好協会代表団、北ベトナム訪問（―21日）		でラオスから引揚げを決定	11・26　ブンチャナ経済相、日本からの輸入規制を考慮していることを表明 12・27　日本の投資が抑制されることになる可能性をタイ政府関係者が表明
1971 1・18　森永貞一郎東京証券取引所理事長ら37名のアジア投融資調査団が東南アジア8カ国訪問に出発（―約4週間） 3・1　三洋電機・ソニー・松下電器が相次いで南ベトナムで合弁組み立て会社設立計画を発表と朝日新聞に記事掲載 　　　マレーシアでインスタント食品の合弁会社設立をエースコックが発表 3・5　南ベトナムで合弁現地組み立て会社設立をトヨタが発表 3・9　丸紅飯田・通産省とタイ政府が石油パイプライン構想について日タイ合同調査を開始することに合意 3・11　参院外務委員会で社会党羽生三七がインドシナ戦争で米に抑制求めるよう政府に要求 3・19　開発閣僚会議参加9カ国が東京に東南アジア経済開発促進センター設立に合意 4・4　東南アジアへ教育援助を積極化する文部省方針を朝日	1・12　日本輸出入銀行、南ベトナムに対し450万ドルの円借款供与協定に調印 3・5　「アメリカのインドシナ侵略の拡大に抗議し、インドシナ3国人民支援、沖縄全面返還を要求する3・5中央集会」、東京日比谷で開催 4・16　日本政府、南ベトナムの水害被災者に対し救援物資30万ドル相当を寄贈 5・16　沖縄ゴザ市で、反戦米兵30人と地元市民が反戦集会 6・22　岡田晃香港総領事、北	1・30　杉浦徳特命全権大使着任 4・20　ロン・ノル内閣総辞職 5・6　ロン・ノル内閣が再発足。シリク・マタク前副首相は首相代行兼国防相就任を受諾	1・13　東京銀行ウィエンチャン支店、3月末で同支店を閉鎖することを正式に告示 1・26　日本の無償援助によるワッタイ空港拡張計画第2期工事の援助協定調印 2・9　在ラオス日本大使館は戦闘の拡大にともない約400人の在留邦人の緊急避難対策について具体的検討を開始 2・11　日本人カメラマン嶋本啓三郎氏らラオス侵攻作戦取材中の4人の報道カメラマンを乗せた南ベトナム政府軍のヘリコ	1・1　経済省、貿易収支の赤字幅縮小と発表 1・3　チャールーン貿易委員会議長が日本の経済支配を懸念していると表明 1・8　円借款協定1年延長 1・11　カセサート大学学生が反日クラブ結成を呼びかけ 1・14　反日クラブ不許可 1・25　BoIが国内業界の反対のためNoritake Co.の工場設立を許可せず 1・28　ブンチャナ経済相、反日クラブを賞賛

1970〜1971（昭和45〜46）年

ビルマ	マレーシア	ブルネイ	シンガポール	インドネシア	フィリピン
				10・27 イスナエニ国会副議長、欧州訪問の帰途訪日 12・12 訪日中のマリク外相、中国問題や援助問題について、愛知外相と会談 12・17 IGGI、対イ援助6億4000万ドルを決定。日本は1億5000万ドル 12・28 イ商業省、外国商社は国内1カ所にのみ事務所の開設を許可するとの方針を再表明	
1・14 ビルマ政府、新駐日大使にチッ・コウ・コウ海軍大佐を任命 2・3 鈴木孝・新駐ビルマ大使、ネィ・ウィン議長に信任状を提出 2・21 日本の石油資源調査団7名（石川潔団長）、ビルマを訪問（―27日）	1 クアラルンプール日本人学校中学部開設 6・8 日本政府、「血債」補償の貨物船2隻中、1隻引渡し（2隻目は8月25日）		1・29 第2次二重課税回避協定、締結 日本から投資調査団来訪（―2月3日） 2・2 対日投降蝋人形展示計画に非難集中 2・3 日本文化週間（―7日） 2・19 日本工業展（―3月5日） 4 福田赳夫蔵相、来訪	1・19 スミトロ中将・治安秩序回復作戦司令部副司令官が非公式訪日 1・27 日本投資調査団訪イ（―29日） 2 ジャカルタ日本人学校幼稚部併設 3・28 スジョノ大統領補佐官訪日、アサハン計画への協力を要望 4・16 A.H.ナスチオン暫定国民協議会議長訪日（―18日） 4・28 ウィラハディクスマ陸軍参謀長訪日	1・15 日本の巡回見本市船・さくら丸が訪比（―18日） 1・18 日本の投融資調査団がマニラ入り。森永貞一郎団長 3・10 日本政府派遣の経済使節団23人、訪比。団長は経団連副会長の土井正治住友化学工業会長 4・22 パリで、世銀主催の第1回対フィリピン援助国会議開催（―23日）。日本、米国など12カ国とIMF、ADBなど4国際機関が参加 6・9 J・エバンヘリスタ臨時

1971（昭和46）年

日　本	ベトナム	カンボジア	ラオス	タイ
新聞が掲載 4・8　トヨタの南ベトナム進出撤回方針を朝日新聞が掲載 　　アジア投融資調査団が外務省に中間報告書を提出 4・21　マニラでのECAFE総会で翌年のアジア人口会議を日本で開く用意を宮沢喜一通産相が表明 4・26　ECAFE総会で千葉代表が10月までに特恵関税措置を取ることを表明 5・3　第6回開発閣僚会議において愛知外相が紐付き援助解消に努力と演説（―6日） 5・4　南ベトナムが日産との合弁工場建設を承認 5・22　日産が南ベトナム進出を断念との朝日新聞報道	ベトナム通商代表部を訪問		プター2機、ラオス南部で撃墜 2・12　日本政府、ラオス和平回復のための具体的な行動に移るよう英ソ両国への呼びかけをインドネシア、マレーシア両国との共同で行う方針を発表 2・20　日本政府、インドネシア、マレーシアとともにラオスの平和回復と中立維持を図るため英ソ国際監視委員会関係国に適切な措置をとるよう申し入れ 2・23　日本政府、ラオス、タイ間の通信施設建設のためラオスに3200万円、タイに2400万円の無償援助を閣議決定 2・24　パテートラーオ代表、日本の和平呼びかけに否定的な態度を表明 2・24　ウィエンチャンで日本大使館員が憲兵に銃をつきつけられ厳重な身体検査を受ける 3・10　日本外務省、日本政府によるラオス和平回復のための申入れが好意をもって迎えられたと発表 3・22　ルアンパバーン攻撃のため日本人、ウィエンチャンへの引揚げを準備 4・5　カムパン外相代理、日本訪問（―10日） 4・7　ルアンパバーンに残っていた日本青年海外協力隊員は軍事情勢悪化のため全員ウィエンチャンへ引揚げを決定 　　カムパン外相代理、愛知揆一外相と意見交換	2・24　「日タイ通商航海条約に関する暫定取極」調印 3・1　ブンチャナ経済相、日本車を含むすべての外車に対する自動車輸入禁止に賛成の意思を表明 4・6　ブンチャナ経済相、日本の財界人と会談 6　皇太子・同妃両殿下、タイを非公式訪問 6・23　日本がインドネシア向け食料援助でタイ米買い付け 6・25　ソムポン・テーパシッター商業情報局長、日タイ海運同盟の決定に不満

ビルマ	マレーシア	ブルネイ	シンガポール	インドネシア	フィリピン
				6・30 旧債償還繰延と71年度対イ援助に関する協定調印、1億5500万ドル（商品借款198億円供与締結）	駐日大使、着任 6・14 ガルシア元大統領、死去

1971（昭和46）年

日　　本	ベトナム	カンボジア	ラオス	タイ
			4・10　カムパン外相代理、佐藤首相と会談 4・20　日本の援助で建設中のナムグムダム第1期工事9部通り完了。貯水式を行い貯水を完了 4・29　日本政府、ラオス王国政府とマイクロウエーブ設置協定を締結 6・9　トーメン、小松製作所、日野自動車、渡辺機械はタゴン灌漑プロジェクトの建設機械、資財などの受注を内定	
1971 7・7　ジャカルタで大日本印刷がタバコ事業に乗り出すと発表 7・22　日本軽金属らアルミ3社がインドネシアで現地精錬加工の工場を設立することを発表 7・23　日本の石油化学4社に対して着工が遅れれば認可取り消しとタイ政府が警告 7・25　東南アジア文化使節団を派遣、団長は自民党の田中栄一衆院議員（―8月11日） 7・27　マニラ湾で海賊が日本の貨物船を襲撃 7・31　北ベトナムから2名の参加を迎え日共系第17回原水禁世界大会が開催（―8月15日） 8・2　社系被爆26周年原水禁世界大会国際会議（原水禁国際会議）が開催（―4日） 宮本委員長を代表団とする北ベトナムなどの訪問団計画を日本共産党が発表 8・4　11月6日にベトナム反戦共同行動を採択する決議を採択して原水禁国際会議が閉幕 8・11　食糧庁がインドネシアに対して古米14万トンを輸出する契約締結 8・14　日本揮発油・伊藤忠商事らがシンガポールの石油精製工場建設を受注 8・15　ニクソン米大統領が全米向けテレビ、ラジオ放送で新経済政策（ドルと金の交換の一時停止、暫定的な10％の包括的	7・31　第17回原水爆禁止世界大会に、（北）ベトナム平和委員会代表団（レ・ズイ・バン国際部長、グエン・チェン・ヒュー幹部）が参加 9・10　日本共産党代表団（宮本委員長以下）、北ベトナム訪問、18日に両党共同コミュニケ調印 9・18　日本、南ベトナムに対しカントー火力発電所建設計画費として57億6000万円の借款を供与 10・12　日本援助によるサイゴン（南ベトナム）のチョーライ病院の定礎式実施 11・27　日本、南ベトナムに対し職業訓練センター建設用2億2000万円の無償供与取決めに調印 12・1　日本外務省、北ベトナムに対して貿易事務のための常	9・24　日本政府がカンボジアにコメ贈与決定 10・18　カンボジア国民議会、立法権を失い制憲議会となる。ロン・ノル独裁体制確立 10・20　ロン・ノル新内閣が発足。国家非常事態宣言を72年3月18日まで延期	7・27　日本の無償援助によるワッタイ空港拡張計画第2期工事の細目協定調印 7・30　トーメン、タゴン地区灌漑整備計画にともなう必要器材約50万ドルの落札に成功。ラオス王国政府との間で正式契約 8・10　トーメン、ワッタイ空港第2期拡張工事を請負うことになり、ラオス王国政府との間で正式に調印 10・9　ラオス王国航空とラオス王国政府は日本に航空援助を打診 10・25　プーマ首相、日本人記者団と特別会見。数日中に和平回復のため新提案を行うことを表明 12・2　日本など7カ国の資金で建設されたナムグムダムの第1期工事落成式、サワン・ワッタナー国王出席	7・21　ソムポン商業情報局長、タイの船会社3社が日タイ海運同盟に配船増要求と表明 7・27　日本、インドネシア向け食糧援助でタイ米発注 7・28　タイにおける外国人の規制職業が弁護士など11種類決定 8・27　ピスット中央銀行総裁が円の変動相場制移行はタイに有利であると談 8・30　円の変動相場制移行に対処して、日本の輸出商社が日本製品の値上げを通告 9・8　日本商品の関税評価額10％引き上げ 9・23　日本の海外経済協力基金、11億円を融資 9・25　タイ積み日本向け貨物運賃5％引き上げ 9・26　貿易収支改善 9・29　タイに7億9200万円の

ビルマ	マレーシア	ブルネイ	シンガポール	インドネシア	フィリピン
8・4　日本政府、ビルマ政府との間でビルマ沿海石油開発のための総額36億円の円借款に関する公文を交換 8・9　東京外国語大学アジア・アフリカ言語文化研究所、夏期言語研修でビルマ語を実施（―27日、計45時間。会場―大阪外国語大学） 10・12　総理府派遣「青年の船」、約300人の日本人青年を乗せてラングーンに入港 12・8　ネィ・ウィン革命評議会議長、日本を公式訪問。東京で佐藤首相と会談、日本政府はプロジェクトと商品で約7000万ドルの対ビルマ借款供与を考えている旨、伝達 12・10　ネィ・ウィン議長、離日	10・13　ラザク首相、訪日（―17日）。第2次5カ年計画への円借款につき合意	10　三井建設、スリ・ブガワン市の下水道建設工事完了 11・23　ブルネイ国、英国との間の59年ブルネイ協定の改正調印	10・6　日本との航空交渉妥結（相互増便認可） 12・21　第一勧業銀行、事務所開設	7・9　イ商務省、「外国商社代表の許可申請に関する規則」を発表 7・26　ケネディ・ラウンドに基づく、対イ食糧援助（日本米、タイ米、ビルマ米）36億万円贈与に関する覚書交換 8・14　日本国会議員団（木村武雄団長）訪イ（―23日） 8・28　ウィジョヨ国家企画庁長官、円の変動為替相場制移行を評価 9・7　パンガベアン国軍副司令官、「日本の防衛力増強は国内問題であり、ネガティブな性格でない限り日本の軍拡に反対しない」と談 9・10　マリク外相、米国への往路に訪日、佐藤首相と会談 9・24　アリ・ムルトポ少将、マラッカ海峡浚渫の日本提案を拒否したと発表	7・25　日本政府派遣の東南アジア文化使節団がマニラ入り。団長は自民党の田中栄一衆院議員 8・31　大来佐武郎日本経済研究センター理事長、マグサイサイ賞受賞 9・14　フィリピン政府、日本の賠償支払い残額の円建てを承認 9・24　マニラで初の「日比親善デー」行事開催 11・4　香川県丸亀市とリサール州パッシグ町が姉妹都市提携 11・21　マニラのビジネス街マカティで住友商事マニラ事務所長射殺事件発生（作家の深田祐介はこの事件をモデルにした小説「炎熱商人」を80年11月から週刊誌に発表） 11・26　第1次円借款（商品借款144億円、プロジェクト借款90億円）の交換公文調印（以

1971～1972（昭和46～47）年

日本	ベトナム	カンボジア	ラオス	タイ
輸入課徴金制度の即時実施、90日間の賃金、物価凍結措置など）を発表 8・16 日本共産党が機関紙に日仏共産党でインドシナ支援へ統一戦線を呼びかける共同コミュニケを掲載 南スマトラの石油開発で極東石油・ゼネラル石油らが事業提携に合意 8・21 豊和工業がタイ向け繊維機械輸出商談中止を発表 9・10 ドルショックの混乱のため中止されていた対日輸入信用状を比が再開 9・28 愛知外相が国連総会でラオスなどに中華民国政府議席維持への協力を申し入れ 10・25 住友重機がマレーシアに大型船体修繕工場建設計画を発表 10・27 西日本技術開発が南ベトナム電力公社と火力発電所建設を指導する合意 11・1 社会党成田委員長が記者会見でベトナムの祖国戦線代表に訪日を要請することを表明 住友商事と仏社がインドネシアのマイクロウェーブ通信設備建設契約獲得 11・2 東南アジア石油開発が同月末からタイで試掘すると発表 12・7 ベトナム人民支援日本委員会のインドシナ3国への支援物資を運ぶ第6次支援船が神戸を出港 12・15 トヨタがインドネシアでの合弁販売会社設立認可取得 12・16 アジア開銀に108億円の追加拠出 12・中 JETROが東南アジア10カ国の駐在員を集めバンコクでPR作戦会議を開催 12・30 日本ゼオンがマレーシアに合弁会社設立を発表	駐連絡員相互派遣について打診 12・15 サイゴンに日本援助による難民住宅完成、引渡し式実施			第4次円借款 10・1 タイにおける日本製自動車値上げ 10・5 観光事業振興策がタイ閣議で承認 10・26 中古バイク輸入禁止をタイ閣議で決定 11・ バンコクにて経団連日タイ協力委員会とタイ貿易院（BOT）間で会議 11・17 タノーム元帥「革命」 ワチラロンコーン皇太子殿下、日本を非公式訪問（─21日） 12・14 日タイ海運同盟、タイ船配船増承認
1972 1・14 為替支持基金会議がプノンペンで開催され日本が500万ドル無償拠出 1・20 トヨタが比でエンジン生産し国産車計画に協力する方針を表明 2・19 通産省のアジア経済協力機構設立方針を朝日新聞が報道 2・25 米中和解発表	1・5 北ベトナム政府から三宅和助外務省南東アジア第1課長へハノイ訪問に関して極秘電報 2・8 三宅外務省課長、ハノイを訪問（第1次訪問） 2・11 ベルサイユで開催され	1・14 日本政府がアジア開銀への出資金を3億ドルと決定 3・10 ロン・ノル首相、制憲議会を廃止、国家元首に就任（─14日） 3・11 シリク・マタク内閣成立 3・14 ロン・ノル首相、大統	1・2 ラオス愛国戦線駐ハノイ情報部副部長、日本人民へ新年の挨拶。日米安保条約廃棄、沖縄返還など日本人民の正義の闘争を支持との内容 1・7 日本政府、ラオス王国政府との間に100万ドルの援助	1・5 4トン以上の中古トラック輸入規制 1・19 東京にて第4回日タイ貿易合同委員会開催（─25日） 1・24 外国借款法の時限立法を76年9月30日まで延長 2・25 藤崎万里特命全権大使

1971～1972（昭和46～47）年

ビルマ	マレーシア	ブルネイ	シンガポール	インドネシア	フィリピン
				9・30　日本の投資件数は米国を抜き1位（76件）、投資額は2位（2億7500万ドル） 10・18　国軍大学代表団、日本政府の招待で訪日 11・7　日本教育使節団（岩村忍団長）訪イ（―24日） 11・11　スケンダル空軍参謀長、「イ空軍と航空自衛隊がインドネシアで共同訓練を実施することを検討中」と発言、日本側は否定 11・24　スジョノ大統領補佐官訪日（―30日） 11・26　インドネシア政府、アサハン計画延期を発表	下、日本政府の対フィリピン援助関連の金額は交換公文ベース、日付は調印日） 12・下　バギオの旧坑道でフィリピン人財宝ハンターのR・ロハスが「『黄金の仏像』を発掘した」との報道で、「山下財宝」伝説が再燃 12・31　戦後の日本人のフィリピン渡航者は、70年末までフィリピン人の日本渡航者より少なかったが、71年に逆転した
1・18　ビルマ政府は、昨年（71年）1年間のビルマへの観光客は総計で1万3223人、1位は米、2位は日本、以下、独、英、豪、スイス、伊の順、と発表 2・1　日本政府、ビルマ政府	1・31　日本の金融投資調査使節団、来訪 松下電器の空調機製造会社、設立認可 2・7　日本と沿岸3国、マラッカ海峡水路共同調査開始（4カ月）	2・29　英国女王エリザベス2世ブルネイ訪問 2　大都工業、ブルネイ海上保安施設建設工事着手 4・12　大都工業、ムアラ深水港建設工事完了 6・5　ブルネイ国スリアの原	1・7　国営ネプチューン・オリエント海運社、川崎汽船など日系企業と合弁海運企業設立 2・1　日本金融調査団、来訪 3・2　三菱重工造船所、設立認可さる（74年8月　建設開始） 3・15　第2次円借款協定。8	1・12　日本、ボロブドゥール遺跡修復に10万ドル援助決定 1・27　マラッカ海峡調査の技術協定成立 2・12　イ商務省、化学肥料の輸入・販売での外国商社の締出しを発表	1・10　フィリピン独立の英雄アルテミオ・リカルテ将軍の記念碑が、ゆかりの地である横浜の山下公園内に完成、除幕式（フィリピン協会が寄贈） 1・17　フィリピンの民間交流団体「フィリピン・ジャパン・

1972（昭和47）年

日　　本	ベトナム	カンボジア	ラオス	タ　イ
2・27　通産省のアジア決済同盟設立方針を朝日新聞が報道 第2次マラッカ・シンガポール両海峡水路本調査開始（―6月） 3・1　クライスラー・フィリピン社に三菱・日商岩井が出資すると発表 3・2　タイ政府が三井石油開発などに石油採掘権を供与すると発表 3・5　衣笠統幕議長がタイ訪問（―8日）し、サイゴンに立ち寄る（9日） 3・14　日本紡績協会が日本製ポリエステル綿価格動向調査のため東南アジアへ調査団派遣方針表明 3・15　ECAFE総会がバンコクで開催（―27日） 3・16　木内科学技術庁長官がECAFE総会演説中で国連開発計画に800万ドルを拠出する等の方針を表明 文部省アジア教育協力研究協議会がアジアへの教育協力として国費留学生受け入れ増を提言 3・24　松下電気がマレーシアとシンガポールに家電製品会社設立を発表 4・12　超党派のベトナム議員懇談会が発足 第5回アジア開銀総会で佐々木日銀総裁が基金拡充の3分の1を負担する用意があると演説中に表明 5・1　協同飼料が北スマトラに日本向けトウモロコシの合弁会社設立計画を発表 5・16　年内にインドネシアに富士・三井銀行と野村證券が共同で合弁金融会社設立との朝日新聞の報道 5・17　運輸省がマレーシアの造船所新設計画に3月29日供与の対マレーシア円借款から拠出する内定を取りつけ 5・26　セントラル硝子などがタイに肥料の合弁会社設立を発表 5・27　社会党の川崎国際局長がシンガポールでのアジア太平洋地域民主社会主義政党協議会第2回総会に出席 6・2　湯浅電池が西独企業と共同でシンガポールにアルカリ蓄電池工場設立計画を発表 日本のコンサルティング会社がバリ島観光開発計画契約獲得 6・13　インドネシア海底油田開発の新会社設立でトヨタの主導権が主要株主間で合意 6・21　富士・東京銀行などが比中央銀行に5000万ドルの借款供与 6・23　社共・総評などが安保自動延長・ベトナム戦争抗議の	た「インドシナ諸国人民の平和と独立のための世界集会」へ日本代表団（団長は古在由重支援日本委員会議長）、参加 2・14　三宅課長帰国（北ベトナムの日本に対する経済面での期待について実感） 3・9　衣笠防衛庁統幕議長、サイゴン訪問 3・20　北ベトナム経済視察団来日（政府間接触の可能性、復興援助への布石） 3・30　三井物産、住友商事、北ベトナムと石油開発に関する交渉 3・31　北ベトナムに対する輸出入銀行の延払い融資、和平前でも可能であるとの日本政府筋の発言 4・15　北ベトナム経済視察団、三宅外務省課長と会談（「人的交流」推進を確認） 4・20　福田外相が参院予算委で復帰以後の北爆米軍機の沖縄発進を拒否するとの答弁 4・30　日本外務省、北ベトナムとの交流に関して柔軟に対応すると表明 5・3　在日米軍司令部、M48戦車が神奈川県相模原基地で修理・整備されてベトナム戦線に輸送されていると公表 5・9　米国の北ベトナム港湾封鎖措置等について社会党・共産党が米大使館に抗議し、市民団体らもデモ 5・11　佐藤総理、衆院本会議	領制を宣言、初代大統領に就任（―75年4月1日） 3・19　ソン・ゴク・タン首相就任 6・4　ロン・ノル政権、大統領選挙実施。ロン・ノルが54％で大統領に当選	を与える文書を交換。援助は米、ワッタイ空港、タゴン農業開発に使用 1・8　プーマ首相公邸にて日本ラオス協会（会長：別府元駐ラオス大使）など民間4団体からのラオス難民救援衣料品贈呈式 3・1　海外技術協力事業団派遣の調査団、医療援助調査のためウィエンチャン到着（―15日） 3・30　日本政府、ラオスに対する医療援助を3年間延長することに合意 4・6　日本政府、ラオス・タイ間のマイクロウエーブ通信施設の効率的な運用を図るのに必要な資金として総額2000万円をタイ・ラオス両国に贈与。ラオスには740万円 ワッタイ空港拡張第2期工事完工式 4・14　72年度分の通貨安定基金調印終了式。日本の出資額は260万ドル	着任 3・12　対日貿易収支改善 3・23　化学肥料用硫黄などの輸入関税引き下げ 3・25　白色セメントなどの輸入関税引き上げ 4・6　ポット・サラシン革命評議会議長補佐来日（―14日） 4・12　外国人職業規制法、外国人事業法、移民法の3法草案が承認 日本からの新規円借款に関する書簡交換 5・1　日本からの借款を含めて農業融資が開始 6・16　日本製品一部輸入禁止勧告が日タイ貿易経済協力合同委員会のタイ側委員から提出 6・18　タイの対日貿易関係業者が日本からの円借款の秘密条項はタイ側に不利であると反対 プラシット・カンチャナワット革命評議会経済、財政、工業副委員長訪日（―23日）

ビルマ	マレーシア	ブルネイ	シンガポール	インドネシア	フィリピン
との間で日本・ビルマ航空協定に調印 2・11　ラングーンにて日本大使館主催（JETRO後援）の日本親善工業展を開催、出品物全てをビルマ政府に寄贈（―21日） 2・16　開催中の日本親善工業展をマウン・シュエ工業・労働相が訪問 3・10　日本政府、ビルマ政府との間で総額46億2000万円の円借款に関する公文を交換（内容は商品借款） 3・11　ビルマ国営紙、竹山道雄の『ビルマの竪琴』を、ビルマ人およびビルマ文化を侮辱する内容であるとして批判する記事を掲載	2・13　日本の１次産品開発促進調査団、来訪 3・12　中国、日本とソ連のマラッカ海峡国際化案を非難 3・29　第２次円借款協定（交換公文調印）360億円 5・29　ラザリィ国営企業公社（Pernas）会長、訪日	油積出し基地稼働開始	億円 6・27　大和証券、シンガポール開発銀行との合弁企業設立（年末には住友銀行も参加）	2・26　日イ経済協力事業協会発足 3・13　インドネシア政府、内水から外国漁船締出しを決定 4・4　ユスフ・ラムリ（准将）大使（６代目）着任 4・27　IGGI、72-73年度の援助７億2360万ドルを決定 5・10　スハルト大統領夫妻非公式訪日、２億ドル石油借款など経済協力に関して日本政府首脳と会談（―15日） 5・12　マリク外相訪日、福田外相と会談	ソサエティー（比日協会）」発足。会長にラウレル元駐日大使が就任 1・18　マニラ近郊のラグナ州カリラヤ地区に日比戦没者慰霊園・慰霊碑建設着工。岸元首相が出席 1・23　日本政府、経済協力賠償調査団（大慈弥嘉久団長）をマニラに派遣。マルコス大統領、日本の援助増強を要請 時事通信社、マニラ支局を閉鎖（76年３月10日に再開） 3・1　フィリピン上院、日比友好通商航海条約の批准を否決 3・7　マルコス大統領の高校時代の級友で実業家のR・ベネディクト元国立フィリピン銀行総裁が第６代駐日大使に着任 4・9　マニラで、左派系市民組織「民主フィリピン運動（MDP）」が呼びかけた反日デモ。日本の経済進出は「第２の侵略」と主張 6・15　朝日新聞、日本の主要紙としては戦後初めてマニラに支局を開設 6・22　東京で、世銀主催の対フィリピン援助国会議開催（―23日）

1972（昭和47）年

日　　本	ベトナム	カンボジア	ラオス	タイ
全国統一行動 　インドネシアにニチロ漁業・三菱商事が合弁漁業会社を設立 　6・28　住商・住金鉱山が米豪企業と合同で北スマトラで銅を共同探鉱する新会社設立を発表	で北ベトナム港湾封鎖等の米国強硬措置を支持するとの答弁 　5・21　広島県呉市江田島町の米国弾薬庫からベトナムへの弾薬輸送の事実判明 　6・1　中央12団体共催による「アメリカのベトナム侵略拡大叫弾、日本からの出撃、補給反対、インドシナ人民支援中央集会」が東京日比谷で開催 　6・6　参院内閣委で外務省がベトナム戦争と在日米軍基地との関連について早い機会に米国と随時協議するとの見解表明 　6・11　北ベトナムに対する援助（医療品）がハイフォン港に到着 　日本社会党、年内に北ベトナム代表団を招待する方針を表明			
1972 　7・12　大林組がタイで600棟の住宅建設受注 　7・13　エレベーター専業大手の富士輸送機工業がシンガポールに合弁会社設立を発表 　7・25　法務省が原水禁大会出席希望の北ベトナム代表団入国を許可 　7・31　衆院本会議代表質問で共産党がベトナム和平努力を政府に要求。政府は和平実現後の北ベトナムとの往来を示唆 　8・4　明治乳業がインドネシアで牛乳の合弁会社設立を発表 　8・7　オリエント・リース社がシンガポールに合弁リース会社設立を発表 　8・9　タイに江森盛久三菱商事顧問を団長とする経済使節団到着（一10日） 　8・14　三菱銀行がタイに現地資本とほぼ同等の出資比率の合弁銀行設立を発表 　8・31　第1回田中・ニクソン会談にてベトナムの復興問題を討議 　9・1　法務省が北ベトナム教育者労働組合の代表団の入国を	7・8　ベトナムにおけるアメリカの戦争犯罪調査日本委員会、「インドシナにおけるアメリカの戦争犯罪、日本の政府、財界の共犯を告発する東京集会」を東京で開催（一9日） 　8・3　第18回原水爆禁止世界大会に、ベトナム平和委員会を代表してハノイ大学学長グイ・ニュー・コントゥム博士とグエン・チュン・ヒュー幹部が出席 　8・8　ハノイ放送、日本のアメリカ戦車修理・輸送問題で日本政府を批判 　9・24　米軍装甲員輸送車、横浜から南ベトナム行き米軍貨物	9・20　カンボジア・日本、コメ贈与に関する公文交換 　10・7　カンボジア解放勢力数百人がプノンペン市内に突入、日本橋など破壊 　10・14　カンボジア内閣総辞職 　10・15　ハン・トゥン・ハク内閣成立	9・6　ラオス政府、カムヒン殿下を駐日大使に任命 　10・11　日中国交樹立の経過説明のためインドシナ3国を歴訪中の青木正久特使ウィエンチャン到着 　10・12　青木特使、プーマ首相と会見。日中国交樹立について説明 　11・29　カムヒン駐日本ラオス大使着任 　12・13　第7回東南アジア開発閣僚会議（サイゴン）で日本代表、ナムグムダム第2期工事への援助を約束	7・19　日タイメイズ協定 　7・29　ナロン・キティカチョン国家安全保障長官補佐がタイにおける日本の経済帝国主義を非難 　9・6　日タイ貿易収支悪化 　9・10　メイズ生産激減のため、メイズ輸出統制委員会はメイズ輸出規制を要求 　9・25　ランパイパニー皇太后非公式訪日（一10月2日） 　10・11　日本企業の合弁参加でタイ人の昇進に道を閉ざしている等批判が集中 　10・12　愛知揆一特使訪タイ（一13日）

1972（昭和47）年

ビルマ	マレーシア	ブルネイ	シンガポール	インドネシア	フィリピン
8・22　日本政府、ビルマ政府との間で201億6000万円の円借款供与に関する公文を交換 11・14　総理府の海外青年派遣団、ビルマを訪問（―17日） 11・24　日本政府、ビルマ赤十字社に対し難民救済のため300万円相当の布地を寄贈 11・25　日本のビルマ学術調査隊5名（隊長・荻原弘明鹿児島大学教授）ラングーン到着。73年3月までビルマに滞在。ビルマ政府にとって海外から初の学術調査受入れ	7・27　日本経済調査協議会、マレー半島縦断新幹線構想発表 9・3　東京ガス、東電、三菱商事、サラワクの天然ガス輸入を決定 10・14　日本政府の愛知揆一特使来訪、日中国交を説明 11・27　ラザク首相、鉄鉱石輸入停止、合成ゴム増産で日本を批判	7・15　ハサナル・ボルキア国王ブルネイ・マレー皇軍の将軍位取得 10　三井建設、英国のビニー・アンド・パートナー社へクレーム書類を再提出	10・16　富士銀行、事務所開設 10・20　大華、華僑両銀行、東京支店設立が認可さる 11・1　野村証券、三和銀行の合弁マーチャント・バンク設立 11・9　政府、将校の日本防衛大学校留学を決定	8・1　15銀行、プルタミナへの4000万ドル融資に調印 8・25　田中弘人大使（6代目）着任 8・26　アムステルダムでのIGGIで本年度日本の対イ援助は1億5000万ドルと通告、最大供与国に 9・5　スジョノ大統領補佐官、アサハン計画で日本に協力要請 9・22　インドネシア政府、対中関係正常化の仲介を日本に非公式に依頼 9・26　対イ食糧援助（日本米、タイ米）24億6400万円の供与締結 10・16　愛知特使訪イ、日中	7・30　ミンダナオ島に元日本兵生存の情報があり、日本政府は現地に調査員派遣（―8月13日）。以後、90年代前半まで時折「元日本兵生存」情報が各地で流布 8・15　日本政府、ルソン島を直撃した集中豪雨被害にコメ1万1500トンを寄贈 8・31　花森安治「暮らしの手帖」編集長、マグサイサイ賞受賞 9・22　マルコス大統領、日本からの円借款受け入れの窓口として「円借款事業執行官」を設置

1972（昭和47）年

日　　本	ベトナム	カンボジア	ラ　オ　ス	タ　イ
許可 　9・4　北ベトナムのハノイ総合大学学長らが日本学術会議を訪問 　9・8　日本油脂と丸紅がマレーシアで油脂加工事業開始を発表 　9・9　公明党東南アジア5カ国歴訪団が出発（―25日） 　9・12　アジア国会議員連合が東京で開催されインドネシア・南ベトナムなどの議員も参加 　9・25　三井不動産がカリマンタン沖浚渫工事を30億円で受注 　9・28　昭和電工が合成樹脂袋生産の合弁工場をシンガポールに建設すると発表 　10・9　青木外務政務次官が日中国交正常化に関しての説明のためインドシナ3国訪問 　10・12　愛知揆一元外相が日中復交に関する説明のため東南アジア5カ国訪問に出発 　10・19　輸銀が外貨減らしのための外貨貸し第1号としてタムラ製作所のマレーシア進出事業を認定 　10・20　国際交流基金発足 　11・10　通産省が和平後のベトナムへ緊急援助と調査団派遣方針と朝日新聞報道 　11・17　東南アジア5カ国歴訪中の関西経済同友会使節団が現地紙に対東南アジア経済再調整が必要と発言 　11・20　アジア太平洋大使会議が開催 　ウィリアムスバーグ会議が開催され大来佐武郎日本経済研究センター理事長らが出席し東南アジア問題で討論 　11・28　間組がサイゴンに現地法人を設立すると発表 　11・29　日本進出批判を受けて三井物産と敷島紡績がタイの子会社への出資率を5割以下に変更 　丸紅がシンガポールで発電所建設を受注 　11・30　ロッテがガム技術をインドネシアに輸出する契約締結 　12・4　インドネシアに住宅開発の調査団を派遣（―25日） 　12・7　竹中工務店が海外工事受注増に関連してインドネシアに新たに4事務所を開設 　12・9　関西経済同友会が東南アジア協力で企業の経営戦略を改めるよう提言 　12・11　第7回開発閣僚会議がサイゴンで開かれ大平外相が出席（―13日）	船に積載 　10・26　ベトナム戦争国際監視委員会への日本参加を南ベトナム臨時革命政府が拒否 　11・2　「ベトナム被爆都市視察代表団」（団長は正木千冬鎌倉市長）がハノイ訪問 　11・10　日本通産省、和平後のベトナムに対する緊急援助と調査団派遣の方針を表明 　11・18　北ベトナム首相、日本との交流拡大を期待すると発言 　11・29　井上開発銀行総裁、ベトナム和平後の援助に関して、「北」を含め開発銀行経由で行うとの発言 　12・11　第7回開発閣僚会議がサイゴンで開かれ大平外相が出席（―13日） 　12・15　南ベトナム首相、和平後における日本の「北」に対する援助に反対しないと発言 　12・23　「今こそベトナム反戦を！市民行動」主催で、米大使館への北爆抗議デモ 　12・24　北ベトナムの語学研修生、訪日			10・17　学生が日本の野口キックボクシングジムを襲撃 　11　タイ全国学生センター（NSCT）、日本品不買運動を決定 　11・6　全国学生センターの代表14人が日本大使館に赴き抗議文を手渡す。また、10日間の日本製品不買運動を決定 　11・10　プラパートNEC副議長、学生の行動を支持 　全国学生センターが日本非難の声明発表 　11・11　全国学生センターが反日運動を高校生にも呼びかけ 　11・12　ラーチャダムリー通りを中心に日本品不買のポスターが貼られる 　11・13　高校生がタイ大丸襲撃計画。警官隊に阻止 　11・16　日本の通産省が反日運動に懸念表明 『サヤームラット』紙のククリット・プラモート氏が日本製品の広告ボイコットを呼びかけ 　11・17　バンコク市内で全国学生センターの学生たちが日本品不買を呼びかけるビラを配布 　11・18　プーミポン国王夫妻が学生に慎重な行動を訴え 　NECが反日運動抑制を指示 　全国学生センターが日本企業の脱税を非難 　11・19　日本品不買を訴えて学生がデモ 　ブンチュー・バンコク銀行副頭取が反日運動は政府を助ける

ビルマ	マレーシア	ブルネイ	シンガポール	インドネシア	フィリピン
				国国交回復についてスハルト大統領と会談 10・31 バリ島で元日本兵の生存確認 11・14 ランポン州農業開発計画に約10億円の技術援助 12・18 ジャパン・インドネシア・オイル社正式発足 12・23 IGGI、73-74年度の援助を7億6000万ドルに決定	9・23 マルコス大統領、戒厳令（21日署名）の発令を発表。B・アキノ・ジュニア上院議員（自由党幹事長）ら約120人を拘束 10・4 フィリピン政府の経済使節団14人が訪日（―14日）。団長はV・パテルノ投資委員会（BOI）委員長 10・17 第2次円借款（商品借款123億2000万円） 10・19 ルバング島山中に潜伏していた小塚金七元陸軍一等兵が地元警察軍と遭遇して射殺され、小野田元少尉は逃亡。日比合同捜索開始 11・8 関西同友会の経済使節団18人が訪比 11・9 千葉市とケソン市が姉妹都市提携 12・10 日本政府、対フィリピン向け初の一般無償協力（パンパンガ川洪水予警報施設に8000万円）供与

1972～1973（昭和47～48）年

日　本	ベトナム	カンボジア	ラオス	タイ
12・12　丸紅がインドネシア現地企業に銀行保証なしで800万ドル融資すると発表 12・16　ベトナム議員懇がパリ経由でハノイ訪問を発表 12・20　通産省が経済基盤使節調査団を南ベトナムに派遣 12・22　経済同友会が東南アジア経済人との交流や援助について討議 12・23　労働省が日本インドネシア経済協力事業協会でのインドネシア研修生の労働状況の実態調査開始 12・27　三菱グループがインドネシアに50万ドルを寄贈				と談 11・20　日本品不買週間開始 11・21　労働局のチャルーン労働関係調整保護課長は日本品不買運動の後、日系企業での労働条件は改善されるだろうと談 11・22　日本からのタイ向け借款条件緩和 11・23　プラスチックなどの輸入関税変更 11・24　プラパートNEC副議長、日本との貿易赤字は避けられないと談 11・25　外国人職業規制を布告 　　　　学生が日本製品の模型を焼く 11・27　警察局が反日ポスターの一部を没収 　　　　外国人職業規制で影響を受けるのは日本を中心とする約4万社 　　　　日本との貿易ギャップ広がる 11・30　日本品ボイコット週間最終日、学生がNEC前で集会 12・1　学生、NECの態度に不満 　　　　プラパートNEC副議長、学生運動を批判 12・27　対日貿易赤字増大
1973 1・4　外務省が対象拡大・紐付き廃止など対外援助5原則を発表 1・5　延期されていたタイの合弁化学工場建設に関してタイ側と合意 1・11　三井グループのサラワク川港湾拡張工事に欠陥が判明 1・12　北ベトナムへの普通郵便でのカンパ活動は違法として芝郵便局が開封検査 1・13　ベトナム復興支援を予備費から計上することで蔵相・	1・7　日本政府、北ベトナムからの留学生2名を許可（南北均等外交へ） 1・13　日越友好協会・支援委員会代表団、北ベトナム訪問、ファム・バン・ドン首相と会談（―20日） 1・19　吉田外務省アジア局	1・28　ベトナム停戦パリ協定発効 4・4　カンボジア王国議会、国民議会が「危険事態」を宣言、政府の非常大権を確認、ロン・ノル首相辞任 4・5　シハヌーク殿下がカンボジアの解放区入り	2・9　日本政府、タゴン地区難民村建設計画に1億4200万円の贈与を行うことに関する文書を交換 2・21　ラオスにおける平和回復と民族調和に関する協定調印。停戦 3・4　日本の経済使節団、戦	1・3　タイ学生センターのティラユット書記長は学生運動の新方針を表明 1・5　学生奢侈品排斥運動開始 1・6　プラシット経済相、対外貿易政策の重点目標を日本、欧州共同体、米国およびインドシナ3国にする方針を表明

ビルマ	マレーシア	ブルネイ	シンガポール	インドネシア	フィリピン
1・15 ビルマ赤旗共産党書記長タキン・ソウ、国家反逆罪特別法廷での公判後、「自分がもし一貫してアウン・サンと共に協力的に国家のために働いていたなら、ビルマは日本と同じ水準に達したであろう」と反省の発言（国営紙報道）	1・24 三井物産、連邦土地開発庁（Felda）からの日本向けパーム油輸入・販売独占権獲得 2・16 サバ州政府、日本海外鉱産資源開発、マムート銅山開発協定に調印（連邦政府とは19日） 3・27 マラヤ大学、理科大学	1・9 東京電力の横浜根岸基地へのブルネイLNGの第1船入港 1・29 ブルネイLNG工場プラント建設工事関係の日本人男性1名殺害	1・30 住友銀行、支店開設 2・9 第3次円借款協定。90億円 2・16 ジュロンに日本庭園（星和園）完成 2・23 東海銀行、事務所開設 3・1 三菱シンガポール重工、設立	2・12 木村武雄代議士訪イ（田中首相親書携行） 3・30 ジャパンインドネシアオイルがインドネシアと原油輸入契約に調印 5・8 第14回IGGI、8億7660万ドルの対イ援助供与に同意 5 映画「ロームシャ」上映	1・15 日本政府派遣の借款調査団8人がマニラ入り 1・17 マルコス大統領、新憲法公布 2・20 マルコス大統領、丸太輸出を3年後に全面禁止する方針を日本など関係国に通達 3・14 日本漁船・永福丸の乗

1973（昭和48）年

日　本	ベトナム	カンボジア	ラオス	タ　イ
外相が了解 　1・17　立石電機と丸紅が共同でシンガポールに電卓製造会社設立を発表 　　富士輸送機工業がシンガポールに合弁エレベーター会社設立を発表 　1・18　吉田外務省アジア局長が記者との懇談で北ベトナムとの外交交渉開始は来年以降との見通しを表明 　1・19　日産自動車がマレーシア現地企業に資本進出すると発表 　　全国農協連合会の子会社「組合貿易」が北ベトナムの農業復興に協力を表明 　　電気事業連合会が両ベトナム電源開発に協力を表明 　1・25　ベトナム復興援助にタイ商品を売りこみ片貿易是正を図る日本商社の動向を朝日新聞が報道 　　東南アジア石油開発がタイ沖に油層を発見と発表 　1・27　日越貿易会が通常貿易の開始に関して声明発表 　1・30　田中首相が衆院本会議の代表質問の答弁で北ベトナムとの交流増大を図ることを表明 　2・1　北ベトナムが永大産業にプレハブ協力を申し入れと朝日新聞報道 　2・2　衆院予算委で大平外相が近く北ベトナムと政府接触を開始すると答弁 　　旭化成の建材製造設備に関して北ベトナムから引き合いがあるとの朝日新聞報道 　2・5　自衛隊練習艦隊の訪タイを中止 　2・18　緊急東南アジア大使会議がバンコクで開催され北ベトナムとの友好促進や復興積極援助などを提言 　2・19　キッシンジャー米補佐官が来日し田中首相らとベトナム戦争後等に関して会談 　2・27　アジア開銀に120億円拠出閣議決定 　　東海銀行がタイに合弁投資会社設立を発表 　2・28　自民党の木村武雄氏が北ベトナムへ超党派議員団派遣を田中首相に進言 　　兼松と旭屋などがタイでおかきを生産すると発表 　3・1　大平外相が衆院予算委でインドシナ復興の国際会議開催は困難との見通しを表明 　3・2　太平洋金属が比でニッケル開発を開始すると発表 　3・5　国際文化会館主催のアジア知識人円卓会議（―3月8	長、「北」との外交交渉開始は来年以降と発言 　1・24　訪タイ中の中曽根通産相、南北ベトナム両方の復興に協力と発言 　1・27　パリ和平協定締結、米軍、南ベトナムから全面撤退に合意 　1・30　大平正芳外相、ハノイへの係官派遣を示唆 　2・2　ベトナム停戦による米海兵隊撤退第一陣150人が沖縄到着 　2・3　ベ平連、東京の南ベトナム大使館にデモ 　2・5　日本外務省、復興援助の方策を模索、ハノイへ調査団派遣を検討と表明 　2・6　北ベトナム『ニャンザン』紙編集長、日本との国交樹立に障害なし、援助を歓迎するとの発言 　2・7　日本経済調査団、サイゴン着 　2・8　日本政府官房長官、南北ベトナムに弾力的に対処、「北」との接触を深めるとの発言 　2・9　『ニャンザン』紙編集長、日本の「南」との関係は日本、北ベトナム間の障害にはならないと発言 　2・18　法眼外務次官、南ベトナムのラム外相と会談、日本と北ベトナムの関係進展に一応の了解 　3・3　駐中国北ベトナム大使、	4・17　ハン・トゥン・ハク内閣総辞職 　4・24　ロン・ノル政権、最高政治評議会を設置、独裁体制から集団指導体制へ移行。ロン・ノル議長 　5・15　イン・タム首相就任	後復興協議のためウィエンチャンに滞在 　6・1　ラオス為替安定基金への日、豪、拠出協定調印	1・8　人身売買で日本人逮捕 　1・22　中曽根通産大臣訪タイ（―25日） 　　第5回日タイ貿易合同委員会開会 　1・23　中曽根通産大臣、タノーム首相と会談 　1・25　日タイ貿易合同委員会、コミュニケを発表して閉会 　　中曽根通産大臣、談話を発表 　3・8　タイにおける観光客が増加しており、日本人は9万3534人で第3位 　3・14　外国人職業規制発表 　3・19　72年の貿易赤字減少 　3・25　日タイ貿易不均衡拡大 　4・9　日タイ貿易協力会議開催（―12日） 　4・16　ASEAN諸国が自国のゴム産業を脅かすとして日本の合成ゴムを非難 　6・29　完成車輸入禁止の提案承認

ビルマ	マレーシア	ブルネイ	シンガポール	インドネシア	フィリピン
2・10 日本の文部省派遣教育使節団、ビルマを訪問 3・1 日本政府、2月21日に発生したラングーン港における邦船ほんべい丸とビルマのフェリーとの衝突事件に関し、ビルマ赤十字社に2万ドルの見舞金を贈呈 4・1 自民党の宮澤喜一代議士を団長とする文化交流促進使節団（団長ほか盛田昭夫、衛藤瀋吉、三浦朱門、黒田音四郎、犬丸直の6名）がビルマを訪問（―5日） 4・18 ネィ・ウィン議長夫妻、日本を非公式訪問（―5月2日）。滞在中、田中角栄首相と会談 この月、ビルマ政府、アジア開発銀行に加盟 6 日本の市民によるビルマに鉛筆を送る運動、目標の100万本を集め、この月、ラングーン港に到着	両学生会、日本の貿易政策を非難 4・18 ASEAN外相会議、日本の合成ゴム生産拡大を非難（8月6日 日本政府に覚書手交） 5・19 住友造船重機、ジョホール州パシル・グダンにマレーシア政府との合弁造船所設立		3・22 富士通、アジア情報処理センター開設 3・25 国内商工6団体、日本企業の商慣行無視を批判 5・7 リー首相、非公式訪日（―14日） 5・8 日系企業、取引自粛を表明 6・4 日本でシンガポール物産展（東京、大阪） 6・27 ウィー・モンチェン大使着任（―80年9月）	禁止問題で世論沸く（―7月）	組員13人、密漁容疑でフィリピン海軍に拿捕（6月16日に釈放） 3・20 北海道稚内市とバギオ市が姉妹都市提携 3・28 カリラヤ日比戦没者慰霊碑が完成、除幕式 5・11 マルコス大統領、フィリピン貿易観光省を貿易省と観光省に分離し、観光事業を外貨獲得の重点政策に。その後、日本人観光客が急増 5・19 マルコス大統領、コメとトウモロコシの生産・加工に日本人を含む外国人の参入を許可 6・6 マルコス大統領、「日本など外国企業のアジア極東地域本部をマニラに誘致したい」との方針を発表

1973（昭和48）年

日　　本	ベトナム	カンボジア	ラオス	タイ
日） 　3・6　第一勧銀が7カ国の金融機関と連合でシンガポールに国際合弁銀行を設立したと発表 　3・8　住友商事がインドネシアの大学に医療機器寄贈 　3・10　日本電気がジャワ島の通信網を完成 　3・12　衆院予算委で呉市からのベトナム向け弾薬搬送問題で質疑応答 　3・14　マレーシア貿易投資観光展がJETROで開催 　3・16　インドシナ援助5億円支出を閣議決定 　3・中　三井物産と東洋エンジニアリングが石油精製設備を70億円でビルマに輸出する契約調印 　3・24　参院予算委で田中法相が南ベトナム革命政府代表の入国許可の用意有りと答弁し、その後政府内で解釈が相違 　3・25　東南アジア文化使節団が出発 　4・9　東レがインドネシアの合繊財団に30万ドルの基金を贈与 　4・10　鐘紡がインドネシアに長繊維加工合弁工場設立を発表 　4・12　11日から開催されているECAFE東京総会で大平外相が北ベトナムの招聘を演説 　4・19　東レがインドネシアのスラバヤ地区に合弁工場建設を発表 　4・20　北ベトナムのホンゲイ炭輸入再開 　4・24　久野郵政相が5月の訪中中に北ベトナムと通信回線問題で接触するとの意向表明 　4・26　第6回アジア開銀総会で愛知代表が新基金で3分の1を負担すると表明 　　　　インドネシア石油が東カリマンタン沖で2,3号井に成功 　4・29　対インドネシアにLNG確保のため7億ドルの円借款供与を検討と朝日新聞報道 　5・2　枯葉剤汚染の疑いで南ベトナムからのえびの輸入を一時中止 　　　　南ベトナム政治犯釈放各界連絡委員会が南ベトナムへ政治犯調査団派遣を決定 　5・11　住友不動産がシンガポールでクーラー製造の合弁工場設立を発表 　5・17　インドシナ3大使が召還され大平外相とインドシナ政策について討議 　5・18　三井・三菱などが延期されていたタイの石油化学コン	日本との国交正常化を検討中と発言 　日本と北ベトナムとの貿易、多国通貨使用方式に改定 　3・27　東京で南ベトナム政治犯釈放緊急集会開催、「南ベトナムで不当に抑留されている民間人の釈放を実現するための各界連絡日本委員会」発足 　3・29　南ベトナムから米軍撤退完了 　4・11　北ベトナム機械代表団、来日 　4・14　日本外務省の三宅課長、井上吉三郎、内田富夫、ハノイ訪問（第2次訪問） 　4・14　日本工営、南ベトナム政府の「東南アジア工科大学」設立構想に全面協力の方針決定 　4・27　北ベトナムの農業視察代表団、訪日 　5・19　キリスト教友愛会、「南ベトナム政治犯釈放のための日本委員会」発足 　5・22　日本政府、「北」からの要請あれば経済援助に応じる方針を確認 　　日本政府、南ベトナム共和国臨時革命政府の要人の入国を許可 　5・30　日本政府からの借款で建設されるカントー火力発電所（南ベトナム）定礎式 　6・6　北ベトナム『ニャンザン』紙編集長、日本との国交樹立を望む、南臨時革命政府に対する承認は押しつけないと発言			

ビルマ	マレーシア	ブルネイ	シンガポール	インドネシア	フィリピン

1973（昭和48）年

日　本	ベトナム	カンボジア	ラオス	タ　イ
ビナート建設正式調印 5・21　外務省が対北ベトナム経済援助に２国間方式を準備と表明 5・22　東京銀行がマレーシアの金融会社に資本参加を表明 5・28　南ベトナム革命政府要人の入国を政府が正式了承 5・30　三井物産など17社がマレーシアへパーム油輸入促進大型視察団派遣	6・7　北ベトナム農業研修生、訪日 6・8　北ベトナム国会議長、対日国交経済先行も可能、賠償は無償援助で代替も可と発言 6・12　大平外相、国際赤十字を通して行われる５億円の緊急援助がベトナム全域を対象とすると国会で示唆			
1973 9・14　GATT閣僚会議、東京宣言採択 10・17　OAPEC石油戦略発動、非友好国向け供給削減など	7・3　日本外務省、北ベトナムとの国交交渉開始を打診 7・6　日本外務省、北ベトナムに対し、パリでの大使級会談を申し入れ 7・8　ハ・タイン・ラム駐チリ大使他１名の南臨時革命政府代表団、北ベトナム代表団とともに初の訪日 7・19　日本政府派遣のインドシナ調査団、南ベトナム訪問 7・25　パリの北ベトナム大使館で、日本、北ベトナム間の第１回国交樹立会談 8・14　パリの日本大使館で、北ベトナム側と第２回国交樹立会談 8・22　日本の対南ベトナム無償援助供与交換文書、サイゴンで調印（３億8800万円） 8・30　日本総評・中立労連代表団、北ベトナム訪問（—９月13日） 日本船、８年ぶりに北ベトナムへ就航 9・21　日本、北ベトナムと国	10・30　加賀美秀夫臨時代理大使任命 11・2　栗野鳳特命全権大使任命 12・26　ロン・ボレ首相就任	7・20　日本援助の難民村建設完成式 7・29　インドシナ戦災復興援助の事前調査のため政府調査団（団長：本野盛幸外務省経済協力局参事官）ラオス訪問（—８月２日） 8・15　日本政府、ウィエンチャン水道改修に対する1.5億円の贈与に関する文書調印 8・21　日本政府、駐ラオス大使に菅沼潔セネガル大使を任命 8・29　国際電報電話公社（KDD）、東京—ウィエンチャン間に直通の電報回線を開設 9・3　KDD、日本ラオス間の電報取扱いを開始 9・14　ラオスにおける平和回復と民族和合に関する協定付属協定書調印 田中角栄首相、ラオスの和平協定定書調印にあたりプーマ首相へ祝電 10・3　水野清外務政務次官らインドシナ復興援助視察議員団、ウィエンチャン到着	9・8　タイ文部省は日本人学校が違法であるとして閉鎖を要求していたが閉鎖の決定が下る可能性が濃厚 9・16　プラシット・カンチャナワット氏は日本での中曽根通産大臣との貿易交渉は成功したと談 9・22　西村英一特使訪タイ（—25日） 9・29　日本への輸出72％増 10・10　チャートチャーイ外務副大臣訪日（—14日） 10・14　学生市民が軍事政権を打倒 10・17　ブンチャナ元商業大臣、日本実業家の汚職調査を要求 10・29　本年の日本人観光客数トップと発表 11・30　日本赤軍派学生、アジア経済学生会議に出席の予定が、タイ当局の要請により香港で足止めされ出席できず 12・11　チャーンチャイ・リーターウォン商務大臣、訪日（—15日）

1973（昭和48）年

ビルマ	マレーシア	ブルネイ	シンガポール	インドネシア	フィリピン
7・21　東京で全ビルマ戦友団体連絡協議会結成される（ビルマ関係の諸戦友会が大同団結、遺骨収集の進展に向けて働きかけを強化） 7・27　日本政府、ビルマ政府との間で総額116億2000万円の円借款に関する公文を交換（内容は商品借款） 8・13　イラワジ河架橋のフィージビリティ調査のために、日本から技術者と経済学者7人がビルマを訪問、プローム付近で調査（―22日） 10・11　ビルマ政府、東京で開催された東南アジア開発閣僚会議（第8回）に初参加（―13日） 11・23　宝塚歌劇団、ビルマを訪問（ラングーンで5回公演、―30日） 12・9　ビルマ政府、本年（73年）のビルマへの観光客は2万人を越え、1位は日本、2位は仏、と発表	7・27　ラザク首相、非公式訪日。円借款条件緩和など協議 9・21　マレーシアなど沿岸3国、日本とマラッカ海峡水路調査新協定に調印 12・3　日本と海員養成援助協定	7・1　東京電力の千葉県袖ケ浦基地へのブルネイLNGの第1船入港	7・1　三菱銀行、支店開設 8・6　協和銀行、事務所開設 9・9　日興証券、現地企業に資本参加	10・1　スブロト労相、第4回アジア労相会議出席のため訪日（―5日） 12・11　第15回IGGIアムステルダムで開催　74年度援助額8億5000万ドルに合意 12・30　須之部量三大使（7代目）着任	8・1　マルコス大統領、観光振興のため、外国人来訪者の身体や財産にたいする犯罪は軍事法廷で即決裁定するとの大統領令を発令 8・21　フィリピン政府派遣の観光促進ミッション13人が来日。団長はJ・アスピラス観光相 8・31　作家の石牟礼道子、マグサイサイ賞受賞 10・10　ADBなどの援助で日本の建設会社が請け負ったマニラのナボタス総合漁港建設工事、着工（その後、住民の強制立ち退きや床下浸水が問題化、反公害運動に発展） 10・16　東京商工会議所派遣の観光投資代表団15人が訪比。団長は五島昇東急電鉄社長 11・19　マニラのフィリピン日本人商工会議所が発足 11・20　第3次円借款（商品借款106億円） 12・3　マニラで比日協会主催の初の日比関係シンポジウム開催

1973～1974（昭和48～49）年

日　　本	ベトナム	カンボジア	ラオス	タ　イ
	交樹立協定に調印 10・4　ハイエナ企業市民委員会主催「ティエウ・朴両政権への経済援助・日本企業の進出に反対する集会」開催 11・1　北ベトナムのベトナム祖国戦線中央委員会代表団、訪日 11・4　北ベトナム訪日代表団長、北ベトナム戦後復興に関して、2国間援助に限定するとの見解表明 11・8　北ベトナム訪日代表団長、ハノイの日本大使館開設は日本による南臨時革命政府承認が前提との意向表明 11・10　大平外相、北ベトナム訪日団長との会談で、経済協力の意向表明 11・11　グエン・バン・チャン党中央委員会書記以下の労働党代表団（北ベトナム）、日本共産党大会出席のため訪日（―12月12日） 11・19　ベトナム古代文化視察団、北ベトナム訪問 11・20　北ベトナム国籍船ホンハー号、日本に初入港 11・23　日本の女性文化代表団、北ベトナム訪問		11・6　ラオス国民議会、和平協定と付属協定書の承認を可決 11・17　ラオス愛国戦線中央委員会代表団、日本共産党の招きにより日本訪問 12・6　日本政府、ウィエンチャンの給水システム改善のため1億5000万キープを贈与 12・18　日本政府、ラオス農業自立のため300万ドルの援助を決定 12・27　日本政府、ラオスに55万ドル相当の農業資材援助のため文書を交換	東京において日タイ貿易会議が開催（―14日） 12・24　来月訪タイ予定の田中首相と会うべくグループが結成
1974 1・7　田中首相が東南アジア5カ国歴訪に出発（―17日）都内で総理歴訪に反対する新左翼のデモ 1・8　トーメン・帝人がインドネシアに合弁の繊維会社設立を発表 1・11　三菱商事がタイ資本と合弁会社設立の意向表明	1・26　ベ平連解散集会「危機の中での出直し」開催 1・27　ベ平連最後の大衆行動「もう1年たったぞ！ニクソン・ティエウはパリ協定をまも	3・18　シム・ヴァル駐日大使がプノンペンで5項目の和平提案を発表 3・30　キイ・ベン・ホン臨時代理大使任命	2・2　73年10月26日以来ラオス解放区で捕えられていた共同通信バンコク支局の坂本英昌記者バンコクに帰還 3・29　日本政府、難民村建設	1・8　日本人学校認可される 1・9　田中首相訪タイ。学生を中心とした抗議運動（―11日） 1・10　日タイ首脳会談 田中首相、全国学生センター

1973～1974（昭和48～49）年

ビルマ	マレーシア	ブルネイ	シンガポール	インドネシア	フィリピン
					12・27 マルコス大統領、大統領令で日比友好通商航海条約を承認、日比間で批准書交換　第3次円借款（プロジェクト借款47億2900万円）
1・3 ビルマ、新憲法を採択。これに伴い、国名をビルマ連邦社会主義共和国（The Socialist Republic of the Union of Burma）へ変更	1・12 田中角栄首相来訪（―14日）。第3次円借款について合意。一部学生が反日デモ（12、14日）　1・31 駐日大使にアブドゥル・ラフマン・ジャラル任命	3 大都工業、ブルネイ海上保安施設建設工事完了	1・11 田中角栄首相来訪　1・31 赤軍派、ブクム島の精油所襲撃　3・13 東銀、山一証券の合弁マーチャント銀行設立	1・14 田中首相訪イに際して反日暴動（―17日）　国際交流基金ジャカルタ事務所開設　3・9 対イ食糧援助（タイ米、	1・7 田中角栄首相、東南アジア公式訪問でマニラ入り（―9日）　1・27 日比友好通商航海条約、発効

1974（昭和49）年

日　本	ベトナム	カンボジア	ラオス	タ　イ
1・16　政府と自民党がアジア政策を再考するとの意志表明 インドネシア石油資源開発が東カリマンタンに有望ガス田を発見したと発表 1・17　三菱グループが比のアヤラ財閥と資源開発で提携調印 1・18　田中首相が記者会見で東南アジアとの交流強化を強調 1・24　旭化成がタイでアクリル繊維加工事業で丸紅と共に現地企業と合弁会社設立を発表 2・1　住金がバンコク事務所を廃止しシンガポール事務所を開設すると発表 2・6　衆院予算委で社会党の岡田春夫がタイのクラ運河建設の際の水爆使用計画に政府関与と追及 2・27　1億ドルのインドネシアの米増産協力の官民共同会社設立計画内定 北スマトラ石油が半国策会社から純民間会社へ変更 3・28　法務省が未承認国のアジア卓球選手権出場選手の入国を許可 ECAFE総会で齋藤厚相が食糧・人口問題に関して資金援助を表明 4・23　衆院決算委でカリマンタン森林開発協力会社への30億円の融資の回収不能問題が討議 4・24　日本エクスラン工業がマレーシアにアクリル紡績の新会社設立を発表 4・25　アジア開銀総会で福田蔵相が75億円の特別出資とアジア留学生への技術研修の制度化を表明 5・15　三和銀行がマレーシアに合弁銀行設立を発表 5・中　タイ証券取引所開設に東証が指導員派遣 6・4　倉石農相がバンコクでのアジア・大洋州農業担当官会議出席のためタイに出発 6・6　ユアサがマレーシアに製材の合弁会社設立を発表 6・15　民間の第1回アジア人会議が日本企業非難を宣言 6・18　ユニチカがジャワでのポリエステル合弁中止を発表 6・23　環境庁らがタイの公害防止へ担当官派遣 6・24　経済同友会が第1回東南アジア経営者会議開催 6・25　大成建設がインドネシア現地資本と合弁会社設立	れ！集会・デモ」 2・15　北ベトナムの貿易貨物船ソンダ号、名古屋に入港 3・16　日本政府の対南ベトナム経済援助物資（5000万ドル援助の一部）、サイゴンで引渡し 3・30　北ベトナム・南臨時革命政府選手団、第2回アジア卓球選手権大会（横浜）参加のため訪日（―4月19日） 5・9　日本の海外経済協力基金による82億5000万円の対南ベトナム円借款供与合意書調印 5・20　「ベトナム国会議員代表団招待実行委員会」の招待により、北ベトナム代表団が訪日 5・22　「日本ベトナム友好議員連盟」（代表、桜内義雄代議士）結成	5・17　スン・マニット臨時代理大使任命 6・16　ロン・ボレ新内閣成立	用の住宅資材、医薬品、農機具など民生安定物資購入のため8億円の贈与を決定。文書を交換 3・30　第2回アジア卓球選手権大会参加のため、ラオス愛国戦線代表団13名が日本に到着 4・5　ラオス第3次連合政府成立 大平外相、日本政府はラオス連合政府成立を歓迎すると発表 5・17　タゴンで日本から供与された農具、農業用設備（50万ドル相当）の引渡式 6・11　日本・ラオス友好協会発足（会長、江口朴郎東大名誉教授）	代表と会見 1・11　田中首相、日本人商工会議所メンバーと会見 田中首相訪タイに際しての日タイ共同発表。日本側から「東南アジア青年の船」が提案されたことが発表 1・22　学生、日本製テレビ番組の上映禁止要求 5・27　サムラン陸軍副司令官、チェンマイで5日本人がスパイ活動をしていると発表
1974 7・18　伊藤忠がシンガポールの精油所へ資本参加を発表	7・4　日本政府、南ベトナム	7・19　コウン・ウィック特命	9・10　日本の商業代表団、ラ	7・10　物価を抑え投資を高め

1974（昭和49）年

ビルマ	マレーシア	ブルネイ	シンガポール	インドネシア	フィリピン
3・2 ビルマ、人民評議会開催、革命評議会からの民政移管成る。ネィ・ウィン、ビルマ社会主義計画党議長を兼任のまま新大統領に就任	3・27 ASEAN・日本第2回合成ゴム会議（東京）。日本は生産不拡大に合意 3・29 東京にマレーシア投資センター設立 3・30 クアラルンプールで日本見本市 4・3 華人が見本市反対デモ			ビルマ米）24億6400万円の供与締結 3・16 日イLNG借款協定署名 4・25 日イ航空協議（ジャカルタにて―27日） 6・30 防衛研修所研修団インドネシア訪問（―7月4日）	2・20 ルバング島で日本人青年が小野田元少尉と初めて接触 2・25 マニラで、日比友好通商航海条約に基づく両国経済人による「日比経済合同委員会」の設立総会。日本側は委員約70人が参加 3・10 小野田元少尉、救出。11日にマニラでマルコス大統領を表敬訪問、12日に帰国 3・14 日比経済合同委員会の第1回会議をマニラで開催（―16日）。以後、毎年マニラと東京で交互に開催 3・18 マニラで国際協力事業団（JICA）帰国研修生同窓会主催の第1回日比技術研修セミナー開催 3・27 日本政府、小野田救出で鈴木善幸厚相をマニラに派遣。マルコス大統領に救出謝礼3億円の贈呈を申し入れるが、拒否される 5・1 マルコス大統領、海外雇用開発局（OEDB）と国家船員局（NSB）を創設。海外出稼ぎ労働を国策に 5・27 東京で初のフィリピン協会と比日協会の合同会議開催 6・27 第3次円借款（プロジェクト借款72億5200万円）
7・30 日本の生花使節団、ビ	8・26 第3次円借款に調印	10・28 スリ・ブガワン国際	7・2 太陽神戸銀行、事務所	8・17 早稲田大学村井資長総	7・3 ラウレル＝ラングレー

1974〜1975（昭和49〜50）年

日　本	ベトナム	カンボジア	ラオス	タイ
7・24　ボランタリー・チェーン協会が東南アジア中心に商品開発輸入を進めるKLFジャパン社と提携発表 7・30　法務省が原水禁大会のための南ベトナム革命政府代表の入国を不承認 8・7　大阪の養護施設館長がベトナムの戦災孤児の実態調査のため南ベトナムへ渡航 8・8　東レが比現地資本とナイロン糸合弁工場建設を発表 　　南ベトナム向け無償援助でタイの農具を調達するとの政府意向を朝日新聞が報道 8・14　川鉄がミンダナオ島に焼結鉱工場を起工 10・9　三佑コンサルタンツがタイのコメ作りに日本技術輸出の意向を表明 10・10　東南アジア青年の船事業発足 11・12　三菱自工が比で小型トラック生産開始を発表 11・14　第9回開発閣僚会議開催（―16日） 11・中　日立造船の永田敏生社長が北ベトナムを訪問し肥料工場の輸出を討議 12・20　住友化学工業がアサハン川アルミ精錬計画でインドネシアと合意	のチョーライ病院用機材の無償援助協定調印 8・20　日本外務省、北ベトナム大使館開設準備のため、在ラオスの西山参事官らをハノイに派遣（24-31日） 9・23　北ベトナムの日本友好協会代表団（ハノイ工科大学学長以下）訪日 9・26　南臨時革命政府代表団、訪日 10・16　「アメリカの戦争犯罪調査日本委員会」、第6次調査団（団長、森川金寿）を北ベトナムに派遣 12・21　日本政府、対南ベトナムの150万ドル相当の緊急医療援助（150万ドル相当）を供与	全権大使着任 10・18　カンボジアの国連代表権問題でASEAN、日本など22カ国がプノンペン政権支持の和平呼び掛け決議案を提出	オス訪問（―13日） 9・16　日本の難民調査団（大森誠一団長）、ラオス訪問（―19日） 10・14　日本政府、自動車・オートバイなど4億6828万円相当の援助物資の引渡 12・11　ラオスの経済使節団（団長：チャンパサック国防相）、日本訪問（―17日） 12・12　ラオスの経済使節団、宮沢喜一外相と会談。経済援助を要請	るため政府は306品目の輸入税減税を発表 9・3　三井、三菱両グループは昨春タイ政府と契約した石油化学コンビナートの建設計画を中断することを蔵相に伝達 9・5　BOIは石油化学計画をあくまで推進することを決め、次の点で政府の協力を要求。①日本投資家と合意されたタイ側資本のシェアを確保する。②政府は同計画について投資家を安心させる。③日タイ2国間のよりよい理解をもたらす 9・6　三井、三菱両グループはBOI事務局長に、石油コンビナート計画を3年間中断したいと伝達 10・7　ソンマイ・フントラクーン大蔵大臣訪日（―13日）
1975 1・4　総評の1億円カンパによって北ベトナムに文化センター建設実現へと朝日新聞報道 1・6　23万トン級タンカー祥和丸マラッカ海峡で座礁、原油流出	2　日越貿易会代表、ハノイにて南臨時革命政府特別代表部と今後の貿易問題について協議 3・7　日本政府、「来月中に大	3・26　日本政府、在プノンペン日本大使館を閉鎖するよう指示 4・1　ロン・ノル大統領、家族を連れてインドネシア・バリ	4・22　日本政府、ラオス連合政府に対し民生安定などの為に8億円までの無償援助を与えることを表明	4・　第7回日タイ貿易合同委員会開催 4・27　河本敏夫通産大臣、訪タイ（―29日）

1974〜1975（昭和49〜50）年

ビルマ	マレーシア	ブルネイ	シンガポール	インドネシア	フィリピン
ルマを訪問（―8月4日） 8・27　日本政府、ビルマ赤十字社にイラワジ管区を襲った洪水に対する見舞金として2万ドルを贈呈 10・16　ビルマ政府教育使節団15名、日本を訪問（―30日） 11・6　田中角栄首相、ビルマを公式訪問。ラングーンにてネィ・ウィン大統領と会談 11・7　田中首相、セイン・ウィン首相と会談。日本、第3次商品借款として65億円の供与を申し入れる。日本軍戦没者の遺骨収集への協力申し入れも。ビルマ側快諾 11・8　共同声明出され、両国の親善と協力を強調。田中首相、離緬 12・5　ラングーンで国連前事務局長ウー・タン（ウ・タント）の遺体をめぐり学生と政府が対立、11日まで市内騒然 12・9　ラングーン市内の治安悪化のため、日本人学校6日間臨時休校	10・5　ペナン日本人学校開校 12・9　共産ゲリラ、トゥムンゴール・ダム建設現場を襲撃。間組職員の夫人、射殺	空港開港 11　三井建設、ビニー・アンド・パートナー社へより詳細なクレーム書類を送付 ブルネイに日本ブルネイ友好協会設立（会長ブンギラン・ハジ・ユソフ前首相） 農業開発を目的とした日本企業のブルネイ法人「モントリオ開発」設立	開設 7・15　富士銀行事務所、支店に昇格 11・18　日本と沿岸3国の第3次マラッカ海峡調査報告書、公表 12・1　日本との電話自動化	長一行、独立記念式典に招待 8・24　マリク外相、訪イ中の木村武雄議員にアジア平和会議構想を伝達 9・2　前尾衆議院議長一行の訪イ（―4日） 10・21　インドネシア国防研修団訪日（―11月2日） 11・11　厚生省派遣遺骨収集実施（モロタイ、ジャヤプラ、マノクワリ、ビアク）、1439柱の遺骨収集（これが最終回とのインドネシア側との約束、11月2日）（―12月12日） 11・27　第2回日イ・コロキアム開催（―29日） 12　日イ合弁企業協会設立　KADIN（インドネシア商工会議所）日本委員会設立 12・5　アサハン計画最終契約書に関する第3回交渉（東京にて）（―18日）。日本アルミ精錬5社、基本協定調印正式調印は75年1月7日 12・18　インドネシア空軍が元日本兵「中村輝夫」（台湾原住民）をモロタイ島で発見（12月29日、ジャカルタへ） 12・27　マリク外相が日本に立ち寄り、三木総理、宮沢外相と会談（―28日）	協定、満期失効（米国人の内国民待遇は75年5月27日まで延長） 8・31　市川房枝参院議員、黒木博宮崎県知事、マグサイサイ賞受賞 9・5　沢木正男第8代駐比大使、着任 9・15　東京と大阪で開催のフィリピン投資セミナー出席で、C・ビラタ蔵相、パテルノBOI委員長らが訪日 10・7　比日協会、日本政府が申し出た小野田救出の謝礼3億円を基金に「比日友好財団」を設立 11・13　日本政府派遣の第1次東南アジア青年の船、マニラ寄港（―16日） 11・26　東京で開催の第1回東南アジア日本留学生の集いにフィリピンから7人が参加 12・31　日本人のフィリピン渡航者が初めて年間10万人を超す（95年は32万3199人）
1・26　日本政府によるビルマ方面戦没者遺骨収集第1次派遣団140名（団長・石田武雄厚生省援護局調査課長）、日航特別	1・6　マラヤ人民解放軍、日本大使館にトゥムンゴール・ダム工事中止を要求 祥和丸、マラッカ海峡で座礁	1・27　ロンドンで三井建設とビニー・アンド・パートナー社間のクレーム調停法廷開廷 5・14　ロイヤル・ブルネイ航	1・1　住友化学、石油コンビナート建設で基本協定（79年操業予定） 1・6　日本のタンカー「祥和		1・24　フィリピン、7月開催の沖縄国際海洋博への参加を決定 1・30　マニラ湾に沈んでいた

1975（昭和50）年

日　　本	ベトナム	カンボジア	ラオス	タ　イ
1・19　日本共産党中央委員会総会でベトナム問題に関する特別決議採択 1・25　三洋電機のジャカルタ工場が全焼 1・26　「ベトナムに心を寄せる会」が東京で反戦デモ 1・27　三井物産ら日本商社がタイから向こう5年間の砂糖長期輸入契約獲得 3・18　無償経済協力などの討議のため北ベトナム訪問団が来日 3・27　参院予算委で宮沢外相が在日米軍がインドシナへ救援出動なら事前協議不要と見解 4・1　宮沢外相・金・韓国外相会談でインドシナ情勢を協議 　　　参院予算委で宮沢外相が南ベトナムへの駆込み援助をしないと釈明 4・2　三洋電機と松下電器が南ベトナムから家族引き揚げを指示 4・3　提携のモービル社の撤収により海洋石油が南ベトナムでの石油採掘事業中断 　　　久光製薬がジャカルタに消炎鎮痛剤の合弁会社設立を発表 4・4　通産省が南ベトナム・カンボジア向け輸出保険を停止 4・8　インドシナ緊急対策委員会（自民党代議士など）がインドシナ2国の留学生に救済措置 4・11　日新電機が比の変電所設備を落札 4・23　防衛懇話会で坂田防衛庁長官が「北ベトナムに学べ」と発言 4・24　アジア開銀の年次総会で森永日銀総裁が基金の3分の1の負担を検討と表明 4・29　日航が邦人救出機をマニラまで移動 5・11　タイ大丸が外国企業規正法違反で取調べ中であるとタイ政府が公表 5・12　初の南ベトナム難民2名が北九州に上陸許可を要請 5・13　エスビー食品がマレーシアに香辛料用農園開設を発表 5・14　全日空が比にホテルを翌年9月開業させるとの報道 5・22　帝人・トーメンのインドネシア法人が250億円をユーロ市場から調達したと発表 5・25　高島アジア局長が記者会見で北ベトナムと近く経済協力交渉再開と発言 5・26　OECDとIEAの理事会出席のため訪仏した宮沢外相がシラク仏首相とインドシナ問題で会談	使館開設」と北ベトナムと合意 3・8　北ベトナム鉱産公司代表団、訪日 3・18　北ベトナム政府代表団、訪日 3・31　日本政府、南ベトナムに90億円の借款を供与（駆け込み援助） 4・4　ベトナムにおける解放勢力側の優位を想定する新情勢に対応するため、宮沢外相、対ベトナム政策の転換を表明（経済協力、50億円） 　　　北ベトナム使節団、帰国 　　　「南」情勢悪化のため日本側援助事業中断、中村・元駐サイゴン大使、情勢把握のため南ベトナムへ出発 4・9　「ティエウ政権は不安定」と中村・元大使が報告 4・11　北ベトナム、調印の引きのばしと日本を非難、経済協定の交渉不成立 4・16　南臨時革命政府議長、日本との国交樹立を希望するとの意向表明 4・22　宮沢外相、ベトナム情勢について政治解決は困難と報告 4・24　南ベトナム日本大使館、全邦人に国外退去を勧告 　　　日本政府、南ベトナムに対する経済援助中断を決定 4・30　サイゴン陥落（解放）＝ベトナム戦争終結 5・1　宮沢外相、南ベトナムの新政権が行政を掌握すれば承	島へ脱出。ソウカム・コイ上院議長が大統領代理に就任 4・5　内戦のため日本大使館閉館 4・17　カンボジア政府軍降伏。クメール共和国消滅 4・19　日本政府、カンボジア王国民族連合政府を承認 4・24　コウン・ウィック駐日大使離任 4・25　プノンペンで特別国民会議開く。シハヌーク殿下を国家元首に、ペン・ヌート殿下を首相に任命 4・27　コサマク皇太后、北京で死去 6・23　駐日カンボジア大使館、94年12月15日まで閉鎖	5・12　日本援助のナムグムダム、パテートラーオの管理下に 6・10　淀川鉄鋼、丸紅、共和貿易の3社が現地資本と合弁で設立したソシエテ・カンカシ・センフォン社は操業の一時停止を決定 　　　日本水道コンサルタント、ウィエンチャンでの水道施設設計管理作業を中断、技術者の日本引揚げを表明	4・28　日タイ借款協定。総額170億円 6・2　第6回日タイ民間貿易委員会

1975（昭和50）年

ビルマ	マレーシア	ブルネイ	シンガポール	インドネシア	フィリピン
機でラングーンに到着。2月24日までビルマ滞在、1万717柱を収骨 2・23　ラングーンのタームエ日本人墓地にて、日本政府主催の追悼式および日本遺族会・青年遺骨収集団・全ビルマ戦友団体連絡協議会による合同慰霊祭実施 6・18　日本政府、ビルマ政府との間で総額65億円の円借款に関する公文を交換（内容は商品借款）	（19日、沿岸3国が6300万リンギの賠償請求） 6・9　政府系プルナス・エンジニアリング社、マラヤワタ製鉄の筆頭株主（30％）に 6・30　三井物産、連邦土地開発公社（Felda）と合弁パーム油工場設立で合意	空定期便営業開始（バンダル・スリ・ブガワン―シンガポール間）	丸」（23.7万トン）沖合で座礁、原油流出 3・21　ラジャラトナム外相訪日（―25日。訪中の帰途） 3・25　日本のマラッカ海峡委員会、掃油船を寄贈 4・17　日本のタンカー「土佐丸」（4.3万トン）、シ海峡で衝突 5・7　三和銀行、合弁マーチャント・バンク設立 5・19　リー首相、非公式訪日（―23日）		旧日本軍の巡洋艦・那智の収骨作業始まる 2・19　静岡県磐田市とパンガシナン州ダグパン市が姉妹都市提携 2・21　第4次円借款（商品借款75億円） 3・25　在マニラ日本大使館のダバオ駐在官事務所、開設 5・25　日本政府、ルソン島北部のカガヤン渓谷農業開発調査団を派遣 6・9　フィリピン、中国と国交樹立 6・16　イメルダ夫人が訪日、佐藤元首相の国民葬に参列。鹿島国際平和賞を受賞

1975（昭和50）年

日　　本	ベトナム	カンボジア	ラ　オ　ス	タ　イ
5・27　キッシンジャー米国務長官と宮沢外相がインドシナ情勢で会談 　　　　三洋電機の子会社が南ベトナムで生産を一部再開したと発表 6・12　対北ベトナム経済援助交渉再開のため、英正道外務省アジア局南東アジア1課長らがラオスに向け出発 6・15　旧べ平連系などのベトナム戦勝・反安保闘争統一集会、東京で開催 6・16　南ベトナム孤児救援市民センターが米寄贈のための5000万円のカンパを呼びかけ 6・18　政府筋が旧債務処理済めば南ベトナム革命政府にも借款用意と示唆	認するとの意向表明 5・7　日本政府、「南」新政府（南ベトナム臨時政府）承認を閣議決定 5・12　最初のベトナム難民（ボートピープル）、米国船に救助され千葉港に入港 5・23　南ベトナム臨時政府代表、「対日関係正常化に問題なし」と発言 6・13　南ベトナム臨時政府、発電所復旧を日本工営に協力要請 6・19　日本政府、南臨時政府が旧債務処理を済ませば新規借款の用意あると表明			
1975 7・5　インドネシアとの間にアサハン・アルミ精錬計画の契約調印 9・24　SEATO（東南アジア条約機構）理事会、段階的解消で合意 11・17　第一回先進国首脳会議、ランブイエで開催（―17日）	7・3　日本外務省、対北ベトナム無償経済協力の総枠を近く決定と発表 7・17　日本外相、蔵相、北ベトナム経済援助で協議 7・25　日本船、サイゴン陥落（解放）後のダナンに初入港 7・31　被爆30周年の第21回原水爆禁止大会出席のため、南北ベトナム代表団が訪日 8・14　日本政府、北ベトナムとの間で経済援助について最終合意成立（総額135億円、今年度は85億円） 　　　　南臨時政府商業信用銀行と日本の銀行、コルレス協定締結 10・11　日本政府、対北ベトナムの85億円無償経済援助協定に調印	9・19　駐北京カンボジア大使館が日本政府のカンボジア承認に感謝の意を表明 10・4　駐北京カンボジア大使が北京で小川日本大使と会談	7・11　サワンナケートで日本援助による柔道場落成式に出席しようとした日本青年海外協力隊長に同州知事から隊員の引揚げ勧告 7・18　サワンナケートの日本青年海外協力隊10人がヴィエンチャンに引揚げ 　　　　ラオス政府、カムヒン駐日大使の本国召還を命令 9・4　トーメンと三井物産、ラオス政府との間に日本からの無償援助8億円のうち商品援助分を契約 10・8　日本政府、ナムグムダム第2期建設計画に関する会議（マニラ）で資金の追加援助を約束 12・1　全国人民代表大会、	7・11　215人の解雇に関してサラブリージュート工場労働者、日本大使館に抗議 8・25　日本大使館サラブリージュート工場の日本人経営者の保護と装置の保全要求 10・4　チャートチャーイ外相訪日（―7日）

ビルマ	マレーシア	ブルネイ	シンガポール	インドネシア	フィリピン
7・3 新駐日大使にタウン・ルウィン任命 8 日本政府、ビルマ政府との間で生物医学研究センター施設建設のために7億円の無償援助供与に関する公文を交換（日本による最初の対ビルマ一般無償資金協力） 9・14 ビルマ政府教育使節団、日本を訪問（―10月3日） 11・3 ビルマ政府文化舞踏団25名、アジア民族芸術祭参加のため日本を訪問（―12日） 11・27 日本の生花使節団、ビルマを訪問（―12月6日）	8・4 日本赤軍、駐マ米国領事館を占拠 12・1 丸紅の合弁パーム油加工一貫工場、操業開始	7・6 三井建設とビニー・アンド・パートナー社間のクレーム調停法廷再開 7・9 ブルネイ国、東南アジアで最初の全番組カラーのテレビ放送開始 7・25 三井建設とビニー・アンド・パートナー社間のクレーム調停法廷終了、閉廷	10・28 日本政府の投資促進使節団、来訪（―30日） 12・22 大阪に領事館開設	7・6 スハルト大統領訪日（非公式）、これを機にアサハン・プロジェクト調印（―8日） 9 日本漁船（4隻）の拿捕相次ぐ 9・15 ガルーダ航空、東京線再開 スンパティ航空、東京―デンパサール間チャーター便開始 10・17 バンダ海漁業契約（今後3年間利益分与方式に基づくマグロ漁業協力）調印 11 遺骨収集団スマトラ、タラカン、バリックパパン、スラウェシ南部を訪問 12・12 インドネシアの東ティモール侵攻に対し国連総会は批判決議（日本は反対の立場を表明）	7・4 第4次円借款（プロジェクト借款111億2000万円） 7・10 フィリピン産マンゴーの日本向け輸出解禁 7・28 高知県とベンゲット州が姉妹県関係を締結 7・30 マニラで開催の東南アジア経営者会議に、日本から経済同友会代表6人が参加 8・25 新婚旅行中の日本人女性、ミンダナオ島サンボアンガでムスリム反政府ゲリラとみられる武装団に誘拐（27日に解放） 9・15 沖縄―ルソン―香港を結ぶ海底ケーブル建設協定、調印 9・26 日本の木材輸送船・末弘丸がミンダナオ島沖でシージャック（29日に解放） 9・27 マニラで日比民間ビジ

1975〜1976（昭和50〜51）年

日　　本	ベトナム	カンボジア	ラオス	タ　イ
	北ベトナムとの間で大使交換を取り決め ハノイのトンニャットホテルに日本大使館開設、今川幸雄臨時代理大使、業務開始 10・18　南ベトナム解放労連代表団、10.21中央集会参加のため訪日 10・19　日本船、南ベトナム陥落後のサイゴンに初入港 11・5　ドン・スアン・フオン以下の北ベトナム商業会議所代表団、訪日 11・29　北ベトナム政府、在日大使館開設のため代表団を訪日させたいと連絡		ウィエンチャンで開催（―2日） 12・2　ラオス人民民主共和国成立 日本外務省、ラオス新政権樹立に際し、これまでの外交関係を維持するとの見解を表明 12・18　菅沼駐ラオス大使、タートルアン見本市での売上げ500万キープをラオス政府に寄付	
1976 1・25　三木首相のASEAN首脳会議出席問題で吉野外務審議官をインドネシア・比に派遣 1・27　東レが自社合繊一貫プラントにベトナムから引き合いがあることを公表 2・7　竹中工務店がタイ国立銀行社屋建設工事契約を破棄されたとタイ現地紙が報道 2・10　ASEAN外相会議が三木首相のASEAN首脳会議への不招聘を発表 2・24　運輸省が東南アジア線の航空運賃の一律3％値上げを承認 3・20　外務省東アジア政務担当官会議が香港で開催（―22日） 3・21　第1次ベトナム歴史遺跡訪問団（川本邦衛慶大教授団長）出発 3・22　東アジア政務担当官会議がインドシナ・ASEAN諸国間の積極的橋渡し努力を確認して終了 4・25　ベトナムの平和と統一のために闘う在日ベトナム人の会が解散 5・12　日本硫安工業協会が政府に東南アジアへの肥料援助拡大を要望	1・9　東京の旧南ベトナム大使館に北ベトナム駐日大使館が開設、チャン・ドク・トエが臨時大使に 2・23　日本政府、経済協力の具体化交渉のため、北ベトナムへ有田外務審議官以下の日本政府事務当局代表団を派遣（―3月2日） 3・17　ホーチミン労働青年団代表団と南ベトナム解放青年連合代表団、訪日 3・23　日本外務省、通産省、石油開発公団、民間石油会社の官民合同石油関係代表団、北ベトナム訪問（―27日） 3・31　長谷川孝昭初代駐北ベトナム大使着任 サイゴンの日本大使館閉鎖	1・5　新憲法公布。カンボジア王国民族連合政府から「民主カンプチア」に国名を変更。シハヌーク元首は国家幹部会議長、キュー・サムポン、イエン・サリ両副首相は副議長 4・11　第1期人民代表議会開催。シハヌーク元首、ペン・ヌート首相の辞任を承認、キュー・サムポンは最高会議常任幹部会議長（元首）に就任。シハヌーク殿下は自宅軟禁状態（79年1月6日まで）	3・30　日本政府、対ラオス緊急援助に関する74年―75年協定の効力を延長、ウィエンチャンの中等技術学校建設を援助の予定 4・2　ラネ駐日本ラオス大使着任 4・12　日本政府、ラオス政府に対して第2期ナムグム水力発電事業の追加資金の一部として20億円の借款を決定 4・25　元日本兵でラオス独立のため闘った山根良人氏33年ぶりに一時帰国、故郷の下関へ	2・20　人見宏特命全権大使着任

1975～1976（昭和50～51）年

ビルマ	マレーシア	ブルネイ	シンガポール	インドネシア	フィリピン
				インドネシアの東ティモール侵攻を非難する国連総会決議が採択（日本は棄権）	ネスマン会議開催 9・30 第4次円借款（プロジェクト借款38億円） 10・1 パリで、世銀主催の対フィリピン援助国会議開催（―2日） 10・26 日経連派遣の海外投資活動調査団が訪比 11・7 フィリピン南部のバシラン島沖で操業中だった日比合弁会社所属漁船の日本人乗組員6人が誘拐（12月5日に解放） 12・3 フィリピン政府の大規模造林計画への協力で、JICAと林野庁が合同調査団を派遣
1・20 日本政府によるビルマ方面戦没者遺骨収集第2次派遣団163名（団長・石田武雄厚生省援護局調査課長）、日航特別機でラングーンに到着。2月18日までビルマに滞在、1万2589柱を収骨 2・17 ラングーンのタームエ日本人墓地にて、日本政府主催の追悼式および日本遺族会・青年遺骨収集団・全ビルマ戦友団体連絡協議会による合同慰霊祭 3・20 ラングーン日本人学校中学部、日本の文部省から在外教育施設の指定 3・23 ラングーンにて、民族思想家タキン・コウドオ・フマイン生誕100周年祭を利用した反政府運動発生		5 三井建設とビニー・アンド・パートナー社間のクレーム調停、調停者による裁定決定（三井建設勝訴） 6 ブルネイ国政府、三井建設に裁定金支払	3・3 チャンギ新国際空港用地埋め立て、日本の3社が契約 4・11 建設業界、日本の建設企業に自粛要請 4・17 日本人学校新校舎完成	1・15 ジャカルタで日本映画週間（―17日） 4・2 ウィトノ・サルサント（中将）大使（7代目）着任	1・12 日本政府派遣の経済協力調査団7人が訪比 1・31 井村文化事業社、日比共同編集による初のフィリピン書籍翻訳・紹介シリーズ第1号としてホセ・リサール著「ノリ・メ・タンヘレ」（岩崎玄・訳）を出版 3・18 円借款実施機関の海外経済協力基金（OECF）、マニラに駐在事務所開設 4・1 マニラ日本人学校、すべて全日制に移行 4・30 戒厳令下のフィリピン軍事法廷、銃砲弾薬不法所持で75年1月30日に逮捕した日本人男性に禁固20年の判決 5・29 マニラ市など4市13町で構成するマニラ首都圏（メト

1976（昭和51）年

日　　本	ベトナム	カンボジア	ラ　オ　ス	タ　イ
5・13　東京・富士銀行などが円建て協調融資を比中央銀行と調印 5・下　五洋建設など三社請負の新シンガポール空港埋め立て造成起工 6・3　日本ベトナム友好議員連盟第1回総会開催 6・10　伊藤忠の子会社がインドネシアで新油田発見と発表 6・17　インドネシアLNG輸入で3億7000万ドルのインドネシア側不足資金に対する追加融資合意 1976 7・20　第3回東南アジア経営者会議開催 7・26　アジア仏教徒平和会議が東京で開催 8・26　政府がマレーシアへ石油調査団派遣 　　　アサハン開発計画で日本の対インドネシア政府水力発電・アルミ精錬部門財政援助協定調印 10・中　現地政府などの依頼を受けた海蛇の血清製造のための調査団が東南アジアに出発（—77年1月） 11・25　東南アジア関係大使会議がバンコクで開催 12・1　トヨタ自動車販売がインドネシアにアジアカー向けの部品合弁会社設立を発表	4・25　ベトナム南北統一選挙 4・28　対北ベトナム援助交渉開始 6・9　グエン・ザップ駐日北ベトナム大使が着任 6・24　統一ベトナム国会開会、国名を「ベトナム社会主義共和国」に改称 7・1　ベトナム南北統一、「ベトナム社会主義共和国」樹立 7・3　日本、ベトナム社会主義共和国を承認 7・17　ベトナム仏教徒代表団、アジア仏教平和会議第4回会議（東京）に出席 9・1　日本政府、ベトナムへの援助、第2年度分50億円で合意 9・15　日本政府、ベトナムへの無償援助（50億円）供与の調印 　　　IMF、ベトナム加盟を承認 9・16　日越貿易会経済代表団、ベトナム訪問（—10月12日） 9・21　世界銀行、ベトナム加盟を承認 9・23　アジア開発銀行、ベトナム加盟を承認 10・8　日越貿易経済代表団、ハノイで貿易拡大の覚書調印 12・14　ベトナム労働党大会、ベトナム共産党に改称	8・2　民主カンプチア、日本と外交関係樹立	7・9　日本政府、駐ラオス大使に矢野泰男駐チュニジア大使を任命 11・12　日本の会社からラオス政府に約30万ドル相当の医療品を贈与 12・3　三井物産、ラオス政府からダンプトラック、ランドクルーザーなど1億1600万円分を受注したと発表 12・9　日本政府、3億円の無償援助を与える協定に調印	7・13　ダムロン・ラッタピパット訪日（—18日） 7・14　東京において政府間の第8回日タイ貿易委員会（—17日）開催 10・13　ウィトゥーン・ヤサワット陸軍参謀次長が在日タイ人留学生監督官として日本に赴任

ビルマ	マレーシア	ブルネイ	シンガポール	インドネシア	フィリピン
					ロ・マニラ）が発足。初代知事にイメルダ夫人が就任 **6・2** フィリピン、ソ連と国交樹立 **6・15** 千葉市の市民グループが現地報告書で、ミンダナオ島カガヤン・デ・オロ市郊外に74年に着工された日系企業の鉄鉱石焼結工場による「公害輸出」を告発 パリで、世銀主催の対フィリピン援助国会議開催（一16日）
7・14 東京外国語大学アジア・アフリカ言語文化研究所、夏期言語研修でビルマ語を実施（一9月3日、計226時間。会場—大阪府中小企業文化会館） **11・26** 日本政府、マンの石油精製工場建設プロジェクトに279億5000万円の借款を供与する旨、決定 **11・28** ウー・ルウィン副首相、日本を訪問。小坂外相と会談、77年3月で終了する準賠償（経済技術協力協定）の後も、引き続き日本からの援助を要請 **11・29** ウー・ルウィン副首相、三木武夫首相と会談 **11・30** 東京で世銀主催の第1回対ビルマ援助国会議開催。参加国は日本、豪、仏、英、西独、米。IMF、アジア開銀、UNDPも参加。ビルマからウー・ルウィン副首相出席	**8** クアラルンプール日本人学校、タマン・サプテーに移転 **12** サバ州政府、対日原木輸出を5年内に50%削減、と発表	**8・19** ブルネイLNG、日本の買手（東京電力、東京ガス、大阪ガス）との改訂契約に調印	**7・24** 東京でシンガポール博覧会（一8月29日） **10・12** 佐藤工業、210億円東海岸高速道工事を落札 **10・20** 三菱重工造船所、開所式 **12・10** 日本のマラッカ海峡調査団、来訪 **12・14** 東京で円建て債100億円発行	**7・25** アサハンの水力発電・アルミ精錬工場建設計画に対する日本の財政援助に関する交換公文に調印 **9・1** 東急ホテル60%、日商岩井20%投資によるホテル・サリ・パシフィック開業 **10・19** ウィジョヨ国家開発企画庁長官訪日（一23日） **12・19** マリク外相訪日（一23日） 須之部大使、インドネシア政府からナラリア勲章授与	**7・12** ロムロ外相、公式訪日 **7・22** 日本政府、対フィリピン賠償支払い完了を確認（最終支払いは16日） **8・31** 若月俊一佐久総合病院長、マグサイサイ賞受賞 **9・2** 第5次円借款（商品借款50億円） **12・7** 一般無償協力（UP図書館拡充に5億5000万円） **12・17** マルコス大統領、UP同窓会での演説で「（外交政策は）米国より日本を重視する」と述べるとともに、公式訪日の意向を表明

1977（昭和52）年

日　　本	ベトナム	カンボジア	ラオス	タイ
1977 1　外務省がASEAN―インドシナへ経済援助積極拡大方針 1・18　大蔵省が東南アジア諸国に対し60億円の農業援助を計上 1・25　ビルマに対して大丸と旭硝子が板ガラスプラント輸出を発表 2・10　インドネシアが三菱重工・住友商事のエンジン合弁事業を承認 2・15　シンガポールで東南アジア経済担当官会議開催（―16日） 2・18　ベトナムから農業協力交渉のため全国農業共同組合連合会（全農）の招聘で技術専門家来日 2・24　ASEAN外相会議マニラにて開催、日本との対話を歓迎する共同コミュニケ発表 2・28　日銀がASEAN諸国の経済動向調査を発表 3・3　衆院予算委でインドネシア産LNG用タンカーに関する疑惑を討議 3・8　いすゞ自動車がタイでトラック増産のため工場買収を発表 3・10　全農がベトナムとトウモロコシ栽培協力協定を締結 3・26　有田外務審議官をASEANなど6カ国に派遣する決定 3・31　福田首相が自民党参院議員総会で日米首脳会談でインドシナを緩衝地帯にする構想を説明 3　第1回日本・ASEANフォーラムがジャカルタで開催 4・4　東急不動産がバンドンの団地建設へ技術参加を発表 4・15　ベトナムの保健センター設立募金のため婦人団体がベトナム文化展を企画（―19日） 4・19　兼松江商がインドネシアでクロム鉱探鉱の契約調印を発表 4・22　香港経済誌が日本と政変後のカンボジアの初取引を報道 4・23　坊蔵相がアジア開銀総会で総合計画融資を提唱 5・4　日航がベトナム民間航空総局と唯一の代理店となる契約締結発表 5・12　日本、シンガポール、マレーシア、インドネシアがマラッカ海峡海図製作作業協定締結 5・16　鳩山外相がASEAN歴訪予定とASEANプロジェクト	4・7　現職国会議員と元南ベトナム下院議員を含むベトナム難民34名、日本着 6・17　日本外務省、対ベトナム債権交渉のため参事官をハノイに派遣	2・25　香港の英豊有限公司を通じて日本からはじめての輸出商談（鋼材1万トン）が成立（日本商社筋）	5・16　日本大使館、日本から寄贈の電子工学専門学校の建物、設備をラオス当局に引渡し	4・19　倉成経済企画庁長官訪タイ（―23日） 5・4　新投資奨励法公布 5・30　インシー・チャントラサテト農業協同組合大臣訪日（―6月5日） 6　第4次円借款の交換公文締結 6・6　スパット・スタータム蔵相訪日

ビルマ	マレーシア	ブルネイ	シンガポール	インドネシア	フィリピン
2・16 日本政府によるテレックス・システム（200万チャット相当）の寄贈により、ラングーン—東京間の直通テレックス利用可能となる 3・15 日本政府によるビルマ方面慰霊巡拝派遣団（第3次遺骨収集団）15名（団長・柏井秋久厚生省援護局調査課長）、ラングーン到着。28日までビルマに滞在、5589柱を収骨 3・27 ラングーンのタームエ日本人墓地にて追悼式および日本遺族会・青年遺骨収集団・全ビルマ戦友団体連絡協議会共催による日緬合同慰霊祭 5・29 日本占領期のビルマ首相バ・モオ死去。ビルマ国営紙は死亡公告のみ掲載 6・21 日本政府、ビルマ政府との間で総額285億4000万円の円借款に関する公文を交換（内容はプロジェクト援助、商品借款）	2・22 日本の海運、石油等関連業界、マラッカ海峡油濁防除作業基金設置を決定 2・24 マラッカ海峡沿岸3国、同海峡安全航行協定に調印 3・2 石油公社（Petronas）、日本4社と原油供給長期契約 3・17 日本政府とタイヤ実験所設立への500万リンギ（6億円）贈与で協定		2・21 日本の海外経済協力基金、石油化学コンビナート事業に30億円出資を決定 3・22 東京でマラッカ・シンガポール両海峡海図作成準備会 4・20 マ・シ両海峡調査覚書に調印 4・21 シンガポール開発銀行、東京支店開設 5・29 リー首相、訪日（—6月1日）。福田赳夫首相らと会談 6・4 日立造船第2修繕ドック開所式	1・10 ウジュンパンダン総領事館開設 1・25 中央農業研究所に1億300万円の無償援助、1億260万円供与（施設建設） 1・27 吉良秀通大使（8代目）着任 3・23 ジャカルタにて日本・アセアンフォーラム第1回会合 4・5 有田特使訪イ（福田首相の訪米成果を報告、—7日） 4・26 石原OECF総裁訪イ	2・9 JETRO、マニラで日本産業見本市開催（—3月2日） 3・22 日比友好通商航海条約の改定交渉開始 3・31 第5次円借款（プロジェクト借款計183億円） 4・9 日本軍による42年のバターン半島陥落記念行事に初めて旧日本軍人55人が出席 4・25 マルコス大統領、公式訪日（—30日） 4・28 一般無償協力（レイテ、ミンドロ両島の籾擢精米設備に1億円） 5・10 「公害輸出」非難が出ていた日系・鉄鉱石焼結工場、イメルダ夫人を迎えて開業式を挙行 6・16 御巫清尚第9代駐比大使、着任 6・21 フィリピン保健省と観光省、日本側が和歌山県有田市で発生したコレラの感染源を「マニラと決めつけた」と非難 6・26 ロムロ外相、コレラ問題で日本大使に対日非難の口上書を手交

1977（昭和52）年

日　　本	ベトナム	カンボジア	ラ　オ　ス	タ　イ
への積極協力を表明 6・3　ベトナムを特恵関税国に指定する閣議決定 6・4　日産がタイでアジア・カーを発売 6・17　文部省学術審議会が東南アジア諸国と学術交流を活発化させる建議発表 6・29　米国務長官バーンズが対アジア外交演説で日本とASEANの協力関係進展に期待表明 6・下　トヨタがインドネシアでアジア・カーを発売				
1977 7・14　政府、ASEAN対策で初めて会合しASEAN側希望の地域特恵関税は困難と結論 7・15　ASEAN使節団が福田首相を訪問 7・18　土光敏夫経団連会長がASEAN使節団に民間レベルの協力を表明 　　　東南アジア経営者会議がジャカルタで開催 7・28　枝村外務省アジア局参事官がASEAN 5 カ国高官と予備会談 7・30　福田首相が衆院所信表明演説で東南アジアとの物心交流を強調 7・下　日本とASEANの財界人による「第4回アジア経営者会議」開催 8・3　鳩山外相がマンスフィールド駐日米大使に福田首相の東南アジア歴訪について説明 8・4　米下院司法委の小委員会でインドシナ難民救済について日本に非公式に協力を打診していることが判明 8・6　福田首相、東南アジア歴訪に出発（―18日） 8・7　10億ドル援助を盛った日本・ASEAN共同声明発表 8・18　福田首相がマニラでマニラ声明（福田ドクトリン）を発表 8・19　経済同友会が対ASEAN投資促進のためのアジア金融公社設立を提言 8・27　富士通がシンガポール科学センターに1億円相当の物品を寄付 9・1　民社党第6次東南アジア調査団出発（―15日） 9・3　ヤンマーがベトナムと1500万ドルの輸出契約締結を発表	7・20　国連安保理、ベトナムの国連加盟を勧告 8・11　日本の対旧南ベトナムの債務150億円、無償援助で決着（経済協力は円借款） 9・4　ベトナム難民86名、沖縄の与那国島に上陸 9・20　日本政府閣議、ベトナム難民の入国問題で協議 　　　ベトナム社会主義共和国、国連加盟承認 11・20　横浜市代表団（代表、飛鳥田一雄市長）、ベトナム訪問（―12月1日） 12・3　日航チャーター便の1番機、ホーチミン市に出発 12・31　カンボジア、ベトナムと国交断交	9・27　カンボジア共産党創立17周年記念集会。ポル・ポト首相兼書記演説	11・26　横浜市代表団（団長：飛鳥田一雄市長）ラオス訪問（―12月1日）	7・13　第8回日タイ民間貿易会議閉会 　　　ターニン首相、田口日本貿易代表団長と会談し、日本のベトナム援助に警告 8・15　福田首相訪タイ（―17日） 8・16　福田・ターニン会談 9・2　クリアンサック、チャマナン軍最高副指令官訪日 9・7　ターニン首相、日本を公式訪問 9・9　日タイ共同声明で日本が2億ドルを援助することを発表 9・29　第9回日タイ貿易合同委員会会議開会（―10月1日） 9・30　田中通産相訪タイ（―10月2日）

1977（昭和52）年

ビルマ	マレーシア	ブルネイ	シンガポール	インドネシア	フィリピン
7・12　日本政府、ビルマ政府との間で生体医学研究センターへの設備・器材用として4000万チャットの贈与に関する公文を交換 8・10　福田赳夫首相、ビルマを公式訪問。マウン・マウン・カ首相と会談、経済協力の強化を約束。文化交流の推進も。共同声明を発表 8・12　福田首相、離緬 8・17　ビルマ、戦後初の石油輸出。輸出先は日本（ビルマ石油化学天然ガス公社が日本の金商又一商事に重油3万トンを販売） 11・22　円借款によるマン石油精製プラント建設、ビルマ石油科学工業公社と三菱重工との間で契約成立。総工費12億チャット。81年操業開始予定、日産2万5000バレル見込 12・2　日本政府、ビルマ政府との間でアラカン山脈中の風倒木伐採・搬出プロジェクトへの技術協力として450万ドル供与の公文を交換	7　クアラルンプールで第1回盆踊り大会（日本人学校PTA主催） 8・10　フセイン・福田赳夫首相会談（クアラルンプール） 9・18　フセイン首相訪日（―23日）。円借款協議 11・8　日本マレーシア経済協議会、マレーシア日本経済協議会、結成（11月14日、第1回合同会議） 12・15　1リンギ、初めて100円を割る		7・1　石化コンビナート日本側投資会社発足（海外経済協力基金、住友化学など参加） 8・14　福田首相、来訪（―15日） 9　日本の建設業者の値引き攻勢に国内業者の反発強まる 12・7　国際交流基金、科学博物館に100万Sドル寄付 12・10　日本産業見本市（―18日） 12・16　東京で円建債150億円起債	8・12　福田首相訪イ（―14日） 9・7　塚本三郎ら民社党議員団訪イ。スハルト大統領、マリク外相と会見（―10日） 9・9　中曽根康弘ら自民党議員団訪イ。スハルト大統領と会見 10・11　対インドネシア65億円食糧援助に関する公文交換 10・14　ボゴール農業大学に対する110万ドルの補助金に関する公文交換 10・16　海上自衛隊の「香取」「高槻」がジャカルタへ寄港 10・29　タンゲランに化学繊維年産3万トンの日イ合弁P.T. Tafico（日本側：テイジン）工場が完成 11・17　第5回日イ・コロキアム会議開催（ボゴール南部にて）（―19日） 12・13　元ジャカルタ海軍武官府武官前田精死去（享年79）	7・2　L・ペルディセス臨時駐日大使、着任 7・20　アスピラス観光相、「コレラ問題でフィリピンは6月から7月にかけて日本からの観光旅行客1万4000人を失った」と報告 7・25　広島県大和市と西ネグロス州カンラオン市が姉妹都市提携 8・17　福田赳夫首相、公式訪比（―18日）。マルコス大統領との共同声明で「日比協力の新時代」を強調 　一般無償協力（全国水利研究センターに6億円） 8・18　福田首相、マニラで対東南アジア外交の基本方針（マニラ宣言）を発表 8・26　沖縄―ルソン―香港の海底ケーブルが完成 10・1　マニラ日本人クラブ、SECに法人登録 10・8　NHKが78年放映の連続大河ドラマ「黄金の日々」の日比合同ロケを南イロコス州などで開始

1977〜1978（昭和52〜53）年

	日　本	ベトナム	カンボジア	ラ　オ　ス	タ　イ
	9・4　中曽根元自民党幹事長らが東南アジア4カ国訪問に出発（―13日） 9・12　通産省通商政策局長私的諮問機関「対ベトナム通商政策研究会」が研究報告を発表 9・27　第4回東南アジア青年の船出港 　　　東京銀行などがタイ電力公社に協調融資実施を発表 9　自民党AA研の木村元外相らがベトナム訪問 11・1　富士通・東芝がタイの長距離電話工事を正式受注 11・11　自民総務会でベトナム難民対策積極化方針決定 11・12　日本国際交流センターなどがASEAN小田原シンポジウムを開催（―14日） 11・17　第2回日本・ASEANフォーラムが外務省で開催 11・20　横浜市がベトナム・ラオスの招待で両国訪問に出発（―12月1日） 12・12　東南アジア・太平洋大使会議開催（―14日）				
	1978 1・17　久保田鉄工がタイでトラクター販売合弁会社設立発表 1・19　カーター大統領が一般教書中で日本・ASEANの協力歓迎を表明 1・上　マレーシア経済誌が日本・マレーシア合弁銅鉱開発の公害を報道 2・4　福田前首相提唱のASEAN文化基金設立決定 2・6　ダスキンがミスタードーナツをシンガポールに出店すると発表 4・1　（財）トヨタ財団（1974.10.15設立）「隣人をよく知ろう」日本向けプログラム開始 4・30　河本通産相ASEAN歴訪（―5月6日） 5・19　経団連がベトナムへ代表団派遣（―28日） 6・16　園田外相がASEAN外相会議出席のためタイ訪問に出発（―20日） 6・17　日本・ASEAN共同新聞発表で文化協力に50億円用意を表明 6・19　鈴江組倉庫がシンガポールに合弁会社設立を発表 6・24　砂田文相が元日本留学生評議会出席のためASEAN歴訪に出発（―7月4日）	2・24　日本の鉄鋼大手6社代表団、対ベトナム長期鉄鋼輸出協定に調印 3・31　日本の対ベトナム債権・債務交渉決着、160億円を新規に無償供与（40億円を4年間で） 4・28　日本政府、ベトナム難民の定住を認める方針を閣議了解 4・29　日本政府とベトナム政府、ハノイで債権債務文書交換 4・30　ベトナム在住華人、大量帰国開始 5・15　ベトナム国立歌舞団、訪日 5・22　経団連代表団、ハノイで経済協力拡大に同意 5・24　中国、ベトナム華人の	6・3　駐中国日本大使がカンボジア兼任となる。佐藤正二臨時代理大使任命（兼中国大使）	2・26　ラオス政府、最後の日本青年海外協力隊員に滞在延長不許可を通告	3・2　スパット蔵相、第4次5ヵ年計画の資金調達のため日本と西独で国債発行と発表。日本で100億円、西独で5000万マルクの予定 3・8　貿易赤字縮小と国内産業振興のため141品目の輸入関税引き上げ 3・26　スパット蔵相、第5次円借款調印のため非公式訪問（―30日） 4・15　スパット蔵相、円建て国債引受契約調印のため非公式訪問（―19日） 6・7　東京において日タイ民間貿易会議開催 6・9　外国人職業規制法議会通過 6・17　日本―ASEAN外相会

1977～1978（昭和52～53）年

ビルマ	マレーシア	ブルネイ	シンガポール	インドネシア	フィリピン
					11・17　高槻市の商工会議所などが高山右近ゆかりの地マニラのプラザ・ディラオに建造していた顕彰碑が4月に完成、「日比友好公園」としてオープン 　　　第6次円借款（商品借款50億円） 12・1　東京で、世銀主催の対フィリピン援助国会議開催（―2日） 12・21　第6次円借款（プロジェクト借款225億円） 12・28　日本政府、対フィリピン初の食糧増産援助（13億円）供与
2・28　日本政府、ビルマ政府との間でビルマ稲作開発のための6億円無償援助供与に関する公文を交換 3・25　ビルマ国営航空ラングーン発マンダレー行き国内線フォッカー・フレンドシップ機、離陸直後に墜落、日本の橋梁技術専門家6名を含む乗客44名・乗員4名全員死亡 4・1　ラングーン日本人学校、ルイスロード沿いに校舎を移転 4・12　日本政府、ビルマに対し畜産振興技術協力（300万ドル）実施を決定	1・16　第4次円借款協定。210億円 　　　ペナンに総領事館開設 3・31　石油公社、三菱商事、シェルと液化天然ガス協定に調印 　　　初の円建て債発行。東京資本市場で1.5億リンギ相当 5・4　河本敏夫通産相、来訪	3　肉牛の飼育・肥育を目的とした三菱商事100％出資のブルネイ国法人MCFARM（マックファーム）設立 6　MCFARM、ブルネイ国政府より正式認可	4・25　チャンギ空港ビル、竹中工務店が落札 5・2　河本敏夫通産相、来訪（―4日） 6・29　技術訓練センター設立で日本と協定	1・9　日本政府とアセアン諸国の文化協力研究グループ設置に関する会議（大鷹外務省文化事業部長とウマルヤディ・アセアン国内事務局長との間で） 4・18　元海軍武官府調査部長佐藤信英死去（享年86） 5・1　河本通産相、アセアン3カ国歴訪の最初としてインドネシア訪問	3・16　C・バルデス第7代駐日大使、着任 3・30　マニラで日本人女性らが議会選挙に干渉したとしてフィリピン当局に逮捕 4・1　マニラ日本人学校、マニラ郊外のパラニャーケ地区に新校舎が完成し、全面移転 6・5　ルソン島北部の海岸で多額の保険金をかけていた日本人男性が水死体で発見。以後、マニラなど各地で同じような保険金絡みの事件が多発

1978（昭和53）年

日　　本	ベトナム	カンボジア	ラオス	タイ
	大量帰国に関し、追放・迫害とベトナムを非難 5・30　中国、ベトナム援助打ち切りを通告 6・27　ベトナム、コメコン正式参加			議 　日タイ外相会談 　園田外相クリアンサック首相と会談 6・19　園田外相スントン・ホンラダーロム副首相と会談 6・24　砂田文相、訪タイ（―27日）
1978 7・20　アジア青年の主張東京会議開催 7・23　牛場対外経済相がボンサミット説明のためASEAN 5 カ国を歴訪 　経済同友会主催の第5回日本・ASEAN経営者会議開催 8・16　久保田鉄工がタイにトラクター生産の合弁会社設立を発表 8・17　日本・ASEAN民間フォーラム開催 8・24　伊藤忠がベトナムから90億円分の紡績プラント受注を発表 9・5　河本通産相がタイ・比を訪問 9・11　日本電気・富士通・日本大洋海底電線が3100万ドルのシンガポール・インドネシア間海底ケーブル受注を発表 　シンガポール・エイダイが解散 10・18　名古屋でアジア商議所連総会開催（―20日） 10・19　久保田鉄工が比でトラクター製造販売の合弁会社開所 10　通産省がASEANに松尾泰一郎丸紅社長を団長とする対ASEAN投資拡大民間調査団派遣 11・19　日本商工会議所・経団連とASEAN商工会議所がバンコクで第1回日本ASEAN経済協議会開催 11・23　外務省がバンコクでアジア大使会議開催（―25日） 12・20　ASEAN文化基金に20億円提供	7・3　中国、対ベトナム援助全面停止 　ファン・ヒエン外務次官、首相特使として訪日 7・6　ファン・ヒエン外務次官、日本の外相、通産相と会談、経済協力を要請 7・8　ファン・ヒエン外務次官、円借款供与で書簡交換（2年間200億円） 9・3　日本法務省、一時滞在中のベトナム難民に対し初めての定住許可（1家族3人） 11・3　ベトナム・ソ連友好協力条約調印（批准は12月13日） 12・3　日本外務省、対ベトナム経済協力継続の方針表明 12・5　日本政府、船籍国の引受保証なしの難民受け入れを調整会議で決定 12・14　グエン・ズイ・チン外相訪日、「自主独立路線」が焦点に 　米国、対越国交正常化交渉を棚上げと発表 12・16　日越外相、対中関係を論議	8・16　カンボジア放送、日中平和友好条約を歓迎する論評を発表 9・2　佐藤正二駐中国大使、民主カンプチアを訪問、信任状を提出（―9日） 9・27　カンボジア共産党創立18周年記念集会、ポル・ポト書記長が演説 12・3　カンボジア救国民族統一戦線（FNSK）が結成	8・15　日本政府からの78―79年度援助に関する協定の調印式 10・27　日本政府、駐ラオス大使に武田実シドニー総領事を任命 10・下　カムパイ外務副大臣が国連総会よりの帰途、非公式に日本訪問	7・23　牛場対外経済相訪タイ（―25日） 9・5　福田首相タイにてクリアンサック首相と会談 　河本通産相訪タイ（―7日） 9・6　日タイ商相会談 10・17　日タイ貿易会談、中止の可能性ありと官辺筋 10・19　タイ貿易院副会長、対日貿易不均衡に関連して日本を強く非難 10・26　日本の政変のため、日タイ貿易会談延期 11・26　国内価格が協定輸出価格を上回って荷が集まらないため、対日メイズ輸出延期を要請 12・27　クリアンサック首相、1月の訪日時に日本に3.3億ドルの援助を要請する予定と発表

1978（昭和53）年

ビルマ	マレーシア	ブルネイ	シンガポール	インドネシア	フィリピン
7・30　近藤文部次官、ビルマを訪問、ウィン・マウン教育保健相と会談 9・13　トゥン・ティン財務・計画相を団長とする経済使節団が日本政府の招きで訪日。東京で経済協力について協議 10・17　日本政府、ビルマ政府との間で小学生用制服の生地購入のための6億円無償援助供与に関する公文を交換 10・18　日本政府、ビルマ政府との間で食糧増産のための11億円無償援助供与に関する公文を交換 10・20　日本政府、ビルマ政府との間で総額135億円の円借款供与に関する公文を交換（内容は商品借款） 11・27　ミャ・マウン文化情報相を団長とする文化使節団が、日本政府の招きで訪日 11・30　日本政府、ビルマ政府との間で、化学肥料購入のための8億円無償援助供与に関する協定に調印 12・14　日本政府、ビルマに	9・12　東京でマレーシア木材展（―14日） 9・22　第5次円借款協定。210億円 10・27　マハティール副首相訪日（―11月9日） 10・30　第2回日マ経済協議会（―31。東京） 11・中　木材使節団、訪日 11・29　ラザリィ蔵相訪日（―12月3日） 12・1　ブミプトラ銀行東京支店開設	9　飛島建設、スリ・ブガワン国際空港の航空機格納庫建設工事着手	9・19　東海岸干拓工事、日本企業が受注 10・上　日本から投資調査団。シンガポール商工会議所連盟、日本企業の商法を批判 11・28　永野茂門陸上自衛隊幕僚長、来訪（―12月1日）	7・7　インドネシア政府、野村證券、東京銀行、日本興業銀行との間にインドネシア国債100億円の発行引受契約（債権借款）に調印 7・23　野呂恭一衆議院商工委員会委員長を団長とするインドネシア石油事情調査団訪イ、スハルト大統領と会見 西銘順治衆議院議員団および村田秀三参議院議員団訪イ（―26日） 7・28　牛場信彦対外経済相訪イ、ボンの先進国首脳会談の成果を説明（―30日） 9・27　外務省の招きで元日本留学生8名が東京へ（アセアン諸国から招待） 10・12　東南アジア青年の船、ジャカルタ寄港（―16日） 10・20　スブロト鉱業エネルギー相、ピエト・ハルヨノ・プルタミナ総裁訪日 11・1　巡視見本市船「新さくら丸」ジャカルタ入港（―5日） 11・5　岸信介ら訪イ、スハルト大統領表敬（―10日）	8・29　一般無償協力（パンタンバンガン森林保全研修センターの設置事業に10億5000万円） 9・中　歌手の加藤登紀子、フレディー・アギラーのヒット曲「アナック（息子）」を78年春に日本に紹介した縁でマニラを訪ね、ライブハウスで共演 10・12　通産省派遣の海外投資活動調査団、マニラ入り（―15日）。団長は松尾泰一郎丸紅社長 11・7　第7次円借款（商品借款25億円、プロジェクト借款300億円） 11・17　一般無償協力（栄養改善事業など2件に計5億円） 12・3　パリで、世銀主催の対フィリピン援助国会議開催（―4日） 12・26　特別円借款（プロジェクト借款70億円）

1978～1979（昭和53～54）年

日　本	ベトナム	カンボジア	ラオス	タイ
	12・18　園田外相、ベトナムの出方次第で経済援助抑制もありうると発言 12・20　「ベトナムに対する経済援助協定」（有償100億円、無償40億円）調印 12・25　ベトナム正規軍、カンボジアへ侵攻 12・29　園田外相、対ベトナム追加援助を拒否 12・下　大型船によるベトナム難民の脱出急増			
1979 1・9　鐘紡化学がシンガポールで新製法によるペニシリン原料量産計画を発表 2・15　日揮がシンガポールの精油所増設を受注 2・18　政府が中越紛争に関して平和解決を両国に申し入れる訓令を両国大使に伝達 2・21　文化人11人がベトナムからの中国軍撤退を求めて声明発表 　　　外務省が国連の場で日本の立場を明示すべしとし安倍国連大使に伝達 3・1　園田外相が参院外務委で中越紛争に関連して初の中国批判 3・5　大平首相・ラジャラトナム・シンガポール外相が官邸で会談、ASEANとの関係強化で一致 3・8　国連アジア太平洋経済社会委員会（ESCAP）第35回総会で志賀外務政務次官がメコン暫定委員会に1億円の無償援助約束 3・12　富士電機製造がインドネシアから受変電設備受注発表 3・16　作家や文化人らがインドシナ問題で双方非難する声明発表 3・22　第2回東南アジア・シンポジウムが国際交流基金主催で開催（―30日） 3・29　園田外相が参院予算委でベトナム難民の定住枠を500人に拡大するなどの政策を言明	1・6　日本外務省、カンボジア情勢に関連し、対ベトナム政策変更を示唆 1・7　ベトナム軍、プノンペンを占拠 1・8　日本外務省、対ベトナム経済援助見直し、カンボジアからのベトナム軍撤兵を強く要求 1・10　シハヌーク殿下、三宅外務省次長に、対ベトナム援助を差し控えてほしいと要請 1・22　日本政府の対ベトナム援助中断の可能性について、ソ連が牽制 2・17　中国軍、中越国境へ侵攻（―3月16日） 2・18　ベトナム・カンボジア（ヘン・サムリン政府）平和友好協力条約調印 2・19　日本政府、中越紛争でASEANと同一歩調の方針表明 2・23　園田外相、中越仲介へ	1・7　ベトナム軍、プノンペンを占拠 1・8　ベトナム軍、カンボジア全土制圧と発表。プノンペンにカンプチア人民革命評議会樹立、ヘン・サムリンが議長に就任 5・28　多田敏幸臨時代理大使に任命	1　日本アジアアフリカ連帯委員会代表団、ラオスの洪水被災者へ20万円援助 2　日本民間企業代表、ラオスへブルドーザー1台と部品約7万5千ドル相当を贈与 3・28　日本政府、経済発展助成のための100万ドル援助計画とウィエンチャン市に貯水池を建設するにあたっての援助証書に調印	1・16　クリアンサック首相訪日 1・17　クリアンサック・大平会談 1・18　クリアンサック首相記者会見 　　　クリアンサック・大平会談 　　　日・タイ共同声明発表 1・19　クリアンサック首相帰国記者会見 3・1　ヨンユット保健相、非公式訪日（―5日） 3・4　日本の輸入促進使節団訪タイ 3・6　アラム・タイ工業協会監事が日本の輸入促進使節団を批判 3・8　日本の輸入使節団が4億バーツのタイ産品買い付け協定に調印 5・5　金子蔵相、非公式訪タイ

ビルマ	マレーシア	ブルネイ	シンガポール	インドネシア	フィリピン
おける橋梁建設のために5億円の無償援助供与を決定				11・21 ウジュンパンダン海員学校建設のため10億5000万円無償援助 12 日イ経済合同委員会設置を決定 リオー州パカンバル近郊に「ロームシャの碑」建立 12・13 日本よりアンタラ通信社に贈与の国内遠距離通信システム開通	
3・6 吉田アジア開銀総裁、ビルマ訪問(一10日) 3・20 初の本格的『ビルマ語―日本語辞典』、文部省の科学研究費補助金を受け、日本ビルマ文化協会から出版(編者：原田正春、大野徹) 4・5 日本政府の技術協力によって建設された木材搬送訓練センターの運営が開始 4・18 日本政府、ビルマ政府との間でビルマの低所得者向け住宅建設用資材6億円分の無償援助供与に関する公文を交換 4・27 東京で第3回対ビルマ援助国会議(世銀主催)開催される。ビルマ政府からトゥン・ティン副首相兼財務・計画相出席 6・21 全ビルマ戦友団体連絡協議会、ビルマ遺骨収集協力者代表としてマウン・テイン中佐を日本に招待(―7月15日)	4・26 第3回ASEAN・日本対話(クアラルンプール)	1・7 ブルネイ英国友好協力協定調印 2 大都工業、ムアラ港護岸及び水路改修工事着手		2・8 北スマトラ大学工学部教育実験機材3000万円(文化無償援助) 2・20 モフタル外相訪日(―24日) 4・1 ジャカルタ日本文化センター開設(旧国際交流基金ジャカルタ事務所) スラバヤ日本人学校開校 6・6 スハルト大統領訪日(準公式) パンガベアン政治・治安担当相、ウィジョヨ経済・財政・工業担当の調整大臣が同行(―10日) 6・16 公明党派遣議員代表団、スハルト大統領表敬訪問 6・27 菊川レストラン(菊池輝武社長)、観光関係24企業のひとつとしてジャカルタ知事から表彰	1・14 日本政府、「日比友好に貢献した」としてロムロ外相に勲一等旭日大綬章を授与 1・25 大阪府高槻市とマニラ市が姉妹都市提携 2・1 食糧増産援助(19億円) 4・19 イメルダ夫人外務省賓客として訪日(―23日) 4・20 東京で日比友好通商航海条約の改定案に仮調印 5・9 大平正芳首相、マニラで開催の第5回UNCTAD総会出席で訪比(―11日) 5・10 大平首相、マニラで新日比友好通商航海条約に正式調印

1979（昭和54）年

日本	ベトナム	カンボジア	ラオス	タイ
4・28　民間のベトナム難民定住センターが神奈川県に初開設 4　日本の民間医療機関がジャカルタの腎臓高血圧センターに人工透析装置などを贈与 5・3　金子蔵相がアジア開銀第12回総会で農業援助に1億ドル無償援助を表明 5・10　大平首相がUNCTAD第5回マニラ総会でASEANへ貢献約束する演説 6・9　食糧庁が古米20万トンをインドネシアへ輸出することを発表 6・15　日本電気がインドネシアから初の円借款適用で大型電算機を受注 6・19　外務省が三宅アジア局次長をベトナムに派遣（―23日） 6・21　伊藤忠商事など3社がタイからの発電船受注を発表 6・上　政府が安川対外経済担当政府代表をASEAN諸国の東京サミットへの要望集約のため派遣 6　公明党が第2回東南アジア歴訪団を派遣 6・28　共産党がインドシナ3国訪問団派遣 東京サミットで、インドシナ難民に対する特別声明採択	の意欲を答弁 3・1　園田外相、参院外務委で、ベトナム侵攻は正しくないとの中国批判 3・7　『赤旗』特派員高野功、中越国境のランソンで殉職 3・9　園田外相、中越紛争収拾に積極的に仲介との意向表明 3・12　日本政府首脳、ベトナム援助継続の方針を示唆 3・16　中国軍、ベトナム領内から撤退を発表 3・21　日本外務省、ソ連艦入港に関して、ベトナムに懸念を表明 4・3　難民定住化に関して、「インドシナ難民の定住化対策について」を閣議了解 4・6　ベトナム軍、カンボジア西部で大攻勢作戦を開始 4・17　ベトナム、日本のコメ救援を拒否 5・30　合法出国計画（ODP）に関するベトナム政府とUNHCRとの了解覚書書の締結			
1979 7・2　日本とASEANがASEAN工業プロジェクト第1号の尿素工場建設合意文書に調印 園田外相がASEAN拡大外相会議で難民救援拠出金を日本が半分負担すると表明 7・3　福田前首相ASEAN歴訪出発 7・5　ASEAN拡大外相会議に出席した園田外相がベトナム援助継続を求める報告を首相に提出 7・10　園田外相が閣議でASEAN・豪と共同で通信衛星打ち上げ構想を披露 7・15　宮本共産党委員長が難民を理由とする対ベトナム非難	7・1　ASEAN拡大外相会議にて、園田外相、「ベトナムが難民を無秩序に流出させている」と発言 7・5　日本外務政務次官、対ベトナム援助再検討を示唆 国連によるインドシナ難民会議がジュネーブで開催 7・8　日本外務省、ベトナムに対し難民流出抑制を申し入れ	7・3　西沢副委員長以下の日本共産党代表団がプノンペンを訪問 8・15　プノンペン市人民革命裁判所がポル・ポトとイエン・サリを欠席裁判、両者に死刑を宣告 9・21　国連総会信任状委員会はクメール・ルージュ政権のカンボジア代表権を認めるよう求	7・5　野坂参三議長を団長とする共産党のインドシナ訪問代表団ウィエンチャン到着。カイソーン書記長らと会談（―9日）	7・3　福田前総理、訪タイ（―4日） 7・6　100億円に相当する円建債を日本で発行 10・29　日本政府から3000万バーツが難民援助金として首相に手渡される 10・31　プレーム・ティンスラノン陸軍司令官兼国防相訪日（―11月4日）

1979（昭和54）年

ビルマ	マレーシア	ブルネイ	シンガポール	インドネシア	フィリピン
7・11　東京外国語大学アジア・アフリカ言語文化研究所、夏期言語研修でビルマ語を実施（8月31日まで、計226時間。会場―東京外国語大学） 7・22　ビルマ政府、79年1～6月期の観光客数は1万512人、1位は仏で1532人、2位は日本で1310人、と発表 7・26　日本政府、ビルマ政府	7・2　ASEAN・日本財界人会議（クアラルンプール） 7・5　「日マ協会」、「社団法人・日本マレイシア協会」に改組 7・11　投資使節団、訪日 9・24　マレー商業会議所貿易使節団、訪日（―27日） 11・1　東京電力、東京ガスと液化天然ガス供給協定	11　飛島建設、ブルネイ・シェル石油本社社屋建設工事着手 　　前国王妃（現国王の母）逝去	10・21　リー首相、訪日。カンボジア問題、経済・技術協力協議（―26日） 12・17　ASEAN・日本経済会議、開催	7・14　ヤヤサン福祉友の会（インドネシア残留日本兵の会）結成（生存者180人中107人が設立発起人） 7・1　ジョクジャのプルナ・ブダヤ文化センターで日本現代ポスター展 7・2　バリにてアセアン拡大外相会議開催。園田外相出席 7・20　サイディマン・スルヨ	7・11　福田元首相、訪比（―12日） 8・23　一般無償協力（熱帯医学研究所設置に17億5000万円） 12・12　マルコス大統領、大平首相から訪中に伴う親書を受け取った旨を公表、「日本は日中友好協力がASEANとの関係を損なうものではないと確約した」と声明

1979（昭和54）年

日　　本	ベトナム	カンボジア	ラオス	タ　イ
中止を求める見解 　7・30　いすゞ自動車がGMと合同で比に合弁会社設立 　8・6　経済同友会がASEANの資金調達の利便向上の共同調査に参加を表明 　8・9　トヨタ財団国際ワークショップ「アジアの子供劇場」（ASEAN5カ国）開催（―15日） 　8・14　超党派の日本ベトナム友好議連がベトナム訪問（―22日） 　9・9　外務省がASEAN諸国の対日観についての世論調査結果公表 　10・12　東海・太陽神戸・長銀が比国会社に約5000万ドルのシンジケート・ローンを供与 　10　外務省がインドネシアと中国の接近をバックアップの方針 　11・18　政府が難民調査団をタイに派遣 　11・24　民間の「インドシナ難民を助ける会」発足 　11・26　ASEAN・日本経済閣僚会議（―27日） 　11・28　丸紅・三井金属が比の銅精錬所建設落札を発表 　11・30　日赤がカンボジア難民救援の医療班を派遣 　12・17　いすゞ自動車が比のディーゼルエンジン生産のプロジェクトを受注内定 　　日大が大学初のカンボジア難民医療団派遣 　12・中　いすゞ自動車が政府派遣のカンボジア難民医療団へ車両を寄贈	るとの意向表明 　7・10　日本首相、ベトナム側の対応により援助見直しを検討するとの意向表明 　7・13　「自活難民」への在留資格について、およびインドシナ難民に対する具体的な定住促進対策を閣議了解 　8・16　超党派の日本ベトナム友好議員連盟訪問団、訪越 　9・4　財団法人アジア孤児福祉教育財団がアジア福祉教育財団へ改称、同財団に難民事業本部を設置 　10・14　日本政府、79年度対越円借款140億円供与凍結続行を表明 　10・17　グエン・ザップ駐日大使、日本政府は援助を利用してベトナムに圧力をかけようとしていると会見 　10・27　ベトナム、援助停止問題で日本を非難 　11・2　アジア福祉教育財団、定住促進センターを設置（姫路定住促進センター、大和定住促進センター） 　11・15　ハノイで「日本機械専門展示会」開催 　12・5　ハノイ放送、大平首相の訪中について非難 　12・11　姫路に難民定住促進センター開設	めた中国提案を採択。国連総会本会議、民主カンプチアの代表権を承認する決議採択 　9・26　国際赤十字、UNICEFなど8国際機構と日本、米、タイなど15カ国のカンボジア援助協議会議、バンコクで開催、タイ国境経由の援助供与を決定 　9・27　ホルブルック米国務次官補、米上院外交委で「カンボジア国内ではこんご数カ月以内に内戦のため350万人近くが餓死する危険がある」と警告 　10・9　ソン・サン元首相、カンボジア人民民族解放戦線（KPNLF）を結成 　10・13　イエン・サリ民主カンプチア外務担当副首相、訪日（―15日） 　11・5　カンボジア緊急援助国会議、国連本部で開催、13カ国外相級代表が資金、物資の拠出を約束 　11・14　国連総会、カンボジアからの全外国軍の撤退、内政不干渉、敵対行為の停止、国際会議開催の日本、ASEANなど30カ国決議案を採択 　12・6　英国が民主カンプチアに対する承認の取り消し発表		11・26　首相、日本に農村開発計画援助を早めるように要請

ビルマ	マレーシア	ブルネイ	シンガポール	インドネシア	フィリピン
との間でラングーンおよびマンダレーにある総合病院のための器材供与を中心とする33億円の無償援助供与に関する公文を交換 8・28 ビルマ政府、旧連合国東南アジア軍司令部最高司令官マウントバッテン卿の死去に伴い3日間の服喪を発表 9・3 キン・オウン運輸通信相、日本、韓国、シンガポールおよびマレーシア訪問より帰国 9・14 日本政府、ビルマ政府との間で薬品購入のための2億4000万円の無償援助供与に関する公文を交換 9・18 国際交流基金、ビルマ重工業公社にカラーTV放送施設一式と受像機100台を贈与 9・28 ビルマ石油化学工業公社、三菱石油との間でビルマ産原油100万バレルの輸出契約締結 この月、ビルマ政府、非同盟諸国会議から脱退を表明 11・9 日本政府、ビルマ政府との間で無償援助供与に関する公文を交換（内容は公共建築物建築用資材および肥料購入のため31億円） 11・22 石原周夫海外経済協力基金総裁、ビルマを訪問、トゥン・ティン副首相兼財務・計画相、ティン・スウェ第1工業相と会談 11・23 石原総裁、マウン・チョウ第2工業相と会談	11・26 ASEAN・日本経済閣僚会議（―27日） 12・24 第6次円借款協定。210億円			ハディプロジョ（中将）大使（8代目）着任 9・3 日本インドネシア石油協力㈱設立（石油公団、石油開発公社、商社、精錬会社26社が出資） 9・10 マリク副大統領、キューバよりの帰途訪日（―12日） 9・21 日本、東ティモール（76年7月イ併合）の復興に1億円援助と発表 10・8 20名のインドネシア人中学校教師日本へ研修旅行（―25日）	12・13 ワシントンで、世銀主催の対フィリピン援助国会議開催（―14日）

1979～1980（昭和54～55）年

日　　本	ベトナム	カンボジア	ラオス	タイ
1980 1・15　佐々木通産相が東南アジア諸国訪問 1・24　東南アジア研修生の帰国後の労働拘束問題を参院決算委で討議 2・26　海上自衛隊、リムパックに初参加（―3月18日） 2　ダイハツがマレーシアで小型車「シャレード」の組立生産開始 3・10　外務省が環太平洋構想の説明のため御巫前比大使をASEANに派遣（―19日） 4・17　川鉄商事がマレーシアでブリキ合弁会社設立を発表 4　東南アジア留学生を中心とする東京外大日本語学校が開校10周年 5・7　住友化学工業などがシンガポール石油化学計画関連の投資会社設立 5・19　日本経済調査協議会がアジア版ロメ協定提唱などを柱とする「ASEANと日本」と題する報告書提出 5・25　大来外相がジュネーブでASEAN 5カ国の外相と会談 5・26　「日本とアジア・太平洋諸国の1980年代における経済交流」国際シンポジウム開催（―27日） 6・2　マレーシア側企業がヤマハを相手取り独占供与契約不履行などで100億円の賠償請求 6・6　経済同友会がASEAN・日本産業開発会社設立構想発表 6・26　大来外相が日本・ASEAN外相会議参加（―27日） 6・27　間組がマレーシアから114億円の水力発電所受注発表	1・10　アジア諸国に一時滞在のインドシナ難民を日本に受入れるための調査団を派遣（―26日） 2・29　大和に難民定住促進センター開設 3・8　ベトナム副首相、日本の経済協力を希望 3・12　日本外務省、79年度対越円借款140億円の供与延期を決定 3・27　チャン・ザイン・トゥエン会長以下の「ベトナム・日本友好協会」代表団とチャン・ホアイ・ナム「各国人民との連帯友好委員会」書記長、訪日 4・25　ハノイ放送、日本の「対米軍事同盟」政策を批判 5・2　アジア開発銀行、75年度以降停止中の対越援助を再開 6・17　日本政府、難民定住化について「インドシナ難民の定住対策について」を閣議了解 6・22　ハノイ放送、日本の対中国政策を批判 6・25　大来外相、日本企業の対ベトナム経済関係について自重要請	3・20　リエル通貨再発行 5・8　イエン・ティリト民主カンプチア政府社会問題相訪日 5・15　瀬木博基臨時代理大使任命 5・26　日本赤十字社のカンボジア調査団がプノンペン訪問 　カンボジア民衆に対する人道援助国際会議がジュネーブで開催、59カ国代表が参加	2・19　日本政府、対ラオス援助覚書調印。1億380万円の供与 2・23　ラオス人民革命党代表団、日本訪問。日本共産党第15回大会に参加（―3月6日）	1・7　タイ商業省、80年輸出振興ミッションを6回にわたって計画と発表 1・29　小木曽本雄特命全権大使着任 2・28　日本の官民合同調査団、カンボジア難民中長期救済計画立案のためカオ・イダン、サケオ両難民キャンプを視察 3・8　80年海外経済援助および技術協力は18億バーツで、中でも日本の援助は2億4000万バーツと最高 3・18　日本の松本副外相、カンボジア国際会議の開催とタイ・カンボジア国境に国連監視チームの常設というタイ政府の提案を支持 4・3　日本が輸出促進計画に全面援助を約束 4・28　日本政府が80年度分経済援助として、円借款、無償資金協力を合計570億円供与と発表 6・18　日本政府によるタイの開発を資金的な面から援助する計画の一環として、日本で国債発行

ビルマ	マレーシア	ブルネイ	シンガポール	インドネシア	フィリピン
12・7 日本政府、ビルマ政府との間でレーウェー郡エラの金属研究開発センター建設のための20億円無償援助供与に関する公文を交換					
3・28 日本政府、ビルマ政府との間で印刷・映画・放送に関連する2億9119万6000円の無償援助に関する公文を交換 5・9 ビルマ政府、新駐日大使にソオ・トゥン駐スリランカ大使を任命 6・1 アジア開銀総会に出席したトゥン・ティン副首相兼財務・計画相ら一行、その後インドネシア、日本、シンガポールを訪問して帰国 6・12 ネィ・ウイン大統領、大平首相の死去に伴い、天皇に弔電	5・下 ラザリィ蔵相訪日。第4次5カ年計画への円借款協議		1・17 佐々木通産相、来訪(—20日) 2・15 日本政府と日・シ情報技術学院設立で合意 2・24 ゴー・ケンスイ副首相、訪日(—28日)。外務省賓客として 3・25 日シ・ポリオレフィン設立	2・14 沢木正男大使(9代目)着任 3・14 モハマッド・ハッタ元副大統領死去(享年77) 3・21 インドネシア、群島国家、排他的経済水域200カイリ宣言 4 メダン日本人学校開校 4・4 アサハン水力発電所・プロジェクト定礎式(スハルト大統領出席) 4・27 ウィジョヨ経済担当調整大臣訪日(—30日) 5・22 アリ・ワルダナ大蔵大臣訪日(輸銀主催シンポジウム出席、—25日) 6・6 経済同友会、アセアンの民間企業育成を目的とする「アセアン・日本産業開発会社」設立構想を発表	1・9 食糧増産援助(19億円) 1・18 田中秀穂第10代駐比大使、着任 2・13 東京で日比租税条約に調印(発効は6月20日) 3・4 第7回日比経済合同委員会でフィリピン側は日本のバナナ季節関税や植物検疫制度、ベニヤ・合板クォータ制度などが対日輸出の障壁だと指摘し、改善を要請 3・24 マニラで日比小包郵便約定の改定に調印(10月1日発効) 6・20 新日比友好通商航海条約が発効 第8次円借款(プロジェクト借款360億円)

1980（昭和55）年

日　　本	ベトナム	カンボジア	ラオス	タイ
1980 7・9　第7回日本・ASEAN経営者会議開催、共同出資で開発会社設立構想発表（―10日） 7・23　神戸製鋼などの共同会社のシンガポール溶接工場開所 7・28　伊東外相がASEAN 5カ国の駐日大使と会談 8・6　ホンダがマニラで二輪車教習所開所 8・18　日立がマレーシアでTV部品工場設立を発表 8・24　伊東外相タイ・ビルマなど5カ国歴訪 8・27　バンコクで歴訪中の伊東外相参加の東南アジア大使会議開催 8・29　マレーシアの実業家が木材開発契約違反で三井物産を提訴したと発表 東京で世界の民間人らによりカンボジア予備国際会議開催 8・下　シンガポール・ブリジストンが生産停止 9・3　伊東外相が会見でカンボジア代表権問題で40余国に働きかける意向表明 9・7　田中六助通産相が東南アジア歴訪（―16日） 9・19　大丸がタイに2号店出店を発表 11・7　伊東外相がASEAN駐日大使と会談 11・28　東京で南北学術交流会議開催、沖縄南北センター開設構想討議 12・8　政府が比の代替エネルギー開発協力のための調査団派遣（―17日） 12・9　鈴木首相がASEAN 5カ国の駐日大使と会談 三菱油化がシンガポールに初の海外ナフサ基地確保発表 12・12　ジャカルタで第1回日本・ASEAN経済協議会開催 12・16　東洋エンジニアリングがASEAN共同事業の第1号肥料プラント受注公表	7・12　ハノイ放送、日本の対カンボジア政策批判 9・30　グエン・バン・ヒエウ・ベトナム宇宙研究委員会副議長以下のベトナム代表団、東京で開かれた国際宇宙航空連盟第31回会議出席 10・4　桜内自民党幹事長、伊東外相と会談、日越友好促進議員連盟会長の立場から、間接的な形での援助凍結解除を要請 10・6　日本外務省首脳、カンボジア情勢に鑑みて、対ベトナム援助凍結長期化の見通しを言明 10・11　ハノイ放送、鈴木内閣は援助問題を利用してベトナムに圧力をかけようとしていると批判 11・12　鈴木首相、参議院で対ベトナム援助凍結の継続を声明	7・9　イエン・サリ民主カンプチア政府外務担当副首相、故大平首相葬儀参列のため東京訪問、東京で華国鋒首相と会談 8・14　日本・カンプチア貿易会、ヘン・サムリン政権と経済交流に関する覚書を交換 8・30　浅井基文臨時代理大使任命 10・13　第35回国連総会で民主カンプチアが代表権を確保。支持74、反対35、棄権32	8・30　日本政府、ナムグム水力発電所補修費用として5億5千万円の無償援助を決定 9・12　日本政府、新たに235人のインドシナ難民の定住を許可。そのうちラオス人180人 サリ・カムシー駐日ラオス大使着任 9　日本参議院議員代表団、ラオス訪問 11・5　日本政府、ナムグム水力発電所発電機修理に5億5000万円供与 11・22　日本医療代表団ラオス訪問、医薬品を贈呈	7・8　プレーム首相、日本を非公式訪問（―10日） 8・6　日本のタイ新村調査団報告 8・20　チャートチャーイ工業相、非公式訪日（―23日） 8・24　伊東外相がバンコクに到着 8・25　伊東外相、ポル・ポト政権代表権存続というタイおよびASEANの国連政策を全面的に支持し、他国への働きかけを行うと約束 シッティ・サウェートシラー外相、日本の道徳的な経済的、物資的、政治的援助を評価 8・26　伊東外相、難民キャンプを視察 9・13　田中通産相、バンコク到着 9・15　田中通産相、タイの電源開発に約300億円の信用供与をプレーム首相に約束 9・30　アモン・シリガーヤ運輸・通信大臣非公式訪日（―10月3日） 10・6　アムヌアウィワン蔵相、非公式訪日 10・8　日・タイ貿易会談。―日本の経団連とタイ貿易委員会は両国間相互新貿易システムを協議し、「日・タイ貿易・経済委員会」を設置し、貿易促進、投資および技術革新の協力を民間レベルで進めていくことを合意

ビルマ	マレーシア	ブルネイ	シンガポール	インドネシア	フィリピン
7・6 ビルマ政府、故・大平首相の葬儀にイェー・ガウン農林相を日本へ派遣（12日帰国） 7・10 日本政府、ビルマ政府に23台の救急車を寄贈 7・11 ラングーン日本人学校、インヤーロード沿いに移転 8・27 伊東正義外相、ビルマを訪問、レイ・マウン外相と会談、ビルマ政府主催歓迎宴に出席 8・28 伊東外相、ネィ・ウィン大統領と会談。レイ・マウン外相との間で、ビルマの公共事業協力のために23億7300万円の贈与協定に調印後、離緬 9・5 日本政府、ビルマ政府との間で無償援助供与に関する公文を交換（畜産開発流通公社への畜産用具6600万円） 9・11 田中六助通産相一行、ビルマを訪問。マウン・チョウ第2工業相、トゥン・ティン副首相兼財務・計画相、イェー・ガウン農林相らと会談 9・12 田中通産相一行、シリアムの精油所、重工業公社工場を視察 9・13 田中通産相、ネィ・ウィン大統領およびサン・ユ国家評議会議長を訪問後、離緬 9・24 日本政府、ビルマ政府との間で無償援助供与に関する公文を交換（内容は建設省中央訓練センターへの訓練用機械5,600万円）	9・9 田中六助通産相来訪。エネルギー問題等協議	11・20 ブルネイLNG第1000船根岸基地に入港 12 飛島建設、スリ・ブガワン国際空港の航空機格納庫建設工事完了	9・12 日本・ASEANシンポジウム開催（当国で） 11・1 田中通産相、来訪（3日リー首相と会談）	7・8 スロノ社会福祉調整大臣、大平首相の葬儀出席のため訪日（―11日） 10・2 ダルヤトモ国会議長来日（北朝鮮公式訪問後立ち寄り、―7日） 10・9 モフタル外務大臣訪日（―11日、国連総会出席後立ち寄り） 10・21 日本インドネシアコロキアム出席のため訪日中のスジョノ開発査察総監、鈴木首相を訪問 チョクロプラノロ・ジャカルタ知事訪日（首都行政運営国際会議出席）（―27日） 11・13 ハビビ研究技術担当調整大臣訪日（外務省賓客）（―22日） 11・16 スワルジョノ保健大臣訪日（非公式）（―19日）	7・8 イメルダ夫人、大平首相の葬儀参列で訪日（―10日） 7・中 ダバオで、戦前の日本人移住者の残留子孫たちが「フィリピン日系人会」を結成 8・15 日本船舶振興協会の笹川良一会長、マルコス大統領からゴールデン・ハート賞を授与。「66年以来、フィリピンの医療機関に計7億円余を援助した」が受賞理由 8・31 松本重治国際文化会館理事長、マグサイサイ賞受賞 9・5 一般無償協力（フィリピン工科大学の総合研究訓練センター建設など2件に計27億6600万円） 10・19 広島県福山市とレイテ州タクロバン市が姉妹都市提携 11・10 通産省と日本在外企業協会、投資活動調査団をマニラに派遣（―19日） 12・17 日本人の「買春ツアー」に反対する市民グループがマニラの日本大使館前でデモ 12・24 食糧増産援助（20億円） 12・31 フィリピン人の日本渡航者に占める女性の割合が80年に初めて男性を上回る（以後、差は年々開き、95年は女性が約80%）

1980〜1981（昭和55〜56）年

日　本	ベトナム	カンボジア	ラオス	タイ
				11・4　日本に対し前年比50％増の81年経済援助要求 12　浩宮、タイを非公式訪問 12・23　日本政府はカンボジア難民とタイ被災民の救済計画に協力し、3億円の援助決定
1981 1・4　自民党の平河会が東南アジアへの協力にアルコール農業を提唱 1・8　鈴木首相ASEAN 5カ国歴訪（―20日） 1・21　日豪閣僚委開催、ASEANとの関係強化で一致 2・8　佐伯建設のマレーシアの軍港建設受注問題が表面化 2・18　三菱自工がインドネシアでエンジン工場建設を発表 2・25　三共電器がシンガポールでカークーラー用コンプレッサ生産工場建設を発表 3・31　日本・ASEAN「人づくりプロジェクト」協議（―4月1日） 4・22　日本政府、インドシナ難民対策連絡調整会議を開催 4・28　日本政府、インドシナ難民の我国定住枠を現行の1000人から3000人に広げることを決定 6・5　第94回通常国会において「難民条約」（「難民の地位に関する条約」「難民の地位に関する議定書」）加盟が承認（82年1月1日発効） 6・12　日本、「出入国管理及び難民認定法」改正公布	1・9　鈴木首相、マニラで日本の対越援助凍結は解除しないと表明 1・10　ハノイ放送、『ニャンザン』紙、鈴木声明を非難 1・12　伊東正義外相、ジャカルタでのモフタル・インドネシア外相との会談で、ベトナム援助についてASEANとの事前協議を表明 2・4　初のベトナム孤児難民8人日本に到着 3・下　元外務省中国課長のグエン・ティエン、駐日大使に着任 4・3　グエン・ティエン駐日ベトナム大使、伊東外相と会談 5・1　日本外務省木内アジア局長、ハノイ訪問	1・9　宮沢官房長官は民主カンプチア政権の支持をいつまで続けるのかに疑問を表明、ヘン・サムリン政権がカンボジアを統一したら日本としてもこれを無視できないとの見解を表明 1・16　ヘン・サムリン・カンボジア人民革命評議会議長がカンボジア訪問中の宮本太郎日本共産党中央委員（ハノイ駐在）と会談 1・20　対日貿易再開の第1号としてカポック210トンが神戸税関を通過 1・23　日本政府、難民への緊急援助としてUNICEFと国際赤十字の難民援助計画にそれぞれ5億円と3億円計8億円を供与することを決定。日本は79年5	1・18　ラオス政府、ナムグダム水力発電所の修復について日立との協定に調印 3・17　日本政府、対ラオス援助として1億406万円手交	1・17　鈴木首相、タイを公式訪問（―20日）「青年海外協力隊派遣取極」調印 1・11　シッティ外相、日本の防衛力強化を歓迎と発言 1・19　鈴木首相、タイで記者会見を行い、日本が軍事的役割を担うことを否定し、カンボジア国際会議開催を国連に要請することを約束、また、タイ農産物輸入促進を図ることに合意 青年海外協力隊派遣取極発効 2　皇太子・同妃、タイを非公式訪問 3・10　シリキット王妃、日本を非公式訪問（―25日） 5・10　プラマーン副首相訪日（15日まで） 6・7　シッティ外相訪日（―

162

1980〜1981（昭和55〜56）年

ビルマ	マレーシア	ブルネイ	シンガポール	インドネシア	フィリピン
10・31 日本政府、ビルマ政府との間で総額315億円の円借款に関する公文を交換（内容はチャンギン・セメント工場拡張、ラングーン国際空港拡張計画等） 11・1 ラングーンおよび近郊でテレビ放送開始（1日2時間） 11・12 日本政府、ビルマ政府との間で無償援助供与に関する公文を交換（内容は米作開発に21億円、大学図書館へのマイクロフィルム供与に3000万円） 11・15 橘正忠・新駐ビルマ大使、ネィ・ウィン大統領に信任状を提出					
1・4 ビルマ政府、ビルマ独立に大きな功績があったとして、元南機関員の杉井満氏、高橋八郎氏ら6名にアウン・サン勲章授与を発表 2・1 アウン・サン勲章受章の杉井氏ら、ビルマ到着 2・6 ネイ・ウィン大統領、アウン・サン勲章を旧南機関関係者に授与 3・13 日本政府、ビルマ政府にテレビ器材買いつけのために1200万チャットを贈与 日本政府、ビルマの林業開発のために2100万チャットを贈与 4・1 東京外国語大学外国語学部、ビルマ語科を開設 4・11 ネィ・ウィン大統領、日本を公式訪問	1・2 日本向けパイナップル缶滞貨で1次産業相が駐日大使に憂慮表明 1・15 鈴木善幸首相、来訪 1・16 第7次円借款協定。210億円		1・13 鈴木善幸首相、来訪。伊東正義外相、亀岡農水相ら随行（―15日） 1・14 両国外相、租税条約改訂議定書に調印 3・6 皇太子夫妻、非公式来訪（―7日） 3・31 リー首相ら、日本人商工会議所代表と会見 4・9 「日本の人事管理と労使関係セミナー」開催 6・14 二重課税回避協定、改訂	1・1 総合ニュース週刊誌「テンポ」東京支局開設 1・10 鈴木首相訪イ（―13日、アセアン歴訪の一環として）伊東外相、亀岡農水相も随行 1・12 科学技術協力に関する日本政府とインドネシア政府との間の協定署名 3 日イ租税条約調印 3・8 モフタル外相訪日（―10日、国連出席の帰途） 5・12-13 IGGIアムステルダムで開催（総額21億ドル。日本は580億円頭打ち） 5・19 ハメンク・ブウォノ前副大統領訪日（―25日、外務省賓客として） 6・10 ラディウス商業・共同組合相訪日（―12日）	1・8 鈴木善幸首相、公式訪比（―10日） 1・17 マルコス大統領、戒厳令を解除 1・29 パリで、世銀主催の対フィリピン援助国会議開催（―30日） 3・1 日本政府派遣の東南アジア文化協力調査団、マニラ入り 3・27 一般無償協力（パンパンガ川洪水予警報システム改善に2100万円） 4・17 米国長期滞在中の反マルコス派指導者アキノ元上院議員が来日、東京でS・ラウレル元上院議員と会談 4・18 バギオに輸出加工区（EPZ）が正式発足

1981（昭和56）年

日　　　本	ベトナム	カンボジア	ラオス	タイ
	6・1　国連関係の研修のため訪日中のベトナム人技官が米国に亡命 6・6　ベトナムのピアノ奏者ダン・タイ・ソンが訪日し公演	月にジュネーブで開催されたカンプチア人道的援助救済会議で約束した2000万ドル（50億円）の拠出を終了 2・14　オーストラリア政府が民主カンプチア政府承認を撤回すると正式に発表 2・25　難民救援とタイ国民激励慰問団（志村団長）はクメール・セリカ地区を訪問 2・27　楠政俊参議院議員一行はクメール・セリカ地区を訪問、ソン・サン議長と会談 3・23　日本のカンプチア救援センター代表団が民主カンプチア政府支配地区を訪問、薬品、物資を贈呈 3・31　シハヌーク殿下、パリで「独立・中立・平和・協力を守るカンボジアのための民族統一戦線」を結成 5・1　人民共和国初の国会総選挙を実施、117議員を選出 6・1　第2回カンボジア国際会議が東京で開催、31カ国80人の代表、日本の市民団体250人が参加、イエン・ティリト民主カンプチア社会問題相が参加 6・17　カンプチアの自由と独立を守る17人委員会（亀井団長）一行がセリカ基地を訪問、ディエンデル将軍と会談 6・19　日本政府はカンボジア難民に対する食糧援助として日本産米とタイ産米を購入するための42億円の無償援助を国連を通じて行うための公文を交換		11日） 6・10　日本政府から3件の開発計画の資金として、6億1600万バーツの政府借款を与える協定に両国調印

ビルマ	マレーシア	ブルネイ	シンガポール	インドネシア	フィリピン
4・13　大統領、東京で午前中伊東外相、田中通産相らと会談。午後、鈴木善幸首相と会談、同首相主催の夕食会に出席 4・14　大統領、東京で福田元首相、三木元首相、田中元首相とそれぞれ個別に会談 4・15　大統領、天皇と会見 4・16　大統領、京都を訪問、日本ビルマ文化協会幹部らと会談 4・17　大統領、松下電器工場を見学 4・18　大統領、奈良を訪問 4・20　大統領、下関を訪問、三菱重工の工場を見学 4・21　大統領、長崎を訪問、旧南機関員と会談 4・22　大統領、東京に戻る 日本政府、ビルマ政府との間で無償援助供与に関する公文を交換（電話交換機部品購入用として3500万円） 4・23　大統領、東京で小沢辰男会長（自民党代議士）と会談 4・24　大統領、離日、ビルマ帰国 4・31　ビルマ国家評議会、旧南機関長の故・鈴木敬司陸軍大佐（当時）の夫人みさをさんにアウン・サン勲章授与を決定 5　東京で日本ビルマ友好議員連盟発足 6・11　ビルマ教育使節団、訪日				6・11　安孫子自治相訪イ（—13日） 6・23　アラムシャ宗教相訪日（桜内義雄自民党幹事長の招待）（—27日）	6・9　第9次円借款（プロジェクト借款420億円） 6・16　マルコス大統領、3選（就任式は30日） 6・29　園田直外相、マルコス大統領の就任式に出席するためマニラ入り（—30日）

1981〜1982（昭和56〜57）年

日　本	ベトナム	カンボジア	ラオス	タ　イ
		6・27　初のカンプチア人民共和国憲法公布		
1981 7・7　徳永参院議長東南アジア諸国歴訪 7・8　日本アセアン投資会社発足 7・13　伊藤忠と日揮がマレーシアから精油所建設受注 　　園田外相が国連主催カンボジア国際会議に出席し欠席したベトナムの参加を訴え 8・中　日本電気・富士通・日本大洋海底電線がタイから海底ケーブル敷設契約獲得 9・2　福田元首相がインドネシア・タイ訪問（―8日） 　　園田外相が衆院外務委でカンボジアの国連代表権問題でポルポト派を支持すると公式表明 9・3　自民党AA研がベトナムなどを訪問（―11日） 10・2　三井物産と東洋エンジニアリングがインドネシアから肥料プラント共同受注 10・6　ジャカルタで日本とASEANの人づくり協力に関する準備会議開催 10・19　国連通常総会で西堀大使がベトナムの交渉参加を呼びかける演説 10・27　タイのカンボジア難民援助を閣議了承 11・9　マレーシアの直接還元製鉄所建設を日本の新日鉄など8社が受注 11・13　ヤマハがマレーシア政府と二輪エンジン合弁独占に合意 　　公取委が独禁政策で東南アジア諸国に政策担当者を派遣することを公表 11・14　バンコクでASEAN日本経済協議会第2回総会開催、二作業部会設置決定 11・16　日本ASEAN開発会社（AJDC）発足 　　東燃石油化学がエクソンとプルタミナと共同でインドネシア石油化学事業の調査を発表	9・4　自民党アジア・アフリカ研究会（石井一団長）、訪越 9・8　ソ連、ベトナム支援強化、日本に対しインドシナ投資を希望 9・23　野田英二郎駐越大使、任期終了ハノイ出発 10・21　UNHCRより日本政府に対して、海上救助難民の上陸及び一時滞在の許可を要求する「口上書」提出 11・2　ベトナム議員団訪日、会見で条件付き経済援助は拒否と発言 11・3　日本首相、ベトナム援助凍結解除せぬと表明 11・7　ベトナム外国貿易銀行、邦銀各行に約2億ドルのバンクローンの返済猶予を要求 11・8　ベトナム議員団長、日本からの人道的援助受け入れを表明 11・12　ベトナム駐日大使、日本政府の対ベトナム援助が履行されるまで借款の返済を延期すると声明 11・20　矢田部ベトナム駐在大使、着任	7・27　日本社会党代表団がプノンペン訪問 9・7　日本自民党AA問題研究会議員団（石井事務局長）がプノンペン訪問 9・18　第36回国連総会で、民主カンプチアが代表権を確保。支持77、反対37、棄権31 10・15　日本・総評代表団がプノンペン訪問 10・21　国連総会、ASEANなど33ヵ国提案によるカンボジア問題決議案を採択 10・29　日本AA連帯委員会代表団がプノンペンを訪問 12・6　カンボジア共産党中央委員会が解党を宣言 12・20　国家建設戦線第3回大会開く、戦線の名称を「カンプチア国家建設・防衛統一戦線」と改称	8・3　日本政府、教育協力に関する覚書に調印。3000万円の援助を供与 11・10　日本政府、ウィエンチャンに建設する2件の給水塔のために6億円供与協定調印 12・8　日本政府、駐ラオス大使に小高文直シカゴ総領事を任命	9・23　アーナット農相訪日（―26日） 10・27　対日輸入規制案出る。食料関係品およびタイ国内でも生産している各種消費財に対しては対日貿易赤字是正のため輸入抑制措置をとるべきと商業省高官談 11・5　「技術協力協定」発効 11・7　プレーム首相、大阪で市場開放要求 11・10　日本製棒鋼ダンピング 11・11　プレーム首相、日本を公式訪問（―8日）「技術協力協定」調印 11・19　アモン運輸・通信大臣訪日（―27日） 12・1　タナット副首相訪日（―4日） 12・12　ハリン国会議長訪日（―18日）
1982 1・6　清水建設がマレーシア一の高層ビル建設を受注	1・1　日本、「難民条約及び同	1・12　WFP代表団がカンボ	2・18　日本政府、経済建設、	1・14　棒鋼輸出解禁

ビルマ	マレーシア	ブルネイ	シンガポール	インドネシア	フィリピン
8・12 亀岡高夫農水相、ビルマ訪問(―17日)。13日にイェー・ガウン農林相、マウン・マウン・カ首相、トゥン・ティン副首相権財務・計画相、キン・マウン・ヂー貿易相、セイン・トゥン共同組合相らと会談 10・30 日本政府、ビルマ政府との間で農業開発、都市上水道供給計画、文化協力で総額30億5000万円の贈与に関する公文を交換 11・9 ビルマ新大統領にサン・ユ国家評議会議長が選出される。ネィ・ウィンはビルマ社会主義計画党議長に留任	12・15 マハティール首相、「ルック・イースト」政策を提唱	9 MCFARMの子牛21頭を初めて肥育用としてブルネイ国政府農業局へ譲渡 10・28 ハサナル・ボルキア国王、第2夫人マリアム妃と結婚		7 日本政府による米増産協力5カ年計画実施(この分野では初めての援助) 7・14 徳永参議院議長訪イ(―16日) スプロト鉱業・エネルギー大臣訪日(―19日) 7・25 中川一郎科学技術庁長官訪イ(―29日) 8 第9回日イ・コロキアム開催(スラバヤにて)日本の防衛力増強について不安表明さる 8・14 日本人小中学生41名が、インドネシア独立式典に出席 9・2 福田元首相訪イ(―5日、アセアン交流会議出席) 9・7 教育文化省に日本語LL機材2800万円の文化無償援助 日イ・エネルギー合同委員会開催(―8日) 9・10 モフタル外相訪日(―11日、北朝鮮訪問の帰途) 10・15 青年の船「日本丸」タンジュン・プリオク港へ 10・20 アサハン・シグラグダ・ダム完成落成式 11・3 ウマルヤディ氏に勲2等瑞宝章とタエブ・モハマッド・ゴーベル氏に勲3等瑞宝章	7・16 一般無償協力(社会科学センターなど3件に計33億5000万円) 8・2 ビラタ首相、「日本の軍備増強」に懸念を表明 8・31 フィリピン議会、日本による太平洋への放射性廃棄物投棄実験計画を非難 9・8 大阪・茨木の三和銀行オンライン詐欺事件で、被疑者の女性行員が逃亡先のマニラで逮捕。事件後、フィリピンが日本人犯罪者の逃亡先として注目 9・17 フィリピンのカトリック女性同盟、「日本政府が買春観光旅行を抑制する措置をとるとの意向を示した」として歓迎を表明 12・21 日本政府、バナナの季節関税率の10%引き下げを勧告(82年4月から実施)
1・13 出光石油開発・他12	1・20 第3回円建債発行。	1 大都工業、ムアラ港護岸	4・7 日本生産性本部、上中	1 第1回日イ科学技術協力	1・14 福田元首相、比日協会

1982（昭和57）年

日　本	ベトナム	カンボジア	ラオス	タイ
1・28　ジャカルタで第5回日本ASEANフォーラム開催（―30日） 2・9　比で邦人ツアー機墜落、邦人25人全員無事 2・25　電力量計大手の大崎電気がジャカルタに合弁会社設立 小松製作所がインドネシアで建設機械の組立の合弁外社設立を発表 3・11　ヤマハのマレーシアにおける独占が白紙に、4社相乗りの方向 3・23　ヤオハンがシンガポールに5号店出店を発表 3・29　三井石油開発と東南アジア石油開発、ユニオンオイルタイランド社がタイへ25年間天然ガス供給契約 4・1　（財）トヨタ財団「隣人をよく知ろう」東南アジア向けプログラム開始 5・11　スポーツウェアのデサントが米社から東南アジア向け販売権獲得 5・25　松下電器がマレーシアに身障者工場建設を発表 5・26　日立電線と兼松工商がタイの電話線工事受注発表 6・17　桜内外相がASEAN拡大外相会議に出席 桜内外相がASEAN拡大外相会議でASEANの努力を評価すると同時にベトナムとの対話の必要性を強調	議定書」発効 日本、「出入国管理及び難民認定法」施行 2・1　大村難民一時レセプションセンター、開所（運営はアジア福祉教育財団） 3・7　ベトナム外国貿易銀行代表団訪日（2週間滞在） 3・12　ベトナム、日本の商社・銀行に対し、鉄鋼などの輸入代金約2億ドルの返済を5年間延期するように要請 4・10　日本電波ニュースの招待で、ブイ・コック・ウイ・ベトナム対外文化連絡委員会委員長代行を代表とするベトナム報道代表団、訪日 6・8　ハノイ日本大使館主催で「今日の日本」と題する写真展開催	ジア訪問、日本外務省アジア局福島課長補佐も参加、食糧事情を中心に各地を視察（―22日） 2・5　カンボジア国会が新首相にチャン・シ国防相を任命。ヘン・サムリン議長が兼任 3・15　日本カンプチア救援センター代表が民主カンプチア地区を訪問 4・10　イエン・ティリト民主カンプチア政府社会問題相・赤十字総裁が舞踊団とともに訪日、カンプチア・デーに参加 5・18　ソン・サン・クメール民族解放戦線（KPNLF）議長が日本自由民主党議員有志「カンボジアの自由と独立を支援する17人委員会」の招きで訪日 5・23　日本のカンボジア救援計画代表団が訪問 6・22　民主カンプチア側の反ヴェトナム3派、民主カンプチア連合政府（CGDK）を樹立宣言（クアラルンプール）	人民の福祉向上のため、援助としてラオスに5175万8000円の供与契約調印	1・20　セメント輸出解禁 2・10　ティナコン・パンカラウィー科学・技術エネルギー大臣来日（―15日） 2・22　第9次円借款。日本政府は日タイ経済協力プログラムの一環として、82年のタイ対円借款として700億円供与することに合意 チャーン・アンスチョート総理府付大臣訪日（―15日） 4・16　外国企業規制緩和 6・29　対外債務管理に新規制
1982 7・9　神戸製鋼とニチメンがマレーシアの肥料工場建設受注発表	9・6　ベトナム外務省グエン・ザップ第1アジア局長、矢	7・9　シハヌーク殿下を大統領（国家元首）、キュウ・サム	7・15　元日本兵でラオス独立のため闘った山根氏、日本に永	7・14　ソンマイ蔵相、非公式訪日（―17日）

1982（昭和57）年

ビルマ	マレーシア	ブルネイ	シンガポール	インドネシア	フィリピン
社、マルタバン沖の石油開発を行うため新会社「ビルマ石油開発」を設立する旨、発表。ビルマ石油公社と事業契約を結び、大陸棚で試掘 2・3　日本政府、ビルマ政府との間で学校建設用亜鉛鉄板購入用として10億円、消防機材購入用として9億2000万円の贈与に関する公文を交換 2・4　三菱サッカー・チーム、ビルマを訪問（―9日） 2・16　日本政府、ビルマ政府との間で、テレビ放送機材の購入用として1億9700万円の贈与に関する協定に調印 2・20　劇団「風の子」、ビルマを訪問（―23日） 3・26　日本政府の無償援助によって完成したラングーンの製薬研究開発センターで引渡式 3・29　全日本学生選抜バスケットボール・チーム、ビルマを訪問（―4月1日） 3・30　キン・マウン・イー貿易副大臣、日本を訪問（―4月6日） 6・30　日本政府、ビルマ政府との間で総額52億6000万円の贈与に関する協定に調印（内容はテレビ放送網拡充、中央農業開発訓練センター、ラングーン総合病院設備）	150億円 2・4　ASEAN工業化プロジェクトへの円借款で交換公文に調印。336億円 2・8　マ日・日マ経済協議会年次大会（クアラルンプール）。マ首相、「ルック・イースト」への協力要請 3・5　重工業公社と新日鉄など日本8社、トレンガヌ州での海綿鉄工場設立で調印 3・22　第8次円借款協定。210億円 5・6　マハティール首相、休暇で訪日（―12日） 6・10　サバのハリス州首相、日本は東南アジアからの木材輸入を差別、と批判 6・19　桜内義雄外相、来訪	及び水路改修工事完了 6　大都工業、ペロンポン養浜工事着手	級者訓練センターに協力表明 5・21　ダナバラン外相、訪日（―25日） 6・4　内相、日本の交番制度採用を発表 6・9　マラッカ・シンガポール両海峡基本海図、完成（日本と沿岸3国による） 6・18　日シ情報技術学院、開校。桜内外相出席	協議開催（ジャカルタにて） 1・20　アサハン・アルミ事業開所式 3・24　ハビビ科学・技術担当国務相訪日（―28日） 4・3　アダム・マリク副大統領訪日（―5日、日米欧委員会出席） 4・30　渡辺蔵相訪イ（―5月5日） 5・8　ユスフ国防相訪日（―9日、訪米の帰途） 5・13　山崎敏夫大使（10代目）着任 5・15　ヤヤサン福祉友の会の「月報」第1号刊行（乙戸昇文責） 5・27　ウィジョヨ調整相訪日（―29日） 5・31　ボロブドゥール・プランバナン公園建設資金(円借款)28億500万円貸付契約締結 6・20　ハビビ科学・技術担当国務相訪日（―30日、外務省賓客）	の招きで訪比（―17日）。マルコス大統領と会談 1・15　ミンダナオ島東方沖で、日本籍の化学薬品タンカーをフィリピン空軍機が銃撃。フィリピン側は、この船が「ゲリラ支援の武器などを積んでいた」と主張 1・17　マニラ在住者の沖縄県人会発足 2・10　食糧増産援助(20億円) 5・1　フィリピン、海外雇用開発局と国家船員局を統合再編し海外雇用庁（POEA）を設置 5・4　東京で開かれた第23回海外日系人大会（財団法人・海外日系人協会主催）にフィリピンから初めて残留日系人の萩尾行利（アルトゥール萩尾）ら2人が参加 5・26　第10次円借款（プロジェクト借款500億円）
7・2　日本政府、ビルマ政府との間で総額345億2000万円の	7・29　江崎真澄使節団（鈴木首相特使）来訪。市場開放など	8　飛島建設、ブルネイ・シェル石油本社社屋建設工事完	7・20　日本文化代表団、来訪（―22日）	7　日本の歴史教科書問題、インドネシアのマスコミでも取	7・15　自民党の訪比団（江崎真澄団長）がマニラ入り

1982（昭和57）年

日本	ベトナム	カンボジア	ラオス	タイ
7・29　自民党国際経済対策特別調査会第2次東南アジア訪問議員団が出発（―8月10日） 8・10　トーメン連合がインドネシア最大規模の港湾工事受注発表 8・17　日本アセアン開発会社が初の融資先としてシンガポールでのガス事業を決定 8・18　三菱銀行など邦銀22行と外国銀行48行参加の国際協調融資団がマレーシアへ11億ドル融資 8・19　丸紅と清水建設がシンガポールから大集合住宅を受注したと発表 8・24　電通が米最大手広告会社ヤング・アンド・ルビカム社とのマレーシアでの合弁会社設立許可獲得 9・8　住商と富士電機が積算電力量計製造販売合弁会社のインドネシアでの設立を発表 9・22　インドネシア政府が日本5社などに自動車エンジン生産許可通達 9・24　三井造船がインドネシア国営造船所技術指導契約に調印 9・中　本田技研がインドネシアに二輪車の新工場完成 10・19　本田技研がボルボとタイでの自動車生産提携方針を発表 10・上　外務省が教科書問題や防衛力増強などでの東南アジア諸国の対日不信除去のための政策方針 11・15　第9回日本ASEAN経営者会議開催（―16日） 11・16　東京でコロンボプラン協議委員会会議開催 11・29　中曽根首相がASEAN首脳に電話で就任挨拶 12・3　兼松工商・清水建設がタイ放送大学設備建設受注発表 12・10　マニラでASEAN・日本経済協議会第3回総会開催（―11日） 12・11　ASEAN 5カ国の駐日大使が中曽根首相訪問	田部駐越大使に日本の歴史教科書改定に抗議 9・15　万里中国副首相、日本山岳会登山隊との会談時、中越会談再開の意向 9・17　日越友好議員連盟代表団、訪越（ホーチミン市）（―23日） 11・2　ベトナム外相、日本の外洋航路防衛意向に関し、軍国主義復活の一環と懸念表明 　　　インドシナ難民収容施設として国際救助センター（東京品川）設置が決定	ポンを副大統領、ソン・サンを首相とする民主カンプチア連合政府が成立 7・28　日本のカンプチア国際会議日本委員会代表団がカンボジアを訪問 7・29　日本宗教代表団がカンボジアを訪問、チャン・ヴェン国家評議会書記長と会見 10・25　国連総会で代表権問題で表決、民主カンプチア連合政府支持90カ国、反対29、棄権26 10・28　国連総会、ASEANなど45カ国提案のカンボジア問題の政治解決を目指す決議案可決、賛成105、反対23、棄権20	住のため帰国 10・17　カムパイ外相臨時代表、外務省賓客として訪日（―22日）桜内義雄外相と会談 12・10　日本およびインドの数社、ラオス国営電力企業との間にナムグム水力発電所第3期建設工事に関する契約に調印	8・8　対日岩塩輸出とUNICOの顧問会社承認 8・23　植物油など9品目輸出自由化 8・27　チャートチャーイ工業相、非公式訪日（―9月1日） 9・21　ソンマイ蔵相、非公式訪日（―17日） 10・10　チャーン総理府付大臣、非公式訪日（―14日） 12・12　チュアン農業協同組合大臣、非公式訪日（―15日） 12・27　タイ大蔵省は、83年円借款として、約2000億円の円借款を要請していることを公表

1982（昭和57）年

ビルマ	マレーシア	ブルネイ	シンガポール	インドネシア	フィリピン
円借款に関する公文を交換（内容はプロジェクト借款と商品借款中心） 7・6　東京で第5回対ビルマ援助国会議開催される（世銀主催）。ビルマ政府からトゥン・ティン副首相兼財務・計画相が出席 7・8　日本の折紙講師、ビルマを訪問（―12日） 7・25　キン・マウン・エイ新聞・出版物公社総裁を団長とするビルマ新聞記者団5名、日本政府の招待で日本を訪問（―8月8日） 9・4　自民党の小沢辰男代議士を団長とする日本ビルマ友好議員連盟代表団5名、ビルマを訪問 9・8　日本ビルマ友好議員連盟代表団、チッ・フライン外相と会談 11・9　日本政府、ビルマ政府との間で総額402億5400万円の円借款供与協定に調印（内容はプロジェクト借款と商品借款中心） 12・21　日本政府、ビルマ政府との間で総額33億円の無償援助供与に関する公文を交換（内容は化学肥料、農薬、農業機械などの購入） 12・23　国際交流基金の海外派遣事業に基づき、宝塚歌劇団がビルマを訪問。28日までラングーンで公演	協議 8・10　有田武夫駐マ大使、「ルック・イースト」協力の具体策提示 9・6　「ルック・イースト」による第1次青年研修生136人、日本に（―83年3月） 10・5　始関伊平建設相、来訪（―7日） 10・7　小川平二文相、来訪。学位承認など協議 11・30　職業訓練センター建設計画への無償資金協力で交換公文調印。17.4億円 12　ブミプトラ銀行、100億円借り入れ。UMNO本部建設に融資（83年6月28日にも同額借入れ） 12・3　国民車製造企業設立で重工業公社、三菱自動車、三菱商事が趣意書に調印	了	7・31　江崎真澄自民党国際経済対策特別委員長一行、来訪 8・26　福田元首相、長谷川住友化学社長、リー首相と会談 10・3　始関伊平建設相、来訪（―5日）	り上げ 9・4　ラディウス商業・共同組合相訪日（―6日） 9・8　ダウドユスフ教育文化相訪日（―12日、文部省招待） 9・11　ガフル青年問題担当副相訪日（―13日） 9・19　第10回日イコロキアム開催（東京にて）（―25日） 9・30　始関建設大臣訪イ（―10月3日） 10・2　モフタル外相訪日（―3日、国連出席の帰途） 10・11　アラムシャ宗教相訪日（―15日、中東からの帰途） 10・12　アサハン・プロジェクトによるアルミ地金の日本向け初出荷 10・19　スハルト大統領訪日（非公式）（―22日） 10・26　三好俊吉郎死去（戦前からの外務省インドネシア専門家、享年86） 12・8　アダム・マリク副大統領訪日（―9日、カナダ訪問の帰途）	7・23　一般無償協力（海洋資源探査に21億円） 7・29　東京で世銀主催の第11回対フィリピン援助国会議開催（―30日）。ビラタ首相が出席（71年4月のパリ会議以来、援助国持ち回りで毎年開催） 9・6　ロムロ外相と田中駐比大使、日本籍船銃撃は「不幸な偶発事故」とする書簡を交換して事件は落着 10・1　一般無償協力（高等化学研究所建設に10億円） 10・中　バギオで残留日系人組織「北部ルソン比日親善協会」結成 12・8　関西経済同友会派遣の日本・ASEAN交流調査団、訪比（―10日）

1983（昭和58）年

日　　本	ベトナム	カンボジア	ラ　オ　ス	タ　イ
1983 1・26　安倍外相がASEAN 4カ国駐日大使に中曽根・レーガン首脳会談内容を説明 2・9　そごう百貨店がバンコクで合弁百貨店契約調印 2・24　外務省が中曽根総理のASEAN訪問に先立ち日本イメージアップ広報作戦を策定 2・中　三菱とトヨタがインドネシアで合弁鋼板加工計画 3・19　安倍外相タイ・ビルマ訪問（―22日） 3・28　三井物産・東芝・仏国営電機メーカーの日仏連合が800億円のマレーシア発電プラント受注内定を発表 3・下　橋本アジア局長が中曽根首相歴訪に先立ちASEAN諸国訪問 4・1　東芝など電子・電機9社が東南アジア人材育成を目的とした「アジア経営開発協力財団」設立 4・2　三和銀行がインドネシアにリース合弁会社設立を発表 4・中　須之部量三前外務事務次官が中曽根首相の私的特使としてASEAN諸国訪問 4・20　中曽根首相がASEAN 5カ国駐日大使を招待し会談 4・30　中曽根首相ASEAN歴訪（―5月10日） 5・4　キッコーマンがシンガポールに醤油工場建設を発表 6・27　ASEAN拡大外相会議開催、安倍外相出席	3・27　ハ・バン・ラウ外務次官、日本外務省の招きで訪日（―4月6日） 4・1　難民支援の国際救援センター（東京品川）開設 4・3　ファム・バン・ドン首相、対日関係改善に意欲と発言	1・13　下平衆議院議員（社会党）以下の9人のカンボジア国際会議日本委員会代表団がクメール・ルージュ地区を訪問 2・5　カンボジア国会が新首相にチャン・シ国防相を任命。ヘン・サムリン議長が兼任 3・7　非同盟諸国首脳会議開く、カンボジア代表権は空席（ニューデリー、―12日） 3・22　ゴ・ビン民主カンプチア外務省組織国際会議課長がESCAP観光・開発会議出席のため訪日 5・12　イエン・ティリト民主カンプチア赤十字総裁・外務省書記官長がロン・ノリン対外関係委員、ソー・キムセン赤十字書記長を伴い訪日、カンプチア・デーに参加 5・25　日本社会党代表団がプノンペンを訪問、コン・コルム外務次官と会談 6・4　ソン・サン民主カンプチア首相が非公式に訪日、安倍外相と会談 6・17　阿南惟茂臨時代理大使任命 6・24　ASEAN外相会議、カンボジア問題解決のための共同声明（―25日）	2・2　日本政府、ラオス援助に関する覚書調印。ナムグムダム関係の対日債務返済基金の名目で総額1億380万円を供与 2・12　モン族のバン・パオ将軍、（米亡命中）日本訪問。読売新聞と会見 4・15　日本ラオス協力覚書調印。日本政府、ウィエンチャンの給水網の修理・拡張でラオス政府に6億円を無償援助 4・30　ウィエンチャンに日本援助による給水塔完成。引渡し式 6・6　日本政府、対ラオス援助強化のため、製薬センターの建設を無償援助で行う方針を発表 6・28　拡大ASEAN外相会議（バンコク）で、安倍晋太郎日本外相、対ラオス援助強化方針を説明 6・28　日本政府、理科実験器材購入のため3000万円の文化無償協力を行うことを決定、書簡を交換	1・1　0.5％の輸入課徴金廃止 1・17　経済関係閣僚会議で海外投資家の国内滞在申請を処理する委員会の設立と同滞在基準とが決定 1・18　チャートチャーイ工業相、訪日（―21日） 1・25　日本から投資使節団到着（―2月2日） 1・28　対日経済援助要請―第10次円借款などを含め、合計約3150億円 3・21　ソンマイ蔵相訪日（―25日） 3・21　石油会社、サウジ原油の輸入代金用として、日本で2億米ドル借款 3・23　ソンマイ蔵相、日本首相を表敬訪問 3・24　皇太子・同妃タイを非公式訪問（―25日） 3・30　日本、農業訓練などで2億600万円を無償援助 4・5　通信技術交流で日本電々公社と覚書 5　中曽根首相、タイを公式訪問 5・3　中曽根首相プレーム首相と会談。第10次円借款の申し入れ等 　日本、在タイ難民へ15億円の援助申し入れ 5・24　日タイ航空交渉決着 6・22　ナロン農業相訪日（―24日） 6・26　安倍晋太郎外相、訪タ

1983（昭和58）年

ビルマ	マレーシア	ブルネイ	シンガポール	インドネシア	フィリピン
1・4　日本政府の無償援助により、マンダレー、ザガイン地区でもテレビ放送を開始 2・2　日本政府、ビルマ政府との間でTVスタジオ設備費として4億6968万6千円の無償援助供与に関する公文を交換 2・9　ビルマ石油公社と日本ビルマ石油開発は、日本の石油公団による資金援助で進めていたマルタバン湾海底油田の試掘において、有望な天然ガス田を発見 2・27　細見海外経済協力基金総裁、ビルマを訪問。トゥン・ティン副首相兼財務・計画相と会談 2・28　細見総裁、マウン・マウン・カ首相と会談 3・1　細見総裁、シンデーとトンボーにある4工業プロジェクトの現場を視察 3・20　安倍晋太郎外相、ビルマを訪問 3・21　安倍外相、サン・ユ大統領と会談 6・3　ラングーン日本人学校、開校20周年記念式典 6・29　日本政府、ビルマ政府との間で総額54億1000万円の無償援助供与に関する公文を交換（内容はテレビ放送施設拡充、教科書出版機能改良、看護婦訓練センター建設など）	1・23　マハティール首相、公賓として訪日（―29日） 1・29　ビントゥル液化天然ガス、対日輸出開始 2・1　サバ、サラワク両州、木材輸出を自主規制 2・28　第4回円建債発行。150億円 3・22　マ日・日マ経済協議会 4・1　コタ・キナバル日本人学校、開校 5・5　竹下登蔵相、来訪 5・8　中曽根康弘首相、来訪（―9日） 5・23　国民車製造合弁企業（Proton社）設立で重工業公社と三菱2社が協定調印 5・31　日本の経験に関するセミナー開催。日本企業への批判出る	4・8　木内昭胤駐マレーシア日本大使ブルネイ訪問（―5日） 5・10　中曽根康弘首相ブルネイ訪問 5　飛鳥建設、トゥトン―ジュルドン間幹線道路建設工事着手	2・2　日本官民投資調査団、来訪（―5日） 3・28　リー首相、東京で中曽根首相と非公式会談 5・4　中曽根康弘首相、来訪（―6日） 6・11　日本との生産性向上計画技術協力協定に調印	2・8　アダム・マリク副大統領訪日（北朝鮮訪問の途中） 3・30　インドネシア通貨切下げ 4・1　大来外務省顧問を団長とする対イ経済協力総合調査団訪イ 4・30　中曽根首相訪イ、スハルト大統領と会談（―5月2日） 6・11　ジャワ島を中心に5分間の皆既日食。NHKにより初の日食世界中継	1・26　大川美雄第11代駐比大使、着任 2・20　バギオで日本人のベンゲット移民80周年記念式典開催 3・2　一般無償協力（人づくりセンター建設に5億2000万円） 3・9　一般無償協力（バターン難民センター拡充に10億3000万円）、食糧増産援助（21億円） 4・20　ビラタ首相、私銀債権団の「グループ30」会議で訪日（―24日） 5・5　マニラの日本大使館前で、フィリピンの漁業組合員約300人、「日本漁船がフィリピン海域で操業している」として抗議デモ 5・6　中曽根康弘首相、公式訪比（―8日）。マルコス大統領は会談で、日本の防衛力増強に同意するが自衛目的に限定すべきだと忠告

1983（昭和58）年

日　本	ベトナム	カンボジア	ラオス	タイ
				イ 6・27　円借款で書簡交換 6・29　日米と農業事業で合意
1983 7・5　三菱銀行がマレーシアとシンガポールにリース合弁会社設立 7・9　鈴木前首相タイ・ビルマ訪問（―15日） 7・23　東急百貨店がシンガポール現地企業と合弁百貨店設立調印 8・10　三井物産・日本電気・電気興業がタイの電話施設拡充機器受注を発表 8・14　外務省がASEANに科学技術協力のための調査団派遣 8・24　インドネシア政府が100億円の円建て債を発行 10・7　東燃石化がインドネシア石化事業からの撤退を発表 10・中　鈴木自動車がマレーシア重工業公社と二輪車エンジンの合弁生産契約調印 11・28　マレーシアに邦人商工会議所開設 12・1　東京で日本・ASEAN科学技術関係閣僚会議開催（―2日） ジャカルタでASEAN・日本経済協議会第4回総会開催（―2日）	7・28　グエン・ディン・チ・ベトナム作家同盟書記長、アジア文学者ヒロシマ会議に出席（―30日） 8・1　ハワイで「インドシナ難民に関する先進国会議」開催（出席国：米国、カナダ、オーストラリア、フランス、日本、国連） 9・26　バン・タオ・ベトナム歴史研究所所長、訪日 9・27　ピアニストのダン・タイ・ソン、公演のため訪日 9・28　ベトナム、対日公的債務の返済繰り延べを要請 11・1　日本政府、インドシナ難民定住引受枠5000人に拡大することを閣議了解 12・6　ベトナムへ高官派遣するも、日本外相、援助再開は否定 12・15　橋本外務省アジア局長、訪越、ハ・バン・ラウ外務次官と会談	7・23　林陽臨時代理大使任命 8・2　日本のカンプチア救援センター代表団がクメール・ルージュ地区を訪問、医薬品を寄贈 10・20　国連総会で民主カンプチアの代表権を反対なしで承認 10・25　国連総会で民主カンプチア連合政府が代表権を確保。支持90、反対29、棄権26 10・27　国連総会本会議で、カンボジアからの全外国軍撤退を求めた決議案を採択。賛成105、反対23、棄権19、投票不参加11	7・21　日本政府、ラオスの農業水利合作社省に20万ドル相当のディーゼルポンプ20台と水圧ポンプ300台を贈与 9・20　スパンタフアンシー駐日本ラオス大使着任 10・13　ラオスジャーナリスト協会代表団、3週間の日本訪問を終え、帰国 12・27　日本政府、機器、殺虫剤、肥料など2億円相当の農業資材の援助に関する文書に調印	7・9　鈴木前首相、訪タイ（―15日） 7・10　鈴木前首相にシーナカリン大学から名誉博士号 8・9　日本からの83年度無償援助の19億5500万バーツのうち、5億2000万は保健、教育、福祉などの4プロジェクトに充てられると発表 8・11　日本3社、電話設備157億円受注 8・20　日本4社、揚水式発電設備受注 9・1　中央銀行、国内に居住を求める外国人を対象とし、海外投資家向け政府債発行 9・18　ソンマイ蔵相非公式訪日（―23日） 10・10　シリントーン王女、日本を非公式訪問（―13日） 10・30　橘正忠特命全権大使着任 11・6　ソンマイ蔵相非公式訪日（―10日） 11・7　84年対日輸出目標を83年の19.5％増の312億バーツと決定 11・23　日本興行銀行に駐在員事務所開設の許可 11・29　ダムロン科学技術庁エネルギー大臣、プラパート外務副大臣、訪日（―12月4日）

ビルマ	マレーシア	ブルネイ	シンガポール	インドネシア	フィリピン
7・12　鈴木前首相、ビルマを訪問 7・13　鈴木前首相、サン・ユ大統領を表敬訪問 8・31　稲垣厚生政務次官を団長とする日本の親善使節団、ビルマを訪問 9・1　稲垣厚生政務次官、トゥン・ティン副首相兼財務・計画相と会談 9・2　稲垣次官一行、離緬 10・9　公式訪問中の全斗煥韓国大統領一行に対し、アウン・サン廟において爆弾テロ。韓国随行員16名、ビルマ側新聞記者3名が死亡、双方計48名が重軽傷 11・4　ビルマ政府、朝鮮民主主義人民共和国と国交断絶 11・24　塚本政雄・新駐ビルマ大使、サン・ユ大統領に信任状を提出	7・28　初の円建て協調融資取入れ。300億円 8・22　ムサ副首相、訪日（―27日） 10・21　第9次円借款協定（210億円）。特別円借款協定（400億円）。 11・8　マ首相、非公式訪日（―12日） 11・18　国際郵便為替協定、調印（84年9月1日発効） 12・16　職業訓練センター建設計画への無償資金協力で交換公文調印。20.6億円	8　江崎真澄自民党国際経済対策特別調査会長ブルネイ訪問 9・23　ハサナル・ボルキア国立競技場公式オープン	8・8　江崎自民党国際経済特別調査会長、リー首相と会談。住友化学の石化事業協議 11・8　松下冷蔵産業の加圧機対米輸出に課徴金 12・7　生産性向上計画への無償協力で交換公文調印。8.1億円＝2300万Sドル	8・17　岡田春夫衆議院副議長訪イ（―19日） 9・24　第4回日イ経済委員会 9・29　ユド・スンボノ・プルタミナ総裁訪日（―10月2日） 10・9　モフタル外相訪日（―11日、国連出席の帰途） 10・17　インドネシア大学、ボゴール農業大学、バンドン工業大学に合計1億4200万円の研究機材無償援助 10・28　ウィヨゴ・アトモダルミント大使（9代目）着任 11・5　スジャルオ林業相訪日（―8日） 11・10　スワルジョノ保健相訪日（―12日、国際会議出席の帰途） 11・19　ラフマッド・サレー商業相訪日（―27日、家具フェア視察） 12・9　スジョノ・フマルダニ開発査察総監訪日（―15日）	7・5　一般無償協力（人づくりセンター建設に25億9000万円） 7・6　パリで、世銀主催の対フィリピン援助国会議開催（―7日） 7・18　第11次円借款（プロジェクト借款554億5000万円）、特別借款（プロジェクト借款96億円） 7・21　一般無償協力（フィリピン師範大学の図書館建設事業など2件に計21億6000万円） 8・17　日比友好議員連盟発足。会長は自民党の三原朝雄衆議院議員 8・21　アキノ元上院議員、マニラ国際空港で暗殺。この事件以降、86年2月までに日本の新聞、テレビなど主要メディアが次々にマニラに支局を開設 9・8　ビラタ首相、訪日（―9日） 9・18　ビラタ首相、J・ラヤ中央銀行総裁らが訪日（―19日） 10・17　日本などの対フィリピン私銀債権団、90日期間で元本返済猶予に同意。以後、猶予期間の延長を繰り返す 11・中　東京で平原定志・医師らを中心に「フィリピン日系人友の会」（後に「フィリピン

1983～1984（昭和58～59）年

日　本	ベトナム	カンボジア	ラオス	タイ
				12・8　第4回日タイ貿易経済委員会
1984 1・10　外務省公館で安倍外相がASEAN各国大使と懇談 1・17　大手スーパーの忠実屋がマレーシアに合弁で進出を発表（7月に破棄） 1・25　大和證券が米国抵当証券GNMA債をシンガポールでも発行すると発表 2・1　東京銀行・日本興業銀行などがインドネシア政府へ5億ドル協調融資の幹事行に 3・29　サントリーが比国からの撤退を表明 4・3　トヨタが比での提携を打ち切り撤退公表 　　　住商がインドネシア電力公社から火力発電プラント受注発表 4・16　鹿島建設・間組・日本国土開発がシンガポールの東洋一高いビル建設受注公表 5・4　政府がカンボジア難民救済資金として4億ドルを世界食糧計画に拠出する決定 5・6　前歴訪時中曽根首相提唱の21世紀に向けての青年友情計画の第一陣が日本訪問 5・16　三木元首相が国際軍縮促進議員連盟会長としてタイ・シンガポール・インドネシアを訪問（―25日） 6・4　ジャスコがマレーシア政府系企業と合弁文書調印 6・9　日本・インドネシア科学技術フォーラム発足 6・12　ヤオハンがマレーシアに合弁出店契約に調印 6・15　プリンスホテル系列がシンガポールに進出	1・10　日本赤十字、ベトナム赤十字に対し、台風被災者援助として抗生物質（12万錠）、衣料（1万5000点）を贈与 1・30　日本、対越文化無償援助2000万円相当供与 3・13　堤功一新駐越大使、着任 4・5　日本外務省、ベトナム非難の見解を表明 4・17　日本ベトナム産業技術協力会の招待で、ベトナム科学技術連合会代表団（団長、グエン・バン・イク）、訪日（―27日） 4・17　ハ・バン・ラウ外務次官、ESCAP第40回総会出席のため訪日 4・18　安倍外相、ラウ外務次官との間で、外相級対話復活を確認（日越関係正常化への布石） 4・20　ベトナム外相、越日対話に関して、日本の姿勢転換が前提との見解表明 4・25　日越外務次官会談で、外相会談9月開催を日本側正式提案 6・28　日本、対越人道援助と	1・8　日本商社筋によると、日本とカンボジアの貿易は毎年少額ながら着実に発展しており、社会主義圏以外では日本が最大の貿易相手国となった 4・19　キュウ・サムポン民主カンプチア連合政府副大統領が訪日、安倍外相との会談で、同外相は民主カンプチア支持の立場に変わりはないと表明 5・30　シハヌーク民主カンプチア連合政府大統領、日本を公式訪問、中曽根首相、安倍外相と会談、6月4日まで滞在し北京にもどる	3・7　日本政府、20万ドルをラオス難民に援助 3・12　日本政府、円借款返済分を無償供与にする覚書を交換 4・14　スパン副外相以下ラオス外務省代表団、第40回ESCAP総会に参加するため日本訪問 4・25　スパン副外相、松永信雄外務省事務次官と会談、食糧援助を要請 5・29　日本政府、製薬開発センター建設に10億450万円の無償援助を行うことに関し書簡を交換 6・6　日本政府、教育関係援助として4400万円の無償供与に関する書簡を交換	1・9　日米農業援助決定 1・20　マールット保健相、非公式訪日（―23日） 1・23　電話公社、電話拡張事業のため東京で起債 1・25　シッティ外相、会見で日本の100海里防衛問題は問題がなく、東南アジア地域の安全にも寄与すると発言 2・7　タイ国鉄、三井物産に車両38両発注決定 2・17　タイ女性の海外売春の実態が調査され、日本には少なくとも5000人滞在していると発表 3・26　チュアン文相、訪日（―30日） 4・2　日本、「バンコク排水・洪水予防緊急計画」に3億円を無償援助することで書簡交換 4・14　チャーン首相府付大臣、非公式訪日（―21日） 4・15　ダムロン科学技術エネルギー相訪日（―22日） 4・16　ソンマイ蔵相、非公式訪日（―20日） 5・16　三木元首相、訪タイ（―19日）

1983〜1984（昭和58〜59）年

ビルマ	マレーシア	ブルネイ	シンガポール	インドネシア	フィリピン
					日系人友好協会」と改称）を結成 11・24 ビラタ首相、650億円の商品借款要請で訪日（一25日） 12・22 青森県五戸町とヌエバビスカヤ州バヨンボン町が姉妹都市提携
2・21 日本政府、ビルマ政府との間で総額4億3945万円の無償援助供与に関する公文を交換（内容はテレビ局施設拡大とラングーン大学科学実験室研究機械購入用） 3・26 日本政府の無償援助で建設された中央農業開発訓練センター（フレーグー郡）、引渡式 3・29 日本政府、ビルマ政府との間で亜鉛鉄板購入費用9億円の無償援助供与に関する公文を交換 6・4 日本政府、ビルマ政府との間で9億8000万円の無償援助と430億円の円借款を供与する旨、公文を交換（内容は看護婦訓練センターへの追加支援、ラングーン国際空港建設、鉄道近代化、商品借款など）	2・24 日本語研修センター完成、マラヤ大に引渡し 3・1 マ首相、日本の対外投資を批判 3・5 マ日・日マ経済評議会。貿易不均衡是正など討議 3・26 円建て協調融資調印。300億円 5・2 日系企業（アジア・レア・アース社）の放射性廃棄物貯蔵施設建設に反対の声	1・1 ブルネイ国王、ブルネイの英国保護領よりの完全独立を宣言、国王自身首相、蔵相、内務相を兼任 1・7 ブルネイ国、ASEANに第6番目の加盟国として加盟 2・23 スリ・ブガワン市郊外のハサナル・ボルキア国立競技場にて第1回独立記念式典、日本から江崎真澄元通産相が政府特派大使として参列 3 東京に日本ブルネイ協会発足 4・1 日本・ブルネイ国外交関係を樹立 4・5 ハサナル・ボルキア国王国賓として初訪日（一7日） 4・6 ハサナル・ボルキア国王夫妻宮中晩餐会に出席 4・7 ハサナル・ボルキア国王迎賓館で中曽根首相と約30分間会談 6・1 在ブルネイ日本大使館スリ・ブガワン市に開設 6・20 ハサナル・ボルキア国立競技場にて84年ブルネイ・貿易フェア開催	2・18 シンガポール石油化学会社、操業開始 4・9 関東電気工事がシンガポール地下鉄公団から地下鉄関連工事を受注発表 5・19 三木武夫・元首相、来訪 5・26 駐日大使にリー・クンチョイ国務相 6・27 生産性向上計画への無償協力で交換公文調印。4億円	1・17 イスマイル・サレー検事総長訪日（一18日） 1・26 モフタル外相、安倍晋太郎外相と会談（成田空港立ち寄り） 2 日本占領期を描いた映画「欲望の奴隷」「女性収容所」公開 3・15 ウィジョヨ共和国顧問訪日（一17日、貿易をめぐる国際シンポジウム出席） 4 バンドン日本人学校開校 4・16 ハルタルト鉱業相訪日（一20日、ESCAP会議出席） 4・22 麻薬購入で日本人に懲役7カ月 4・28 21世紀友好計画で協定調印、今後5年間でアセアン諸国から青年3750名を招待 4・28 岩動科学技術庁長官訪イ（一5月1日、ハビビ大臣の招待） 5・10 ジャカルタ・ブロックM地区で日本人刺されて重傷 5・15 元インドネシア・日本友好協会会長フセイン・カルタサスミタ博士に勲3等旭日章を授与	1・4 マルコス大統領、日本からの融資など援助実施の遅れに不満を表明 1・30 食糧増産援助（23億円） 2・14 アキノ暗殺事件真相究明委員会のC・アグラバ委員長ら8人が訪日。日本人目撃者らに協力を要請 3・27 マニラの日本大使館前で学生らが日本の借款供与反対ピケ 3・30 フィリピンの野党指導者6人が訪日し、社会党議員らと接触。アキノ暗殺事件の真相解明まで日本の援助供与の延期を要請 4・1 大阪外国語大学に「インドネシア・フィリピン語学科」創設。戦後初のフィリピン語専攻コースが開設 4・3 一般無償協力（地方病院医療機材整備に7億9000万円） 4・28 第12次円借款（プロジェクト借款72億9800万円、商品借款352億200万円） 5・4 マニラの日本大使館前で借款供与に反対する学生ら約

1984（昭和59）年

日　　本	ベトナム	カンボジア	ラオス	タイ
	して2857万円の医療器材を供与			5・20　ソンマイ蔵相、非公式訪日（―27日） 5・21　三井、三菱、住友、丸紅の4商社はタイLNG開発の企業化調査を行うための「日本・タイLNG開発会社」設立を合意 6・8　日本、国立衛生研究所建設と東部臨海地区環境保全計画に関する無償援助で書簡交換 6・21　日タイ貿易専門家会議 6・28　日本企業のタイ産品輸出状況がタイJETROから発表
1984 7・9　第17回外相会議がジャカルタで開催、カンボジアに関するASEAN共同声明を発表 7・12　安倍外相がASEAN拡大外相会議でカンボジア和平に関する3項目提案を発表。83年9月のASEANアピールを高く評価したうえで、①カンボジア西部のタイ・カンボジア国境地帯からベトナム軍が部分撤退した段階②カンボジア全土からベトナム軍が完全撤退した段階③カンボジアに真の平和が訪れた段階の3段階に分け、平和維持活動への資金協力、人道援助、選挙監視要員派遣、インドシナ3国に対し600億円を援助 7・16　日本ロボットリースがシンガポールに合弁リース会社設立発表 7・25　住友電気工業がタイ電力庁から超高圧電線受注発表 7・31　伊藤忠商事・昭和リースがインドネシアで合弁リース会社設立発表 8・9　いすゞ自動車がマレーシア現地組立の合弁会社設立発表 8・23　ASEAN6カ国担当国内事務局長一行来日（―30日） 9・8　丸紅がマレーシアからセメント工場を受注発表 9・18　共産党代表団訪越（―29日） 9・19　坂本三十次労相がASEAN5カ国訪問（―29日） 10・4　インドネシアで日本・ASEANフォーラム開催（―5日）	7・14　日本のカンボジア和平に関する「3項目提案」を、ポル・ポト派の扱いに対してベトナム側が難色 7・26　日本のカンボジア問題調停案をベトナム側が拒否 9・4　「日本軍国主義すでに復活」とベトナム通信が報道 9・19　不破哲三委員長以下の日本共産党代表団、ベトナムを友好訪問 9・下　駐日大使、ダオ・フイ・ゴック着任 10・1　グエン・コ・タック外相訪日、6年ぶりの日越外相会談実現へ 10・2　日本共産党、ベトナム共産党書記長らの日本招待を表明 10・2　ベトナム外相、政治解決なくともカンボジアからの撤退（5～10年）を表明	8・17　功刀達朗国連事務総長カンボジア人道援助特使がカンボジアを訪問、食糧事情視察 9・24　不破哲三委員長以下の日本共産党代表団がカンボジアを訪問（―27日） 10・17　国連総会、民主カンプチアの代表権を表決なしで承認 10・30　第39回国連総会でカンボジアからの外国軍隊の撤退と政治解決を要求する決議を賛成110、反対22、棄権18で採択	9・5　ウィエンチャンで1億5000万円の日本からの農業援助引き渡し式 9・5　ウィエンチャンの給水施設完成に伴う覚書調印。6億円の援助 11・20　日本政府、駐ラオス日本大使に多田敏孝ニューオーリンズ総領事を任命	7・14　安倍外相、訪タイ（―16日） 7・16　第11次円借款覚書調印 7・27　5年ぶり第11回目の日タイ貿易合同委員会開催 7・31　電話公社、デジタル電子交換機を日本電気に発注 8・12　ゴーソン商相、非公式訪日（―15日） 8・14　ゴーソン商相、メイズ輸入再開を中心とした対日貿易要求のプレム首相からの親書を中曽根首相に手交 8・28　日本、20億バーツの無償援助に調印 9・16　ソンマイ蔵相、非公式訪日（―19日） 9・17　対日通商・経済協力再編で戦略チーム設置 9・25　坂本労相、非公式訪タイ（―27日） 10・8　シティ外相、訪日（―

1984（昭和59）年

ビルマ	マレーシア	ブルネイ	シンガポール	インドネシア	フィリピン
				5・15 モフタル外相訪日（―29日、外務省賓客） 5・22 三木元首相訪イ（―25日、スハルト大統領と会談） 6・7 ハビビ科学・技術担当相訪日（―21日）	100人が再びピケ 5・17 ビラタ首相、対IMF交渉に絡むフィリピン経済再建問題で日本の銀行債権団との会合に出るため訪日（―19日） 5・28 一般無償協力（マリアノ・マルコス大学農林学センター建設など3件に計39億3600万円）
7・1 サン・ユ大統領一行、日本を公式訪問（―11日）。チッ・フライン外相、イェー・ガウン農林相、ティン・スウェ第1工業相ら同行 7・2 サン・ユ大統領、皇居で天皇と会談、宮中晩餐会に出席 7・3 大統領、東京で中曽根康弘首相と会談。チッ・フライン外相、安倍外相と会談 7・4 大統領一行、日本ビルマ友好議員連盟と日本ビルマ協会主催の晩餐会に出席 7・5 大統領一行、京都を訪問。その後、大阪、広島を訪ね、松下電器、東洋工業などの工場を見学、11日に離日 7・10 日本政府、ビルマ政府との間で青少年訓練センター建設用第1期分として55億円の無償援助供与に関する公文を交換	7・3 ヌグリ・スンビラン州スンガイ・ルイで、日本占領期の華人集団虐殺遺体発掘 7・20 日本人建設会社社員、ペナンで射殺 8・27 マ首相、日本の経済帝国主義を批判 10・15 マ首相、中曽根首相と会談	7・19 アブドゥル・ラーマン開発相訪日（―24日） 8・29 初代駐ブルネイ日本大使川村知也氏着任 9・21 ブルネイ国第159番目の加盟国として国際連合に加盟 10・22 IMFJ（日本国際医療事業団）主催の東南アジア医療事情センターの年次総会にオブザーバーとして出席のため、教育保健省医務局長ハジ・ジョハール博士、ラザック教育保健次官訪日 11・3 ブルネイ・マレー商工会議所通商友好使節団29名訪日（―9日） 11・5 RTB（ラジオ・テレビ・ブルネイ＝ブルネイ国営放送局）のプンギラン・バダルディン会長ABU大会出席のため訪日 11・6 日本国外務省主催の	7・30 日本へ電話機2種輸出 9・19 坂本三十次労相、公式来訪（―21日） 11・7 国際金融取引所（Simex）、円の金融先物取引開始	7・11 安倍外相訪イ（―14日、アセアン拡大外相会議） 8・2 日イ国会議員連盟一行訪イ（―11日） 8・19 アブドゥル・ラフマン・ラムリ「プルタミナ」総裁訪日（―26日） 9・2 イ政府、日米韓など28カ国に対して商用目的でも2カ月以内ならビザなし渡航を承認 9・5 アダム・マリク元副大統領死去（享年67） 9・9 ルディニ陸軍参謀長訪日（―14日、防衛庁招待） 9・22 坂本労相訪イ（―25日） 11・6 アサハン・プロジェクト建設完了 11・26 大阪府・東ジャワ姉妹都市協定署名 12・3 朝日新聞毛利晃特派員に国外退去命令（11月12日夕刊「スハルト政権正念場に」の記	7・1 フィリピン永住日本人らを中心にした親睦組織「マニラ会」（大沢清会長）が発足 8・1 フィリピン協会の第8代会長に福田元首相が就任（―95年7月） 8・31 文化人類学者の川喜田二郎博士、マグサイサイ賞受賞 9・3 マニラで、アジア・キリスト教協議会主催のアジア出稼ぎ女性問題会議開催。日本への「女性輸出」にかかわる業者の取締強化を日本政府などに要請 9・12 一般無償協力（パンタバンガン森林消防機材整備に1億300万円）、食糧増産援助（25億円） 9・16 ビラタ首相、ワシントンでのIMF世銀総会に向かう途次、訪日（―17日）。東京で財政・金融関係者らと会談

1984～1985（昭和59～60）年

日本	ベトナム	カンボジア	ラオス	タイ
10・9 ニチメンがインドネシアとディーゼル発電機供給契約発表 10・11 国際協力事業団が東京で「明日のアセアンと日本」シンポジウム開催 11・1 横浜ゴムがマレーシアで合弁発表 11・12 ジャスコがタイで合弁ショッピングセンター開設発表 11・21 キッコーマンがシンガポールに現地生産工場完成 11・下 通産省がASEAN向けエンジニアリング技術協力推進方針 12・11 外務省で東南アジア諸国連合貿易・投資・観光促進センター第4回年次理事会開催（―13日） 12・22 中曽根首相が来日中のピチャイ・タイ副首相と会談し太平洋地域協力はASEAN主導で一致	10・3 日越外相会議、交流の拡大で意見一致 10・4 ベトナム外相、記者会見でカンボジアへの平和維持軍派遣案を拒否 12・26 ベトナム国務相、日本人記者団との会見でカンボジア問題に対する「日本の積極的行動」を注文			12日） 10・29 対日貿易問題に関して来日中のゴーソン商相が強い不満を日本の松永外務次官に表明 11・14 ソンマイ蔵相、非公式訪日（―25日） 11・26 スリー首相府付大臣、非公式訪日（―29日） 12・5 日本、漁業訓練センター建設に1億バーツ無償援助 12・6 ピチャイ副首相、対日経済政策の重点を転換と発言 12・8 学生ら日本品不買運動開始日を10日から15日へ延期 12・13 タマサート大学構内で、日本商品不買運動 日本、タイの要求を容れず、第6次関税引き下げ決定 12・15 日本品不買デモ、街頭で開始
1985 1・10 三井物産がマレーシア政府とパーム油利用ディーゼルエンジン共同研究調印 金銭登録機大手の東京電気がシンガポール電話機メーカー買収で合意 1・21 稲山嘉寛会長ら初の経団連ASEAN訪問代表団マレーシア・インドネシア・シンガポール訪問（―31日） 1・上 社会党がASEANとの交流強化方針 2・11 経団連ASEAN訪問代表団タイ・フィリピン訪問（―16日） 2・14 本田技研工業系財団法人国際交通安全学会が東南アジア諸国の人材を招聘育成する交流事業発表 2・28 稲山経団連会長が安倍外相を訪れASEAN向けの市場開放努力要求 3・25 東京で経済同友会主催「日本ASEAN経営者会議」開	1・2 日越友好議員連盟代表団（桜内義雄団長）、訪越 1・5 日越友好議員連盟代表団、ベトナムの病院への援助努力を表明 1・7 グエン・コ・タック外相、カンボジア駐留軍の年内撤退を表明 1・11 日越友好議員連盟代表団、ベトナム首相と会談 2・12 ギエム・トゥック『クアンドイ・ニャンザン』紙副編集長、日本外務省の招きで訪日 4・29 レ・ズアン共産党書記	1・14 プノンペン政権、第1期第8回国会で新首相にフン・セン外相を選出 2・8 日本政府が閣議でカンボジア難民向けの緊急援助として72万食の乾パンを送るための輸送費2076万円支出を決定。日本政府は国連の機関を通じてカンボジア難民などに対する7億3600万円の無償援助を供与 4・3 民主カンプチア政府のイエン・ティリト赤十字総裁を団長とする代表団がカンボジア・デイ参加のため訪日	1・16 多田駐ラオス日本大使、信任状を提出 2・28 日本からのナムグム水力発電所建設の借款利子1億8100万円をラオスの社会経済建設に転用する覚書を交換 4・9 日本政府、2億円相当の食糧贈与決定 5・9 駐ラオス日本大使館、ラオス国際児童年委員会にオルガン1台とその他の楽器18点、子供服500着を供与 6・10 プーミ副首相、ウィエンチャンで日本人記者団と会	1・14 対日経済交渉常任委員会設立決定 1・17 マールット保健相、非公式訪日（―20日） 1・21 7月にデパート開店予定の東急グループが、衣服の現地生産計画を発表 2・13 経団連ミッション、訪タイ（―16日） 3 秋父宮妃、タイを非公式訪問 3・10 ソンマイ蔵相、非公式訪日（―15日） 3・13 日本の銀行団9行が公

1984〜1985（昭和59〜60）年

ビルマ	マレーシア	ブルネイ	シンガポール	インドネシア	フィリピン
9・20 日本政府、ビルマ政府との間で総額46億9000万円の無償援助供与に関する公文を交換（内容は化学肥料、農薬、農機具、野菜・果実研究開発用資材の購入） 10・3 日本政府の無償援助（工費35億円）で建設された新ラングーン総合病院開院 11・13 日本政府、ビルマ政府との間で総額461億4300万円の円借款を供与する旨の公文を交換（内容はラングーン国際空港建設、南ナウィン灌漑計画、ティラワ・ドック建設、商品借款等） 12・18 日本政府、ビルマ政府との間で漁船修理施設建設のための無償援助11億5000万円の供与に関する公文を交換		「第11回東南アジア日本留学生の集い」に出席のためブルネイ国教育保健省チン・ヤム・チン歯科部長（65年日本医科歯科大学卒業）ら2名訪日 12 日本商工会議所使節団ブルネイ訪問		事で） 12・13 故アリ・ムルトポ将軍に勲1等瑞宝章を授与	10・27 フィリピンから日本へ出稼ぎ女性を82年以来100人以上送り込んだとされる静岡県浜松市内の元暴力団組長らが、出稼ぎ者の給料横領などの容疑で逮捕 11・5 ビラタ首相、訪日（―8日） 11・8 マニラで第11回日比経済合同委員会が9日まで開かれたが、以後フィリピン政局の混乱などのため88年11月まで中断 11・21 ビラタ首相、訪日（―22日） 12・20 一般無償協力（地方環境衛生パイロット計画に9億6500万円）
2・22 日本政府、ビルマ政府との間で無償援助として10億5700万円の供与に関する公文を交換（内容はテレビ放送サブシステム、医療機器購入など） 4・1 日本政府の無償援助と技術協力で完成したラングーンのトゥウンナ橋開通 4・5 日本政府、ビルマ政府との間で総額14億7000万円の無償援助供与に関する公文を交換（内容は亜鉛鉄板の購入、家畜衛生研究所用機械など）	3・21 第10次円借款協定。210億円 4・15 マ日・日マ経済協議会（東京）	2・29 社団法人日本ブルネイ友好協会東京に設立（初代会長安西浩） 3・中 第一勧業銀行、ブルネイ国のフィリピン系銀行アイランド・ディベロップメント銀行に資本参加を決定 3・17 つくば科学博覧会にブルネイ館開館 4・29 プンギラン・ハジ・ユソフ元ブルネイ国首相（戦時中「南方特別留学生」として広島文理大学に在学中被爆）、勲1等旭日大綬章受勲	1・17 村田敬次郎通産相、来訪 1・28 経団連代表団（稲山嘉寛団長）、来訪（―31日）	1・8 武藤利昭大使（11代目）着任 4・24 バンドン会議30周年記念式典（―25日） 5・19 イ国政府留学生8カ年計画（世銀融資で日米英独仏蘭5カ国へ1500人）第一陣として28名日本へ出発 6・4 教育文化相兼インドネシア大学総長ヌグロホ・ノトスサント教授死去（享年53）	1・26 大阪府吹田市内で暴力団山口組の組長らが銃撃され、暴力団一水会との抗争激化に絡むフィリピンからの拳銃密輸ルート発覚 2・11 第2次経団連使節団、訪比（―13日）。団長は経団連会長の稲山嘉寛新日鉄会長。フィリピン側は繊維、セメント製造、電気通信、自動車産業への投資拡大を要請 2・18 一般無償協力（国立ガンセンター医療機材整備に5億9200万円）

1985（昭和60）年

日本	ベトナム	カンボジア	ラオス	タイ
催（―26日） 　中曽根首相が自民藤尾政調会長と会談、東南アジア向け市場開放対応調整を指示 4・17　国際協力事業団が東南アジア諸国中心に研修員を受け入れる沖縄国際センター開所 4・30　バンコクにおいて第18回アジア開発銀行年次総会が開催（―5月2日） 5・4　自民藤尾政調会長ASEAN訪問（―14日） 5・16　日本とASEANの経済担当高級事務レベル協議開催（―17日） 6・22　本田技研が協力した日本式自動車教習所がシンガポールに完成 6・27　東京で日本ASEAN第2回経済閣僚会議開催（―28日）	長、対米関係正常化を呼びかけ 5・1　難民に対するRASRO（海上救助定住提供制度）計画が実施 5・8　浅尾外務参議官、ベトナム訪問（高官レベルの協議継続へ） 5・21　邦銀26行（幹事は東京銀行）、ベトナム外国貿易銀行との間で債務の返済繰り延べ（リスケジュール）に基本合意 6・5　ベトナム石油公団、メコンデルタ沖油田の共同開発事業を日本の「海洋石油」に提案	4・23　功刀達朗国連事務総長人道援助担当特使がカンボジアを訪問 6・3　ソン・サン民主カンプチア政府首相が日本を公式訪問、4日安倍外相と会談、支援を要請 6・5　ソン・サン民主カンプチア連合政府首相が中曽根首相との会談で日本の援助を要請、中曽根首相が「国連総会では民主カンプチア政府の議席の確保のため全力を尽くす」と述べ、ベトナムへの援助凍結も約束	見。第1次5カ年計画の成果を強調	社4社に370億円の大型円ローンを供与 4・8　日本に骨なし鶏肉、メイズ、生えびの市場開放要求 4・11　ピチャイ副首相の顧問、日本の市場開放措置に不満を表明 5・1　野村証券、タイとの合弁解消を決定 5・10　藤尾、プレーム首相会談 5・14　日本が、肥料プラント第1・2部門の受注を独占 タイ養鶏促進協会、骨なし鶏肉関税率下げを求めた報告書を提出 5・16　日本、タイ産メイズ買い付け交渉再開 6・17　経済閣僚委員会、「タイ・日経済関係構造調整白書」承認 タマサート大「日本研究センター」バンコク郊外に新設 6・25　ソンマイ蔵相、チラーユ工業副大臣訪日（―28日） 6・26　ゴーソン商相、訪日（―30日）
1985 7・10　安倍外相がASEAN拡大外相会議及び中東訪問（―23日） 7・24　松永文相マレーシア・シンガポール訪問し、ASEAN日本留学同窓生協議会で留学生倍増計画発表（―28日） 8・12　村田通産相がGATTに関してインドネシア・マレーシア訪問（―16日） 8・23　旭硝子がシンガポールに新工場建設発表 8・29　藤尾政調会長シンガポール・ビルマ訪問（―9月4日）	7・3　後藤利雄外務省アジア局長ら訪越、タック外相と会談 7・5　外務省アジア局長、ベトナム訪問、ベトナム外相と会談 7・9　日本政府、インドシナ難民定住引受枠10000人に拡大することを閣議了解	7・9　日本政府、カンボジア難民などに対する6億5000万円の緊急援助を決定。タイ被災民、ラオス難民を含めた食糧不足に対し世界食糧計画（WFP）を通じて魚缶詰を送る 7・11　安倍外相はASEAN拡大外相会議でインドシナ難民の	7・2　多田駐ラオス日本大使、日本政府の対ラオス援助文書に調印。ウィエンチャン師範大学のため2600万円を供与 9・25　安倍外相、プーン副外相とニューヨークで会談。日本の対ラオス人道援助継続を表明 11・17　ラオス人民革命党、	7・7　中曽根首相とシッティ外相会談 7・14　安倍外相、訪タイ（―15日） 7・15　安倍外相、バンコクにおいてシティ外相と会談 訪タイ中の安倍外相、市場開放行動計画を約束

1985（昭和60）年

ビルマ	マレーシア	ブルネイ	シンガポール	インドネシア	フィリピン
		5・18 駐ブルネイ川村日本大使公邸にて受勲されるプンギラン・ハジ・ユソフ氏に対する叙勲伝達式 6・27 日本国外務省における第2回日本ASEAN経済閣僚会議にアブドゥル・ラーマン開発相出席（―28日）			マニラでニタリ鯨の日比配分取り決め協定締結 2・22 フィリピン南部のスールー諸島で宮崎県出身のアマチュア写真家が行方不明に。その後の調べで、ムスリム反政府組織に誘拐されたことが判明（解放は86年3月16日） 3・3 マニラのブレティン・ツデー紙に日本の農村への花嫁募集広告が掲載され、市民らから対日非難が続出（5日にも同様の広告掲載） 4・27 警察庁、暴力団抗争に絡むフィリピンからの拳銃密輸事件摘発 6・21 一般無償協力（国立航海技術訓練所の拡充事業など3件に計44億8800万円） 6・27 千葉県銚子市とアルバイ州レガスピ市が姉妹都市提携
9・17 日本政府、ビルマ政府との間で総額25億4100万円の無償援助供与に関する公文を交換（内容は化学肥料、農薬、農機具の購入、視聴覚教育教材） 10・9 自民党の奥田敬和代議士を団長とする6名の国会議員団、ビルマを訪問	8・14 村田敬次郎通産相、来訪 8・28 鈴木前首相来訪。中曽根首相特使として独立式典（31日）参列 9・1 国民車、販売開始	7・19 つくば科学博エクスポ・プラザにてブルネイ・ナショナル・デー開催 9・1 ブルネイ国政府、日本人に対して帰りの航空券と充分な旅費の所有を条件に2週間以内の査証無し入国滞在を許可 9・14 皇太子（つくば科学博	8・16 邦字紙『PANAタイムズ』発刊（87年6月21日停刊） 9・20 サンヨー・インダストリーズ社、従業員298人解雇 9・27 日立ロビン造船所、従業員の3分の1、337人を一次帰休 10・28 生産性向上計画への	7・16 京都府・ジョクジャカルタ姉妹都市協定署名 8 日イ議員連盟親善視察団訪イ 8・12 村田通産相訪イ（―14日） 8・17 ジャカルタの旧前田精海軍武官邸に独立宣言草案起草	7・3 マニラで偽造1万円札が大量に発見。一部が日本国内に出回り、日比合同捜査へ 7・4 フィリピン政府、退職庁（PRA）創設し、外国人退職者のフィリピンへ移住を奨励（この奨励策下での日本人の老後移住は90年代前半から開始）

1985（昭和60）年

日　　本	ベトナム	カンボジア	ラオス	タ　イ
鈴木前首相がマレーシア・インドネシア訪問（—9月6日） 9・10　大金製作所と伊藤忠商事がインドネシアで合弁クラッチ製造会社設立発表 　　　　旭硝子がインドネシアで塩化ビニル会社設立発表 9・12　エレベータ大手フジテックがシンガポールから3000台のエレベータ受注 10・1　帝人・伊藤忠商事・トーメンがインドネシア合成繊維合弁事業から撤退 11・5　東京銀行がシンガポールに現地法人設立発表 11・26　衆院環境委で日本企業出資のマレーシア合弁会社の禁止農薬製造問題質疑	8・6　ベトナム選手団、ユニバーシアード大会参加のため訪日 7・16　ダン・フー党中央委員候補以下の代表団、核戦争禁止国際シンポジウム参加のため訪日（—25日） 8・7　日本政府閣議、2000万円の対ベトナム緊急援助の供与を決定 8・15　第11回インドシナ3国外相会議、90年までにカンボジア駐留ベトナム軍を完全撤退すると発表 8・15　外務省国連人権難民課、「わが国におけるインドシナ難民の定住実態調査」を実施 8・18　日本政府、2000万円相当の日本脳炎ワクチンを緊急援助 9・5　日本の青年組織「ピースボート」代表団300人、ホーチミン市訪問（—8日） 10・1　アジア福祉教育財団難民事業本部に「難民相談員制度」発足 10・19　ベトナム商工会議所代表3名、日越貿易会創立30周年記念事業の一環として訪日 11・17　グエン・ドゥック・タム政治局員以下のベトナム共産党代表団、日本共産党第17回大会出席のため訪日 12・10　日越貿易会とホーチミン市輸出入公社の共同主催で「日本機械展示会」がホーチミン市で開催（日本企業18社出品）	定住受け入れ枠の倍増、国連国境救済機関（UNBRO）のカンボジア人道援助計画への拠出金の約350万ドルに倍増することを約束 安倍外相、ASEAN拡大外相会議でカンボジア問題に関する4原則を提示 9・2　民主カンプチア（クメール・ルージュ）軍最高委員会の活動停止と、60歳定年制を導入したことを理由にポル・ポト最高司令官は退任、国防研究所長任命を発表 10・16　国連総会が民主カンプチアの代表権を承認 11・5　国連総会本会議、カンボジアからの全外国軍撤退を求める決議案を採択。賛成114、反対21、棄権16 11・7　ロン・ノル元カンボジア共和国大統領が米カリフォルニアで死去 11・8　インドネシア外相、カンボジア紛争当事者各派指導者によるカクテル・パーティ方式による会合を提案 11・14　功刀達朗国連事務総長人道援助担当特使がヴェトナム訪問後、カンボジアを訪問	日本共産党大会に祝電送らず	8　礼宮、タイを非公式訪問 8・6　タイ化学肥料会社（NFC）は、肥料プロジェクトに関する趣意書（LI）を入札者の2グループに送付することを、2カ月延期するように要請 8・12　メイズ生産流通協会は日本にメイズ購入を要求 8・13　シッティ外相、橘駐タイ大使に「タイ・日経済関係調整白書」を手交 8・20　日本穀物貿易協会、タイ産メイズ購入に合意 10・1　ソンマイ蔵相、訪日（—5日） 10・5　シッティ外相、訪日（—7日） 10・7　NFC、肥料プラント着工を3カ月延期 10・11　官民協議会、外国人商工会議所とはじめての会合 12・12　政府と在タイ外国人商工会議所間で作業部会設置 12・14　大来元外相、東部臨海開発問題でスリー総理府相と会談 12・16　橘駐タイ大使、大使交代パーティ席上にて東部臨海開発計画の挫折を懸念 12・20　日本・タイ経済協議開催（—21日）

ビルマ	マレーシア	ブルネイ	シンガポール	インドネシア	フィリピン
10・11　同議員団、離緬 11・3　ビルマ政府、100チャット紙幣などを予告なしに廃貨		の名誉総裁)、美智子妃と共にブルネイ館を訪問 10・23　海上自衛隊の練習艦「かとり」及び護衛艦「まきぐも」遠洋練習航海中ムアラ港に寄港（―26日） 10・28　ブルネイ・ダルサラーム大学開校式挙行、総長ハサナル・ボルキア国王、副総長ハジ・アブドゥル・アジス文部大臣、学生数179名、文学部、教育学部の2学部で発足 11・10　外務省文化2課主催「第12回東南アジア日本留学生の集い」に参加のためテオ・ボーン・ペン農業上級畜産助手（東京農業大学卒業）他1名訪日 11・17　枢密院閣僚会議のアブドゥル・ラーマン事務局長、外務省の「中堅指導者招聘計画」により訪日 12・2　国際協力事業団（JICA）の招待でブルネイ外務省ハジ・アーマッド・ガザリ情報文化局長訪日	無償協力で交換公文調印。13億2700万円	記念館開所 8・19　ハビビ研究技術担当国務相訪日（―25日、科学技術博覧会視察） 8・25　スヨノ公共事業相訪日（―9月3日、建設相招待） 8・27　アラムシャ国民福祉担当調整相訪日（―9月4日） 9・2　鈴木前首相訪イ（―4日） 9・6　スマルリン国家開発企画担当相・ギナンジャール両大臣率いる大型ミッション訪日（―11日） 10・8　インドネシアの石油開発100周年を記念し、インドネシア人8名、米国人6名、日本人3名（西嶋重忠、東澄夫、佐藤邦夫）を表彰 11・4　「シナル・ハラパン」紙、日本―アセアン人的交流に批判報道 11・6　ガフール青年スポーツ相、4日付「シナル・ハラパン」紙報道につき事実調査のうえ関係者を処罰すると同紙に談 12・23　パジャジャラン大学日本語センター建設計画に無償援助6億5400万円	7・11　社会党派遣の経済援助効果調査団3人が訪比（―17日）。「日本の対フィリピン援助は適切に使われていない」と指摘 7・16　ビラタ首相、訪日（―17日） 7・18　東京で世銀主催の対フィリピン援助国顧問団会議が開かれ、フィリピンの債務再編問題を討議（―19日） 8・21　京都府八木町とマニラ市が姉妹都市提携 8・25　法務省入管局、資格外活動容疑で摘発される外国人が急増しており、フィリピン人女性の違反者が最多とする実態報告書を作成 8・30　エンリレ国防相、国防省に納入された日本製トラック99台に価格水増しの疑いがあると告発 9・8　角谷清第12代駐比大使、着任 11・1　イメルダ夫人、訪日（―6日）。5日に東京で中曽根首相と会談 11・20　ニューヨーク・タイムズ紙、マルコス一家の「不正蓄財」を暴露 12・中　農村の嫁不足対策で、山形県朝日村など自治体が仲介役になってフィリピンから花嫁を募集 12・18　伊東正義元外相、特派大使としてロムロ外相の国葬（19日）参列のためマニラ入り

1985～1986（昭和60～61）年

日本	ベトナム	カンボジア	ラオス	タイ
	(―19日)			
1986 1・20　朝日麦酒がインドネシアでビール委託生産を発表 2・上　インドネシア日本占領期史料フォーラム発足（トヨタ財団助成、代表永積昭） 2・26　梁井新一外務審議官が比アキノ新大統領訪問 　　　椎名自民党国際局長が比新アキノ政権訪問 3・6　第12回日本・ASEAN経営者会議で対ASEAN企業投資意欲低下を示すアンケート結果公表 3・29　公明党が黒柳明国際局長を団長とする訪問団を比に派遣 3・30　民社党塚本委員長比・マレーシア・タイ訪問（―4月7日） 3・31　共産党が正森成二衆院議員を団長とする党調査団を比に派遣（―4月6日） 3・中　円借款や日本企業がらみのマルコス前比大統領の不正蓄財疑惑に関して衆院で一連の質疑 4・28　ASEAN外相会議、民主カンプチア連合政府3派代表の8項目提案を支持 5・4　第12回主要先進国首脳会議（東京サミット）開催（―6日） 6・26　安倍外相、マニラにおけるASEAN拡大外相会議出席（―27日） 6・26　安倍外相がASEAN拡大外相会議に出席し演説	6・4　日本民間通商代表団訪越し、両国間の貿易拡大、ベトナムの新投資法、ハノイに日本商社代表事務所を開設する問題などを討議 6・12　日本赤十字社代表団訪越（―19日）、結合体双生児を日本で治療（―10月29日）するための準備 6・19　二重体児のベトちゃん、ドクちゃんが緊急治療のため訪日 6・23　ブー・トゥアン食品工業相訪日、日本との協力関係強化の希望表明	3・4　栗野UNCHR特別顧問（元カンボジア大使）がカンボジアを訪問、難民救援の民間団体日本国際ボランティアセンターは3月8日、カンボジア国内では5月から、孤児院の援助・技術学校・ワークショップの開設、井戸掘りなどの救援活動をはじめると活動計画を発表 5・1　駐タイ王国日本大使がカンボジア大使を兼任	1・16　日本政府、4億円相当の農業機械、器具、科学肥料供与を規定した文書を調印 2・22　日本政府、ラオス開発のため2億5650万円の援助供与を決定。文書調印 4・2　日本政府、ウィエンチャン発電所修理の援助として350万ドル供与の協定調印 6・10　日本政府、ラオス文化省に2200万円相当の楽器贈与の協定調印	1・8　ピポップ法相、訪日（―17日） 1・30　第6回日・タイ合同貿易委員会開催 2・6　ソンマイ蔵相、訪日（―14日） 2・7　木内昭胤特命全権大使着任 2・11　閣議、外国人投資信託課税率を現行の20％から10％へ引き下げることを決定 2・21　日本食糧貿易協会、タイ産メイズ3万6000トン買い付け 2・24　木内新駐タイ日本大使、首相を表敬訪問 3・19　チャーン首相府相、訪日（―25日） 4・9　マールット保健相、訪日（―16日） 5・12　NFC肥料計画継続推進。17日に期限切れとなる日本側企業連合とのLIは5度目の延期 6・26　フィリピンにおいて、安倍外相、シッティ副首相兼外相と会談

1985～1986（昭和60～61）年

ビルマ	マレーシア	ブルネイ	シンガポール	インドネシア	フィリピン
					12・20　一般無償協力（食品・医薬品試験所建設に10億8100万円）、食糧増産援助（25億円） 12・23　第13次円借款（プロジェクト借款166億500万円、商品借款328億9500万円） 12・31　在日フィリピン人の外国人登録者が1万人を超す
1・20　小田部謙一・元駐ビルマ大使を団長とする官民合同の日本輸入可能性調査団、セイン・ティン燃料相、ティン・スウェ第1工業相、キン・マウン・ジー貿易相らと会談 2・1　アウン・チョウ・ミン情報文化相、来緬中の日本伝統舞踊団と会見 2・17　日本政府、ビルマ政府との間で3億4922万円の無償援助と361億5000万円の円借款供与に関する公文を交換 4・8　日本政府、ビルマ政府との間で11億円の無償援助供与に関する公文を交換（内容は亜鉛鉄板など） 6・24　ソウ・ニュン教育省基礎教育局次長を団長とする10名の教育事情視察団、国際交流基金の招きで訪日	1・12　治安当局、マラヤ共産党ゲリラ内に日本人2人、と発表 2・中　ダイム蔵相、訪日。円高状況下での円借款返済について協議 2・26　ASEAN工業化プロジェクトへの追加借款協定。47億9700万円 4・24　マ日・日マ経済協議会。マ首相、日本の市場開放不充分、と批判	1・6　日本人教員（男4、女1）ブルネイ国政府と正式契約、高1または中3の数学、生物等の教師として赴任 1・25　駐ブルネイ日本大使、ブルネイ国言語文芸局に書籍106冊寄贈 2・24　三菱商事寄贈の機械訓練センター開校 3・1　在日本ブルネイ大使館東京に開設、帝国ホテルに仮設事務所設置 5・9　在日本ブルネイ大使館東京品川区に設置 6・20　14日以内の観光目的の滞在に関する査証取得を不必要とする査免取決め発行 大都工業、ムアラ港浚渫工事着工	1・13　日本とコンピューター訓練第2期5カ年協定に調印 1・26　国際金融取引所に日本人（東銀支店長）理事任命 3・30　全国労組会議（NTUC）代表団、訪日 4・3　中曽根首相記特使、リー首相と会談 5・11　リー・シェンロン商工相代理、訪日（―15日） 6・4　リー首相、6月末の訪日予定を取り消し 6・23　フー・ツタウ蔵相、訪日	1・10　スブロト鉱業エネルギー相訪日（―14日、第8回IAEE会議出席） 1・11　スジョノ元大統領補佐官東京滞在（―15日） 5・15　日本大使館、アメリカ大使館に手製砲弾（東京サミットに対する反対、「反帝旅団」声明） 5・28　コスマス・バトゥバラ住宅担当国務相訪日（―30日） 6・5　アリ・ワルダナ経済・財政・工業開発担当調整相訪日（―7日、IGGI会議出席） 6・20　5・15爆破事件現場で採取した指紋から、ダッカ事件関係日本人の関与が判明、インドネシア警察、指名手配	1・23　ニューヨーク・タイムス紙、マルコス大統領の「抗日ゲリラの英雄伝説はでっち上げ」と指摘する記事を掲載 2・21　角谷駐比大使、マラカニアン宮殿でマルコス大統領と会見 2・22　エンリレ国防相、ラモス国軍参謀次長代行らが反マルコスで決起、マニラの軍事基地に籠城。ボスワース米駐比大使と角谷大使に電話で「理解と協力」を要請 2・23　外務省、日本人のフィリピン渡航自粛を勧告 2・24　角谷大使、マラカニアン宮殿でマルコス大統領と会い事態の平和的解決を要請 2・25　午前10時すぎからC・アキノ候補が第7代大統領としての就任宣誓式を挙行 フィリピン中部の砂糖生産地ネグロス島の飢餓救済と農民の自立支援のNGO「日本ネグロス・キャンペーン委員会」が発足 2・26　マルコス一家、グアム

1986（昭和61）年

日　　本	ベ　ト　ナ　ム	カ　ン　ボ　ジ　ア	ラ　オ　ス	タ　イ
				安倍外相とシッティ外相は日・タイ修好100周年で記念行事開催を検討することで合意

ビ ル マ	マレーシア	ブルネイ	シンガポール	インドネシア	フィリピン
					経由でハワイ亡命
					安倍晋太郎外相は午前零時半、アキノ新政権への経済協力を約束する外相談話を発表。有田圭輔JICA総裁も衆院外務委員会理事との懇談で積極的援助方針を表明
					2・27　対フィリピン援助策の具体化に向けた予備調査で、梁井新一外務審議官がマニラ入り
					3・6　ワシントンでの日米外務次官級会議で、日米連携による対フィリピン援助策を協議
					3・11　アキノ政権の不法滞在外国人追放キャンペーンで、日本の警察当局が大麻取締法違反容疑で指名手配していた日本人暴力団員が強制送還第1号に
					3・18　米当局、マルコス一家が亡命時に持ち出した機密文書類2300枚（マルコス文書）をフィリピン側に引き渡す。日本の賠償やODA絡みの汚職を示唆する文書発覚
					3・20　日本政府、藤田公郎外務省経協局長を団長にした経済協力協議ミッションを派遣（―21日）
					3・24　外務省は外相の私的諮問機関に鎌田英夫元会計検査院長を部会長とする「ODA評価検討部会」を設置、対フィリピン援助実態の洗い直しを
					通産相通産政策局のフィリピン担当官だった職員が自殺
					4・3　V・クユガン臨時駐日大使、着任
					4・11　衆参両院、日本が絡む「マルコス不正蓄財」の疑惑究明で調査特別委員会を設置（審議開始は23日から）
					4・15　調査特別委の調べで、これまでの対フィリピン円借款で日本企業35社の受注額は計約1000億円だったことが判明
					4・30　マニラでADB総会（―5月2日）。アキノ大統領、竹下登蔵相らと会談
					5・7　新設の大統領行政規律委員会（PCGG）、ベネディクト元駐日大使名義のマルコス資産を接収
					5・11　アキノ政権、マルコス時代にマニラなどに進出した日本の暴力団組織を摘発。国外追放に乗り出す
					6・3　S・ラウレル副大統領兼外相、訪日（―6日）。4日に中曽根首相と会談、円借款受け入れ窓口を円借款事業執行官から外務省に移行すると表明
					6・13　日本の歴史教科書問題で、フィリピン政府当局から初めて公に非難の声があがる。マニラ・タイムズ紙は「日本を守る国民会議」作成の高校教科書への抗議記事掲載
					6・17　R・デルロサリオ第8代駐日大使、着任
					6・25　マニラで安倍外相とシュルツ米国務長官が会談、日米共同の対フィリピン援助プロジェクトを検討することで合意

1986（昭和61）年

日　本	ベトナム	カンボジア	ラオス	タイ
1986 7・23　東京で日本・ASEANフォーラム第8回会合（―24日） 8・12　JETROが「アセアン工業化促進協力事業」開始 8・21　新日鉄など4社がベトナムから3年ぶりに大口径管受注と公表 9・16　不二製油と伊藤忠がマレーシアにパーム油合弁工場設立発表 9・27　ベトナム統一後初のハノイ在住日本人駐商社員2名が着任 10・2　そごうがシンガポールに出店発表 10・3　海外協力基金・アジ研・日本貿易振興会がASEAN 4カ国への経済協力に関する報告完成 10・24　三洋電機がシンガポールに合弁エアコン工場建設発表 10・30　日本在外企業協会がASEAN 4カ国から選出された8名の日本語スピーチ発表会開催 11・7　アセアン・センターがASEAN域内進出企業を中心に円高の影響調査結果公表 11・13　超党派の「東チモール問題を考える議員懇談会」発足 11・15　忠実屋がマレーシアに初の海外店出店 12・1　日立造船がシンガポールの合弁造船会社の全株式取得 12・6　日本・ASEAN経済協議第5回総会がシンガポールにおいて開催 12・19　三菱グループとインドネシア政府が合弁で原発建設へ検討契約調印 12・22　新日鉄と四商社がタイ企業と合弁鉄構工場設立発表 12・24　日立造船の子会社がシンガポール産養殖海老輸出で日本市場に参入 12・上　横浜ゴムとマレーシア政府が天然ゴム処理廃液共同利用研究の発足を発表	7・10　レ・ズアン共産党書記長、モスクワで死亡 7・14　チュオン・チン国家評議会議長、党書記長に選出 7・25　福田外務審議官、ベトナム外務次官と会談 7・25　堤功一日本大使、任期を終了し離任 9・18　ベトナム戦争期に米国が使用した化学毒薬の影響を調査するベトナム委員会代表訪日、福岡市で開かれたダイオキシンに関する国際シンポジウムに参加 10・19　ボー・ドン・ザン外務担当相、日本外務省の招きで来日し倉成外相と会談、両国関係、国際問題について意見交換 11・8　日本政府、9月の台風災害に対してベトナムへ15万ドルの緊急援助 11・27　股野景親ベトナム駐在日本大使、着任 11・29　伊豆大島避難民316人が国際救援センターへ一時的入所（12月20日に帰島） 12・15　ベトナム共産党第6回党大会、グエン・バン・リンを党書記長に選出、ドイモイ採択、対中関係正常化を提案	10・21　国連総会、カンボジアからの全外国軍の撤退を求めた決議を採択。賛成115、反対21、棄権13。民主カンプチア連合政府の代表権を認めた信任状委員会の報告を採択	8・12　日本政府、ウィエンチャンの発電所第2期工事用として5億1300万円の援助を与えることに同意 10・16　桜内元外相がラオス政府の招待によりラオス訪問 11・13　ラオス人民革命党、第4回党大会をウィエンチャンで開催（―15日）。経済開放化政策を採択	7・15　ソンマイ蔵相、訪日 8　礼宮、非公式訪タイ 8・23　アジア工科大学から名誉博士号を受けるため、自民安倍総務会長訪タイ 9・7　日本の対タイ経済協力調査団訪タイ 9・19　シッティ外相、米国・日本・香港歴訪に出発 9・26　福田元首相、訪タイ（―27日） 10・8　シッティ外相、訪日（―10日） 10・22　スピン大学庁相、訪日（―26日） 10・26　プラムアン工業相、来日（―28日） 11・1　首相、NFC肥料プラント建設には不干渉と発言 11・16　スティー蔵相、訪日（―21日） 11・20　オートバイ国産化計画の投資奨励企業として、タイ・スズキ、タイ・カワサキ、サイアムヤマハ、タイ・ホンダの日系4社とヨンタラキットの計5社を選定 11・21　NFC肥料プラント建設のLIの7度目の有効期限延長 12・1　日本の経団連は、タイ貿易院などとの間で両国間貿易交渉の見直しを行い、従来のタイ側の対日輸出ターゲット中心の交渉から、投資、産業問題をも含んだ幅広い交渉へと変更する合意が成立

1986（昭和61）年

ビルマ	マレーシア	ブルネイ	シンガポール	インドネシア	フィリピン
8・19 日本政府、ビルマ政府との間で42億6300万円の無償援助供与に関する公文を交換（内容は青少年センター、灌漑技術センターの建設） 8・29 ビルマ訪問中の日本の国会議員団4名、人民評議会議長と会見 9・9 マウン・マウン・カ首相、日本を公式訪問。チョウ・ティン国防相、イェー・ガウン外相、マウン・チョウ第2工業相らが同行 9・10 首相、富士市の大昭和製紙工場を視察 9・11 首相、中曽根康弘首相と会談 9・12 首相、皇居で天皇と会う 9・13 首相、17日まで京都・奈良・広島などを訪問 9・18 首相、離日、ビルマ帰国 10・24 協同組合活動を視察するため、協同組合副大臣チッ博士を団長とする視察団、日本・中国・韓国・インドネシア・タイに出発	7・3 国民車プロトン・サガ、値上げ。この頃、日本製品の値上げ相次ぐ 10・4 マ首相、中曽根首相と非公式会談。円建債務の資本化を要請 10・27 第11次円借款協定。125億7400万円	7・16 教育保健省日本語学級開設、日本人教師2名 7・17 在日ブルネイ国大使館主催の国王誕生祝賀会帝国ホテルで開催 7・19 在ブルネイ日本人会、ブルネイ国王誕生祝賀会行事の「歌と踊りの夕べ」に参加 7・23 日本国外務省で開催の「ASEANフォーラム」に参加出席のため外務省アセアン局長プンギラン・マイディン氏訪日 7 飛島建設、トゥットン―ジュルドン間幹線道路建設工事完了 8・2 プンギラン・アナック・プティ駐日大使、東京に着任 9・7 前国王オマール・アリ・サイフディン3世薨去 10・13 日本政府主催のアセアン青年の船「日本丸」、ムアラ港に寄港（―16日） 10・20 国王新内閣組閣、宗教庁が宗教省に格上 11・20 ブルネイ国民銀行（NBB）、大蔵省により閉鎖接収され、会長他4名の経営陣、不正融資と虚偽の経営処理容疑で逮捕送検 12・3 三菱商事、ロイヤル・ダッチ・シェル・グループと共にブルネイLNG事業の出資比率見直しを柱とした新契約をブルネイ国政府と締結 12・下 RBA、日本地区支社	7・1 石原産業、二酸化チタン工場の建設を発表（87年5月15日起工） 7・23 開発銀行（DBS）、日本で起債（47億5000万円） 9・3 国際金融取引所、東証平均株価の先物取引開始 9・16 規格・工業研究所（Sisir）が日本工業規格第1次検査資格取得 10・14 リー首相、訪日（―20日） 12・16 開発銀行、日本で起債（48億5000万円） 12・31 『聯合早報』紙、日本の軍事費1％突破を批判	7・5 ダルマ・プルサダ大学設立（元日本留学生が中心） 8・18 スマルリン国家開発企画担当国務相訪日（―19日） 8・26 渡辺美智雄前通産相を団長とする国会議員団訪イ（―28日） 9・27 スヨノ公共事業相訪日（―28日） 10・5 ギナンジャール国産品利用促進担当副大臣訪日（―8日、輸銀セミナー出席） 10・16 サレー法相訪日（―18日） 11・5 第7回日イ合同経済委員会開催（東京にて）、ギナンジャール国産品利用促進担当副大臣・スカムダニ商工会議所会頭出席 11・27 インドネシア大学で日本研究第3回全国セミナー（―29日） 12 北スマトラのバイユ村のイスラム寺院復興に元日本兵たちが義援金 戦時期ババル島虐殺事件についての報道相次ぐ	7・6 マルコス忠誠派のクーデター未遂事件。その後、90年末までマルコス忠誠派や国軍改革派などによるクーデター騒ぎが繰り返され、日本の投資にブレーキ 7・中 ネグロス日系人会結成 8・21 アキノ政権、マルコス政権時代の丸太禁輸措置以降も日本などへの木材密輸があとを絶たず、環境破壊が進んでいるとして、改めて丸太の全面輸出禁止を発表 8・22 一般無償協力（食品医薬品試験所建設に4億1700万円） 9・15 アキノ大統領、就任後初の外遊で公式訪米（―25日） 9・18 米下院、2億ドルの対フィリピン経済援助を可決 11・4 日比友好議員連盟を改組した日比友好議員懇話会が発足。会長は自民党の小坂善太郎衆院議員 11・10 アキノ大統領、公式訪日（―13日）。11日に大手7商社幹部らと投資促進要請などで個別会談。12日に早稲田大学から名誉博士号を授与 11・15 マニラ近郊で若王子信行三井物産マニラ支店長が武装グループに誘拐 11・中 フィリピン援助の見直しと新方針を検討するため、「フィリピン国別援助研究会」発足。座長は高橋彰東京大学教

1986～1987（昭和61～62）年

日　本	ベトナム	カンボジア	ラオス	タイ
				12・14　バンヤット科学技術エネルギー相、訪日（―19日）
1987 1・12　インドネシア政府が日本合弁企業に初の金融支援合意 1・16　いすゞ・マツダ・三菱自が共同でタイに小型トラック用エンジン生産合弁工場設立計画公表 1・29　東京で日本国際問題研究所主催「第1回日本・ASEAN会議」開催（―31日） 2・9　トヨタがインドネシア合弁工場からアジア・カーを域内（ブルネイ）に初輸出すると発表 4・1　味の素が米社クノールの東南アジア6カ国現地法人に資本参加発表 4・23　ASEAN6カ国駐日大使が外務省訪問、日商岩井のベトナムとの貿易に抗議 4・29　クラレと丸紅がインドネシア側に合弁会社株売却を発表 6・5　日商岩井が当面対ベトナム新規事業停止を発表 6・18　倉成外相がASEAN拡大外相会議で演説、円高で増大した対日債務対策発表。カンボジア問題の包括的政治解決4原則を提示	3・17　日本外務省、ソ越共同声明での「日本批判」は遺憾と表明 3・18　ベトナム側と日越貿易会（加盟88社）代表、ハノイ市内に日本貿易センタービルと外国人用マンション建設に関する覚書に調印 4・15　中国、日本企業のベトナム進出を批判 4・24　ベトナム当局、原油輸出契約に基づき日商岩井と伊藤忠商事に7万7000トンの原油引渡し ASEAN諸国の駐日大使、日本のベトナムに対する貿易へ抗議 5・1　アジア福祉教育財団難民事業本部に「難民相談室」設置 5・8　コスモ石油、日本鉱業、	1・20　山下新太郎臨時代理大使任命 5・13　シハヌーク大統領がポル・ポト派による自派軍攻撃を理由に5月7日から大統領職を1年間休職すると宣言 6・3　ラナリット殿下訪日、倉成外相と会談	1・23　日本外務省国際経済協力局代表とラオス農業・水利・合作社省代表、ウィエンチャン平原の農業生産プロジェクトと灌漑改造についての草案に調印 2・18　日本政府、ラオス政府に30億2500万円供与の協定調印 3・4　日本政府、タゴン平野開発に6億2000万円の援助を供与する協定に調印 3・18　日本政府、農業発展のためにシエンクワンに1億5000万円の援助を決定 4・6　日本政府、ラオスの教育改善援助に関する文書調印、ウィエンチャン師範大学に2800万円の技術設備費を供与 4・29　在ラオス日本大使館における天皇誕生日祝典にサリ・ウォンカムサオ副首相兼国家計画委員会議長およびカムパイ外	1・4　タイ観光年スタート 1・14　田村通産相、訪タイ（―16日） 1・15　田村通産相、プレーム首相を表敬訪問 1・16　無許可の外国民間援助機関の規制強化 2・21　福田元首相、訪タイ（―24日） 3　浩宮、タイを非公式訪問 3・1　日本政府、タイ産マンゴー輸入を許可 3・20　国営肥料社、日本側に契約内容の変更を要請 4・22　スティー蔵相訪日（―30日） 5・2　日本のタイ産すず輸入減少 6・12　トヨタ自動車、タイでエンジン生産の合弁会社を設立すると発表

1986～1987（昭和61～62）年

ビルマ	マレーシア	ブルネイ	シンガポール	インドネシア	フィリピン
		を東京に開設			授 12・11 日本への出稼ぎ志願者の女性約800人が、査証発給手続きの簡素化を求めてマニラの日本大使館前でピケ 12・16 日本の法務・外務両省幹部、主にフィリピンからの出稼ぎ者の不法滞在急増問題で協議 12・29 一般無償協力（貿易研修センター建設など4件に計37億5000万円） 12・30 食糧増産援助（29億円）
1・14 浜野剛外務政務次官、ビルマを訪問（―16日）。マウン・マウン・カ首相らと会談 2・17 日本政府、ビルマ政府との間で3億2800万円の無償援助供与に関する公文を交換（内容は学校教育用の紙、薬品など） 3・6 日本政府、ビルマ政府との間で11億円の無償援助供与に関する公文を交換（内容は鋼棒購入費用） 4・7 大鷹弘・新駐ビルマ大使、サン・ユ大統領に信任状を提出 4・19 トゥン・ティン計画財務相、大阪で開催されるアジア開銀総会出席のため訪日	1・13 円借款の金利引下げに合意（5％から4％に） 4・6 国立電算機センター開設。日本が機材600万リンギ相当寄贈 4・12 放射性廃棄物貯蔵施設に対し、住民5000人が反対デモ 4・15 新日鉄、海綿鉄工場施設の欠陥に賠償金支払い	1・27 駐ブルネイ川村日本大使、日本の社会関係の図書43冊をブルネイ政府へ寄贈　財団法人日本国際問題研究所主催の第1回「日本アセアン会議」に外務省のマジッド経済局長外3名出席 2・23 帝国ホテルにて駐日ブルネイ国大使主催の独立記念日祝賀会開催 3・23 八百半（日本側70％出資）デパート開店 4・4 ブルネイLNG第2000船袖ケ浦基地入港 5・3 プンギラン・ハジ・イドリス新駐日大使着任 5・30 アイランド・ディベロップメント銀行はフィリピン側のアラヤが撤退し日本側の第一勧業銀行が現地資本と提携しブルネイ・インターナショナル	1　出光興産、石油の委託生産開始 3・上　貿易開発局長官、訪日。買付け増など要請 3・27 国会議員5人、中曽根首相を表敬訪問 4・21 リー・シェンロン商工相、日本にASEAN域内共同事業支援基金の創設を要請 4・23 外務省、日本企業のベトナム経済開発積極関与に憂慮表明 5・23 ダナバラン外相、日商岩井とベトナムとの関係に憂慮表明 5・25 ダナバラン外相、訪日 6・6 日本、シンガポールを災害救援物資貯蔵地に 6・19 共産活動容疑で逮捕（5月21日）された16人につき、日本に「救援する会」	1・30 日本―アセアン会議に出席のためモフタル外相訪日（―2月1日） 2・13 メダンで日本文化週間 4・4 ガルーダ航空機メダン空港に墜落、同市駐在の大西正治副領事ら29人死亡	1・中 フィリピン国別援助研究会、東京で第1回研究会開催 1・29 日本政府、日本人旅行者のフィリピン渡航自粛を観光業界に勧告 2・2 フィリピン、国民投票で新憲法を承認（発効は11日） 3・4 フィリピン外務省、日本人の旅行自粛勧告は「支店長誘拐事件への報復措置だ」とする抗議書を日本大使に手交 3・19 一般無償協力（マニラ首都圏環境衛生改善事業に8億5000万円） 3・20 日本の右翼団体員、若王子三井物産マニラ支店長誘拐事件に抗議して東京のフィリピン大使館に乱入 3・31 若王子支店長解放。身代金300万ドルを支払ったとされる

1987（昭和62）年

日　　本	ベトナム	カンボジア	ラオス	タイ
	ベトナム産原油を初輸入 5・29　日越社会科学交流促進協会が東京で創立、訪日中のファン・ニュ・クオン国家社会科学委員会議長が出席 6・17　グエン・バン・リン共産党書記長、ドイモイの推進を表明 6・22　共同通信ハノイ支局開設		務次官が出席 5・22　日本政府、ラオスに2200万円相当の楽器を援助 6・16　日本政府、駐ラオス大使に早川照男メルボルン総領事を任命	6・13　衣料品輸出促進ミッション、訪日（―28日） 6・19　第4回日・タイ関係会議開催 シンガポールにて日・タイ外相会談 日本の大手製紙メーカー15社、タイ産ユーカリ輸入を検討
1987 7・12　外務省がASEAN5カ国での対日意識調査結果発表 7・13　川崎製鉄が比・インドネシアの2港の整備など受注を発表 8・10　政府が「ASEAN工業化ファンド」設立計画調査開始 9・3　いすゞ自動車がタイにエンジン生産工場設立発表 10・26　土井たか子社会党委員長がASEAN6カ国の駐日大使と懇談しアジア非核問題を討議 11・10　ソニーがマレーシアにテレビ工場設立	8・1　ヴェッシー米大統領特使ハノイ訪問、米軍行方不明兵（MIA）の捜索促進合意 8・12　藤田外務省アジア局長、ベトナム訪問しカンボジア問題の早期解決を要求 8・28　市民団体ピースボートの支援により、日本定住ベトナ	7・27　モフタル・インドネシア外相、ベトナムを訪問。ベトナムと全当事者間の非公式対話による「カクテルパーティ方式」で合意したと共同声明 8・16　ASEAN緊急外相会議、「カクテルパーティ方式」について全当事者の非公式対話	7・7　日本政府、ラオスに5億7000万円の援助供与協定調印 10・1　藤田公郎アジア局長以下の外務省代表団、ラオス訪問（―3日）。カムパイ外相代行と両国間の協力関係拡大について会談 11・27　日本からの援助で完	7・27　東部臨海開発委員会、日本政府に無償援助要請を決定 8・8　稲村環境庁長官、訪タイ（―11日） 8・13　チュラポーン王女、日本を非公式訪問（―19日、及び8月25日―9月2日） 8・15　倉成外相、タイに立ち

194

ビルマ	マレーシア	ブルネイ	シンガポール	インドネシア	フィリピン
		銀行に改称 6・21 「21世紀のための友情計画」でブルネイ国の学生20名訪日（―7月21日）	6・29 米政府、シンガポール日立をダンピングで非難		4・15 アキノ大統領、三重県の鳥羽水族館に国際保護動物のジュゴンの雌を寄贈 4・中 フィリピン国別援助研究会、現状分析や提言などを「報告書」として作成 5・30 日本政府、上記報告書を受けて大来元外相を団長とする経済協力総合調査団をマニラに派遣。フィリピン当局と経済協力の重点分野などを協議（―6月5日） 6・11 特別円借款（プロジェクト借款404億円） 6・21 フィリピンに潜伏していた日本赤軍最高幹部の丸山修容疑者がフィリピン人名義の偽造旅券で帰国していたことが判明（11月、日本で逮捕） 6・24 マニラで第1回日比外交事務レベル次官級協議（―25日）。貿易、投資、経済協力、文化交流などを話し合う協議を毎年開催することに合意 6・26 フィリピン航空機、バギオ郊外の山中に墜落。日本人7人を含む50人全員が死亡
7・7 日本政府、ビルマ政府との間で49億7400万円の無償供与に関する公文を交換（内容は中央林業開発訓練センター建設など） 9・5 ビルマ政府、75、35、25チャット紙幣を予告なしに廃貨	9・1 ガファール副首相、訪日（―6日）。円借款金利引下げなど要請 11・10 工業開発庁、東京銀行との覚書に調印。投資誘致などの連携などを謳う 11・20 プロトン社、対米輸出契約に調印	7・30 駐ブルネイ川村初代日本大使帰国 8・9 在ブルネイ日本大使館主催の日本語クラスの弁論大会開催、約80名参加 8 大都工業、ムアラ港浚渫工事完了 9 大都工業、ペロンポン東	7・8 経団連投資使節団、来訪 9・5 日本との航空交渉妥結 9・16 日本から食品買付け使節団来訪 11・16 日本通産省、当国で第1回繊維産業会議開催 11・24 ソニー子会社、日本	8・27 福田元首相ASCOJA（元日本留学生ASEAN協議会）第7回大会出席のため訪イ 10・29 インドネシア大学に4800万円、ダルマ・プルサダ大学に4700万円の文化無償援助 10・30 ヨギ・スパルディ大使（10代目）着任	7・5 経団連使節団20人、訪比（―10日） 7・15 日本などの私銀債権団483行とフィリピン側が債務再編協定に調印（発効は12月22日） 7・17 アキノ大統領、フィリピン新投資奨励法に署名、発効。優先業種を対象に4〜6年

1987（昭和62）年

日　　本	ベトナム	カンボジア	ラオス	タイ
11・12　クアラルンプールで日本とASEANの事務レベル援助協議開催（―13日） 11・16　日本石油がマレーシア沖海底油田開発契約獲得 11・17　日揮がインドネシアから石油化学プラント受注発表 11・18　東南アジア大型文化使節団（団長戸崎誠喜伊藤忠商事相談役）出発 12・15　竹下首相ASEAN首脳会議に出席（―16日） 　日本の軍事大国化を否定 12・16　アジ研が新興工業経済地域NIESの経済見通しを発表 12・30　第9回外交文書解禁で米の日本・東南アジア関係に関する文書公表	ム難民が初めての一時帰国（―9月18日） 9・9　倉成外相、グエン・ジー・ニエン外務次官と会談 9・9　日本人訪問団500人余り、「ピースボート87」に乗りホーチミン市に到着（3日間滞在） 9・22　ベトナム国会対外委員長グエン・チ・ビン女史ら訪日、「対米修復は積極的に、日本とも友好関係願う」と表明 9・28　藤田外務省アジア局長、訪越 10・1　日越、カンボジア問題で意見交換 11・18　チャン・タン市長以下のハノイ市人民委員会代表団来日、京都で開催の世界歴史都市会議に参加 11・22　マイ・チ・ト党中央委員会政治局員以下の共産党代表団、日本共産党の招きで日共大会に参加 11・29　ベトナム臨時代理大使、カンボジアからのベトナム軍撤退に関して、初の事前通告	のあとただちにベトナムが対話に参加するとの条件付きに修正 10・14　国連総会、カンボジアからの全外国軍撤退決議を採択。賛成117、反対21、棄権13 12・2　シハヌーク殿下、パリ郊外フェールアンテルドゥノアでフン・セン首相と2者会談。全当事者会議などの共同声明発表（―4日） 12・4　ASEAN首脳会議、シハヌーク殿下の努力を支持 12・15　竹下首相が日本・ASEAN首脳会議でシハヌーク殿下の努力をできるだけ支援すると表明	成したウィエンチャンの6つの発電所をラオス側に引き渡し。援助総額は11億5300万円	寄る（―16日） 8・16　礼宮、タイを非公式訪問（―25日） 9・18　第13次円借款調印 9・23　ワチラロンコーン皇太子、日・タイ修好100周年記念式典主席のため、日本を公式訪問（―27日） 9・24　対日世論調査結果。対日感情は全般的に改善しているものの、多くが経済援助は結局日本の利益になっていると回答 9・25　中曽根首相、バンコク入り 9・26　中曽根首相、チュラーロンコーン大学で講演 　日・タイ首脳会談 　日本政府、アユタヤ歴史資料館に無償資金供与 　日・タイ修好100周年記念日。 9・27　訪日中のワチラロンコーン皇太子、突然帰国 10・8　モントリー商相、第12回日・タイ貿易合同委員会出席のため来日（―11日） 10・9　日本政府の無償供与によって建設されたタイ文化センター開館 10・11　プレーム首相、日本を非公式訪問（―13日） 10・12　日本政府、ワチラロンコーン皇太子接遇問題で遺憾を表明 10・26　日本の投資ミッション、地方の投資環境の不備を懸念 11・6　日本、イタリアその他

1987（昭和62）年

ビルマ	マレーシア	ブルネイ	シンガポール	インドネシア	フィリピン
9・7　予告なし廃貨による政情不安のため、ラングーン日本人学校が一日臨時休校 9・22　日本政府、ビルマ政府との間で無償援助73億3000万円、円借款329億円の供与に関する公文を交換		端養浜工事着工 10・2　平井労相ブルネイ訪問、ブルネイ国王に謁見、国王特別顧問、労働局長と会談 10・25　日本ブルネイ友好協会の鷲見正事務局長外2名、教育省主催の「日本ブルネイ小学生絵画展示会」に出席のためブルネイ訪問 10・30　第15回「東南アジア医学情報センター」セミナーに参加のため保健省のダヤンク・マリヤニ博士及びザイニ博士訪日 11・4　東南アジア青年の船「日本丸」ムアラ港に寄港（―8日） 11・12　駐ブルネイ大鷹市郎日本大使、ブルネイ国の王宮で信任状奉呈 11・27　東南アジア青年の船「日本丸」東京に帰港、ブルネイの青年36名訪日、浩宮殿下表敬訪問、竹下首相主催のレセプションに出席（27日帰国）	企業として初の「操業本部」（OHQ）認定 11・25　日本文化使節団、来訪	11・3　モハマッド・サドリ教授に勲1等瑞宝章、スタン・タクディル・アリシャバナ博士に勲2等瑞宝章 11・13　枝村純郎大使（第12代目）着任 12・15　竹下首相マニラでスハルト大統領と会談（―16日）	の法人所得税減免などの優遇措置を導入 8・31　日比政府代表、マニラで初めてフィリピン人女性らの日本出稼ぎ問題を協議 9・25　一般無償協力（フィリピン総合病院外来棟建設など2件に計50億3500万円） 10・1　日本輸出入銀行、フィリピン政府向け3億ドル借款の供与協定に調印 11・16　マルコス政権末期から中断していた日比議員交流が再開され、日比友好議員懇話会の訪問団16人がマニラ入り（―18日）。団長は小坂元外相 11・26　日本文化使節団、訪比 12・15　竹下登首相、マニラ開催の第3回ASEAN首脳会議出席のためマニラ入り（―16日）。アキノ大統領との会談で日比友好道路改修の特別借款を約束 12・16　第14次円借款（プロジェクト借款502億800万円、商品借款300億円）

1987～1988（昭和62～63）年

日　本	ベトナム	カンボジア	ラオス	タイ
				が東北タイ緑化計画に融資の申し出 11・18　日本の文化使節団、訪タイ 12・13　チュアン下院議長、衆議院議長招待により、訪日（―22日）
1988 3・10　新日鉄系子会社トピー実業がタイで農園経営合弁会社設立発表 4・下　東ティモール関係NGOにより「東チモールに自由を！全国協議会」設立 6・中　松下電器がマレーシアに海外29のテレビ製造拠点に部品材料を一括供給する新会社設立 6・30　瓦防衛庁長官、インドネシア・シンガポール訪問	1・8　ベトナム首相、カンボジア問題に関して日本首脳に伝言 4・8　ホーチミン市で両国間定期輸送サービスに関する協定締結（ホーチミン市とハイフォンから2カ月毎に1便日本へ貨物船就航） 5・14　日本、ベトナム文化省に2400万円相当を供与 6・11　チャン・チュン外務省第1アジア局長とグエン・ダン・ホア同第2アジア局長、訪日 6・22　日越友好議員連盟会長桜内義雄以下の日本国会代表団訪越、ベトナム国会開会式に出席	1・16　竹中繁雄臨時代理大使任命 1・20　シハヌーク殿下とフン・セン首相とパリ郊外サンジェルマンアレイで第2回会談。シハヌークが両政権の解体と総選挙前の4派民族和解政府の樹立を提案したが、フン・センは拒否。シハヌークはヘン・サムリン政権との2者暫定政府樹立の構想も提示したが、ソン・サンとクメール・ルージュは反対 2・13　日本の「ピースボート」29人がプノンペン到着 6・23　日越友好議員連盟代表団（桜内義雄会長）がプノンペン訪問、フン・セン首相と会見	1・27　久保田建設会社、ラオスの農林業水利合作社省との間に第2期農村開発協力契約書調印 2・24　日本政府、ラオスの社会経済開発援助として総額4700万円贈与の文書調印 3・8　日本政府、ラオスの農業開発に関する実施細則締結 3・27　ブーン副首相兼外相が外務賓客として訪日（―4月1日） 3・29　ブーン副首相兼外相が竹下登首相と会談、カンボジア問題、日本からの経済協力について意見を交換 3・29　日本政府、ウィエンチャン河川港改修計画に3億7400万円の無償資金協力を行うこととし両国当局者が書簡を交換 4・26　日本政府、ラオスに対する4億円相当の援助に関する覚書調印 5・3　早川駐ラオス日本大使、教育諸設備一括援助1800万円をラオス教育相代行に手交 6・24　桜内元外相を団長とす	1・7　常陸宮・同妃、タイ国王による招待で、タイを公式訪問（―14日） 常陸宮夫妻に対し、チェンマイ大が名誉博士号贈呈 1・10　三菱自工とタイの販売代理店シッティポン社、国内組み立て自動車の輸出開始 1・17　チュラポーン王女、日本を非公式訪問（―2月10日） 1・20　日・タイ経済貿易専門家会議開催 2・17　環境団体、日本政府のナムチョン・ダム建設への資金供与申し出に反対 日本のASEAN資金還流計画の第1号にミネビアの合弁会社 3・25　日本政府、文化・教育番組制作に無償援助 3・29　日本の厚生省とタイ代表団、タイ産鶏肉にディルドリン農薬が混入していた問題で協議 日・タイ経済構造調整協議開催（―31日） 6・10　日本の海外経済協力基金、国家肥料会社のプラント建設を依然支持していくとの書簡

1987～1988（昭和62～63）年

ビルマ	マレーシア	ブルネイ	シンガポール	インドネシア	フィリピン
1・13　倉成正・前外相がビルマを訪問（―15日）。マウン・マウン・カ首相らと会談 1・28　日本の無償援助で建設されたラングーン市チミンダイン区の漁船修理工場の引き渡し式 2・17　日本政府、ビルマ政府との間で28億1900万円の無償援助供与に関する公文を交換（内容は化学肥料、紙、薬品など） 3・12　ラングーン工科大学前の喫茶店で学生たちと他の客との間で喧嘩、警察が出動し騒動が拡大（学生1名死亡）、一連の民主化運動のきっかけとなる 3・13　ラングーン工科大学で学生たちが抗議集会、治安部隊出動 3・16　ラングーン大学を出た学生デモ隊数千人を治安部隊が制圧、インヤー湖に追いつめられ撲殺されたり溺死した学生も（ダダーピュー事件） 3・18　ラングーン市内で学生デモ、治安部隊が出動。警察署までの護送車内で逮捕学生41名が窒息死（政府による公表7月	6・28　第12次円借款協定。420億円	1　飛島建設、ブルネイ国立競技場競泳プール建設工事着工 2・3　駐日ブルネイ国大使主催の独立記念日祝賀会ホテル・ニューオータニにて開催 3・13　日本ブルネイ友好協会親善視察団（団長安西東京ガス専務取締役）25名ブルネイ訪問（―16日） 4　在ブルネイ日本人学校の教諭として水島理志ブルネイに着任 6・15　ペーヒン・イサ国王特別顧問兼内務大臣、日本で開催のアジア太平洋治安閣僚会議に出席 6・19　「21世紀のための友情計画」で公務員5名、教員20名訪日	2・4　貿易開発庁高官、日本の関税政策を批判 2・15　貿易開発庁、日本市場進出で6項目計画策定 3・2　ソフテク社、日本のユニテク社と協力協定 3・28　シ航空、福岡に週2便乗入れ開始 4・6　日本、対シ一般特恵枠を拡大 5・7　宇野宗佑外相、来訪 6・9　貿易使節団、訪日 6・25　駐日大使にチェン・トンファト	1・30　ウィジョヨ大統領特使訪日 5・5　宇野外相訪イ（―7日） 6・9　ラディウス調整相訪日（―10日） 6・12　ムルダニ国防治安相訪日（―16日） 6・29　瓦防衛庁長官、現職長官として初めて訪イ	1・14　一般無償協力（熱帯医学研究所拡充に14億7900万円） 2・23　社会党の井上一成国際局長、衆院予算委で初めてフィリピン残留日系人の救済問題を提議 3・10　厚生省と外務省、残留日系人の実態調査団5人をマニラ、バギオ、ダバオに派遣 3・11　田中常雄第13代駐比大使、着任 4・1　パリ・クラブ、東京で対フィリピンの援助借款協定交渉（―5日） 4・5　日本商工会議所派遣の経済ミッション127人が訪比（―9日）。団長は日商会頭の石川六郎鹿島建設会長 4・6　石川ミッションはフィリピン商工会議所（ビクター・リム会頭）メンバーらとのビジネス会議で、84年以来中断していた日比経済合同委員会の再開で合意 比日友好議員連盟のフィリピン議員団、訪日（―13日） 4・12　一般無償協力（国立心臓病センターの機材整備など3

1988（昭和63）年

日　　本	ベトナム	カンボジア	ラオス	タイ
			る日本国会議員代表団、ラオス訪問	送付
1988 7・7　厚生省が農薬検出の全タイ産鶏肉の検査指示	7・20　グエン・バン・リン共	7・11　シハヌークが大統領を	8・16　日本政府、河川港建設	7・6　宇野外相、ASEAN拡

1988（昭和63）年

ビルマ	マレーシア	ブルネイ	シンガポール	インドネシア	フィリピン
25日） 4・12 日本政府、対外債務返済が滞っている開発途上国に対しても円借款を追加供与する方針を確認（ビルマを適用第1号とする案も） 4・18 トゥン・ティン副首相兼財務・計画相、日本を訪問。竹下登首相、宇野宗佑外相らと会談、経済協力問題を話し合う。副首相は後発発展途上国（LDC）移行に伴う債務の無償化を要請、日本側はビルマ側の経済改革を要求 5・13 アウン・ヂー元貿易工業相が政府首脳に宛てたとされる政府批判の書簡の写しが街中に出回り始め、民主化運動の勢いが強まる 5・16 ビルマ政府、新駐日ビルマ大使にバ・トゥインを任命 6・18 ラングーン市内で学生たちの大規模デモ、治安部隊出動（ミェニゴン事件） 6・21 ラングーンをはじめとするビルマの主要都市で夜間外出禁止令 ビルマ政府教育システム視察団、国際交流基金の招きで日本を訪問 6・24 日本政府、ビルマ政府との間で36億5480万円の無償援助供与に関する公文を交換					件に計12億700万円）、食糧増産援助（31億4000万円）、特別円借款（プロジェクト借款140億300万円） 4・30 NGO「フィリピン問題資料センター」主催で、出稼ぎ問題や花嫁問題の民間会議が埼玉県内で開かれ、フィリピンからNGO代表が参加（―5月1日） 5・1 花嫁・出稼ぎ問題で日比人権ネットワークのNGO結成 5・8 ブッシュ米大統領、準備中の多国間協力による大型援助計画（MAI）は「フィリピン版マーシャル・プランだ」と発表 5・10 アキノ大統領、MAIはフィリピンの民主主義回復と経済再建に不可欠と歓迎を表明 5・24 山形県真室川町とカビテ州ダスマリニャス町が姉妹都市提携 6・7 マニラに逃亡潜伏していた日本赤軍の泉水博容疑者、不法滞在で逮捕。8日に日本へ送還 6・8 M・サンチャゴ入官局長、「複数の日本赤軍メンバーがまだフィリピン国内に潜伏」と発表 6・30 山形県鮎川町とカビテ州カウィット町が姉妹都市提携
7・22 連日暴動が発生してい	10・7 マ首相、訪日。竹下首	8・21 「21世紀のための友情	7・1 瓦力防衛庁長官、来訪	7・9 青年海外協力隊のイン	7・9 J・フェルナンデス中央

1988（昭和63）年

日　　本	ベトナム	カンボジア	ラオス	タ　イ
タイでASEAN拡大外相会議開幕、宇野外相演説、和平実現のためにASEAN諸国と協力しながら積極的に貢献する決意を表明、国際監視団と国際平和維持軍の導入の必要性を主張、日本は維持軍の活動経費に対する資金協力、自由選挙の際の国際監視要員の派遣、非軍事資材の提供などを積極的に検討したいと表明（―9日） 7・18　旭化成・武田薬品が化学調味料の半製品をタイで生産する計画発表 7・22　横河電機がシンガポールに新会社設立発表 8・15　ソニーが初の海外半導体工場をタイに建設すると発表 8・上　一時撤退していたトヨタが比に新合弁会社発足 タイ政府が富士通の電算機周辺機器輸出向け工場建設認可 9・2　大阪で日本中小企業向けのASEAN投資セミナー開催 シャープのマレーシアTV工場が全焼 9・7　ビクターがマレーシアでVTR工場設立を発表 11・上　PHP研究所が翌年よりASEAN 5カ国の留学生を対象とする奨学金制度を創設する決定 12・5　新日鉄がマレーシアに磁性材料生産工場建設を発表	産党書記長、89年末までのカンボジア駐留軍全面撤退を公約 7・26　MIA（米軍行方不明兵）捜索の米越専門家会議、ハノイで開催 8・18　日本赤十字、ベトナム医師受け入れ決定 9・20　カンボジア問題で、ベトナム外務次官訪日、日越次官協議開催 9・21　宇野外相、ベトナム外務次官と会談 9・25　米越第1次MIA合同捜査実施 10・4　二重体児のベトちゃん、ドクちゃん、分離手術成功 10・8　レ・ビン・ニャンザン副編集長訪日、『赤旗』の第29回祭典に参加 10・12　ボー・バン・スン駐日大使、宇野外相と会談し着任の挨拶 10・16　ベトナム、カンボジア駐留軍5万人の年内撤退の遵守を表明 11・25　栗山外務参議官、ベトナム外務省の招きで訪越、チャン・クアン・コ外相と会談	辞任、ポル・ポト派の復権阻止を呼び掛け 7・25　ジャカルタ非公式会談（JIM I・カクテルパーティ）がボゴールで開催。4派代表、インドシナ・ASEAN各国外相、フン・セン首相が7項目提案。シハヌークは5項目提案。ベトナムはクメール・ルージュの復権阻止、外国援助停止と撤兵は同時と主張（―28日） 8・8　シハヌークが訪日。竹下首相と会談。宇野外相が日本は和平成立後に経済援助のほか職業訓練など人材養成を行う用意があると表明 8・12　シハヌークが①ソン・サン派とクメール・ルージュがプノンペン政府との交渉を拒否し続けるならば、シハヌークとフン・センの2者だけで話し合いを進める②和解政府が樹立されたら内戦阻止のために国際平和維持軍の駐留が必要③日本はプノンペン政権を無視すべきではないとの考えを表明 11・3　国連総会がポル・ポト派復権阻止とベトナム軍撤退を求めたカンプチア問題決議（63カ国提案）を賛成112、反対19、棄権13で採択 11・7　フン・セン首相がパリ郊外フェールアンラルドゥノアで7項目提案 3派首脳会談がパリ郊外フェールアンラルドゥノアで開催	の第2段階用として5億2800万円の援助を供与 10・15　ラオス外務省の日本担当課長ら4人、外務省の招きで日本訪問 10・24　日本政府、ウィエンチャンのバスサービスプロジェクトと食品計画に5億2500万円を供与する文書調印 11・13　シーサワット・ウィエンチャン市行政委員会委員長（党政治局員）が日本外務省の招きで日本訪問（―19日） 12・10　日本政府、ラオス北部諸県の農業開発に4億円の援助を約束 12・21　日本政府、ラオスの食糧不足に対し1億円を緊急援助	大外相会議出席のため、訪タイ（―11日） 7・8　プレーム首相、宇野外相に日本の対タイ貿易黒字圧縮を要請 7・11　宇野外相、シッティ外相と会談 7・20　OECF、第14次円借款の利子率を下げ、2.9％へ 9　バンコクにおいて新租税条約締結のため第1回目交渉開催 9・22　第14次円借款覚書交換 10・9　トヨタ・タイランド社、国産部品使用基準の緩和を工業省に要請 11・16　岡崎久彦特命全権大使赴任 11・21　南タイで大規模な洪水が発生 11・26　シッティ外相、国連・米国・日本・ECに南タイ緊急援助要請 11・30　日本、南タイへ向けて20万ドル（約500万バーツ）相当の物資援助 12　東京において新租税条約締結のため第2回目交渉開催 12・28　チャートチャーイ首相、タイ・ラオス国境を結ぶ橋の建設に日本の協力を要請

1988（昭和63）年

ビルマ	マレーシア	ブルネイ	シンガポール	インドネシア	フィリピン
るブロームで戒厳令発布 7・23 ネィ・ウィン、ビルマ社会主義計画党議長を辞任。複数政党制への移行を示唆すると同時に、今後もデモを続ける者には「命中するように撃つ」と言明 7・25 セイン・ルウィン前党副総書記がビルマ社会主義計画党の議長に選出 7・27 セイン・ルウィン党議長、新大統領に就任 この月の終わりころから、ラングーン市内での集会やデモが活発化 8・3 ラングーン全域に戒厳令が発布 8・8 ラングーンおよび全国13の都市でゼネスト。10数万人が参加、治安部隊による発砲があり、死傷者・逮捕者多数（8888事件） 8・9 ラングーン市内のゼネスト続く。政府は全教育機関を無期限閉鎖 8・10 ラングーン総合病院前で治安部隊が発砲、医師・看護婦ら13名射たれる 8・12 セイン・ルウィン大統領、在任17日で辞任（党議長からも退く） 8・19 文民のマウン・マウン博士、党議長・大統領に就任 8・24 新大統領、ラングーンとプロームの戒厳令を解除 8・26 アウン・サン・スー・チー、ラングーンではじめて大	相に円借款金利引下げなど要請 12・16 中小企業育成計画に対する円借款で交換公文調印。367億8700万円	計画」でブルネイ国の公務員25名訪日 9・21 東京にて「第10回日本ASEANフォーラム」開催（―22日）、日本側はブルネイ国のアセアン・プロモーション・センター（APC）協定参加を機に同国のASEAN青年日本留学生基金への参加歓迎を表明 10・30 第2回日本語スピーチ・コンテスト開催（参加者：初級13名、中上級17名） 11・21 東南アジア青年の船「日本丸」東京に帰港、約1週間滞在中ブルネイ青年、総務庁、在日ブルネイ国大使館を表敬訪問 11・30 国王、内閣を改造、産業主要資源省を新設 12・1 「21世紀のための友情計画」のアフターケア使節団の社団法人国際協力サービス協会の職員5名ブルネイ訪問（―7日） 12・9 在ブルネイ日本人学校、第1回学芸会開催、創作劇「白雪姫in Brunei」を全生徒11名で上演 12 大都工業、ペロンポン東端養浜工事完了	7・8 リー首相、訪日（―14日） 9・13 規格・工業研究所、対日輸出食品検査を全面受託 11・1 途上国援助で日本と協力（日本技術協力事業団が発表） 11・14 日本企業と「国際卸売市場」創設で合意 11・21 シ石化社にシェル30%資本参加で合意	ドネシア派遣開始 9・1 ギナンジャール鉱業・エネルギー相、ハルタルト工業相訪日（―5日） 10・21 科学技術人材開発計画資金（円借款）60億6700万円貸付契約締結 10・29 ハビビ研究・技術担当国務相訪日 12・15 バンドン工業大学天体望遠鏡4900万円文化無償援助	銀行総裁が来日、東京で外務省当局者らと経済協力問題を協議 7・21 J・コンセプション通商・工業相、東京で田村元・通産相と会談し、対日輸出拡大への協力を要請 8・20 マニラ・クロニクル紙、マルコス元大統領が賠償契約で日本商社から計4770万ドルの賄賂を受領したとするB・アキノ元公共事業相のPCGG証言を報道 9・1 フィリピンのカトリック指導者J・シン枢機卿、訪日（―12日）。バチカンが87年10月に「聖人」認定したロレンソ・ルイス（長崎で1637年に処刑）の殉教の地などを巡礼 9・8 日本の公安当局、若王子支店長誘拐事件は日本赤軍幹部が計画し、フィリピン側に実行を依頼したとの捜査結果を発表 10・24 一般無償協力（理数科教師訓練センター建設など6件に計94億7800万円） 11・4 東京で日比経済合同委員会再開（通算12回目）。以降、再び東京とマニラで交互に毎年開催 12・5 食糧増産援助（31億5000万円） 12・23 第15次円借款（プロジェクト借款360億6100万円、商品借款525億円）

1988（昭和63）年

日　　本	ベトナム	カンボジア	ラ　オ　ス	タ　イ

ビルマ	マレーシア	ブルネイ	シンガポール	インドネシア	フィリピン
規模集会に出席、演説 9・8　東京のビルマ大使館で、大使と参事官を除く館員全員がビルマ社会主義計画党からの党籍離脱を声明 　　日本大使館、在留日本人子女に対し国外退去を勧告 9・10　ラングーン日本人学校、無期限休校 9・11　浜松の館山寺の前にある日本ビルマ平和記念塔において、在日ビルマ人約150人による民主化運動犠牲者慰霊祭行われる。これを機に在日ビルマ人協会発足、15日に東京で第1回総会 9・16　日本大使館、在留邦人に対し国外退去を勧告 9・18　ビルマ国軍、全権を掌握、内閣・議会を解散し、軍最高幹部19人から成る国家法秩序回復評議会（SLORC）を結成（議長ソオ・マウン大将）、軍政開始を宣言 9・19　米国大使館前などで治安部隊によるデモ隊への発砲が続き、死傷者続出 9・24　ビルマ軍事政権、全権掌握以降の治安部隊の発砲による死者は300人を越えると発表 9・27　国民民主連盟（NLD）結成される。アウン・サン・スー・チー、書記長に就任 9・28　大鷹駐ビルマ大使、日本政府はこれ以上の流血を避け国民の総意を反映させた平和的解決を望んでいる旨、軍事政権に申入れ 10・13　軍事政権の選挙管理委員会、大鷹駐ビルマ大使らと選挙実施に関して会談 11・10　軍事政権、対外貿易の自由化に関する法令改正を発表 11・22　エイ・マウン選挙管理委員会書記長、日本大使館の熊田徹参事官と会見 11・30　軍事政権、外国投資法を制定、民間外資による企業設立が可能に 12・19　軍事政権、ビルマ海域の漁業権売却について、日本、タイ、マレーシア、韓国などの水産会社計11社と仮契約したことを公表 　　軍事政権になってから最初の観光団19名が西独より到着					

1989（昭和64）年

日　本	ベトナム	カンボジア	ラオス	タイ
1989 2・14　出光石油化学がマレーシアに現地資本・フィンランド資本と提携し工場建設発表 3・1　東芝がタイにエアコン・冷蔵庫工場建設を発表 3・17　伊勢丹がタイで最大規模予定の百貨店出店計画発表 4・10　経団連国際文化交流委員会が年度活動計画発表、東南アジア青年交流に重点 4・18　三菱自工とスズキがインドネシアで小型トラック共同開発に合意 4・20　ライオンが東南アジアに技術拠点設置計画発表 4・29　竹下首相ASEAN訪問 5・10　西武百貨店がシンガポールに合弁進出発表（11月に白紙撤回） 5・26　高島屋がシンガポールに進出発表 5・中　経団連ASEAN訪問ミッションがシンガポール・フィリピンなど訪問 6・8　山一證券・日興證券がバンコクに事務所を開設すると発表 6・23　ベトナム対外経済省高官がトヨタと同政府との間の工場建設協議の存在を公表	1・1　ベトナム政府、日本人観光客へのビザ発給条件を大幅に緩和 1・6　ベトナム、カンボジア駐留軍9月までの完全撤退を表明 1・14　ベトナム、中国、国境貿易再開 2・22　レ・クアン・ダオ国家評議会副議長・国会議長、昭和天皇葬儀参列のため訪日 3・2　ベトナム難民75人、香港からの初の集団帰国 5・1　竹下外相、カンボジア問題で「和平4原則」を発表 5・16　IMFと世界銀行代表団訪越し、ベトナムの財政問題解決への支援を協議 6・13　「インドシナ難民国際会議」にて、今後3年間1000人のベトナム難民の受入を表明（—14日） 6・20　ベトナム外相、対日関係改善を期待と表明	1・9　宇野外相がシハヌークとパリのカンボジア大使公邸で会談、カンボジアの復興援助を推進する「国際援助委員会」を創設する構想を提案、また「カンボジア復興のための人作り協力プロジェクト」を提案 4・30　カンボジア臨時国会で憲法改正の討議が行われ、国名を「カンプチア人民共和国」から「カンボジア国」と改称することが採択 5・2　シハヌークとフン・センの第4回会談がジャカルタで行われる。憲法改正、国旗の変更、国家元首としてのシハヌーク殿下の帰国、政府の拡大、選挙委員会の設置など討議を行い大きな前進 6・17　ヘン・サムリン政権は日本の木材会社おかだにカンボジア駐在事務所の開設を許可	2・24　プーン副首相兼外相が大喪の礼に参列 3・1　三井物産のウィエンチャン支店長浅尾吉昭氏誘拐 3・1　日本国際ボランティアセンターがウィエンチャンに建設した友好母子研修センターの落成式 3・3　日本政府、ラオスへの約3億4000万円の無償供与を決定、同国政府と書簡を交換。この援助は返済期限がきた円借款の元本、利子を援助する債務救済措置 3・9　誘拐された浅尾氏タイで救出 3・17　日本政府、タゴン復旧発展プロジェクトをラオス側に引き渡し 3・28　牧野隆守政務次官がラオス訪問 3・30　牧野政務次官がカイソーン首相と会談 4・5　日本政府、3億6700万円相当のバス32台の購入に関する協定調印 5・26　三井物産、浅尾ウィエンチャン支店長救出への感謝としてラオス外務省に2万4300ドル相当の贈物 6・15　日本政府、10億6900万円の経済援助供与に関する文書調印	1・7　昭和天皇崩御。国王、首相が弔電 1・17　日本、4月からの161熱帯産品関税引き下げを決定 1・22　プラチュアップ科学技術エネルギー相、太平洋エネルギー協力会議出席のため訪日（—28日） 1・27　日本、骨なし鶏肉の関税削減を通告 2・23　ワチラロンコーン皇太子、昭和天皇の大喪の礼出席のため訪日（—25日） チャートチャーイ首相訪日（—26日） 2・24　ワチラロンコーン皇太子殿下及びチャートチャーイ首相大喪の礼出席 2・26　チャートチャーイ首相、竹下首相と会談 3・2　三井物産ラオス支店長浅尾氏誘拐事件の捜査開始 3・9　タイ警察、ルーイ県パクチョム郡で浅尾氏救出。竹下首相謝意を表するメッセージをタイ政府に送付 3・26　牧野外務政務次官、ESCAP総会出席のため、訪タイ（—28日、及び3月30・31日） 4・3　チュラボーン王女、日本を非公式訪問（—18日） 4・29　竹下総理、ASEAN訪問歴訪の一環としてタイを公式訪問（—5月2日） 4・30　竹下首相、チャートチャーイ首相主催の晩餐会でカ

1989（昭和64）年

ビルマ	マレーシア	ブルネイ	シンガポール	インドネシア	フィリピン
2・6　ラングーン日本人学校、再開 2・10　日本のアジア経済研究所代表団2名、オウン・ヂョオ外務副大臣と会見 2・17　日本政府、政情安定化を評価してビルマ軍事政権を承認。大鷹駐ビルマ大使がソウ・マウン議長と会って伝達 2・21　ペイ・ティン保健相兼教育相、昭和天皇の葬儀出席のため訪日（3月4日帰国） 3・3　日本政府、メルギー大火災に対し毛布・医薬品など総額1805万円相当の緊急物資援助を実施 3・10　軍事政権、東京のビルマ大使館が兼務していた韓国での外交業務を独立させ、ソウルに新しく大使館を開設 4・3　大鷹駐ビルマ大使、チッ・スウェ農林相兼畜産相およびセイン・アウン第1・第2工業相とそれぞれ会見 6・18　軍事政権、対外向け国名をビルマ語発音のミャンマーに統一。ラングーンなどの都市や、州・河川の名称も、ビルマ語発音に合わせた表記に統一する旨、宣言 ＊　以下、本年表では国名に関してはビルマを使い続けるが、他の地名等についてはビルマ表記に変更する（ただし初出の際に旧称を併記） 6・30　軍事政権、選挙法を公	2・2　プロトン車の対米輸出、白紙に 2・3　クアラルンプール商品取引所、日本企業の参入承認 2・20　海外経済協力基金からの367億円融資に調印。ASEAN日本開発基金として 3・3　工業開発庁（MIDA）、三和銀行と情報交換協定 4・　プロトン車、英国での販売好調 5・2　竹下首相、来訪 6・22　ラフィダ商工相、訪日 6・23　プロトン社、3月期決算で初の黒字と発表	2・24　ハサナル・ボルキア国王、弟のスフリ・ボルキア殿下及びジェフリ・ボルキア蔵相と共に大喪の礼参列のため訪日 3・3　駐日ブルネイ国大使主催の独立記念日祝賀会ホテル・ニューオータニにて開催 4・1　ブルネイ国王、スリ・ブガワン市の王宮にて日経新聞の記者の単独取材を受諾 4・9　文部省派遣の在ブルネイ日本人学校の松原教諭ブルネイに着任 5・3　文化青年スポーツ省言語文芸局スタッフ3名、国際交流基金の「訪日研修助成プログラム」により訪日（―6月8日） 5・13　モハメッド・ボルキア外相、日本国外務省の賓客として訪日、宇野外相と会談、天皇陛下、皇太子殿下を表敬訪問 6　経団連東南アジア文化訪問団ブルネイ訪問	2・21　製粉業界、日本をダンピング非難 2・22　リー首相、訪日（―26日）。天皇葬儀に参列（24日） 3・8　日本通産次官、アジア太平洋協力でシ当局者と協議 4・13　石原産業二酸化チタン工場、開所式 4・21　シェル、シ石化社株30％を政府から購入 5・3　竹下登首相、来訪（―4日） 5・10　日本外務省、「アジア太平洋フォーラム」にシは積極的と発表 5・16　リー首相、経団連使節団と会見 5・16　「日本人の不動産取得盛ん」と報道 5・30　日本と新航空協定 6・12　ゴー・チョクトン副首相、訪日 6・14　「日・シ経済諮問グループ」設置	2・19　カンボジア問題第2回非公式会議ジャカルタで開催 2・24　昭和天皇大喪の礼にスハルト大統領参列 3・16　ダルマ・プルサダ大学に図書・教育機材4700万円文化無償援助 4・29　竹下首相アセアン歴訪（5月4―6日インドネシア訪問） 5・28　スマルリン蔵相訪日（―30日） 6・7　サレー・アフィフ国家開発企画担当相訪日（―9日） 6・19　ジャカルタの日本大使館に東ティモール青年が亡命申請、却下 6・24　ギナンジャール鉱業・エネルギー相訪日（―30日）	2・1　日本政府、外務省経済協力局長をマニラに派遣し、日・米・フィリピン3国当局者とMAI協議 2・2　アキノ元公共事業相、公務員犯罪特別裁に提出した宣誓供述書で日本商社からのマルコス・リベートは10～15％と証言 2・23　アキノ大統領、天皇葬儀に参列するため訪日（―26日） 3・25　山形県戸沢市とカビテ州ジェネラル・トリアス町が姉妹都市提携 4・1　青森県金木町とパンパンガ州マバラカット町が姉妹都市提携 5・6　竹下首相、ASEAN歴訪でマニラ入り（―7日） 5・17　経団連のASEAN使節団、マニラ入り（―19日）。団長は経団連会長の斉藤英四郎新日鉄会長 6・13　経団連文化使節団、訪比（―15日） 6・27　一般無償協力（西部地方バリオの溜池潅漑事業など4件に計57億4400万円）

1989（昭和64）年

日　　本	ベトナム	カンボジア	ラ オ ス	タ　イ
				ンボジア問題解決へのタイの努力を賞賛 5・1　竹下首相、チャートチャーイ首相と会談

日　　本	ベトナム	カンボジア	ラ オ ス	タ　イ
1989 7・3　ブルネイで開催のASEAN外相会議にてベトナム軍の一方的撤退は包括的解決にはならないとして、国際監視機構と国際平和維持軍導入の必要を再確認。拡大外相会議はシハヌーク殿下指導の暫定政権樹立を目指すことで一致（一4日） 　　　三塚外相が拡大外相会議で援助国や国際援助機関による「国際復興委員会」を設置することを提案 7・6　本田技研がタイに二輪車新工場建設を発表 7・8　ASEAN拡大外相会議で環太平洋協力構想などに関して三塚外相が演説 7・上　日本在外企業協会が「対ASEAN投資摩擦調査」公表 8・22　日本アセアン投資株式会社（JAIC）がインドネシア2企業に対して初の投資調印 9・4　アジア開銀がアジア金融投資会社設立 9・6　東洋エンジニアリング技術者タイ駐在技術者竹田和弘氏が誘拐（のちに殺害） 9・7　トヨタがASEAN域内での部品分業生産計画公表 10・16　JAICからの政府出資投資引き上げ計画が表面化 10・17　三井物産など日英連合6社がインドネシア精油所建設受注発表 10・20　住友電気工業がマレーシアに焼結部品製造工場建設発表 10・26　日本ASEAN経営者会議開催（一27日） 10・28　経団連ASEAN訪問団出発 11・3　三井グループがタイで「クローズアップジャパン」日本文化展開催 11・6　比累積債務救済で邦銀が新規融資で対応する方針策定 　　　アジア太平洋経済協力閣僚会議（APEC）第1回会合開催 11・8　ダイハツがタイで小型トラック生産合弁工場設立発表 11・14　丸紅がインドネシアでニット生産合弁会社設立 11・30　東芝と仏トムソンがシンガポールでVTR合弁生産計画公表	7・1　川崎汽船、日本・ベトナム間の定期コンテナーサービスを再開 7・20　日本、カンボジア駐留軍完全撤退確認を条件に対越援助に前向きに取り組むことを示唆 7・30　カンボジア和平パリ会談開始、ベトナム代表出席 8・8　日本へのベトナム難民漂着が急増 9・4　日本、ベトナム文化省へ2400万円の無償援助 9・12　日本政府閣議、ベトナム難民についての難民資格審査認定制度（スクリーニング）を正式に導入することを決定（13日から適用） 9・26　ベトナム軍、カンボジアより撤退完了 10・9　日本法務省、ベトナム大使に難民認定制度により難民と認められなかったベトナム人について本国への送還が実現するように要請 11・17　ベトナム高官、インフレ抑制に自信と発言、日本に政策軟化を要求 11・25　日本政府、対ベトナム文化協力積極的推進の方針 12・9　日本の青年329人乗船	7・13　カンボジア国会で「永世中立宣言」が採択され、20日発効 7・30　カンボジア問題に関する国際会議がパリ・クレベール国際会議センターで開催。三塚外相が国連主導で国際監視機構を設置するよう提案 8・17　池田維臨時代理大使任命 8・21　カンボジア芸術大学の学生が日本政府の招きで2週間の講演旅行を行うため出発 8・24　コン・サム・オル副首相がカンボジア政治解決後の国内復興に関して日本に多目的ダムの建設などで協力を要請したいと発言 8・30　中山外相、ベトナム軍が一方的に撤退してもカンボジアに和平が達成されない場合は79年いらい凍結されているベトナム援助は再開しない、カンボジア援助も「公正な総選挙によって成立した政権の下で本格的な援助を行う」と発言 　　　日本政府はカンボジアで行っている日本国際ボランティアセンター（JVC）の僻地巡回医療活動に対して89年分ODAとして1000万円の事業補助金の交付	7・15　日本政府、1億5000万円相当の食糧と食品を無償援助する文書調印 7・24　日本政府、ラオスに対して12年ぶりに青年海外協力隊員の派遣の再開を決定。ウィエンチャンで両国当局者が書簡を交換 7・28　日本政府、セータティラート病院へ2900万円相当の医療器具を贈与 9・14　日本政府、ラオス政府の要請によりナムグム川架橋に関する調査専門家チームを派遣する覚書調印 10・12　日本政府、ナムグムダム建設向けのローンの一部1億6916万9000円を贈与に切り替えることに同意 10・27　日本政府、11月7日より来日のカイソーン首相を公式実務訪問賓客として接遇することを閣議で決定 11・7　カイソーン首相、公式実務賓客として非社会主義諸国で最初に日本を訪問（一11日） 11・8　カイソーン首相、海部俊樹首相と会談。日本の経済協力に謝意を表明 11・9　カイソーン首相、日本の新聞通信社と会見。日本から	7　礼宮、タイを非公式訪問（一8日） 8　バンコクにおいて新租税条約諦結のため第3回交渉開催 8・23　蔵相、三菱銀、興銀、長銀、住友銀を含む外銀9行と支店開設の最終交渉 8・29　BOI、外国投資企業の土地取得許可で合意 9・11　警察筋、浅尾氏誘拐事件は政治的背景ありと談 10・1　ガラヤニ王女、日本を公式訪問（一11日） 10・8　シッティ外相、訪日（一10日） 12・8　チュラポーン王女、日本を非公式訪問（一29日）

1989（昭和64）年

ビルマ	マレーシア	ブルネイ	シンガポール	インドネシア	フィリピン
布					

ビルマ:
7・21　軍事政権、アウン・サン・スー・チーNLD書記長を国家防御法に基づき自宅軟禁に処す。ティン・ウー同議長も同じ処分に
8・13　軍事政権、新駐日大使にミャ・テインを任命
10・27　河野雅治外務省南東アジア1課長、ソオ・マウン議長と会見、ODA継続案件再開について慎重に検討している旨伝達
10・30　ビルマの石油・天然ガス公社、日本の出光石油開発と鉱区Dについて探査と採掘の契約を締結
11・17　エイベル貿易相を団長とする貿易代表団、日本を訪問（―22日）
12・2　日本の山田宝石から購入した中古バス50台がヤンゴン（ラングーン）港に到着

マレーシア:
8・5　日本政府、円高対策として一部商品借款化などの案を提示
8・22　石油公社、三菱商事など、天然ガスの灯・軽油化事業に合意
9・10　ガファール副首相、「日本への南用材輸入削減圧力は西欧の策謀」と論評
9・26　プロトン社、2交代制に。年産8万台
9・30　サバ・サラワク木材協会、90年以降の対日原木輸出段階的削減に合意
10・31　経団連代表団、来訪

ブルネイ:
7・6　三塚博外相ASEAN拡大外相会議出席のためブルネイ訪問
8・29　「21世紀のための友情計画」でハイテク関連のブルネイ青年10名訪日（―9月28日）
9・21　ブルネイ・ダルサラーム大学第1期生167名卒業
10・上　東南アジア青年の船「日本丸」ムアラ港出発、ブルネイ青年35名乗船
11・1　文化青年スポーツ省の招聘でソフトボール・コーチの橘正剛氏ブルネイに赴任（90年1月5日帰国）

シンガポール:
7・5　三塚博外相、来訪
8・2　野村証券、「マ・シ投資基金」設置を発表
9・18　日本信販のクレジットカード、使用可能に
9・22　そごう、パラゴン・センターの買収発表
10・30　シ航空、名古屋乗入れ開始
　大阪市、代表事務所開設
11・1　西武百貨店、進出断念、と発表
11・24　ストレイツ・タイムズ紙、全日空のシ航空技術者引抜きを報道
11・25　松下電器、「操業本部」認定
11・26　『聯合早報』、日本の『南京戦争記録』を批判
12・1　日本援助の科学センター天文台、正式開所

インドネシア:
10・23　東京―ジャカルタ姉妹都市協定署名
11・4　市川市とメダン市姉妹都市提携
　ジョクジャカルタのガジャマダ大学に日本語日本文学科開設
12・22　ジャボタベック（ジャカルタ、ボゴール、ベカシ）圏鉄道近代化計画資金（円借款）103億8100万円貸付契約締結

フィリピン:
7・1　アキノ政権、丸太の全面禁輸に加え、ベニヤや合板を除く製材の輸出を禁止
7・3　東京で世銀主催の第1回MAI会議（―5日）。20カ国7国際機関の代表が参加。89年分として35億ドルの資金供与で合意
8・31　自然農法実践家の福岡正信、マグサイサイ賞受賞
9・7　一般無償協力（マニラ首都圏排水路改善に12億3100万円）
9・21　ラウレル副大統領、訪日（―24日）
9・28　マルコス前大統領、亡命先のハワイで死去。心不全
10・31　第16次円借款（プロジェクト借款749億6300万円、商品借款400億円）
11・1　財団法人「南太平洋戦没者慰霊協会」の招きで、フィリピン残留日系人の一時帰国援助事業の第1陣9人が訪日（―10日）、親族らと対面
12・1　日本政府、一部フィリピン国軍の反乱事件で日本人旅行者の渡航自粛を勧告（解除は12日）
12・15　海部俊樹首相、日比友好議員懇話会長代理の山口敏

1989～1990（平成元～平成2）年

日　本	ベトナム	カンボジア	ラオス	タイ
12・6　日本ハムがタイでブロイラー生産合弁会社設立発表 12・13　JAICが142社出資の第3号投資組合を発足	のピース・ボート、ホーチミン市訪問（―11日）	を決定 9・26　カンボジア駐留ベトナム軍が完全撤退 10・7　日本外務省がヘン・サムリン政権に対して同省関係者を派遣して接触していることが明らかに 10・17　国連総会は民主カンプチア連合政府が国連におけるカンボジアの合法的代表であることを無投票で承認 12・12　日本の「ピースボート」がコンポンソム港に到着	の資金協力を要請 11・24　ウィエンチャンで日本政府の援助によるバス50台の引き渡し式 12・5　日本政府とラオス政府、ウィエンチャン郊外の農業開発プロジェクトの可能性調査と設計についての覚書調印 12・13　日本政府、ラオスとの間で1億6717万4000円の贈与供与協定に調印 12・22　日本政府、無償援助に関する文書調印、7万ドル以上の供与	
1990 1・2　中山外相がタイ・マレーシア訪問（―6日） 1・10　国際交流基金アセアン文化センター開所式 1・11　シャープがマレーシアにVTR生産会社設立発表 2・4　日本政府使節団（団長須之部量三元駐イ大使訪イ（―7日） 2・28　出光石油化学がマレーシアに生産拠点工場建設計画発表 3・6　サントリーがシンガポールにある英製粉大手の子会社を買収し食品製造事業展開に意欲 3・7　日本・インドネシア経済委員会合同会議開催（ジャカルタ） イスマイル・サレー法務大臣訪日 3・15　三井物産と米PCメーカーのユニシスがタイでPC販売会社設立 4・10　姉妹協定に基づき、アトモダルミント・ジャカルタ特別市知事が鈴木知事の招きで来訪 4・30　住友電気工業と住友電装がインドネシアに自動車用配線セットの生産会社設立発表 5・5　海部俊樹首相訪イ、スハルト大統領と会談 5・22　宇部興産と住友商事がタイの世界最大規模のセメント設備受注発表	2・23　日本外務省谷野アジア局長訪越しブー・コアン外務次官らと会談、カンボジア問題の解決が実現しない限り経済協力再開は困難との立場を表明 3・24　古都ホイアンに関する国際学術セミナー、日・越両友好協会の共催によりダナン市で開催 4・9　タイ首相、日本に対しベトナムへの援助再開を要請 4・18　ディン・ニョ・リエム第1外務次官訪日、小和田外務審議官と会談、両国関係発展の希望を表明	1・15　国連安保理常任理事国外務次官会議がパリで開かれ、カンボジア問題解決作業は包括的政治解決、国連の役割強化、外国軍完全撤退の国連による検証、主権を含む諸問題の最高国民評議会への委任など討議 1・24　シハヌーク民主カンプチア連合政府大統領が大統領を辞任、以後旧シハヌーク政権当時の国家元首を名乗ると声明 2・3　民主カンプチア連合政府が「カンボジア国民政府」（大統領・ノロドム・シハヌーク）と改称 2・12　国連安保理常任理事国第2回会議開催（国連本部）外国軍の撤退の検証、休戦を確保、外部からの軍事援助の停止、指定地域への再集結、各派武装解除などの信頼機構設置に	2・7　日本政府、ラオスに対する技術財政援助を決定 2・中　ウィエンチャン雨水排水プロジェクト調査、日本の援助により完了 3・12　日本国際ボランティアセンター、東京でラオスの織物を紹介 3・29　ラオス日本友好埠頭引渡し式 日本外務省、ラオス経済改革支援のため経済政策アドバイザーの派遣を決定 4・10　日本政府、ウィエンチャン地区消防隊改善のため2億5000万円相当の無償援助を供与する覚書に調印 5・1　日本政府、ルアンパバーン県ナーン郡へ55万1520ドル相当の援助品送付 5・25　日本政府、ラオスの消	1・2　中山外務大臣訪タイ（―4日） 1・3　中山外相、チャートチャーイ首相、シッティ外相と会談 1・9　高原経済企画庁長官、訪タイ（―11日） 1・10　福島労相、訪タイ（―13日） 2・4　ガラヤニ王女、訪日（―15日） 2・13　閣議、住友銀、長銀、興銀を含む外国5銀行に対する支店開設許可を延期 2・14　第15次円借款覚書交換 4・6　チャートチャーイ首相、日本を公式訪問（―14日） 4・7　チャートチャーイ首相、海部首相と会談。日本主催によるカンボジア4派協議を要請。また、タイ製品の輸入拡大も要

1989〜1990（平成元〜平成2）年

ビルマ	マレーシア	ブルネイ	シンガポール	インドネシア	フィリピン
					夫元労相に託した親書でアキノ政権支持を約束 12・21　一般無償協力（中央稲作試験場整備に22億5900万円）、食糧増産援助（30億円）
2・15　日本の出光石油開発が液化天然ガスの探鉱開発で契約に調印 4・11　日本企業のダイチ、ビルマにおける空港・工業団地などの大規模開発事業を推進する合弁に調印 4・22　ヤンゴン国際ホテル建設の合弁に日本企業が調印 4・23　来訪中の日本の海外経済協力基金（OECF）代表団、およびILO事務次長がエイベル貿易・計画・財務相と会談 この月、川村知也・新駐ビルマ大使、ソオ・マウン議長に信任状を提出 5・3　名古屋国際センターで在外ビルマ人代表41名と在日ビルマ人約250名が集まり、民主化のための国際会議を開催（5日まで）、ビルマ民主化国際	1・4　中山太郎外相来訪（―6日）。新規円借款の金利引下げで合意 1・10　マラヤ共産党ゲリラ参加の橋本恵之、田中清明両氏、和平協定締結で下山 3・23　第13次円借款協定。612億6000万円 4・17　出光石油開発、サラワク内陸油田の開発権取得 6・18　日立子会社で8人の解雇に反対してスト 6・22　同上社、従業員850人を解雇（25日、謝罪を拒否した21人を除き再雇用）	2・23　駐日ブルネイ国大使主催の独立記念日祝賀会ホテル・ニューオータニにて開催 4・12　日本ブルネイ協会会長安西浩氏逝去 4　在ブルネイ日本人学校の脇坂智子教諭着任 5・29　「21世紀のための友情計画」でブルネイ教員・学生20名訪日（―6月28日） 6・5　日本ブルネイ友好協会第6回定期総会にて東京ガスの渡辺宏会長が第2代会長に就任 6・17　ブルネイ国、大阪で開催の「国際花と緑の博覧会（花博90）」に出展、ブルネイ国ブースは国際展示館「光の館」内に開設（―7月23日）	1・5　大日本印刷、地場最大手印刷会社・天華（ティエン・ワァ）を買収 1・7　「東アジアと儒教」国際会議。日本からも参加 2・3　日本エアシステム、乗入れ開始 2・21　テレコム、日本電電公社と共同事業に関する覚書調印 4・中　リー商工相、訪日 5・9　オン・テンチョン第2副首相、訪日（―15日） 5・27　在日シンガポール人の「シンガポール協会」設立 6・19　国際金融取引所、ユーロ円先物オプション取引開始	2・4　日本政府使節団（団長須之部量三元駐イ大使）訪イ、開発計画策定を討議（―7日） 2・5　国広道彦大使（第13代目）着任 3・1　そごうジャカルタで開店 3・7　日本・インドネシア経済委員会合同会議開催（ジャカルタ） 3・17　イスマイル・サレー法相訪日 4・10　姉妹協定に基づき、アトモダルミント・ジャカルタ特別市知事が来京（鈴木俊一都知事の招き） 4・28　ヨガ・スガマ将軍（前BAKIN長官、退役陸軍大将）に勲1等瑞宝章を授与すると発表 5・5　海部俊樹首相訪イ、スハ	1・18　マニラで東京大学とUPの研究交流協力に関する協定締結 1・29　マニラで日・米・フィリピン3カ国の民間団体共催によるフィリピン開発共同フォーラム開催（―30日） ムスリム反政府組織・モロ民族解放戦線（MNLF）、日系企業のミンダナオ島開発は住民搾取と非難する声明を発表 2・27　鈴木元首相、訪比（―3月1日）。比日協会の日比友好賞受賞 4・2　NPAはR・キンタナール司令官名の声明文をマニラの報道機関に送付。「対米従属のアキノ政権への援助は反革命策動だ」として日本に援助停止を要求 4・10　一般無償協力（都市環

1990（平成2）年

日　　本	ベトナム	カンボジア	ラオス	タイ
5・29　トヨタがASEAN域内に部品供給体制強化のための新会社設立計画を発表 5・中　静岡県が東南アジア農家に種苗委託する計画を公表 5・31　ジャカルタ・フェスティバル90ジャパンデー（産経新聞社主催）に日本の民間文化使節として、書道、華道、茶道など、200人が参加 6・4　カンボジア和平東京会議開催（―5日） 6・6　自民党AA研がカンボジア3派と会談 北スマトラ大学LL機材4600万円文化無償援助、ガジャマダ大学日本研究図書3000万円文化無償援助、バリ博物館展示機材4600万円文化無償援助 6・18　大阪ガスと石油資源開発がインドネシアの天然ガス採掘権を取得 ラディウス調整大臣、アラタス外相訪日 6　東京ガスの子会社がシンガポールに現地法人設立 7・27　中山外相訪イ		ついて討議 3・9　中山外相がアンコールワット遺跡保存のためユネスコに対し20万ドル拠出の方針 3・12　国際電信電話は日本・カンボジア間国際通信事情実務調査のため担当者をプノンペンに派遣の予定 国連安保理常任理事国第3回会議開催（国連本部）自由選挙実施にあたる国連の包括的、具体的責任、カンボジア各派による最高国民評議会の設置、国連による暫定行政機構の設置などで合意 3・24　三宅和助元シンガポール大使らの日本代表団がカンボジアを訪問 3・27　日本政府はカンボジア難民救済に世界食糧計画を通じて魚肉缶詰約1200トン、災害時の備蓄用の乾パン約30万食を援助 5・25　国連安保理常任理事国第4回会議開催（国連本部）、カンボジア問題に関して人権、自由総選挙、外部からの調査の条件などを協議 6・4　カンボジア紛争当事者4派による東京会談開催。停戦の実現、最高国民評議会の樹立、パリ国際会議の開催、国連の参加で国際監視など、シハヌークとフン・センが署名、2派の合意で和平の枠組が決定 6・12　カンプチア人民革命党政治局は東京会談の共同コミュ	防隊改善に2億5000万円の援助供与を決定 5・28　カムシン駐日ラオス大使着任 6・20　日本輸出入銀行、ラオス政府の開放経済政策アドバイザーとして同行職員の派遣を決定 6・26　日本政府、駐ラオス大使に安藤茂美ガーナ大使を任命 6・27　日本国際協力事業団（JICA）とウィエンチャン交通輸送郵便建設部、タゴン橋第2期建設調査に関する覚書調印	請 「二重課税の回避及び脱税の防止のための租税条約」調印 4・9　チャートチャーイ首相、経団連主催の昼食会に出席し、東部臨海工業地域および計画中の南部臨海工業地域への日本企業の投資を要請 チャーチャーイ首相、記者会見において日本が対越経済援助を再開することを希望すると発言 4・28　海部総理大臣、南西アジア訪問途次に、タイに立ち寄る（―29日） 5・2　石川防衛庁長官、訪タイ（―4日） 5・3　石川防衛庁長官、チャートチャーイ首相を表敬訪問。タイ・日軍高級レベル会談の開催、南シナ海におけるタイ・日共同軍事演習を提案 5・4　橋本蔵相、訪タイ（―6日） 5・11　日本政府、正式に軍事演習要請を断る 6・1　チャワリット副首相、東京到着。カンボジア和平東京会議の仲介役を務める（―6日） 6・2　チャワリット副首相、カンボジアに関する東京会議出席のため訪日（―6日） 6・3　石井外務政務次官、第46回ESCAP総会出席のため、訪タイ（―5日） 6・19　シリントーン王女、花博賓客として日本を非公式訪問

1990（平成2）年

ビルマ	マレーシア	ブルネイ	シンガポール	インドネシア	フィリピン
ネットワークを発足 5・27 軍事政権、総選挙を実施。複数政党制による総選挙としては30年ぶり。小選挙区制で485の議席が争われる 5・30 総選挙、NLDの圧勝が明らかに（7月2日に公表された最終結果で、全485議席中392議席を獲得） 6・6 エイベル貿易・計画・財務相、来緬中の日本企業の代表団と会談 6・18 ソオ・マウン議長、新憲法制定が先と強調、早期政権委譲なしを示唆				ルト大統領と会談 5・31 ジャカルタ・フェスティバル90ジャパンデー（産経新聞社主催）に日本の民間文化使節として、書道、華道、茶道など200人が参加 6・6 北スマトラ大学とガジャマダ大学への文化無償援助調印（合計7600万円） 6・8 バリ博物館展示機材4600万円文化無償援助 6・18 ラディウス調整相、アラタス外相訪日	境衛生整備など3件に計17億9900万円） 日本で働くアジア人では初めてのフィリピン人労組が東京で結成され、会社側との団交で賃金アップや雇用契約の改善などを獲得 4・20 鹿児島県天城町と西ネグロス州シライ市が姉妹都市提携 5・13 米当局、米軍基地協定の期限切れ（91年9月）を前に、フィリピン当局と協定延長交渉に入る 5・26 米国務省、フィリピン旅行の自粛を勧告 5・29 ネグロス島バコロド市郊外で日本の民間海外援助団体「オイスカ産業開発協力団」の水野文雄・農業指導員がNPAを名乗る武装集団に誘拐 6・13 米政府の海外援助組織「平和部隊」の隊員、ネグロス島で拉致 6・16 日本政府の海運国際協力センターとフィリピン海外雇用庁との間で、フィリピン人船員教育訓練覚書に調印 6・28 米当局、フィリピン配属の平和部隊員261人全員の引き揚げを発表（29日にハワイへ向け出国） 6・30 フィリピン情報相、米平和部隊の引き揚げは「事前通告なしの非友好的行為」と非難

1990（平成2）年

日　　本	ベトナム	カンボジア	ラオス	タ　イ
		ニケに全面的支持を発表。クメール・ルージュ（KR）は「2派の調印に納得できない」 6・14　フン・センがSNCメンバーを決定。シハヌークがSNCメンバーを決定。ソン・サン派がSNCメンバーを決定		（―30日） 6・20　シリントーン王女、花の万博を訪問。滞在中、礼宮の婚礼の儀にタイ王室を代表して出席
1990 7・24　三菱重工・三菱商事・西独シーメンスがインドネシアから複合火力発電所建設受注発表 7・27　中山外相がASEAN拡大外相会議でカンボジア問題などについて演説 8・1　外務省首脳がASEAN拡大外相会議でのASEAN諸国の日本軍事大国化懸念を否定 　　　中山外相がタイ・ラオス訪問（―4日） 8　綿貫民輔建設大臣訪イ 8・9　日商岩井が東都化成とインド企業と合弁でタイに初のエポキシ樹脂工場設立発表 　　マツダ・米フォード・三洋電機がマレーシアでカー用品生産合弁会社設立発表 8・20　三井物産など大手商社6社受注のインドネシア精油所建設に邦銀団が28億ドル融資を発表 9・2　経団連教育交流プログラムのもと幼稚園から高校までの教員18人訪日 9・10　ギナンジャール鉱業・エネルギー大臣訪日、海部首相と会談し、原油供給拡大を表明 9・11　本田技研が比で自動車現地生産開始を発表 9・13　三菱金属が比の銅鉱石安定供給を目的に融資買鉱契約獲得 9・17　対日原油、湾岸危機で価格大幅引き上げ 10・4　ガジャマダ大学と千葉大学が協力協定調印 10・8　日本、ジャカルタ特別市クマヨランの催し会場建設（旧空港跡）に125億円を借款、協定締結 10・12　三菱自工の現地法人が自動車エンジン生産認可取得 10・20　丸紅融資のインドネシア現地会社が保護地のマングローブ伐採により伐採権停止処分	7・18　米国、ベトナムとの対話開始を発表 8・6　ベトナム、ニューヨークで米国と初の政府間協議 8・21　日本衆議院議員代表団訪越、両国関係強化措置を協議 9・20　日本の35企業代表団訪越、タク外相、経済関係拡大の希望を表明（ベトナムと日本の経済関係についてのセミナー開催、20―21日） 9・29　ベイカー米国務長官とグエン・コ・タック越外相が初会談 10・16　日本の中小工業企業代表団訪越、両国協力の可能性を打診 10・23　グエン・コ・タック・ベトナム副首相兼外相、訪日 10・24　海部首相、ベトナム外相との会談で、日越関係改善を確認 11・8　VNA（ベトナム航空）東京支局開設 11・9　グエン・フー・ト国家評議会議長、明仁天皇即位の礼に参列のため訪日 11・16　ベトナムにおける大	7・10　日本テレビの「24時間テレビ」からの約1000万リエルの援助でカンダル州カンダルストゥン郡に新保健所が建設 7・16　国連安保理常任理事国第5回会議開催（パリ）。米国がクメール・ルージュへの支援をやめると政策転換を表明、中国もクメール・ルージュ支援に関して譲歩を行い大きな転換 8・6　中国首相、ポル・ポト派への武器援助停止を約束 8　今川駐バンコク公使がプノンペン訪問、フン・セン首相と会談 8・27　国連安保理常任理事国第6回会議開催（ニューヨーク）カンボジアの包括的和平解決の枠組みで最終合意。28日に声明発表 9・5　国連安保理常任理事国の5項目合意文書が公表①総選挙までの期間のカンボジア統治に関する暫定取り決め②過渡期間における軍事的取り決め③国連主導下の選挙④人権擁護⑤国際保障 9　グエン・ヴァン・リン・	7・27　日本政府、セコーン、アッタプー、チャンパーサックの水力発電所建設でラオスと協力することに合意 7　船田元議員他青年海外協力隊小委員会代表、ラオス訪問 8・2　中山太郎外相が日本の閣僚としては23年ぶりにラオスを訪問。プーン外相、プーミ大統領代行と会談 8・3　中山外相、ヌーハク最高人民議会議長と会談 8・15　日本国際協力事業団、ラオス政府との間にサワンナケート、カムムアンの農村地域建設と開発援助に関する覚書調印 8・20　駐ラオス日本大使館、ラオス対外経済関係省との共催で経済管理についてのセミナー開催（―30日） 10・15　日本政府、ラオスへ4億円の無償援助を供与する文書を交換 11・1　日本の海外開発技術調査研究所、ラオスに2100ドル相当の援助（ミシン50台と衣服）を贈与	7・1　チュアン副首相、訪日（―8日） 8・1　中山外相、訪タイ（―2日、3―4日） 8・6　綿貫建設相、訪タイ（―8日） 8・17　中山外務相、中東訪問途次にタイ立ち寄る（―18日） 8・24　ソムサワリ皇太子妃及びパチャラキティヤパー王女、日本を非公式訪問（―31日） 8・31　二重課税の回避及び脱税の防止のための租税条約改定 10・9　閣議、外国製たばこ輸入解禁を決定 10・14　福田元首相、訪タイ（―16日） 11・3　チュラポーン王女、訪日（―25日） 11・8　チャートチャーイ首相、訪日（―14日） 11・11　チャートチャーイ首相、海部首相と会談 11・12　ワチラロンコーン皇太子及びチャートチャーイ首相、平成天皇即位の礼に出席

214

1990（平成2）年

ビルマ	マレーシア	ブルネイ	シンガポール	インドネシア	フィリピン
7・13　米国の下院議員39名、ソオ・マウン議長に早期政権委譲と政治犯の釈放を求める書簡送付。日本にも外相宛てに援助停止を求める書簡送付 7・27　軍事政権、選挙結果とは別個に選出する制憲国民会議を開催し、新憲法の草案を審議する旨、発表 7・30　昭和シェル、ビルマでの石油探鉱開発権を獲得 8・2　来緬中の日本の経済金融政策研究所所長、エイベル貿易・計画・財務相と会見 8・27　ヤンゴン日本人学校、タンタマン・ロード沿いに移転 8・30　来訪中の自民党の渡辺美智雄代議士、ソオ・マウン議長と会談。議長はアウン・サン・スー・チーの解放は本人の出国が条件と発言 9・21　大使館に勤務するローカルスタッフの連行・尋問があいつぎ、ヤンゴン駐在の日本および西側各国大使は、イタリア大使を通じ、口頭で軍事政権に対し抗議 10・4　軍事政権、米国の新駐	10・11　松下マレーシア、国産テレビを日本に初出荷 11・9　アズラン・シャー国王、訪日（―20日）。13日天皇と会見 11・12　マ首相、訪日（―21日。私的訪問） 11・16　日本石油、サラワク沖で油田発見 12・11　マ首相、「東アジア経済ブロック」提唱	7・23　秋篠宮御夫妻ブルネイ国ブースを視察 8・28　「21世紀のための友情計画」でハイテク関連のブルネイ青年訪日（―9月27日） 9・1　駐ブルネイ吉田重信日本大使ブルネイ国王に信任状奉呈 9・2　財団法人国際教育情報センターの招待によりハッジャ・ノルシア学校局局長代理、ハッジャ・マリアム・カリキュラム局局長、ハジ・アブ・ハナフィアー・ブルネイ科学学校担当局局長代理訪日 10・20　東京渋谷のアセアン文化センターにてブルネイ写真展開催（―11月2日） 10　文部省の招聘でブルネ国から留学生4名訪日、専門学校生3名、筑波大学の教育研修生1名 11・10　ブルネイ国で最初の本格的クラシック・コンサート開催（トヨタ自動車主催のチャリティー・コンサートで売上げ金はブルネイ国の障害者救済団体に寄附）	7・27　シ開発銀、大和銀、共同でニューヨークに「シ基金」開設 9・4　「昭南神社」廃墟、発掘 10・1　日本経済新聞、シでアジア版の発行開始 10・4　出光石油など日本企業、シ石油社株14.2％取得 10・14　リー商工相、訪日（―16日） 10・19　自衛隊統合幕僚会議の寺島議長、来訪 10・25　キッコーマン醤油、シ交響楽団に25万Sドル寄付 11・3　日刊工業新聞、東南ア支局開設 11・7　大阪府、代表事務所開設 11・11　リー首相、訪日（―14日）。天皇即位式参列 11・18　ウォン・カンセン外相、訪日 11・28　リー首相辞任、ゴー・チョクトン首相就任 12・6　UIC、本州製紙株33％を取得 12・8　インドネシアとの共同投資誘致団、訪日（―22日）	7・27　中山外相訪イ（―29日） 9・2　経団連教育交流プログラムにより幼稚園から高校までの教員18人訪日 9・10　ギナンジャール鉱業・エネルギー相訪日、海部首相と会談し、原油供給拡大を表明 9・17　対日原油、湾岸危機で価格大幅引き上げ 10・1　ジャカルタ日本文化センター内に日本語センター附設 10・4　ガジャマダ大学と千葉大学が協力協定調印 10・8　日本、ジャカルタのクマヨラン催し会場建設（空港跡）に125億円借款協定締結 11・12　天皇即位の礼にスハルト大統領参列 11・13　アラタス外相、来訪した山崎拓元防衛庁長官に日本の平和維持軍への参加は当然と表明 12・28　イリアンジャヤで戦死した3500名の日本兵の遺灰、国広道彦大使に引き渡し	7・1　横浜市、マニラ市との姉妹都市提携25周年（8月に市民公募の親善使節「素顔のマニラ取材団」をマニラに派遣） 7・9　日本大使館、青年海外協力隊と国際事業団専門家のうち、一部危険地域」からの一時退去を指示。対象者は10人 7・13　一般無償協力（学校校舎建設など5件に計69億4700万円） 7・16　ルソン島中部でM7.7の大地震 7・17　日本政府、地震被災地に医療チームの派遣と30億ドルの資金援助 8・2　NPA、水野農業指導員を解放。ネグロス島のA・フォルティッチ神父が解放交渉を仲介 8・8　警視庁、フィリピンで米財務省発行小切手を偽造し東京で131万2000ドルを換金しようとしたマニラ在住日本人を逮捕 9・20　ペルシャ湾岸危機でヨルダンに避難したフィリピン人の労働者計約600人が、国連要

1990（平成2）年

日　　本	ベトナム	カンボジア	ラオス	タイ
10・29　三井石化・三井物産がインドネシア・プルタミナと石化合弁会社設立発表 10・30　日本電気・富士通・日本大洋電線が東南アジア四カ国の光海底ケーブル受注発表 11・7　伊藤忠商事と三菱重工がシンガポールから大型クレーン受注発表 丸紅と大成プレハブがタイにプレハブ供給発表 11・10　インドネシア電信電話公社が電子交換機をNECと米ATTに発注決定 11・11　ハビビ国務相訪日・人材育成に向け引き続き協力要請 11・13　アラタス外相・来訪した山崎拓元防衛庁長官と懇談、日本の平和維持軍への参加は当然だと表明 11・20　即位の礼にスハルト大統領参列 ハビビ研究担当国務大臣訪日 12・1　川崎製鉄・三菱商事と現地アラヤ財閥がマニラ郊外で工業団地着工 12・5　日本軽金属がマレーシアにアルミ部品製造合弁会社設立発表 12・18　野村證券・日興證券がタイ社と提携する計画を公表 12・21　名村造船所がタイで合弁造船会社設立発表 12・27　海部首相が駐日ASEAN 6カ国大使と懇談	型プラント、日本企業4社が調査を進行	ベトナム共産党書記長が秘密訪中、カンボジアに関する5項目の了解覚書 9・10　カンボジア紛争当事者4派がジャカルタで非公式会談。共同声明で国連安保理の枠組みを受け入れ、12人からなるカンボジア最高国民会議（SNC）を樹立 9・17　第1回SNC会議開催（バンコク）、議長問題で対立 9・20　国連安保理は5常任理事国の国連主導のカンボジア和平案を全会一致で承認、当事者4派にSNC議長の選出を急ぐよう要請した決議を採択 10・15　国連45回総会は安保理の和平案で早急に政治解決をはかることを決議。国連のカンボジア議席はSNCが代表団を派遣できなかったことで空席 11・17　日本政府はタイなどにいる難民の帰国支援のためにUNHCRに10億円程度の緊急支出を決定 11・23　国連安保理常任理事国、関係国会議がパリで開催、カンボジア和平協定案で合意、「カンボジア紛争の包括的政治解決に関する諸協定の構成案」①最終決議②カンボジア紛争の包括的政治解決に関する協定③カンボジアの主権、独立、領土保全、不可侵、中立、国家統一に関する協定④カンボジアの復興、再建に関する宣言の4文書と付属文書1〜5から構成	11・3　武田実会長ほか日本・ラオス友好協会代表団、ラオス訪問。プーミ大統領代行と会見 11・12　プーン副首相兼外相が即位の礼に参列するため日本訪問 11・21　日本政府、桑栽培、養蚕センターに対する1090万円相当の無償援助贈呈 11・23　日本ラオスバスサービス改善プロジェクトの第2段階が完成（総額5億8200万円） 12・8　日本青年海外協力隊の事務所、ウィエンチャンに開設 12・22　日本国際協力事業団の協力で建設されるナムグム橋の最終実施調査完了 12・27　日本政府、ナムグムダム建設借款の債務1億6514万9000円救済に関する覚書交換	

1990（平成2）年

ビルマ	マレーシア	ブルネイ	シンガポール	インドネシア	フィリピン
ビルマ大使の受け入れを拒否 10・5　軍事政権、在ビルマの外国大使館に対し、「SLORCは事実上の政府（de facto government）である」とする文書を送付 11・3　国連人権委員会一行（緒方貞子代表）が人権状況の調査のためにビルマを訪問 11・5　軍事政権、国営紙を通じ、緒方代表は第2次世界大戦時の英国と日本による人権侵害を調査すべきと主張 12・17　軍事政権、国営紙を通じ、日本社会党の土井たか子委員長がビルマの人権侵害を取り上げたことに反論、逆に日本軍のビルマ占領期の行為を批判 ビルマ民主化実現を訴える日本の超党派国会議員145名分の署名、国連事務総長に送付 12・18　カイン（カレン）州マナープロウで、弾圧を逃れたNLD当選議員が中心となり、ビルマ連邦国民連合政府（NCGUB）樹立		11・11　ブルネイ国王訪日、12日に天皇即位の礼に参列（―14日）			請で日本政府が人道援助したチャーター機で帰国 9・23　フィリピン国家警察軍、日系企業の現地法人から「革命税を脅し取ろうとしたNPA幹部を逮捕した」と発表 9・26　中山太郎外相、ニューヨークの国連本部でフィリピンのR・マングラプス外相と会談、PKO協力法案への理解を要請 10・12　食糧増産援助（24億円） 10・19　MAI最大のプロジェクト「カラバルソン地域総合開発計画」着工式。アキノ大統領が出席、日系企業の進出に期待を表明 11・2　後藤利雄第14代駐比大使、着任 11・5　シン枢機卿、宗教指導者会議に出席するため訪日。マニラの姉妹都市の京都府八木町も訪問、キリシタン大名・内藤ジュアン（如安）の碑を参拝 11・9　フィリピン残留日系人2人が一時帰国。日本の国費負担による一時帰国としては初めてのケース 11・11　アキノ大統領、天皇の「即位の礼」列席のため訪日（―14日） 12・19　特別円借款（商品借款282億円） 12・下　日本人歌手のテッド・イトー（本名は伊藤哲司）、マニラでタガログ語の6曲入り

1990〜1991（平成2〜3）年

日　本	ベトナム	カンボジア	ラオス	タ　イ
		12・4　プノンペン政府が日本商社とシンガポールに対してゴム、木材と引き替えに石油の供給を交渉。ソ連からの安価な石油供給の激減の可能性 12・21　パリ国際会議共同議長国外相とSNCの会議が開催（パリ） 　　カンボジアに関するパリ国際会議が開催 12・31　日本国際ボランティアが救済援助として63万ドルを寄贈		
1991 1・7　住友商事がベトナムに事務所開設計画発表 1・10　13日より予定されていた海部首相のASEAN歴訪を湾岸危機のため中止決定 1・31　三洋電機がタイの現地法人による洗濯機生産開始計画公表 2・6　通産省外郭団体の国際技術協力協会が東南アジア開発基本構想発表 2・8　山村硝子がインドネシアにガラス瓶製造技術供与契約締結を発表 2・27　三菱商事がシンガポールと環境プロジェクトで相互協力協定締結 3・4　伊藤忠がインドネシアで製油所合弁設立で事業調査開始を発表 3・7　ジェトロがASEAN家具展に初参加 3・下　高島屋が出店予定先のシンガポールから毎年3人ほどの留学生を来日させる計画公表 4・9　伊藤忠商事がインドネシアに合弁缶詰工場設立発表 4・22　ジャスコがタイ環境保全NGO支援発表 4・27　海部首相ASEAN5カ国（インドネシア除く）訪問（—5月6日） 5・1　そごうがクアラルンプール出店計画発表 5・4　ジャカルタで「独立宣言と現在までのインドネシア共	1・13　阿曽村邦明ベトナム駐在日本大使、任務を終え帰任 1・15　三菱商事、ハノイとホーチミン両市に駐在員事務所開設 2・11　ブー・トゥエン・ホアン会長以下のベトナム・日本友好協会代表団訪日、日本・ベトナム友好協会代表団と実務会談 3・15　湯下博之ベトナム駐在大使、着任 3・18　国際協力事業団、凍結されている政府援助再開に向けて調査団を派遣 4・10　ベトナム、外国人の土地使用を許可 4・22　三菱石油と三菱商事、ベトナム沖合で石油開発に参加したい意向をベトナム政府に正式申し入れ 4・23　日商岩井、ベトナムと長期契約を締結、鉱物資源の輸	2・13　駐タイ今川公使がプノンペンを訪問、プノンペン政権首脳と会談、各地を視察、12日間滞在 2・23　タイ駐在の池田公使が北京を訪問、シハヌーク殿下と会談 3・26　ソン・サンKPNLF議長、日本外務省の招きで訪日、海部首相と会談 5・2　SNCメンバー、PICC共同議長、国連事務総長特別代表らによるジャカルタ協議開催 　　シハヌーク殿下とフン・セン首相がジャカルタで会談 6・24　SNC、パタヤで会合、SNCの常設化を明確化	2・7　日本政府、ルアンパバーンの経済発展に9410万円相当の車輌と建設機械を無償援助 4・24　スズキと野村貿易、ラオスで二輪車のノックダウン生産を開始 6・25　日本政府、ラオス国立図書館の移動図書館車、図書館機材購入のため2100万円を無償供与する書簡を交換 6・26　日本政府、ナムグム水力発電ダム建設におけるラオスの対日債務埋め合せのため2億2027万円を無償援助する交換公文調印	2・23　陸・海・空軍および警察によるクーデター発生 2・25　坂本官房長官、対タイ経済援助凍結の予定は今のところないと発言 2・27　日本政府、対タイ援助の見直しを行うと決定 4・16　金丸元副首相、訪タイ（—18日） 　　ソムサワリ皇太子妃及びパチャラキティヤパー王女、訪日（—26日） 4・27　海外経済協力基金、対タイ援助4億8000万ドル供与を決定 4・30　海部首相、タイを公式訪問（—5月2日） 　　海部首相は、2・23クーデターによって凍結されていた第16次円借款交渉を再開するとの意向を表明 5・8　タイ政府、外国人に対

218

1990〜1991（平成2〜3）年

ビルマ	マレーシア	ブルネイ	シンガポール	インドネシア	フィリピン
					アルバム「イカオ・パ・リン」を発売。半年で12万部を売る空前のブーム 12・31　フィリピン人の日本渡航者が年間10万人を超す。日本の外国人登録者に占めるフィリピン人の割合は4.6%（4万9092人）で、韓国・朝鮮、中国、ブラジルに次ぎ4位
1・21　日本のビルマ問題を考える会、国内募金60万円余を用い、タイ・ビルマ国境地帯の全ビルマ学生民主戦線（ABSDF）キャンプに蚊帳500張と毛布500枚を届ける（3月1日都内で報告会） 2・26　軍事政権の招待により、日本、タイ、スリランカなどの仏教僧侶がビルマを訪問。ヤンゴン市内ガバーエイにて、ソオ・マウン議長により称名授与 3・8　JETRO代表団、ビルマを訪問 4・30　日本政府、メイッティーラ大火災に対し17万2000ドル相当の緊急物資援助を実施 5・2　自民党小沢辰男代議士がビルマを訪問（—4日） 5・10　東芝シンガポールが出資した修理サービスセンター、	4・上　ラフィダ通産相、訪日 4・27　海部俊樹首相、来訪（—29日）。マ首相、「東アジア経済ブロック」への協力要請	2・26　駐日ブルネイ国大使主催のブルネイ国独立記念日祝賀会ホテル・ニューオータニにて開催 3・10　第4回日本語スピーチ・コンテスト開催（参加者：初級19名、上級7名） 3　飛島建設、ブルネイ国立競技場競泳プール建設工事完了 4・29　海部俊樹首相ブルネイ訪問、国王に謁見、国王による晩餐会に出席 5　飛島建設、トゥンクリンク道路拡幅工事着手	3・6　日本ASEAN投資会社、91年度の投資200億円中、対シ40億円、と発表 4・24　シンガポール日本商工会議所、国立大学日本語学科等に31万Sドル寄付 5・2　海部俊樹首相、来訪（—3日）。ゴー首相、日米協力の重要性強調 5・3　海部首相、「シンガポール宣言」発表。政治分野での対東南アジア貢献謳う 5・28　国会議員団来訪（—30日）。小山一平参院副議長ら8人 6・3　リー上級相夫妻、訪日（—9日） 6・5　後楽園社、1.5億Sドルの遊園地造成計画を発表 6・22　ユナイティド・インダストリアル社、日本の不動産を4700万Sドルで売却	5・4　ジャカルタで「独立宣言と現在までのインドネシア共和国の形成」セミナー開催、サルトノ・カルトディルジョ、西嶋重忠、アブドゥルラフマン・スルヨミハルジョらが基調講演 5・16　スハルト大統領、新駐日大使プジ・クンタルソ（外務省経済局長）を認証 6・5　スロノ陸軍大将に勲1等瑞宝章 6・11　宮沢喜一元首相、スハルト大統領表敬訪問 6・14　中山外相、スハルト大統領と会見	2・14　セブ日系人会発足 3・5　渡辺美智雄元蔵相、訪比。アキノ大統領と会談、PKOへの日本参加問題などを協議 3・26　第17次円借款（プロジェクト借款833億9500万円、商品借款370億1300万円） 4・2　92年の大統領選立候補を表明したラモス国防相、一部自民党議員らの招きで非公式に訪日 4・9　ラウレル副大統領、訪日（—14日） 4・25　一般無償協力（フィリピン産業大学工学部機材整備など2件に計12億9600万円） 5・4　海部首相、公式訪比（—6日）ペルシャ湾に向かう海上自衛隊の掃海艇6隻（乗員511人）、スビック米海軍基地に寄港。海部首相はマニラのホテル

1991（平成3）年

日　　本	ベトナム	カンボジア	ラ　オ　ス	タ　イ
和国の形成」セミナー開催、サル・カルトウィジョヨ、西嶋重忠、アブドゥルラフマン・スルヨミハルジョらが講演 5・20　シンガポールで太平洋経済協力会議（PECC）第8回総会開催 6・3　松下電器産業がマレーシアでビデオ生産開始発表 6・7　出光石油化学がマレーシアでエチレン生産合弁会社設立発表 6・10　中山外相がベトナム・インドネシア訪問（―16日） 6・13　日産がベトナムにサービス拠点設立計画発表 　　　　インドネシア地元紙、同政府が関西電力子会社に原発調査発注と報道（8月23日正式発注） 6・14　中山外相、スハルト大統領と会見 6・上　宮沢喜一自民党衆議院議員がタイ・シンガポール・インドネシア訪問（―12日）	入に乗り出す 5・3　ベトナムテレビと日本放送協会、ハノイで協力協定締結 6・10　中山外相訪越し、ドイモイ、カンボジア問題などを協議（―14日） 6・12　グエン・バン・リン共産党書記長、カンボジア問題日本案を評価 6・24　ベトナム共産党第7回党大会開会、ド・ムオイ新書記長選出 6・28　対ベトナム大型投資解禁、日本企業、応札に殺到			するタックス・クリアランス規定を基本的に撤廃 5・15　チュラポーン王女、来日（―19日） 5・18　中銀、外貨持込規制を緩和。入国者1人あたりの上限を1000ドルから2000ドルに引き上げ 5・22　内務省、コンドミニアムの総ユニット数の40％まで外国人所有を許すと決定 6・7　アナン首相、宮沢元副首相と会談。9月に訪日の意向を示す 6・16　アマレート商相、訪日（―21日） 6・28　コンドミニアム法案第一読会通過。外国人による床面積40％までの所有を承認
1991 7・18　ダイハツがマレーシア首相の軽国民車構想に参加検討を公表 7・22　中山外相がASEAN拡大外相会議に出席、高級事務協議を演説で提言 7・24　アリ・アラタス外相、日本の安全保障提案に時期尚早と発言 8・20　東京ガス・三井物産がマレーシアの都市ガス化計画に参加発表 9・2　日本援助のダム建設で土地補償に不満を持つリアウ州の農民700人以上が国会に抗議、7日に日本を訪問し、諸官庁に陳情開始 9・19　カンボジア和平に関連して国際平和協力法案及び国際緊急援助隊法改正案を国会提出（1992年6月15日成立） 9・26　天皇皇后両陛下がタイ・マレーシア・インドネシア訪問（―10月6日） 10・2　亀甲の対日輸出でグリンピースが政府に抗議	7・5　朝日新聞、ハノイ支局開設 7・6　ド・ムオイ新書記長、日本の経済協力を期待と表明 7・11　丸紅、ハノイに事務所開設 7・11　桜内衆議院議長以下の日本・ベトナム友好議員連盟代表団訪越（―15日） 9・11　日本ベトナム文化交流協会代表団訪越、ハノイで文化交流協定に調印 9・26　ベトナム国家計画委員会、日本通産相と初の政策協議 10・13　日越文化協会、ホーチミン市大学に日本語コースを	7・16　SNC非公式会合が北京で開催、シハヌークを議長に選出 9・20　パリ国際会議調整委員会非公式会議開催、SNCの合意事項を承認 9・20　今川幸雄SNC常駐日本大使に任命 10・17　カンプチア人民革命党が臨時大会で党名をカンプチア人民党に改称 10・23　カンボジア問題パリ国際会議閣僚級本会議開催、4和平文書に調印、発効 11・9　国連カンボジア先遣隊がプノンペンに到着。12月22日	7・2　日本・ラオス友好議員連盟代表団（団長：原田憲衆議院議員）、ラオス訪問（―4日） 7・3　日本政府、農業プロジェクトへ10億円を援助 7・19　日本政府、養蚕センターにトラクター4台、養蚕設備2800万円相当を援助 7・24　日本政府、ラオスの電話システムの建設に9億2500万円を無償援助することを約束。交換文書に調印 7・26　日本の野村貿易とラオスの山岳地域開発会社、5万m³の木材を日本に輸出する500万ドルの契約に署名	7・2　自動車関連税率変更。国内自動車産業改善のため 8・15　中尾通産相訪タイ（―18日） 8・20　日系自動車組み立てメーカー、日本からの輸入を間接的に阻止 9・25　タイ中銀総裁、金融自由化に向け外国銀行の支店設置基準を92年半ばまでに策定すると発言 9・26　天皇・皇后両陛下、タイを公式訪問（―30日） 10・5　チュラポーン王女、訪日（―6日） 10・10　橋本大蔵大臣、IMF、

ビルマ	マレーシア	ブルネイ	シンガポール	インドネシア	フィリピン
営業開始 6・3 軍事政権、新駐日大使にテイン・ハン国軍政治科学学校校長を任命 6・12 日本政府、軍事政権との間で30億円の債務救済無償援助供与に関する公文を交換					から電話で激励 5・31 民間産業育成プロジェクト円借款（367億7000万円） 6・9 中部ルソンのピナトゥボ火山噴火が活発化し15日に大爆発、クラーク米空軍基地なども被災 6・13 アキノ大統領、新外資導入法に署名（発効は11月12日）。 6・18 日本政府、火山被災に計40万ドル相当の緊急援助を決定。その後、日赤なども救援金を送付
7・22 東京外国語大学アジア・アフリカ言語文化研究所、夏期言語研修でビルマ語を実施（8月30日まで、計150時間。会場—東京外国語大学） 8・21 日本政府、カイン州およびザガイン管区の洪水被害に対し1251万円相当の緊急物資援助を実施 10・8 伊豆高原に在日ビルマ人協会幹部が運営する「民宿ビルマ」開設（日本での民主化運動の拠点を目指す） 10・14 91年度ノーベル平和賞受賞者にアウン・サン・スー・チーNLD書記長（自宅	7・上 日本国会議員使節団、来訪。 8・20 東京ガス、三井物産、石油公社と都市ガス供給合弁企業設立 9・30 天皇、皇后、来訪 10・7 「東ア経済ブロック」を「東ア経済会議EAEC」と改称 11・7 渡辺美智雄外相、「EAEC」が米国を除外するなら不参加、と表明 11・8 中小企業金融公庫、クアラルンプールに事務所開設 12・12 スパン新国際空港建設、丸紅など日英企業が受託	8・7 1万200名に及ぶ政府職員が国内全域の全家庭を訪問する国勢調査実行（15日間） 10・1 「21世紀のための友情計画」でブルネイ青年9名訪日（—31日） 10・下 国際交流基金、空手指導者の佐々木利敦氏をブルネイに派遣 11・1 RBA、近畿日本ツーリストと提携して日本ブルネイ間のチャーター便にて乗客146名で名古屋国際空港を出発 11 「日本留学卒業生の集い」に参加のためブルネイ国よりチン博士（東京医科歯科大学卒）	8・15 中尾栄一通産相、来訪（—16日） 9・26 渋谷幕張シンガポール高校、開校 11・7 リー上級相、「非戦闘員なら日本のカンボジア平和維持軍派遣は構わない」と談 11・11 石川島播磨重工社、ジュロン造船所株20％を売却。残り10％ 12・8 情報・芸術省主催でマラヤ・シンガポール陥落50周年展示会 12・10 ヨー情報・芸術相、日本軍のマラヤ侵略につき「許す、しかし忘れるな」と談	9・2 日本援助のダム建設で土地補償に不満を持つリアウ州の農民700人以上が国会に抗議、7日に日本を訪問し、諸官庁に陳情開始 9・25 クンタルソ駐日大使、天皇訪イで戦時中の問題に対する謝罪を期待していない、と表明 10・2 亀甲の対日輸出でグリーンピースが政府に抗議 10・3 明仁天皇・皇后訪イ（—5日） 「スアラ・プンバルアン」紙、「傷は癒えたが傷跡は残っている」と題した社説掲載	7・9 気象庁、ピナトゥボ山噴火による火山性物質の日本上空飛来を確認 8・21 一般無償協力（学校校舎建設など4件に計44億4000万円）、食糧増産援助（24億円） 8・22 フィリピン海外労働者投資基金法制定。海外からの闇送金を公式ルートにのせるのが狙い 9・14 福島県塙町の病院でフィリピン人女性ダンサーが死亡、遺体は25日に送還。病院側は死因を「劇症肝炎」と断定したが、遺族は納得せず、フィリピンで政治問題化

1991（平成3）年

日　本	ベトナム	カンボジア	ラオス	タ　イ
10・3　天皇皇后両陛下訪イ（4日間） 10・19　外務省でASEANとの交流に関するシンポジウム開催 10　木材貿易会社おかだがカンボジアで熱帯林伐採合弁事業発足 11・7　出光興産がマレーシア製油所計画に参加発表 11・13　第3回APEC出席中の渡部恒三通産相とASEAN6カ国経済担当相がASEAN経済閣僚会議への日本参加で合意 11・28　住友林業がインドネシアで熱帯林再生計画発表 12・2　国連平和維持活動（PKO）協力法案が衆院本会議で修正可決 日産が比にプレス工場建設計画発表 12・10　セゾングループがシンガポール都市再開発に参画発表 12・12　アジア経済研究所がNIESとASEANの91・92年度経済見通し発表 12・18　NTTが初の海外事業としてインドネシア電話網拡充計画参加検討 12・25　日本の国会議院260人、宮沢首相宛ての対イ援助停止請願書に署名 12・26　石油資源開発がカンボジア沖の海底油田探鉱・開発権取得	開設（定員20名） 10・23　カンボジア和平パリ協定にベトナムも調印 10・24　日米外相会議で、米国のベトナムとの対話開始を確認 10・28　社会経済国民会議ベトナム経済事情調査会（団長、大来佐武郎同会議理事）、訪越（―11月5日） 10・30　「ドイモイ政策を通じての日本とベトナムの経済協力」シンポジウム、ハノイで開催、日本から経済・経営分野の研究者26名出席（―11月2日） 11・5　ベトナム、中国、国交正常化を宣言 11・16　日航、ベトナム便を計画（12月中にハノイ事務所開設へ） 11・22　ベトナム副首相、援助再開を日本に要請 11・28　レ・マイ外務次官、東京で渡辺外相と会見、「日越関係を新しい一歩へ発展させる条件が熟した」と談 12・7　住友商事ハノイ事務所開設 12・17　米国、米旅行会社が企画するベトナム旅行の禁止措置を解除	に展開完了 11・14　シハヌークSNC議長、モニク妃が特別機で北京からプノンペンに帰着 11・27　キュウ・サムポン・クメール・ルージュ駐在代表がプノンペンで市民の暴行を受けバンコクへ脱出 12・15　日本の対カンボジア援助事前調査団がカンボジア入り、人道援助100万ドル供与約束	8・15　ラオス人民民主共和国憲法発布 8・16　ラオス・日本友好議員連盟設立（会長：プー国民議会議員） 8・31　日本仏教代表団、ラオス訪問 10・10　ウドムサイ県の樹木伐採、焼畑耕作制限のためのラオス日本協力覚書調印 10・16　日本政府、ウィエンチャンの井戸建設プロジェクトへ無償援助2万8000ドル供与協定調印 11・7　日本政府、麻薬取り締まり防止のための援助として570万円援助 12・25　日本政府、債務整理計画資金・国立テレビ局建設のために約5億円の無償援助を供与。交換公文調印	世銀総会出席のため訪タイ（―13日） チャートリー・バンコク銀行総裁、外国銀行支店開設自由化までに今少し時間が欲しいと発言 11・16　チュラポーン王女、訪日（―17日） 12・8　アナン首相、日本を公式訪問（―11日） 12・9　訪日中のアナン首相、宮沢首相に日タイ経済関係に関する白書を手交 12・11　アナン首相、平岩経団連会長と会談

ビルマ	マレーシア	ブルネイ	シンガポール	インドネシア	フィリピン
軟禁中）が選出。ビルマ国内では海外短波放送を除き一切報道されず **10・17** オウン・チョオ外相、国連総会の帰路に日本を訪問（―19日）、18日に中山太郎外相と会談。中山外相は国際社会のビルマ民主化への関心が非常に高いことを強調 **10・21** 人権状況の調査のため国連人権委員会派遣の独立専門調査官・横田洋三国際基督教大学教授、ビルマに入国、26日まで滞在、関係者と会談、インセイン刑務所など訪問 **11・2** 日本政府の招待により、ソウ・ニュン新聞雑誌公団総裁が日本を訪問 **11・30** 広島市平和祈念碑協会代表団がビルマを訪問、キン・ニュン第1書記らと会談、平和祈念碑を贈呈 **12・10** オスロでノーベル平和賞授賞式がおこなわれ、アウン・サン・スー・チーの代理として夫マイケル・アリスと2人の息子が出席 ヤンゴン大学構内で300人ほどの学生がアウン・サン・スー・チーの解放を訴える集会（当局は警察を導入） 東京で、在日ビルマ人協会、アムネスティ、ビルマ問題を考える会などが共催しアウン・サン・スー・チーのノーベル平和賞受賞記念集会（約500人参加） **12・12** 在タイ日本企業、ビ	**12・24** 訪日中のマ首相、宮沢喜一首相と会談	及びハジ・ユラ・プルカサ氏（国際キリスト教大学卒）訪日 **12・1** ブルネイ国政府当局アルコール飲料類のブルネイ国への持込みを禁止 中村泰夫公使ブルネイに着任 **12** 飛島建設、ガドン・センターポイント建設工事着手	**12・12** ポッカ飲料水社の谷田利景会長、駐名古屋名誉領事に任命	**12・25** 日本の国会議員260人、宮沢首相宛ての対イ援助停止請願書に署名（東ティモール・サンタクルス事件との関連で）	**9・16** フィリピン上院、米軍基地の存続案を否決。これで基地全廃が決定 **10・17** R・トーレス労相、ダンサーの死因を調査するため訪日（―23日） **10・21** 海上自衛隊の掃海艇部隊、ペルシャ湾からの帰路、スビック米海軍基地に寄港 **10・31** フィリピン上院女性家族問題委員会、フィリピン人女性の日本出稼ぎを当面中止する措置要求決議を採択 **11・11** 警視庁鑑識課、フィリピン人の女性鑑識官1人を初めてJICA研修生として受け入れ **11・20** アキノ大統領、フィリピン人女性「芸能人」の出稼ぎ出国条件を23歳以上に引き揚げるなど規制強化を斡旋業者ら関係者に通達 **11・26** クラーク米空軍基地返還式。跡地の軍事施設はフィリピン空軍の管理下に置かれ、第13米空軍司令部はグアム島に移駐 **11・28** マニラの日本大使館前で、左派系の学生ら約30人が日本のPKO協力法案反対を訴える **12・5** F・チャベス検事総長、マルコス不正蓄財に絡む疑いがあるとされる日本企業7社に言及した報告書を公表 **12・12** 一般無償協力（地域中核病院の医療機材整備事業な

1991～1992（平成3～4）年

日　本	ベトナム	カンボジア	ラオス	タイ
1992 1・10　田辺社会党委員長率いるアジア訪問団が中国・カンボジア・タイへ出発（―17日） 1・29　アラビア石油・帝国石油などがベトナム南部沖の石油・ガス開発参加発表 3・19　柿沢弘治外務政務次官がカンボジアなど3国訪問 3・24　日清食品がインドネシアに合弁即席メン工場建設計画発表 4・20　昭和シェル系子会社がベトナム沖油田採掘権の一部取得発表 4・21　渡辺外相の「私設秘書」とされる、丸目静雄氏がインドネシアへの政府開発援助（ODA）に関与していた、と米紙で報道された問題が、参議院外務委員会で取り上げられる。 4・28　日石がマレーシア沖での天然ガス試掘成功発表 5・2　丸紅が仏・ノルウェー企業と合同でベトナム沖油田開発参加計画公表 5・上　石田幸四郎公明党委員長タイ・カンボジア・マレーシア訪問（―13日） 6・11　東京ガスがマレーシアにガス冷房で技術協力計画公表 6・22　カンボジア復興閣僚会議「東京宣言」採択 7・6　日本政府が発表した127件の従軍慰安婦資料に、インドネシア女性も含まれていたことが判明。加藤紘一官房長官は政府が直接関与していたことを始めて公式に認めた 7・9　イ商相、日本の農産品保護政策を非難	1・12　日本政府調査団（川上外務省経済協力局次長以下10名）訪越、ベトナム援助再開へ感触（―19日） 1・19　ベトナム・日本文化クラブ、ハノイで設立 2・13　ベトナム沖油田入札、日本企業含む9グループ参加 2・14　米越、経済協力、査証免除の2協定に調印 3・20　渡辺外相、ベトナム外相に対米関係改善を促す親書手交 3・29　電源開発、ベトナム南部で発電所建設の現地調査に着手したことを表明 3・2　グエン・ティ・ゴク・フォン博士以下ベトナム国会代表団、東京で開催されたアジア人口発展議会フォーラムの年次総会に出席 3・12　ベトナム・日本文化交流協会の創設会議、ハノイで開催 3・24　ベトナム・日本友好クラブ、ベトナム・日本友好協会によってハノイに設立	1・9　ガリ国連事務総長、明石康国連事務次長を国連事務総長特別代表・UNTAC代表に任命 1・11　SNCがプノンペンで第2回会合、各派は停戦と軍隊の移動禁止を指示 1・27　シハヌーク議長が総選挙後に国家元首選挙が行われ、自分が立候補すると表明 1・22　明石特別代表がカンボジアを訪問、各派首脳と会談（―29日） 1・31　日本政府がカンボジアに対する政府開発援助の再開を決定 2・19　ガリ国連事務総長、UNTAC設置と総選挙実施の決定を勧告する報告書を安保理に提出 2・23　シハヌーク議長が新憲法下で大統領の任期を5年として再選を可能とすべきだと主張 2・28　国連安保理がUNTAC展開計画の承認決議を全会一致で採択 3・15　明石国連特別代表・	1・26　ヌーハク国民議会議長、日本訪問（―2月2日） 1・27　ヌーハク国民議会議長、宮沢首相と会談 1・28　ラオス政府、日本企業に国営の木材工場No.1を貸与。貸与期間10年、貸借料1億1990万キープ 4・2　ラオス政府と日本政府アジア開発銀行によるウィエンチャン市飲料水システム改善および開発プロジェクトの合意文書調印 5・14　日本政府の対ラオス援助に関する第2回年次会議、ウィエンチャンで開催 6・30　東家嘉幸国土庁長官、ラオス訪問（―7月3日）	1・16　チュラポーン王女、訪日（―23日） 2・19　高円宮、タイを非公式訪問（―21日） 4・29　岩崎総務庁長官、訪タイ（―5月1日） 4・30　山崎建設相、訪タイ（―5月1日） 6・29　東家国土庁長官、訪タイ（―30日） 6・30　藤井宏昭特命全権大使着任

1991～1992（平成3～4）年

ビルマ	マレーシア	ブルネイ	シンガポール	インドネシア	フィリピン
ルマ保健省に3750万円を寄付 　在ビルマ日本企業、ビルマ国防省に時計を寄贈 　12・17　斉藤邦彦外務審議官、ビルマを訪問（─19日）、オウン・ヂョオ外相らと会談、国連総会決議に基づく人権の尊重と民主化措置の実行を促す					ど2件に計18億6600万円） 　12・31　NHK紅白歌合戦に、フィリピンから初めて人気グループ「スモーキー・マウンテン」が出場
1・16　日本社会党の井上一哉国会議員、ビルマを訪問、オウン・ヂョオ外相と会談 　1・21　ソオ・マウン議長、軍事政権の会議において「南機関と帝国陸軍とはまったく別個の存在、南機関はビルマに独立を与える純粋な希望を抱いていた」旨、発言 　4・20　日本政府（法務省）、ウィン・ナイン、ミャ・ミャ・ウィンら3人のビルマ人民主化活動家に、難民認定証明書を発行（ビルマ民主化運動関係者で最初の難民認定） 　4・23　軍事政権、ソオ・マウン議長の辞任とタン・シュエ大将の議長就任を発表 　4・27　日本政府、テイン・ハン駐日大使を通じ、最近のビルマ情勢に関し申し入れ 　4・28　宮沢喜一首相、タン・シュエ新議長に対しメッセージを送付 　5・23　第2回ビルマ民主化国際会議開催され（27日まで、熱海および稲取）、在外ビルマ人	1・28　マ首相、「日本は軍事力を持たない方がいいが、カンボジアPKO参加は支持」と談 　5・28　第14次円借款協定。629億3100万円	1・24　駐日アセアン各国大使の招待によるアセアン設立25周年、アセアン観光年記念式典帝国ホテルにて挙行、柿沢外務政務次官祝辞 　2・28　駐日ブルネイ国大使主催のブルネイ国独立記念日祝賀会ホテル・ニューオータニにて開催 　2　ブルネイ国在住の日本人女性ハルン和子（ブルネイ人男性ハルン氏の夫人）氏日本人学校に研修勤務開始 　4・20　外務省の職員3名来日、経済交流の促進について意見交換 　4　日本人学校の谷口教諭着任 　5・29　「21世紀のための友情計画」でブルネイの青年25名訪日 　6　モハマッド・アリ外務副大臣カンボジア復興閣僚会議出席のために訪日 　飛島建設、ブルネイ・ダルサラーム大学理学部建設工事着手	2・15　中華総商会など主催でシンガポール陥落50周年記念行事 　6・23　リー上級相、「自衛隊の国連平和維持軍参加を支持」と談	2・15　アラタス外相が訪日、17日に「東ティモール問題を考える議員懇談会」（代表・久保田早苗参議院議員）のメンバーと会談 　4・17　スダルモノ副大統領、宮沢喜一首相、渡辺美智雄外相と会談（「東ティモール問題」中心） 　4・21　渡辺外相の「私設秘書」とされる、丸目静雄がインドネシアへの政府開発援助（ODA）に関与していた、と米紙で報道された問題が、参議院外務委員会で取り上げられる	1・18　ダバオで初のフリピン残留日系人大会開催（─22日） 　2・4　一般無償協力（ピナトゥボ火山災害復旧機材整備など3件に計33億8000万円） 　3・1　UP音楽学部のJ・マセダ教授、3回小泉文雄音楽賞を受賞。フィリピン人では初 　3・25　新井弘一第15代駐比大使、着任 　3・28　東北の農村へのフィリピン人花嫁を題材にした自主製作映画「あふれる熱い涙」（ベルリン映画祭出品作品、田代廣孝監督）、東京で一般公開 　4・9　バターン半島で「死の行進」50周年式典。アキノ大統領、新井駐比大使、ウィスナー米駐比大使ほか元兵士約1000人が出席 　4・13　一般無償協力（都市環境衛生整備など2件に計17億3400万円） 　5・3　マニラで戦後初の日本人社会向け日刊紙「共同ニュース・デイリー」創刊（96年1月に「マニラ新聞」と改称）

225

1992（平成4）年

日　　本	ベ ト ナ ム	カ ン ボ ジ ア	ラ オ ス	タ イ
	渡部通産相、ベトナム向け中長期貿易保険を近く再開することを表明（78年のカンボジア侵攻以来、引受停止） 4・19　レ・クアン・ダオ国会議長、日本を公式訪問 4・20　ベトナム、新憲法公布 4・22　ベトナム国会議長、米軍行方不明兵問題解決へ努力すると発言 4・22　伊藤忠商事、ハノイに代表事務所開設 5・4　山崎拓建設相以下の日本建設省代表団、ハノイでボー・バン・キエト首相と会談 5・19　テレビ朝日、ハノイ支局開設（ベトナムに初めて開設された外国の民間テレビ支局） 5・21　渡辺外相、ベトナム側に米軍行方不明兵問題で前向きな対応を要請 6・17　ベトナム外務次官、カンボジアPKO問題で日本に対し政治的、経済的貢献を要請 6・17　ベトナム南部沖原油採掘権を三菱石油が取得（日本企業単独では初）	UNTAC長官、各部門責任者とともに着任、UNTAC設立を宣言 3・19　柿沢外務政務次官がカンボジア訪問、フン・セン首相、明石特別代表らと会談、アンコール・ワット保存修復のための100万ドル復旧資金拠出決定を伝達 3・21　フン・セン首相が非公式に訪日、UNTACへの日本自衛隊の派遣を強く要請 3・21　篠原勝弘臨時代理大使任命 3・23　日本政府が今川幸雄SNC常駐日本大使をカンボジア大使に再任命、25日正式就任 3・30　カンボジア難民送還はじまる。第1陣はサイト2キャンプから 4・20　SNC特別会合が開催され、ガリ国連事務総長も出席し国連人権規約、経済的社会的文化的権利に関する国連規約の2文書に調印 4・29　今川幸雄SNC常駐日本大使を、特命全権大使に任命 5・26　日本大使館を再開 5・26　SNC第10回会合開催、明石特別代表は各派に停戦の第2段階開始前に取るべき12項目の実施を要求 5・28　日本政府の対カンボジア無償資金協力（5億円を限度）に関する交換公文プノンペンで調印、ODA再開の第1陣 6・9　KRが明石国連特別代表に対し停戦第2段階への移行拒否を通告 6・12　国連安保理が声明を発表、名指しを避けながらKRを非難 6・13　停戦第2段階へ移行、KR抜きで武装・動員解除を開始 6・16　日本政府、カンボジア難民に対する世界食糧計画（WFP）を通じて23億円の食糧援助を決め、WFPと書簡交換 6・19　日本政府、カンボジア復旧・復興支援に1億5000万ドルの拠出方針決定 カンボジア復興閣僚会議出席のためシハヌーク議長が訪日、24日北京へ 6・21　SNC特別会合が東京で開催、キュウ・サムポンKR議長も出席 6・22　カンボジア復興閣僚会議が東京で開催されシハヌークSNC議長、明石国連特別代表、33カ国、12国際機関代表、カンボジアからフン・セン、ソン・サン、ラナリット、キュウ・サムポンが出席、「和平プロセスに関する東京宣言」と総額約8億8000万ドルの支援策を盛り込んだ「復旧・復興に関する東京宣言」を採択 6・22　カンボジア復興閣僚会議参加のSNC、UNTAC、日本など9カ国代表の非公式会合開催、UNTACはKRの提案を取り入れた11項目を提案		

ビルマ	マレーシア	ブルネイ	シンガポール	インドネシア	フィリピン
代表40名、在日ビルマ人約300名が参加、山田元八氏に民主化メダル授与					6・30 ラモス第8代大統領、就任。海部元首相が就任式に出席

1992（平成4）年

日　　本	ベトナム	カンボジア	ラオス	タイ
1992 9・8　「カンボジア国際平和協力業務実施計画」等を閣議決定 9・10　第4回アジア太平洋経済協力閣僚会議（APEC）、バンコクで開催 9・17　第1次カンボジア派遣施設大隊600名派遣開始（10月14日完了） 　　　イ外相、日本のプラトニウム輸送船のマラッカ海峡通過に拒否を表明している、と発表 9・20　ジャーナリストで作家のモフタル・ルビス氏が関西電力の子会社を訪れ、原発建設につながる調査を止めてほしいと要望 9・22　「東ティモール問題」で、日本の国会議員有志約300人がガリ国連事務総長宛てに共同請願書を提出 9・27　スハルト大統領訪日、28日宮沢首相と会談 10・22　渡部恒三通産相、スハルト大統領やラディウス調整相ら経済閣僚と会談、自動車産業の関税障壁や流通業界への外資の参入規制などにつき、規制緩和を要請 11・14　スハルト大統領はASEAN諸国訪問中の経団連の使節団と会談し、日本市場の一層の開放を要望 11・27　日本政府はインドネシアに180億900万円の円借款を供与することを決め、ジャカルタで書簡を交換 12・4　カンボジア国際平和協力業務実施計画の変更を閣議決定 12・11　第2次世界大戦中にジャワ島で日本軍に連行されたというオランダ人元慰安婦が初めて実名で名乗りでる 12・14　フローレス地震被害に対して、日本政府は災害緊急援助として100万ドル供与のほか、50万ドル相当の緊急援助物資を国際協力事業団を通じて送ることを決定 12・31　鉄板焼店紅花がタイへ進出	7・6　日本航空のチャーター便、名古屋空港からホーチミン市に出航（商業ベースでは初） 7・10　ベトナム中央銀行、日本の銀行進出歓迎を表明（日本大蔵省との情報交換へ） 7・21　日本政府、ベトナム政府に対し病院改修費用として8億4000万円の無償資金協力を贈与する外交書簡を交換 7・29　日本政府、対ベトナム円借款を、早ければ9月に再開する方針を固める（78年度以来停止） 8・14　日本電気（NEC）、ココム対象国のベトナムに規制品目の光通信システムを例外措置により輸出することを表明 9・2　ベトナムのエネルギー省、ベトナム縦断送電線敷設の技術顧問として日本工営と雇用契約を調印 10・8　日本外務省、ベトナムに農村開発事業など2件（合計600万円）の小規模無償資金協力を供与したことを表明（対ベトナム小規模援助は初） 10・12　グエン・マイン・カム外相訪日、奥田運輸相と会談、来春にも航空交渉を開始することで合意 10・15　ベトナム外相、「ポル・ポト派ぬきでも総選挙の実施」の意向表明 11・4　日本政府閣議、対ベトナム円借款供与を14年ぶりに再	7・1　4派の行政機構5分野（国防、公安、外務、財政、情報）をUNTACの直接管理下におく作業を開始 7・8　SNC会合が王宮で開催、キュウ・サムポンKR議長は明石特別代表の東京での11項目提案を拒否 7・17　谷野前アジア局長がバンコクでキュウ・サムポンKR議長と会談、武装解除を説得したが不調に終わる 7・21　国連安保理がKRに対してすみやかに武装解除を要求する決議を全会一致で採択 7・31　明石特別代表、KRに名指しで警告する文書を送付 8・5　SNC会合がシエムレアプで開催、選挙法採択。キュウ・サムポンKR議長は反対しシハヌーク議長は決断しないので明石特別代表が最終決断し13日に署名 8・22　池田外務省アジア局長タイを訪問、バンコクでサロート外務副次官、キュウ・サムポンKR議長と3者会談、UNTACの監督下に「行政諮問機関（ACB）」の設置を提案 9・20　PKO参加の日本自衛隊第一陣がプノンペンに到着 9・22　SNC、国際通貨基金と世界銀行への復帰の方針、プノンペン国家銀行をUNTAC管理下に移行させること、原木の輸出禁止の12月31日実施などを決	7・1　日本政府、ラオスに対し総額23億6500万円の無償資金協力の実施を決定 10・6　日本の郵政省、カンボジア、ベトナム、ラオスの通信事情調査のための調査団を派遣（―16日） 10・31　スバン副外相と安藤駐ラオス大使、チナイモー水供給、水処理プラント拡張計画に日本政府から2億9000万円を無償援助供与する協定に調印 11・28　カイソーン大統領の国葬に中山前外相が日本政府より派遣され参列 12・20　日本政府、ナムグムダム建設に関わるラオス側債務の帳消し、92年度の無償資金援助供与に関する交換文書に調印	7・3　東家国土庁長官、訪タイ（―4日） 7・5　チュラポーン王女、国際化学生態学会議出席のため訪日（―10日） 7・25　ウボンラタナ王女、訪日（―31日） 7　第3回日タイ経済協議開催 8・12　ナワナコン工業団地の日系企業でストライキ多発 9・2　チャートチャーイ元首相、日本訪問。宮沢首相に対し、インドシナ・ファンドの創設、APEC事務局のバンコク誘致などでタイへの協力を要請 9・8　渡部通産相、柿澤外務政務次官、第4回APEC閣僚会議出席のため訪タイ（―11日） 9・13　秋篠宮、タイを非公式訪問（―27日） 10・18　サイスリー・チュティワン首相府相、日・ASEAN文化シンポジウム出席のため訪日 11・20　秋篠宮・同妃、タイを公式訪問（―24日） 12　第17次円借款を供与　ウィナイ運輸・通信相訪日（―93年1月3日）

ビルマ	マレーシア	ブルネイ	シンガポール	インドネシア	フィリピン
7・6 桐生稔中部大学教授らビルマを訪問、キン・ニュン第1書記と対日関係などについて意見を交換 7・12 柿沢弘治外務政務次官、ビルマを訪問（―14日）、キン・ニュン第1書記らと会談 9・1 ビルマ、79年末に脱退した非同盟諸国会議に復帰。ジャカルタで開催の同会議にオウン・ヂョオ外相が出席 9・10 軍事政権、88年9月以来続けていた全国の夜間外出禁止令を全面解除 9・26 軍事政権、89年7月以来続けていたヤンゴン南部等3軍管区における戒厳令を解除 10・15 オウン・ヂョオ外相、国連総会からの帰途に日本を訪問（―17日）、16日に渡辺美智雄外相と会談 11・14 セイン・アウン第1工業相、日本と韓国への訪問に出発 12・7 国連人権委員会特別報告官・横田洋三国際基督教大学教授、人権状況の調査のためビルマを訪問（―15日） 12・24 在日ビルマ人活動家12名、法務省へ集団難民申請（在日ビルマ人協会による集団難民申請のはじまり）	8・10 民主行動党青年部、日本大使館にPKO協力法廃案など要求 8・18 民主行動党、従軍慰安婦の調査・補償を要求 9・5 渡部恒三通産相、来訪（―8日） 9・14 出光興産、マラッカ第2製油所建設からの撤退表明 10・15 訪日中のアブドラー外相、渡辺外相に「あかつき丸」マラッカ海峡通過への懸念表明 11・24 三菱化成、アジア・レア・アース社からの撤退発表	7・15 日本ブルネイ友好協会の嘱託鷲見正氏（前事務局長）、ブルネイ国の勲3等栄誉章を王宮での授賞式にて国王より直接受賞 8・6 プンギラン・ハジ・ユソフ氏、被爆後初めて広島訪問、「被爆者の1人として皆さんと共に平和をかみしめたい」と表明 8・13 東京伊勢丹吉祥寺店で開催の「こんにちはアセアン・フェア」に参加実演のためにブルネイの木彫り、銀細工の専門家2名訪日 9・6 東南アジア祭の一環としてセパタクローの4カ国（ブルネイ、タイ、マレーシア、日本）対抗試合挙行、亜細亜大学体育館での日本対ブルネイ戦でブルネイ圧勝 10・5 ブルネイ国王在位25周年記念式典挙行 10・18 ブルネイ国にて日本語スピーチ・コンテスト開催、53名参加 11 飛島建設、リンバ学校建設工事着手		7・6 日本政府が発表した127件の従軍慰安婦資料に、インドネシア女性も含まれていたことが判明。加藤紘一官房長官は政府が直接関与していたことを初めて公式に表明。 7・9 イ商相、日本の農産品保護政策を非難 7・25 「テンポ」誌、「慰安婦問題」特集（8月8日号でも） 9・17 イ外相、日本のプラトニウム輸送船のマラッカ海峡通過に拒否を表明している、と発表 9・20 ジャーナリストで作家のモフタル・ルビスが関西電力の子会社を訪れ、原発建設につながる調査をやめてほしいと要望 9・27 スハルト大統領訪日、28日宮沢首相と会談 10・4 藤田公郎大使着任（第14代目） 10・22 渡部恒三通産相、スハルト大統領やラディウス調整相ら経済閣僚と会談 11・4 環境保護団体Walhi、日本のプラトニウム運搬船を拒否するように政府に要望 11・14 スハルト大統領はASEAN諸国訪問中の経団連の使節団と会談し、日本市場の一層の開放を要望 12・11 第二次大戦中ジャワで「慰安婦」とされたオランダ人が初めて実名で名乗りでる	7・1 第18次円借款（商品借款253億8000万円） 7・6 アジア女性人権評議会（本部・マニラ）の活動家らが「フィリピン人元『慰安婦』のための調査委員会」を結成、元「慰安婦」に名乗り出るよう呼びかける 7・11 日本の元南方特別留学生で実業家のB・サンビクトレス、臨時駐日大使に着任 7・12 フィリピンのトップスター、S・クネタが来日、名古屋市公会堂で日本で働くフィリピン人女性らを対象に初の慰問コンサートを開催 7・23 日本の航空機のセブへの乗り入れが承認され、マニラ、セブ経由でバリ島のデンパサールへの乗り入れも可能に 7・27 フィリピン当局、NPA幹部13人を逮捕。NPA幹部が4月初めから5月にかけて東京や関西で日本赤軍関係者と接触し、日比連携を協議した記録を押収したと発表 8・7 一般無償協力（学校校舎建設など4件に計59億4500万円） 岩手県新里村とベンゲット州ラトリニダッド町が姉妹都市提携 9・17 マニラ首都圏ケソン市で旧日本軍の不発弾が大量に見つかる 9・18 フィリピン人元「慰安

1992（平成4）年

日　　本	ベ ト ナ ム	カンボジア	ラ オ ス	タ　　イ
	開することを決定 　ベトナム首相、宮沢首相との会談を希望、対越円借款を評価 **11・6**　日本、ベトナム両国政府、ハノイで対越円借款協定交換文書（455億円）に調印 **11・13**　西垣昭海外経済協力基金（OECF）総裁を団長とする同基金代表団、実務訪越、ファン・バン・チョン財務次官と会見 **12・14**　米国、米企業のベトナムとの契約行為解禁、禁輸措置は続行 **12・30**　ベトナム海事局と全日本海員組合、ハイフォン市で両国の労務協力に関する契約に調印	定 **10・2**　PKO参加の日本自衛隊が相次いで到着（―14日） **10・5**　総選挙のための有権者登録、プノンペン市内の22カ所で開始 **10・8**　カンボジア和平に関する非公式国際協議がニューヨークで開催、国連安保理常任理事国、インドネシア、タイ、日本、オーストラリア、ドイツが参加、KRを名指しで非難、武装・動員解除に応ずるよう要求する国連安保理決議案草案を作成 **10・12**　KRが総選挙への不参加を公式に表明 **10・13**　国連安保理、カンボジア情勢に関する決議採択。KRに対する武装・動員完全実施を要求、総選挙の5月実施、日本・タイ両国によるKRへの説得継続など **10・22**　日本とタイの当局者がプノンペンでKRと会談、日本・タイ共同和平提案を提示 **11・14**　チア・シム国会議長が非公式来日、（―19日） **11・30**　国連安保理、カンボジアに関する792決議を賛成14、反対0、棄権1（中国）で採択。総選挙の5月実施、KRに対する経済的制裁措置など **12・26**　日本援助によるプノンペン市内のチュルイチョンワー橋（通称日本橋）修復工事の起工式		

1992（平成4）年

ビルマ	マレーシア	ブルネイ	シンガポール	インドネシア	フィリピン
				12・14 フローレス島地震に対して、日本政府から災害緊急援助として100万ドル供与	婦」としてM・ヘンソンが初めて名乗り出る 9・22 B・ギリエゴ下院議員らが慰安婦問題で日本政府に公式謝罪・補償要求決議案を提出 　ラモス大統領、共産勢力の合法化法案に署名 9・24 日本商工会議所ミッション（団長は石川六郎会頭）が訪比 10・23 一般無償協力（ハラハラ農業発に11億3700万円）、食糧増産援助（22億円） 11・11 フィリピン外務省、日本のプルトニウム輸送船・あかつき丸のフィリピン領海内通過を無条件に禁止する声明を発表 11・24 スビック米海軍基地、フィリピン側に全面返還 12・8 マラカニアン宮殿で太平洋戦争開戦50周年記念式典。日米駐比大使らも出席 　フィリピン下院、あかつき丸のフィリピン領海内通過に抗議する決議案を採択 12・22 第18次円借款（プロジェクト借款97億6500万円） 12・31 日比間の国際結婚、年間5000組を超す（95年は7188組）

1993（平成5）年

日　　本	ベトナム	カンボジア	ラオス	タイ
1993 1・11　宮沢首相、ASEAN歴訪（―18日） 1・12　ASEAN4カ国歴訪に出発した宮沢喜一首相、スハルト大統領を表敬訪問 1・13　財団法人中小企業国際人材育成事業団が製造業、建設業の2事業界を対象にインドネシアから1993年1年間に5000人を受け入れる計画を表明 1・27　運輸省がスマトラ沖タンカー衝突事故での油流出除去器材をASEAN諸国に提供する計画（OSPAR）繰上げ実施決定 2・10　KDD・日本国際通信・国際デジタル通信がマレーシア・タイ間光ケーブル敷設工事受注 2・16　外務省で「日・ASEANフォーラム」開催、拡大外相会議時に安保事務会合開催で一致（―17日） 2・17　トヨタがタイで新工場建設計画発表 2・18　経団連第2次使節団がタイ・マレーシア・フィリピン訪問（―26日） 3・16　日本企業として初の100％出資縫製子会社がベトナムで設立 3・24　東南アジア留学生企業研修促進協議会発足 3・25　朝日新聞でカンボジアにおける日本・ASEAN連携援助の実態掲載 3・27　東京でベ平連OB集会開催 4・16　日本からイへ「慰安婦問題」で調査団訪イ 4・17　武藤嘉文外相が衆院外務委でカンボジア総選挙前に国際会議召集構想を表明 　人権擁護団体法律擁護協会（LBH）が第2次世界大戦中に従軍慰安婦にさせられた複数のインドネシア人女性が日本政府に補償を求める訴訟を起こすことを決める 4・27　カンボジア国際平和協力業務実施計画の変更を閣議決定 4・30　森山真弓文相がマレーシア・シンガポール・タイ訪問し、元日本留学生ASEAN評議会に出席 5・1　訪イ中の森喜朗通産相はスハルト大統領と会談、大統領は日本の円高がインドネシアに「深刻な影響を与えている」と指摘 5・26　宮沢首相が衆院予算委でカンボジア復興支援を	1・1　ホーチミン市の日本総領事館、業務開始、久保田真司駐ベトナム公司が総領事として着任 1・7　ハノイ日本商工会（ベトナムに駐在員をおく商社、メーカーなど22社参加）発足、会長に明和産業の山下考三取締役が就任 1・16　宮沢首相、バンコクでインドシナ総合開発フォーラム設置を提唱 2・2　日本セメント、三菱マテリアル、日越合弁企業設立の調査を開始 2・4　経団連の日本・ベトナム経済委員会代表団（団長、西尾哲委員長）ハノイ着 2・27　日本調査団体、カムラン湾を自由経済地域にと提言 3・25　ボー・バン・キエト首相訪日、日本側、ドイモイ支援を表明（ベトナム首相の日本公式訪問は73年9月の外交関係樹立以来初） 3・26　ベトナム首相、米国との関係正常化に意欲と表明 3・27　ベトナム首相、経団連にベトナム投資を要望 3・29　ベトナム首相、米越関係正常化に関して日本と利害一致と発言 4・13　日本の対越援助との関連で、ポル・ポト派、「日本は新しい敵」と非難 5・12　武藤外相、東京でファ	1・12　シエムレアブで日本人警察官宿舎など国連建物が武装兵士の攻撃を受ける 1・20　「アンコール遺跡救済のための閣僚会議準備会合」がパリで開催 1・21　明石UNTAC代表、安保理常任理事国、日本大使参加の拡大P5会合がプノンペンで開催 1・22　プノンペンの医療施設改善のための日本の援助プロジェクトに関する交換公文に署名 1・25　KR放送が明石特別代表の解任を要求 1・28　SNC特別会合が北京で開催、総選挙は5月23～25日実施を決定 1・30　UNTACが総選挙の有権者登録を終了、KR支配地域をのぞき100％近い登録率を達成 2・22　シハヌークSNC議長、UNDP代表とカンボジア再建に関する議定書に調印 2・24　シハヌークSNC議長、UNICEF代表団とUNICEFの3カ年援助計画に調印 2・25　カンボジア支援国特別会議（UNTACと国連開発計画＝UNDP主催）がプノンペンで開催 　92年6月の東京で開催されたカンボジア復興閣僚会議で決まった資金援助計画の実施状況	1・13　日本政府、セータティラート病院のX線設備購入等のために4万ドルの供与に合意 1・19　日本政府、駐ラオス大使に和田雅夫カンザスシティ総領事を任命 2・上　ラオスの計画経済財政省上級財務官と同省国営企業局副局長来日。日本政府に対し円借款を要請する意向を表明 4・23　柿沢弘治政務次官、ラオス訪問（―25日） 5・23　ルアンパバーン旧王宮シロアリ被害調査のためラオス政府の協力要請を受けた国立民族学博物館の調査チーム、ラオスに出発	1・15　宮澤首相、ASEAN4カ国訪問の途次でタイを公式訪問（―17日） 1・16　宮澤首相、訪問中のバンコクで「インドシナ総合開発フォーラム」の創設を提唱 1・21　トゥートポン首相府相、訪日（―25日） 3・16　46の銀行に対してオフショア取引業務を認めるバンコク国際金融ファシリティ（BIBF）免許を交付 4・7　シリキット王妃陛下、日本を非公式訪問（―20日） 4・21　国連アジア太平洋経済社会委員会（ESCAP）第49回総会がバンコクにおいて開催（―29日） 4・25　ピサーン科学技術環境相、訪日（―28日） 5・5　森山文相訪タイ（―7日） 5・15　サナン工業相訪日（―18日）

ビルマ	マレーシア	ブルネイ	シンガポール	インドネシア	フィリピン
1・9　軍事政権、新憲法草案作成のための制憲国民会議を初めて開催 1・18　サンヨー販売サービスセンター、ヤンゴンで営業開始 1・28　日本政府、テイン・ハン駐日大使を通じ、制憲国民会議開催に関する日本政府の希望を申し入れ 3・1　ソニーのショールーム、ヤンゴンに開設 3・8　ニュン・スウェ外務副大臣、日本を訪問（―18日）、10日に柿沢外務政務次官と会談 5・11　田島高志・新駐ビルマ大使、タン・シュエ議長に信任状を提出 6・17　日本政府、5月13日に発生したミンギャン市大火災に対し940万円相当の緊急援助物資の供与を決定	1・13　宮沢首相、来訪（―15日） 2・2　第2国民車合弁企業設立契約に調印。ダイハツなど 4・1　クアラルンプール日本人学校、スバンに移転 4・28　サバ州政府、原木全面禁輸（5月上、連邦政府が一部解除） 5・10　マ首相、訪日（―17日）	1・17　宮沢喜一首相ブルネイ訪問、国王と会談、両国の友好確認、ロイヤル・ブルネイ航空の関西国際空港乗り入れに合意 1　ブルネイ国投資庁東京事務所を開設 　飛島建設、リンバ学校建設工事完了 2・17　リム外務次官、日本ASEANフォーラムに参加のため訪日 3・31　ブルネイLNG延長契約基本合意 4・7　ブルネイ国で開催の日本ブルネイ航空協議でRBAの日本乗り入れに合意 4　飛島建設、トゥンクリンク道路拡幅工事完了 5・上　森喜朗通産相ブルネイ訪問 6・22　ブルネイLNG売買延長契約調印	5・5　ゴー首相、日本の国連安保理常任理事国入り支持を表明 5・9　ゴー首相、訪日（―12日）。ウォン外相ら随行	1・12　ASEAN4カ国歴訪に出発した宮沢喜一首相、スハルト大統領を表敬訪問 1・13　財団法人中小企業国際人材育成事業団が製造業、建設業の二事業を対象にインドネシアから1993年に5000人を受け入れる計画を表明 4・16　日本から「慰安婦問題」で調査団訪イ 4・17　人権擁護団体法律擁護協会（LBH）が第2次大戦中に従軍慰安婦にさせられた複数のインドネシア人女性が日本政府に補償を求める訴訟を起こすことを決定 5・1　訪イ中の森喜朗通産相はスハルト大統領と会談、大統領は日本の円高がインドネシアに「深刻な影響を与えている」と指摘 6・22　北スマトラの元労務者3名が日本政府に対し戦時補償請求を準備していることをLBHメダン支部が発表	1・17　一般無償協力（台風被災地の共同市場改修事業に15億7200万円） 1・25　一般無償協力（マニラ首都圏排水路改善事業など3件に計30億8600万円） 2・5　宮沢喜一首相、ルソン島南部のマヨン火山噴火被災に20万ドル寄贈を表明 2・17　日本の元文部省奨学生、D・シアゾン元国連工業開発機関事務局長が第9代駐日大使に着任 3・2　東京で、女性人権団体やキリスト教会関係者らの呼びかけでフィリピン人元慰安婦支援組織発足 3・9　ラモス大統領、訪日（―13日）。11日に宮沢首相と会談、スビック米海軍基地跡地への投資促進などを要請 　日本輸出入銀行、フィリピン政府と2億ドルの経済統合融資協定に調印 3・11　一般無償協力（ピナトゥボ火山被災地の潅漑用水復旧事業に5億8000万円） 3・14　日本国際法律家協会、ミンダナオ島での戦時中の旧日本軍による住民虐殺の実態を調べるため人権調査団を派遣（―22日） 4・2　フィリピン人元「慰安婦」18人が日本政府を相手取り、1人当たり2000万円の補償を求めて提訴

1993（平成5）年

日　　本	ベトナム	カンボジア	ラオス	タイ
ASEANと協力して進める意向表明 6・22　北スマトラの元労務者3名が日本政府に対し補償請求を準備していることをLBHメダン支部が発表 6・26　バンコクでケアンズ・グループ会議開催（―27日）。ウルグアイ・ラウンドに対する、農産物輸出国の立場を表明	ン・バイ・カイ副首相にドイモイへの積極的支援を約束 6・10　ハノイ市人民委員会と日本の国際協力事業団、同市の排水・下水処理システム基本計画で援助する旨の了解覚書にハノイで調印 6・16　日本の金属鉱業事業団と国際協力事業団、金、銅、ニッケルなど非鉄金属の資源開発に協力するための調査団を派遣	を点検。カンボジア復興国際委員会（ICORC）を総選挙後に日本の主催で開催する声明を採択 3・2　シハヌークSNC議長、「カンボジア救国構想」を発表 3・30　日本陸上自衛隊第2次派遣施設大隊の先遣隊がPKOの交替要員としてプノンペンに到着 　カンボジア難民最後のタイ国境難民キャンプ「サイト2」を閉鎖 4・8　国連選挙監視要員の中田厚仁さんがコンポントム州で射殺される。UNTACは総選挙実施の安全確保をめぐる緊急拡大会議開催 　PKO参加の日本第1次派遣施設大隊が帰国。第2次派遣施設大隊がプノンペン到着（―11日） 4・10　明石UNTAC代表がSNC会合でKRを糾弾し対立が決定的 4・28　UNHCRがUNTACと92年3月から共同ではじめた難民帰還事業が事実上終了 5・4　日本人文民警察官5人とオランダ軍部隊の車列がバンテアイミエンチャイ州で襲撃され高田晴行警部補が死亡、4人が重軽傷 5・14　UNTACが総選挙の国際監視要員は42カ国、812人、国連職員を加えて940人と発表 5・20　国連安保理がガリ事務		

ビルマ	マレーシア	ブルネイ	シンガポール	インドネシア	フィリピン
					3・13 フィリピン出身ジャズピアニストのF・キーコ（日本名は田沢喜一）、東京で85歳で死去。37年に日本国籍を取得、戦前戦後の日本のジャズブームの火付け役 5 フィリピン産のココナツ発酵食品「ナタデココ」人気が女子高生らの口コミで広がり、94年―95年にかけ日本でブームに フィリピン人女性ダンサーの死亡事件（91年秋）を題材にした物語「JAPAYUKI」がマニラで映画化 6・中 スビック米海軍基地跡地開発促進でスビック湾都市開発庁（SBMA）のR・ゴードン長官が来日、経団連などに投資促進を要請

1993（平成 5 ）年

日　　本	ベトナム	カンボジア	ラオス	タイ
		総長の 2 報告書を承認、KRに対して何等かの措置をとることを警告するむねの第826号決議を全会一致で採択 5・22　シハヌークSNC議長が北京から帰国、KRに対して武器を捨てるよう呼び掛け 5・23　UNTACが 3 月 1 日から総選挙までの政治暴力事件について死者200人、負傷者338人、誘拐114人と発表 　　　総選挙投票、全土の固定投票所で開始（―25日） 5・26　全国250カ所を巡回する移動投票開始（―28日） 5・28　明石UNTAC代表、SNC会合で投票率89.04％、投票者424万2454人、投票はシエムレアプ州の 2 地区を除く全地域で「選挙は自由、公正に実施された」と発表 6・2　国連安保理、カンボジア総選挙が自由、公正に実施されたと承認する第835号決議を全会一致で採択 6・3　シハヌークSNC議長、人民党と協議の上で、新政府の樹立を宣言、国家元首兼首相、国軍・警察最高司令官に自ら就任、ラナリット、フン・センを副首相に任命 6・4　日本政府、プノンペン市の電力供給施設改善とチュルイチョンワー橋（通称日本橋）修復に24億3300万円の無償援助を決定 6・10　SNC本会合開催、KRを除く 3 派が出席。明石UNTAC代表が総選挙結果を発表。投票総数401万1631、有効投票数376万7412、無効票24万4219。政党議席数と得票率＝FUNCIN-PEC58議席・45.47％、人民党51議席・38.22％、仏教民主党10議席・3.81％、ムーリナカ・クメール 1 議席。ラナリット、ソン・サンは選挙結果を受け入れ、フン・センは即時受け入れを拒否、不正問題が解決するまでプノンペン政権が引き続き政権の座にとどまると主張 　　　KRを除く 3 派の軍参謀長が全軍をカンボジア国軍に統合することで合意。23日に正式に統一 6・12　チャクラポン殿下が東部 7 州に自治区を樹立したと宣言。13日、明石UNTAC代表が拒否。14日フン・セン首相が説得、15日チャクラポン殿下がヴェトナムに脱出、16日プノンペンにもどり、17日恩赦 6・14　制憲議会が初会合、ソン・サン仏教自由民主党党首を暫定議長に選出、70年のクーデターは無効でシハヌーク殿下は70年いらい引き続き合法的国家元首であると全会一致で採択 6・15　国連安保理、選挙結果を承認し、制憲議会招集を歓迎する第840号決議を全会一致で採択 6・16　シハヌークSNC議長がラナリット殿下とフン・セン首相を共同首相に任命 6・17　カンボジア支援国会議がプノンペンで開催。UNTACはカンボジアが新政権樹立までの財政支援の拠出を求め、各国が協力することで合意 6・29　暫定国民政府初閣議、シハヌーク国家元首が国名を「カンボジア国」から「カンボジア」に改める声明 6・30　制憲議会再開、議長にソン・サン仏教自由民主党党首、副議長にFUNCINPEC党のイン・キエト、人民革命党のチア・シム議長を選出、憲法起草委員会設置で合意		

ビルマ	マレーシア	ブルネイ	シンガポール	インドネシア	フィリピン

1993（平成5）年

日　　本	ベトナム	カンボジア	ラオス	タ　イ
1993 7・5　スハルト大統領、宮沢首相と会談 　　　富士通がベトナムの電話交換機受注公表 7・23　ASEAN外相会議、シンガポールにおいて開催（―25日） 7・26　武藤外相がASEAN拡大外相会議で演説 　　　ASEAN拡大外相会議、シンガポールにおいて開催（―28日）。「ASEAN地域フォーラム」の創設が決定される 8・4　タイ日本人商議所が労使交渉の手引き発行計画公表 8・10　細川護熙首相、就任記者会見で「先の大戦を侵略戦争」と発言（8・23国会での所信表明では「侵略行為」と変更） 8・17　宇部興産がタイでナイロン原料生産合弁会社計画発表 8・中　日立がVTR生産をマレーシアで全面生産移行予定公表 8・下　タイの火力発電所に脱硫装置に初の円借款決定 　　　住友金属鉱山がシンガポールにブラウン管工場建設計画公表 9・9　三菱自工・三菱商事がベトナムにミニバスの合弁会社設立発表 9・12　カンボジア派遣施設大隊の資器材の一部ををカンボジア暫定政府へ譲与する交換公文を締結 9・14　羽田孜副総理がタイ・カンボジア訪問（―17日） 9・26　第2次カンボジア派遣施設大隊帰国終了 10・9　熊谷通産相がASEAN経済閣僚協議で演説 10・下　丸紅がベトナムにセメント合弁工場建設計画公表 11・22　ハザマがマレーシア超高層ビル建設受注発表 10・24　名古屋で経済同友会が日本ASEAN経営者会議開催（―26日） 10・29　日本政府は1993年度分の円借款1580億円の供与を決定 11・17　シアトルにおいてAPEC閣僚会議開催（―19日） 12・9　東京で「インドシナ総合開発フォーラム」開催（―10日） 12・23　三菱化成系マレーシア子会社を被告とする公害訴訟で現地最高裁が会社側逆転勝訴判決	7・2　米国、IMFの対越融資を承認 7・8　トヨタ自動車、ハノイ市とホーチミン市に駐在員事務所開設（日本の自動車メーカーで初） 7・22　NEC、ハノイ市に駐在員事務所開設（日本の電機メーカーで初） 7・27　大蔵省、邦銀8行（さくら、三菱、富士、住友、大和、三和、東海、あさひ）にホーチミン市に駐在員事務所開設を認める内示 7・29　ホーチミン市日本総領事館、正式に開設 8・5　日商岩井、ハノイのハイバーチュン病院の医療設備提供契約を受注（1800万円） 9・1　日本・ベトナム間の国際郵便為替の取扱い開始 9・26　NHKの中村晴彦解説員をはじめとする「農政ジャーナリストの会」代表団訪越、ベトナム農業の発展可能性、農業分野における刷新政策、流通分配・農産品輸出入などの状況を調査 9・27　ベトナム支援国会議（ワシントン）、IMF返済原資として、15カ国で1億4000万ドルの無償供与に合意 10・5　ド・ムオイ党書記長、シンガポール訪問先でASEAN加盟を希望 　　　ハノイ大学で日本語・日本文	7・1　在カンボジア日本大使館、日本政府が世界食糧計画（WFP）を通じて5億円の緊急食糧援助を行うと発表 7・3　KRがプノンペン事務所を再開 7・8　UNTACの任務を終えた日本人文民警察官66人が帰国 7・14　KRを除く3派の軍隊を統合する「カンボジア国軍」結成式 7・20　今川大使、プノンペン「日本橋」北東部国道6A号線修復無償援助14億1800万円に関する交換公文に調印 7・27　宮沢首相が訪日中の明石UNTAC代表にUNTACの行政機構整備、人権教育支援のため420万ドル（4億4500万円）NO資金援助実施を約束 8・26　日本・国際協力事業団（JICA）プノンペン事務所開設 9・8　カンボジア復興国際委員会第1回会合（議長国・日本）がパリで開催（―9日）。31カ国代表が参加、日本は緊急支援として20億円の無償供与を行うことを表明 9・12　日本政府、PKOに参加していた自衛隊第2次施設大隊撤収にあわせて資材・機材の一部を暫定国民政府に譲渡 9・21　制憲議会が本会議を開催、新憲法草案を賛成113、反対5、棄権2で採択	9・7　菅直人衆議院外交委員長ら日本衆議院外交委員会代表団、ラオス訪問（―9日） 10・1　ソムサワット外相が日本訪問。羽田孜副総理兼外相と会談 12・1　日本の援助で建設されたラオス日本友好テレビ局の引渡式典 12・6　日本政府、ラオスに12億4700万円の無償援助供与を決定 12・9　日本提案のインドシナ総合開発フォーラムの準備会合開催（―10日）	7・26　ウタイ商務相、訪日（―31日） 9・14　羽田外務大臣、訪タイ。チュアン首相を表敬し、プラソン外相と会談（―17日） 11・14　ガラヤン王女、訪日（―16日）

ビルマ	マレーシア	ブルネイ	シンガポール	インドネシア	フィリピン
7・28　緒方貞子国連難民高等弁務官、ビルマを非公式訪問 8・29　軍事政権、外国人旅行者の国境近辺への訪問を部分的に認可 9・6　シンガポールに拠点を置く日本の観光ミッション、ビルマを訪問（―8日） 9・9　菅直人衆院外務委員長ら一行、ビルマを訪問（―11日）、キン・ニュン第1書記、エイベル国家計画経済開発相らと会談 9・15　軍事政権、連邦団結開発協会（USDA）を設立、軍政の翼賛団体を目指す 9・22　桜井新、加藤紘一両自民党代議士、ビルマを訪問（―24日）、キン・ニュン第1書記らと会談 10・18　柿沢弘治自民党代議士、ビルマを訪問（―21日）、キン・ニュン第1書記らと会談 10・26　タン・ニュン保健相、日本を訪問（―29日）、大内啓伍厚相らと会談 10・28　オウン・ヂョオ外相、国連総会の帰路に日本へ寄り、羽田外相らと会談 11・9　国連人権委員会特別報告官・横田洋三国際基督教大学教授、人権状況の調査のためビルマを訪問	8・25　第15次円借款協定。538.7億円 10・3　マ首相、非公式訪日（―5日）	7・4　横浜根岸基地に入港のブルネイLNG船「BURUK」号で1972年受入れ第1船以来1億トンを突破、船上で記念式典挙行 7・19　ブルネイ国から日本へ向けて第3000船目のLNG積出し、ルムットにて記念式典挙行 7・26　ブルネイLNG第3000船袖ケ浦基地入港 8・1　アブドゥル・ラーマン産業主要資源相訪日、森前通産相を訪問 8・24　「21世紀のための友情計画」同窓会長ハジ・タイブ夫妻、青年の船にて訪日 9・4　九州ブルネイ・ダルサラーム・クラブ発会式、駐日ブルネイ大使プンギラン・イドリス氏出席 日本人ジャズ・ピアニスト国府弘子氏、ギタリストあまのきよつぐ氏ブルネイにてジャズ・コンサート開催 9・10　スリ・ブガワン市の水上村大火、約100戸焼失 9　ブルネイLNG売買契約延長に当たりブルネイ国訪問中の東京電力会長、東京ガス社長、大阪ガス社長ブルネイ国王に謁見 10・4　「東南アジア元留学生の集い」にハミッド氏（神戸大学卒）、イスマイル氏（東京工科専門学校卒）出席ため訪日 11・10　第2回トヨタ・クラ		7・5　スハルト大統領、宮沢首相と会談 10・29　日本政府は93年度分の円借款1580億円の供与を決定	7・15　「ジャピーノ」（日本人男性とフィリピン人女性の間に生まれ、父親に見捨てられたとされる子ども）問題で、NGO関係者が弁護士グループと協議するため訪日 一般無償協力（学校校舎建設事業など8件に計92億500万円）、食糧増産援助（22億円） 8・15　広島の市民団体「第9条の会ヒロシマ」（世話人代表・岡本三夫広島修道大学教授）がフィリピンの英字紙デイリー・インクワイアラーに反戦推進の意見広告掲載 8・16　一般無償協力（レイテ島上水道改修事業など3件に計36億3200万円）、第18次円借款（プロジェクト借款470億3600万円） 8・31　岩村昇・医師、マグサイサイ賞受賞 9・20　フィリピン人元「慰安婦」28人が追加提訴。提訴者は計46人に 10・下　カラバルソン5州の知事ら25人が大分県視察で来日。大分の「一村一品運動」に注目、関係者に協力を要請 11・10　日本で古美術修復技術を学んだフィリピン人技師E・ホセがハワイで鎌倉・室町時代の密教仏画など修復作品展を開催。国際的評価を得る（―17日） 12・13　茨城県里美村とベン

1993（平成5）年

日　　本	ベトナム	カンボジア	ラオス	タイ
	化専門コースが開講、湯下大使が出席 10・10　日越外交関係樹立20周年にあたり、ハノイで日越経済協力に関するセミナー開催 10・18　ベトナムと日本の両商工会議所、東京で協力協定に調印 11・9　日本政府、対ベトナム新規援助（600億円）の実施を決定。発電所や幹線道路を整備するプロジェクト借款を含む本格支援に踏み出す 11・10　第1回ベトナム支援国会議（パリ）、総額18億6000万ドルの新規援助のうち、日本、総額5億5000万ドルの援助を表明 11・14　ベトナム外相、会見でAPEC加盟、対米関係改善について日本に期待と発言 12・3　米国、ベトナム、ラオス、初の3国MIA合同調査 12・9　東京でインドシナ総合開発フォーラム開催 12・21　電源開発、日本エネルギー経済研究所との共同で、96年から2010年までのベトナムの電力開発計画に技術協力すると発表 12・30　日本政府、ベトナム政府からの要請を受け、94年度から青年海外協力隊を派遣することを内定、第一弾として日本語教師をハノイ市、ホーチミン市に派遣することを予定	9・24　シハヌーク国家元首が新憲法に署名、即日公布。シハヌークは王冠評議会の選出を受け国王に即位。国王はラナリットを第1首相に、フン・センを第2首相に任命。カンボジア王国体制が発足。UNTACの暫定統治期間が終了 　ガリ国連事務総長、UNTACの任務終了を宣言 9・26　明石UNTAC代表、任務を終えてプノンペンを離任 9・28　カンボジア復興支援国第2回会議（共同議長国・日本・フランス）がワシントンでで開催。カンボジアの対IMF債務返済延滞分5200万ドルを日本、フランスなど6カ国が無償で肩代わりすることを決める、日本は最大の2900万ドルを負担 10・6　PKO部隊の装備品などの輸送を担当した海上自衛隊輸送補給部隊が帰国 10・12　日本・フランス両国主催のアンコール遺跡救済国際会議が東京で開催（―13日） 10・26　世界銀行がカンボジアに対して総額6300万ドルの融資を決定 10・29　国会がラナリット、フン・セン両首相の新内閣を信任（賛成99、反対7）、新政府が発足 11・15　UNTAC軍事部門約1万6000人の撤収ほぼ完了 11・25　日本政府、カンボジアの経済構造改善のため20億円の無償資金協力を実施することで交換公文調印 12・9　インドシナ総合開発フォーラム準備会議が東京で開催、インドシナの戦後復興問題を協議 　日本政府が援助米1万8000トン（5億円相当）を引き渡し 12・13　カンボジアの復興支援、議員間交流を行う「自民党日本・カンボジア友好議員連盟」が発足、会長に渡辺美智雄 12・21　アンコール遺跡の修復や地域開発について各国、機関の連絡調整を行う国際調整委員会第1回会合がプノンペンで開催、日本、フランスが議長国		

ビ ル マ	マレーシア	ブルネイ	シンガポール	インドネシア	フィリピン
		シック・コンサート、ブルネイ国で開催、ニューヨーク・シンフォニー・アンサンブル演奏 **11・14** 日本語スピーチ・コンテスト開催、60名以上参加 **11** 日本ブルネイ航空協定締結、ザカリア運輸通信相来日、同協定に調印 **12・中** 吉田重信駐ブルネイ日本大使帰国			ゲット州ラトリニダッド町が姉妹都市提携 **12・17** フィリピンの高校生や大学生に学費支援をしてきたNGO「サラマットの会」(83年創設、事務局は東京都港区のカトリック高輪教会)が大統領賞を受賞

1994（平成6）年

日　　本	ベトナム	カンボジア	ラオス	タ　イ
1994 1・4　川重がインドネシアで二輪車合弁生産計画発表 1・31　日本企業とカンボジア企業の亜鉛鉄板合弁工場操業開始 1・下　西友が香港の百貨店とシンガポールに合弁店舗出店を合意 2・2　タイでトヨタ系割賦会社営業開始 2・6　経済協力総合調査団（代表　松永信雄政府代表）をインドネシアに派遣 2・8　市川雄一公明党書記長がアジア版NATOを提言 　　松下寿電子工業がシンガポールでハードディスクの一貫生産開始を発表 2・16　住友セメントなど比のセメント企業と提携発表 2・18　スマトラ島地震に60万ドルを緊急援助することを政府が決定 3・3　本田技研がベトナムに駐在員事務所開設 3・14　タイ高速道路事業から熊谷組が撤退決定 3・中　新王子製紙と日商岩井がベトナムでの植林合弁事業で合意 3・24　APEC環境大臣会合がヴァンクーバーにおいて開催（―25日） 4・5　三井石化がインドネシアで合弁工場建設計画発表 4・8　日本製紙・丸紅がインドネシアにパルプ合弁工場設立合意 4・15　スマトラ島メダン郊外にある工業団地で労働者約5000人による「暴動」が発生、日系企業も被害 4・26　ベトナムの自動車会社にニチメンが資本参加を表明 5・6　丸紅が比レイテ島で地熱発電プラント建設計画発表 5・24　第2回国連軍縮広島会議で東南アジアの安全保障を討議（―27日） 5・30　三井石化と東レがインドネシアでPET樹脂生産合弁工場設立計画発表 5・上　通産省がASEANに総合的品質管理（TQM）技術の移転推進策定 6・2　富士ゼロックスがベトナムに19年ぶりに再参入発表	1・28　日本、ハノイで政府開発援助（ODA）に関する交換書簡に調印、日本政府は対ベトナム信用借款（4億7600万ドル相当）を供与 1・28　大村入国管理センターと大村難民一時レセプションセンターに収容されていたベトナム人262名、UNHCRのチャーター機で長崎空港からハノイに向け自主帰還 2・3　米国、対ベトナム禁輸措置を全面解除 2・4　ホーチミン市のハイバーチュン病院、日本政府から無償援助（約300万ドル相当）として医療設備を受け入れ 3・3　ハノイに日本研究センター設立（国家社会科学・人文科学センターの管理下） 3・8　ダクラック省、植林と少数民族の定耕定住を促進するプログラムに対し日本から設備援助を受領（日本の対ベトナムODA再開以来初の無償資金協力プロジェクトの1つ） 3・21　日本政府、対ベトナムのノン・プロジェクト無償資金協力（30億円）に関する交換書簡に調印（ノン・プロ無償協力は初） 4・1　日本・ベトナム間、定期航空協定に両国政府、ハノイで調印 4・6　経団連とベトナム政府が投資環境などについて討議す	1・11　日本政府がカンボジアに対し総額15億7000万円の無償資金協力を決定、プノンペンで交換公文調印 1・21　シハヌーク国王が病気療養中の北京から、「リンパ節と骨髄のガンに侵されているが4月に帰国する」と国民へメッセージ 　　日本のカンボジア石油開発会社（CAMPEC）がカンボジア南部沖合で石油試掘開始とカンボジア紙が報道 2・26　日本の援助によるプノンペン市内のトンレサップ河のチュルイ・チョンワー橋（通称日本橋）の修復工事終了、開通式が挙行、シハヌーク国王が「カンボジア日本友好橋」と命名 3・10　カンボジア国際復興委員会（ICORC）第2回会議、東京で開催（―11日）、32カ国、12国際組織代表が参加、各国の支援総額は7億7300万ドル、日本の拠出は8930万ドル 4・4　日本の警察庁がカンボジアから国内治安対策や警察訓練学校の運営などへの協力要請を受け、調査団を派遣 5・9　フン・セン第2首相が社会主義インターナショナル会議（10―11日、東京）に出席のため訪日 5・23　日本政府の無償援助による国道6A号線の起工式	3・11　和田駐ラオス大使、ウィエンチャンで農業、地方開発プロジェクト向けの日本政府無償援助贈呈式に出席 3・下　日本援助の通信電話網設置工事完了 6・19　ジュネーブで第5回ラオス援助国会議開催。日本政府円借款の再開を表明	1　大型無償協力案件では最後となるタマサート大学工学部拡充計画の交換公文、取り交わし 1・30　恩田宗特命全権大使着任 3・29　経済閣僚会議、電気・電子部品・機械など417品目の輸入関税引き下げ

1994（平成6）年

ビルマ	マレーシア	ブルネイ	シンガポール	インドネシア	フィリピン
1・14 日本政府、国連難民高等弁務官事務所（UNHCR）によるバングラデシュのロヒンギャー難民のビルマ帰還計画に対し、360万ドル拠出を決定 1・24 日本政府、ビルマで活動するNGO等に対する1件500万円程度の小規模無償援助の実施を決定 1・31 日本政府、ビルマ政府との間で小規模無償援助資金協力実施に関する口上書を交換 2・3 日本政府、ヤンゴン市フライン地区の大火災に対し、877万円相当の緊急物資援助供与を決定 2・15 チョオ・ウィン国軍情報局次長、日本人記者団に対しブリーフィング、自宅軟禁中のアウン・サン・スー・チーの釈放は来年7月までないと発言 2・23 国連、人権委員会特別報告官・横田洋三国際基督教大学教授によるビルマの人権状況に関する報告書を公表 2・28 日本政府、小規模無償援助資金協力の第1号として、ミャンマー赤十字社に救急車、ミャンマー母子福祉協会に医薬品、国境なき医師団に顕微鏡をそれぞれ寄贈 5・22 タウン・ミン社会福祉救済復興相団長のビルマ政府代表団、横浜で開催の「国際防災の10年」世界会議に出席のため、日本を訪問（—29日）、		1・6 永井重信駐ブルネイ日本大使、ブルネイ国王に信任状を奉呈 1 飛島建設、ガドン・センターポイント建設工事完了 2・24 駐日ブルネイ国大使主催のブルネイ国独立10周年記念祝賀会ホテル・ニューオータニにて開催 2 飛島建設、ブルネイ・ダルサラーム大学理学部建設工事完了 3・24 全日本大学サッカー選抜チーム、親善試合のためブルネイ国訪問（—27日） 4 アブドゥル・ラーマン開発相、ESCAP東京総会出席のため訪日 5・17 アジア婦人友好会主催の「アジアのお祭りチャリティーバザー」、東京全日空ホテルにて開催、在日ブルネイ国大使館でブルネイ料理販売、売上げ金全額を施設に寄附 5 「マリーンロード音楽の旅 ブルネイ＆沖縄南国の楽園、王朝の雅」の日本全国公演（5月10日—6月12日）のためブルネイ国立民族舞踊団一行20名訪日 5 飛島建設、トゥンクリンク道路工事P—3着手 6・5 ブルネイ国立民族舞踊団東京公演、フセイン文化青年スポーツ相出席		2・5 インドネシア初の原子力発電所に反対する環境保護団体が来日し、「市民フォーラム2001設立記念シンポジウム」で建設反対の署名が始まったことを報告 2・6 経済協力総合調査団（団長 松永信雄政府代表）をインドネシア派遣 2・18 スマトラ島地震に60万ドルを緊急援助することを政府が決定 4・15 スマトラ島メダン郊外にある工業団地で労働者5000人による「暴動」が発生、日系企業も被害	1・18 一般無償協力（バララ浄水場改修に1億3100万円） 1・24 フィリピン出身女優R・モレノ主演の映画「月はどっちに出ている」（崔洋一監督）が毎日映画大賞を受賞 2・20 日本政府派遣の経済協力総合調査団24人がマニラ入り（—26日）。団長は鹿取泰衛元駐ソ大使。日本の公的援助は地方開発と人材育成に重点を置くとの方針を発表 2・21 経団連、スビック視察団を派遣 2・28 フィリピン貿易産業省、ナタデココの輸出が前年度比24倍に激増し、輸出の96％が日本向けだったと発表 3・1 群馬県群馬町とマニラ首都圏モンテンルパ町が姉妹都市提携 3・28 松田慶文第16代駐比大使、着任 4・13 太田昌秀沖縄県知事、スビック旧米海軍基地の跡地視察などで訪比 6・27 日本の円借款によるマニラ南方のバタンガス港再開発事業で、強制立ち退きに反対の住民と警察隊が衝突、流血事件に発展。日本政府は円借款を凍結

1994（平成6）年

日　　本	ベトナム	カンボジア	ラオス	タイ
	る第2回日本ベトナム合同経済会議、ホーチミン市で開催 4・19　ベトナム、モービル、日商岩井と石油開発事業調印 5・23　日本政府、ベトナム政府、ハノイで、9月の関西国際空港開港後に定期路線を開設する航空行協定に調印（同空港とホーチミン市間で双方の航空会社が最大週3便相互乗入れ） 5・28　ハノイで、ホイアン遺跡の保存、修復に関する会議が開催、ホイアン建築遺跡保護委員会とホイアン基金（ホイアン・ソサイエティ）の設立を決定 5・下　日本輸出入銀行、ベトナムの植林事業支援の合弁会社「ビジャチップ」に対し海外投資金融を実施	6・20　王国政府がクメール・ルージュのプノンペン事務所を閉鎖、首都から追放		
1994 7・25　ASEAN地域フォーラム（ARF）第1回会合がバンコクにおいて開催 8・1　NTTがベトナム郵電公社と技術交流などの覚書締結 8・8　日立がベトナムで家電生産計画発表 8・10　インドネシア訪問中の日本国会議員団は「東ティモール問題」をめぐりイ外相と会談 8・21　土井たか子衆院議長がマレーシア・シンガポール・中国訪問 8・23　村山首相が比・ベトナム・マレーシア・シンガポール訪問（―30日） 　兼松が先発の日本ロジテム・三井物産などに続いてベトナムで物流合弁会社設立発表 8・24　マツダと米フォードがタイで小型トラック合弁生産計画調査開始発表 8・25　ASEAN地域フォーラム発足（バンコク）へ	7・26　ベトナム交通・運輸相、日本の国際協力事業団と協力して、北部諸省河川網開発計画を策定 8・25　村山首相、ベトナム公式訪問、ハノイに到着（73年の外交関係樹立以来初の日本の首相の公式訪問）、キエト首相と首脳会談 8・25　小倉駐ベトナム大使とブ・コアン外務次官、ハノイで、日本が総額77億3300万円の無償資金協力と青年海外協力隊の派遣を行う交換書簡に調印 8・26　村山首相、ハノイで、	7・7　国会がクメール・ルージュの非合法化法を全会一致で可決。7月15日にチア・シム国会議長・国王代行がクメール・ルージュ非合法化法を公布、同日発効 7・9　クメール・ルージュが人民代表特別会議を開会、暫定民族団結政府（PGNUNS）を樹立 7・30　日本政府からの無償援助5件、総額83億円に関する交換公文調印、プノンペン港復旧（約15億7000万円）等 10・13　渡辺美智雄元外相が	7・25　日本政府、94年度の対ラオス援助供与覚書に調印（約43億1000万円） 9・6　日本政府、洪水被害を受けたボリカムサイに食糧不足援助として米300トンを供与 9・9　日本政府、ラオスの食糧増産計画支援のために5億5000万円の無償援助供与を決定 9・27　日本政府、ラオス高等通信運輸学校にコンピューター10セット供与	7・24　河野副総理兼外相、ASEAN拡大外相会議及びASEAN地域フォーラム参加のため訪タイ（―28日） 7・26　ASEAN拡大外相会議がバンコクで開催（―26日） 7・31　チナワット首相府相訪日（―8月8日） 9・2　チュアン首相、日本を公式訪問（―7日） 9・3　日・タイ首脳会談が東京において開催 9・21　橋本通産相、ASEAN経済閣僚会議出席のため訪タイ（―25日）

1994（平成6）年

ビルマ	マレーシア	ブルネイ	シンガポール	インドネシア	フィリピン
5・26 日本政府、ラカイン（アラカン）州マウンドー郡のサイクロン被害に対し1196万円相当の緊急物資援助の供与を決定 6・1 タン・ジン保健副大臣、日本を訪問、中井奥厚生政務次官らと会談 6・15 春名和雄丸紅会長を団長とする経団連経済調査ミッション、ビルマを訪問（―18日） 6・20 オウン・ヂョオ外相、日本を訪問（―26日）。環境庁主催の「エコ・アジア94」に出席、共同副議長を務め、24日に柿沢弘治外相と会談					
7・22 超党派の日本ミャンマー友好議員連盟、新生党小沢辰男代議士を中心に再編され、第1回総会を開催 7・25 バンコクで開催中の第27回ASEAN外相会議において、オウン・ヂョオ外相が河野洋平外相と会談 9・20 軍事政権のタン・シュエ議長とキン・ニュン第1書記、自宅軟禁中のアウン・サン・スー・チーと会談 9・21 上記対話に関し、日本政府は歓迎を表明 10・16 オウン・ヂョオ外相、	7・15 第16次円借款協定。615億2000万円 8・26 村山富市首相来訪（―27日） 8・31 アンワール副首相、外務省賓客として訪日（―9月5日） 9・1 第2国民車（カンチル）、販売開始 12・7 新国際空港第1期事業を日系企業4社などが落札	7 毎日新聞社カルチャー教室写真部門の一行10名ブルネイ国訪問 8・8 広島全日空ホテルにて「広島ブルネイ友好協会」設立総会開催 8 飛島建設、トゥンクリンク道路工事P―4着手 9 飛島建設、トゥトン地区病院建設工事着手（96年9月完了） 10・2 広島で開催の第12回アジア大会（―16日）にブルネイ国は23名の選手団派遣、フセイン文化青年スポーツ相、プンギ	8・22 土井たか子衆院議長、来訪（―24日） 8・28 村山富市首相、来訪（―30日）。占領期死難人民記念碑に献花	7・15 駐インドネシア大使に渡辺泰造が任命（25日着任） 7・26 週刊誌「テンポ」がイ政府の発行禁止処分を受けた問題で、日本外国特派員協会は駐日インドネシア大使あてに抗議文書を送付 8・10 インドネシア訪問中の日本国会議員団「東ティモール問題」をめぐりイ外相と会談 10・31 東ティモールを訪問した国会議員団、人権問題で村山首相にアジア太平洋経済協力会議（APEC）での討議を要請 10 インドネシアの残留元日	7・15 一般無償援助（教育施設の拡充事業など6件に計79億5200万円）、第18次円借款（プロジェクト借款114億3300万円） 8・23 村山富市首相、公式訪比（―25日）。首脳会談で、ラモス大統領は円借款の凍結解除を要請 9・7 食糧増産援助（18億円） 9・22 ジャピーノ問題で、日本の弁護士グループが実態調査のため訪比（―26日） 10・20 レイテ島で米比連合軍の上陸作戦50周年記念式典。ラモス大統領、日米駐比大使ら

245

1994（平成6）年

日本	ベトナム	カンボジア	ラオス	タイ
8・上　アデランスが労賃高騰を理由にタイ工場閉鎖 9・1　野村證券グループがベトナムに工業団地造成計画発表 9・7　三井物産がケーブルテレビ網をタイから受注発表 9・13　宇部興産と日商岩井がタイにナイロン樹脂合弁企業設立発表 9・21　日本航空が関西空港からホーチミンへ空路申請 9・24　日本ASEAN閣僚会議がインドシナ支援のための経済懇設立を決定 9・下　石油元売各社が相次いでタイに潤滑油生産拠点設立 9・30　西友がバンコク郊外に30店舗を目標とするスーパー出店計画発表 10・8　東京ガス・三井物産・三井商事が国営石油会社とマレーシアで地域冷房合弁事業会社設立 10・15　住友商事など国際企業連合のベトナム沖油田生産開始 10・24　ソニーがベトナム国営企業と家電生産合弁会社設立計画発表 10・中　松下電器産業がベトナムでTV生産を20年ぶりに再開する計画公表 10・31　東ティモールを訪問した国会議員団、人権問題で村山首相にアジア太平洋経済協力会議（APEC）での協議を要請 11・10　大和銀行がベトナムで現地投資コンサルティング会社FISCと提携発表 11・13　インドネシア訪問中の橋本龍太郎通産相が日本の公害問題失敗を教訓にと訴える 12・1　第1回アジア・太平洋安全保障セミナーが防衛研究所で開催（―17日） 12・2　大和総研がミャンマーの証券市場の創設協力に関する覚書調印 12・14　川崎製鉄と三井物産が比に電炉建造発表 12・17　JR西日本、ベトナムの国鉄支援で技術提携覚書調印 12・19　トヨタ小型バス生産でベトナムと合意発表 12・中　丸紅と三井物産がミャンマーに鋼材生産で進出計画発表	レ・ドゥク・アイン大統領と会談、ベトナムのASEAN加盟を積極的に支持、ドイモイ政策に対する協力を表明 8・26　村山首相、ベトナム共産党本部で、ド・ムオイ書記長と会談、円高と円借款返済問題などを協議 9・21　ベトナム水産省と日本の国際協力事業団、ハノイでベトナム水域の水産物資源の調査と評価に関するODAプロジェクトに調印 9・25　ベトナム労働・戦傷者・社会事業省傘下の労働移住監督局と日本のカントーJFBネットワーク協力協会との間で、日本でのベトナム人看護婦養成に関する契約書を交わしたことを表明 10・9　渡辺美智雄代議士（日越友好議員連盟）以下の日本国会議員代表団、ハノイ訪問（―11日） 10・23　日本政府経済協力総合調査団（団長、木内外務省参与）、ベトナム訪問（―29日） 11・15　日本航空とベトナム航空による直航便、関西国際空港―ホーチミン市間で就航 ベトナム経済開発援助のための第2回ベトナム支援国会議、世銀の主催でパリで開催（―16日）、新たに約20億ドルの援助を決定、日本の援助は約6億5000万ドル 12・2　東京で初の日越次官級	カンボジア訪問（―15日） 11・28　警察庁がカンボジアの警察制度確立支援のため同国警察幹部を日本へ招待し、第1回カンボジア警察行政セミナー開催（―12月8日） 12・7　JICAがカンボジアのメコン架橋調査覚書に調印、調査は95年3月開始、期間16カ月 12・26　カンボジア王国大使館再開 12・26　トルオン・メアリ特命全権大使着任		9・22　タイにおいて第26回ASEAN経済閣僚会議が開催（―23日） 9・30　ステープ大学相訪日（―10月7日） 10・21　スパチャイ副首相、APEC中小企業大臣会合出席のため訪日（―23日） 11・23　シリントーン王女、国際稲研究所（IRRI）主催国際会議出席のため非公式訪日（―26日） 11・25　紀宮、タイを公式訪問（―12月5日）

ビルマ	マレーシア	ブルネイ	シンガポール	インドネシア	フィリピン
国連総会からの帰途に日本を訪問（―18日）。17日に河野外相と会談 10・20　土屋義彦埼玉県知事を団長とする戦没者慰霊巡拝団、ビルマを訪問（―26日） 10・24　大和総研、国家計画経済開発省、財政歳入省、中央銀行の4者が共催して、「証券・資本市場および民営化に関するセミナー」をヤンゴンで開催（―25日） 11・2　日本で「アウンサンスーチーの釈放を求める国会議員連盟」発足。会長に自民党の小杉隆代議士、事務局長に新党さきがけの鳩山由紀夫代議士が就任、超党派の約80名の国会議員が参加 11・7　国連人権委員会特別報告官・横田洋三国際基督教大学教授、ビルマを訪問（―16日）。キン・ニュン第1書記らと会談、インセイン刑務所などを視察 11・10　柿沢前外相、ビルマを訪問（―12日） 11・12　日本政府、94年度中に政府開発援助（円借款）の一部再開を検討 11・15　ヤンゴンの医学研究局生物医学研究センターにおいて、保健省、ユニセフ、日本政府共催による「すべての子供に予防接種を」ワークショップ開催 11・23　国連人権委員会特別		ラン・ハジ・ユソフ元首相招待訪日し応援 11・12　第3回トヨタ・クラシック・コンサート、ブルネイ国にて開催、秋山和慶指揮札幌交響楽団の演奏 プンギラン・イドリス駐日ブルネイ国大使の母親、東京にて逝去 12・2　ロイヤル・ブルネイ航空、週2便バンダル・スリ・ブガワン空港―関西国際空港間の運航開始、プンギラン・バーリン法相就航記念式典出席のため訪日		本人兵の組織「福祉友の会」（YWP）が日本語学校を設立	が出席 10・28　太平洋戦争中に日本軍に協力した「マカピリ」のメンバーだとするD・マペソ（73歳）が軍人恩給など戦後補償を求める嘆願書をマニラの日本大使館に提出 11・7　第18次円借款（プロジェクト借款136億8600万円）、第19次円借款（プロジェクト借款991億1900万円） 11・9　JETRO、投資ミッションをマニラに派遣 12・21　日本政府、バタンガス港再開発事業円借款（57億8800万円）の凍結を解除

1994～1995（平成6～7）年

日　本	ベトナム	カンボジア	ラオス	タ　イ
	協議開催、福田博外務審議官、ブー・コアン外務次官が出席 12・17　JR西日本、ベトナム国鉄に対し、車両、保線、信号など鉄道全般にわたる技術を供与、支援することを決定			
1995 1・18　バンコクで日本―ASEANフォーラム開催（―19日） 2・13　福岡でAPEC高級事務レベル会合・特別会合開催（―16日） 2・15　経団連がシンガポール・タイ・ベトナムに豊田章一郎会長を団長とする経済使節団派遣（―26日） 4・15　インドネシアでAPEC蔵相会議開催、武村正義蔵相が出席（―16日） 5・29　ソウルでAPEC電気通信・情報産業担当相会議開催、真島一男通産政務次官が企業間情報ネットを提案（―30日）	1・18　安田火災海上保険、ホーチミン市に駐在員事務所開設 1・27　ブー・コアン外務次官と小倉駐越大使、ハノイ駐在国際協力事業団事務所開設に関する書簡を交換 2・21　豊田章一郎会長以下の経団連代表団訪越、ド・ムオイ書記長、ボー・バン・キエト首相と会談 2・26　インドシナ総合開発フォーラム閣僚会議、東京で開催 3・20　日越文化交流協会によって約30万ドル相当の援助で建設された日本語学校、ハノイで竣工式 3・27　日本人事院、ベトナム公務員制度創設のため、組織・人事委員会のグエン・チョン・ディエウ管理局長ら2名を日本に招き、日本の人事管理制度に関して説明	1・23　シハヌーク国王がクメール・ルージュに武装闘争を放棄して投降するよう呼び掛け 2・13　日本外務省代表団がカンボジア訪問、政府開発援助について討議 2・19　シハヌーク国王が国内の森林を伐採して外国に売却している政府の行為を批判、残された森林は国土の43％に減少したと指摘 2・26　イン・フォット外務・国際協力相ら代表団5人がインドシナ総合開発フォーラム（26―27日）に出席 2・27　日本援助で建設されたプノンペン・ディーゼル発電所（5000キロワット時）操業開始 3・2　日本の資金協力3000万ドルで改修されるプノンペン河港の工事開始式 3・14　カンボジア復興国際委員会（ICORC）第3回会議パリで開催。95年援助4億7300万	2・8　ブンナポン首相府相以下ラオス代表団、東京で開催の拡大メコン小地域セミナー出席のため日本訪問 2・10　日本の経済協力代表団、ラオス訪問 2・17　JICAとラオス政府はワッタイ空港近代化支援計画の基本合意に関する覚書に調印 2・25　インドシナ総合開発フォーラム出席のためブンナポン首相府相日本訪問、河野洋平副総理兼外相と会談。カムタイ首相来日の意向を表明 2・26　インドシナ総合開発フォーラム東京で開催（―27日） 3・29　日本外務省、ラオスのタイ米輸入支援のために6億5千万円、国際通信システム強化のために2億2500万円の無償援助供与を発表 4・6　日本政府、ラオス南部のメコン川に橋を建設するための調査に関する了解覚書に調印	1　チュラポーン王女、日本を非公式訪問（―2月） 1・11　タイ大蔵省、オフショア業務を行う外国銀行33行中22行に地方支店37店開設を許可 1・21　チャムロン副首相、阪神大震災被災者を見舞いに訪日（―23日） 2・25　クラセー外相、インドシナ総合開発フォーラム閣僚会議出席のため訪日（―3月1日） 2・28　クラセー外相、河野外相と会談 5・5　前田法相訪タイ（―6日）

1994〜1995（平成 6 〜 7 ）年

ビルマ	マレーシア	ブルネイ	シンガポール	インドネシア	フィリピン
報告官・横田洋三国際基督教大学教授、国連第3委員会にてビルマの人権状況を報告 11・25　亀井静香運輸相の招待により、ウィン・セイン鉄道相が日本を訪問 11・29　大和証券の使節団、ビルマを訪問、資本市場育成と民営化に関する合意書を締結 12・1　神戸商工会議所の視察団15名、ビルマを訪問					
1・25　トゥン・チー貿易相、ビルマ訪問中の日本貿易使節団と会談 1・26　通産省、88年5月から停止していた対ビルマ海外投資保険引受け再開を表明（全面再開5月17日） 2・14　ウー・ヌ元首相、死去（享年88歳） 2・18　軍事政権、丸紅と包括的経済協力協定を締結 2・21　ビルマ訪問中の住友商事の使節団、キン・ニュン第1書記と会見、包括的経済協力協定を締結 2・23　東京銀行、軍事政権よりヤンゴンでの代表事務所開設の認可 2・25　軍事政権、貿易フェアを開催（〜3月3日）。外国企業100社が参加 3・1　国連人権委員会特別報告官・横田洋三国際基督教大学教授、アウン・サン・スー	1・28　プロトン社フィリピン工場起工式 　武村正義蔵相、来訪 5・15　マ首相、非公式訪日（〜20日）	1・26　ブルネイ国政府、東京と大阪を営業基盤とするセンチュリー証券への営業参加を決定 1　在日ブルネイ国大使館、阪神・淡路大震災の被災者に救援物資を送付 　飛島建設、トゥンクリンク道路工事P―3完了 2・24　駐日ブルネイ国大使主催のブルネイ国独立記念日祝賀会ホテル・ニューオータニで開催 3　モハメッド・ボルキア外相、日本国外務省賓客として訪日 　飛島建設、ガドン官舎第3期建設工事着工（96年6月完了） 4・1　ブルネイ国政府100%所有のブルネイ開発銀行営業開始 4　飛島建設、トゥンクリンク道路工事P―4完了 6・4　経団連ASEANミッション（団長豊田章一郎経団連会長）	2・15　第2次大戦終結50周年記念行事（〜9月12日）。情報・芸術省など主催 2・16　経団連代表団、ゴー首相と会談。蘇州工業団地事業への参加討議	1・10　新駐日大使にウィスベス・ルイス外務省対外経済関係総局長が内定 5・9　ウィジョヨ大統領経済顧問訪日、村山首相を表敬（〜13日） 6・19　対イ援助国会議（CGI）、総額53.6億ドルの援助約束 6・21　ギナンジャール国家開発企画庁長官訪日、河野外相と会議（〜26日）	1・18　ラモス大統領、阪神大震災の救援で200万ペソの贈呈を表明 2・1　日本カトリック教会東京管区の白柳誠一枢機卿、マニラでの高山右近没後380周年記念ミサで、日本のカトリック教会の戦争責任を認め、フィリピンの信徒に謝罪を表明 3・上　日本国際協力機構（JAIDO）、日本の中小企業向け工業団地を建設することでSBMAと基本合意 4・10　経団連のASEANミッション（豊田章一郎団長）がマニラ入り。ラモス大統領は中小企業技術交流センターの誘致を要請 5・19　日本の環境庁、パラワン島とスルー海域のツバタハリーフ海中国立公園の珊瑚礁保全協力で調査団を派遣（〜30日） 5・27　ギリエゴ下院議員、東京で開催の「人権サミット」に

1995（平成7）年

日　　本	ベトナム	カンボジア	ラオス	タ　イ
	4・13　日本、94年度対越円借款580億円供与を決定 4・17　ド・ムオイ党書記長訪日し、日本、30億円の無償援助を追加供与 4・19　ド・ムオイ書記長、天皇を訪問、天皇主催歓迎宴に出席、渡辺美智雄日越議員連盟会長と会見、不破哲三日本共産党委員長と会談 4・19　東京で、第3回日本ベトナム合同経済会議開催、経団連とベトナム国家計画委員会のメンバーが出席、投資環境整備について協議（―20日） 5・18　東京で、国際交流会議「アジアの未来」開催、ベトナム代表としてチュオン・タン・サン・ホーチミン市人民委員会委員長が出席 5・30　日本の国際協力事業団、ハノイ駐在員事務所開設 6・1　ベトナム・日本協力委員会、ハノイで第1回会議開催、ベトナムの包括的発展のためのマスタープランに対する提案（―2日） 6・8　「ベトナム・琉球技術文化村」建設がハノイのドクザンで、ベトナム・日本友好協会と沖縄・ベトナム友好協会により合意 6・10　NGOの「マングローブ植林行動計画」（向後元彦代表、本部東京）など、ホーチミン市に「エコパーク」建設についてベトナム側と合意	ドル、96年8億7700万ドル（計13億5000万ドル）を公約、日本の分担は95年8000万ドル 3・21　日本の対カンボジア・ノンプロジェクト無償資金協力の25億円実施書簡を交換 4・30　政府が午前零時をもって木材輸出を禁止 5・3　カンボジア王国成立後初の人口統計（93年9月現在）発表。総人口976万人、女性509万人、男性467万人、プノンペン市81万人。 6・2　国際地雷会議がプノンペンで開催（―4日）41ヵ国から約300人が参加。カンボジア地雷センター、カンボジアNGOフォーラムなどが主催・後援 6・21　日本の対カンボジア無償援助33.1億円供与文書を交換。母子保健センター建設17億6000万円、プノンペン港改築14億7000万円、免疫改善8400万円	4・10　日本・ラオス両国政府、パークセー地域のメコン川への架橋を検討することに合意 5・18　インドシナにおける経済協力に関するワーキンググループ代表団（団長：畠山襄）ラオス訪問（―19日） 5・30　日本・ラオスの赤十字社の支援によりラオスで輸血センター活動の基礎技術に関するワークショップ開催 5・31　カムタイ首相、公式実務訪問として日本訪問（―6月4日） 6・1　村山富市首相、カムタイ首相と会談。76年に中断した円借款を96年に再開する方針を表明 6・16　日本のKDDエンジニアリングアンドコンサルタント、ラオス政府とワッタイ空港サテライト建設設計策定のための合意書に調印	

ビ ル マ	マレーシア	ブルネイ	シンガポール	インドネシア	フィリピン
チーの自宅軟禁は7月11日までとの見通しを示唆 3・7　軍事政権、三菱商事と包括的経済協力協定を締結 3・8　軍事政権、伊藤忠と包括的経済協力協定を締結 3・22　日本政府、軍事政権との間で国境地域に対する10億円の食糧増産無償援助供与に関する公文を交換 3・24　日本政府、軍事政権との間で40億円の債務救済無償援助供与に関する公文を交換 4・5　福田博外務審議官、ビルマを訪問（―7日）。キン・ニュン第1書記らと会談、制憲国民会議などを視察 4・28　日本の円借款で建設中だった南ナウィン・ダム完成 5・10　大阪商工会議所使節団、ビルマを訪問 6・11　朝日新聞東京本社版夕刊、アウン・サン・スー・チーの解放を求める市民約700人による意見広告を掲載 6・20　東京でアムネスティ・インターナショナル等3団体、公開シンポジウム「スーチーさんの釈放を求めて」を開催、約250人が参加		5名、ブルネイ国訪問			出席 6・12　フィリピン残留日系人の代表団33人（萩尾行利団長）が日本の戸籍と国籍回復を求めて訪日 6・13　東京で残留日系人支援グループが初めて「フィリピン日系残留孤児問題シンポジウム」を開催

1995（平成7）年

日　　本	ベトナム	カンボジア	ラオス	タイ
	6・16　ベトナムの日本研究センター、機関誌『日本研究』を創刊			

1995
8・1　ARF第2回会合がブルネイにおいて開催
8・2　ブルネイでASEAN拡大外相会議開催（―3日）
8・3　訪イ中の橋本龍太郎通産相、スハルト大統領と会談し11月のアジア太平洋経済協力会議（APEC）への協力を要請
8・4　東京で官民によるインドシナ・ミャンマー産業協力ワーキンググループ会議開催
　㈶トヨタ財団助成による東南アジア研究地域交流プログラム（SEASREP）開始（国際交流基金も協力）
9・24　防衛庁が大森敬治信頼醸成・軍備管理担当審議官をインドネシア・タイ・ベトナムに派遣（―10月1日）
11・16　大阪でAPEC閣僚会議開催（―17日）
　APEC大阪会議開催（―19日）
　APEC大阪会議閣僚会議（―17日）
11・23　経団連と欧州産業連盟（UNICE）がASEAN地域での産業協力で合意
11・26　日本自動車工業会がASEAN内6カ国に通商使節団を派遣（―12月8日）
12・1　インドネシア政府に対し1995年度分円借款として前年比7.7％増の1700億6700万円を上限に貸し付けることを伝達

ベトナム欄:
6・16　ベトナムの日本研究センター、機関誌『日本研究』を創刊
7・11　米国、対越関係正常化を決定
7・25　ベトナム、ASEAN加盟
8・1　ベトナム、ASEAN地域フォーラムに加盟
8・2　ベトナム、ASEAN拡大外相会議に出席
8・7　クリストファー米国国務長官、初の訪越、米越国交正常化
8・8　レ・ドク・アイン大統領、カンボジアを公式訪問し、敵対関係に終止符
9・4　ブッシュ米国前大統領、訪越
9・26　ベトナム、PECCに加盟
12・17　ノン・ドク・マイン国会議長ら、訪日

カンボジア欄:
8・8　クメール人民民族解放戦線（KPNLF＝ソン・サン派）駐日代表だったメス・チャン・リープ国会議員（BLDP）が国民不在の政争の収拾を訴えた遺書を残して国会内でピストル自殺
8・23　河野副首相兼外相がカンボジアを訪問、第1、第2首相と会談、シハヌーク国王と会見、プノンペン市電気通信整備への無償資金協力17億3000万円等を供与する交換公文調印
12・1　英国の環境保護団体がカンボジアの森林面積は92年の1030万ヘクタールから650万ヘクタールに減少していると指摘
12・28　国会が96年度国家予算総額1兆4523億リエル（約5.9億ドル）を承認、歳入のうち借り入れ、外国援助は45.1％、歳出の34.9％が国防費

ラオス欄:
7・13　日本政府、ラオスの食料増産と債務軽減のため、総額7億300万円の無償援助供与を発表
8・3　メコン川委員会の第1回理事会、初代事務局長に農水省構造改善局建設部付の的場泰信氏を選出
9・21　トンサイ駐日ラオス大使着任
10・6　日本政府、ラオスの水害緊急援助のため10万ドル供与を決定
10・17　日本政府、駐ラオス大使に坂井弘臣カラチ総領事を任命
11・7　日本政府、ラオスに5億円の無償援助供与の文書調印
11・25　日本・ラオス友好議員連盟代表団（団長：東家衆議院議員）ラオス訪問

タイ欄:
7・11　札幌において第13回日タイ合同貿易経済委員会開催（―12日）
8・22　河野外相訪タイ（―23日）
　河野外相、バンハーン首相、カセームサモーソーン外務大臣と会談
9　秋篠宮・同妃、タイを非公式訪問
10　チュラポーン王女、日本を非公式訪問
11・14　アムヌアイ副首相、APEC大阪会合出席のため訪日（―20日）
11・15　カセームサモーソーン外相、チューチープ商務相APEC大阪会合出席のため訪日（―20日）
11・17　バンハーン首相、大阪で開催のAPEC非公式首脳会議に出席のため訪日（―20日）
　日・タイ首脳会談
11・19　日・タイ外相会談
　非公式首脳会議
11　チュラポーン王女、日本を非公式訪問

1995（平成7）年

ビルマ	マレーシア	ブルネイ	シンガポール	インドネシア	フィリピン
7・10　アウン・サン・スー・チー、6年ぶりに自宅軟禁から解放 　日本政府、歓迎を表明、対ビルマ円借款の早期再開に向け具体的検討を開始 7・14　通産省、ビルマ向け海外投資保険の引受けを弾力化 7・18　三井造船と三井物産、ビルマ国営造船所の近代化に協力を発表 7・21　小野正昭外務省アジア局参事官、ビルマを訪問、オウン・ヂョオ外相と会談 7・28　日本政府、ビルマに対し15億円の無償援助供与を決定 7・31　河野洋平外相、ブルネイ国際空港内でオウン・ヂョオ外相と会談、日本政府はビルマの民主化に応じてODAを段階的に再開していく旨伝達 9・11　日本のカード会社JCB、ビルマ外国貿易銀行と提携 10・6　日商岩井、軍事政権と輸出産業支援協定を締結 10・9　三井海上火災保険、外国損害保険会社として初めてヤンゴンに駐在員事務所開設 10・11　アウンサン・スー・チー、NLD書記長に復帰 10・17　国連人権委員会特別	8・10　中華大会堂連合会、村山首相宛に戦災補償金5億リンギ支払い請求書提出 11・19　マ首相、大阪でのAPEC会議に出席 12・　第1回全マレーシア日本人会連絡会、開催	7・17　アジア漫画展、東京赤坂国際交流フォーラムで開催、ブルネイ国の漫画家マライ・ユヌス氏が作品を出展 7・29　ASEAN地域フォーラム、ASEAN拡大外相会議出席のため河野副総理兼外務大臣、ブルネイ国訪問 9・上　拓殖大学学生一行20名ブルネイ訪問 9　飛島建設、ブルネイ国大蔵省貨幣局建設工事着手（97年1月完了） 10・10　IMF（国際通貨基金）に加盟 10・22　国連創設50周年記念総会にハサナル・ボルキア国王出席 11・15　APEC大阪会議に出席のためハサナル・ボルキア国王、ジェフリ・ボルキア蔵相、ペーヒン・イサ国王特別顧問、アブドゥル・ラーマン産業主要資源相訪日（―19日）	8・16　PANA通信社アンケート、78％が「日本は第2次大戦の残虐行為を謝罪せよ」 9・26　第1回シンガポール・日本・フォーラム（―27日。東京） 11・16　ヨー・チュウトン通産相、APEC大阪会議に出席 11・18　ゴー首相、APEC大阪会議に出席 12・18　リー上級相、東京の「国際フォーラム」参加	7・11　インドネシア科学院（LIPI）で独立50周年記念国際シンポジウム「民族革命―記憶・研究・回顧」開催（―14日） 8・3　訪イ中の橋本龍太郎通産相、スハルト大統領と会談し11月のアジア太平洋経済協力閣僚会議（APEC）への協力を要請 8・16　アラタス外相は戦後50年にあたっての村山首相談話を歓迎すると表明 8・17　インドネシア石油（株）、インドネシア政府より「鉱業・エネルギー功労賞」を授与 11・14　日本大使館に21人の東ティモール青年が亡命を求める、翌日ポルトガルへ出発 11・17　スハルト大統領、APEC非公式首脳会議出席のため訪日（―20日）	7・5　ラモス大統領、太平洋戦争末期にルソン島北部沖で沈没した日本の輸送船・阿波丸に積まれていたとされる貴金属の盗掘情報を重視し、保全命令を発令 　福田元首相（フィリピン協会会長）の死去に伴い、会長代行に田中常雄元駐比大使が就任 7・10　第20次円借款（プロジェクト借款1009億6400万円） 7・13　外務省、一時帰国中の残留日系人32人のうち10人に初めて日本旅券を発行 8・31　平松守彦大分県知事、マグサイサイ賞受賞 9・2　ルソン島北部山岳地のキアンガンで山下元将軍の無条件降伏記念式典。ラモス大統領や日米の駐比大使が出席 9・9　国際交流基金招待の劇団タンハラン・ピリピノ、リサール原作のミュージカル「エル・フィリ～愛と反逆」を東京で初公演（―16日）。その後、岐阜、福岡でも公演 9・25　東京銀行、米海軍基地跡のスービック特別経済区への日本企業進出促進に向けて同区開発庁と業務協力協定締結 9・26　一般無償協力（農地改革データベース整備事業など3

253

1995（平成7）年

日　　本	ベトナム	カンボジア	ラ　オ　ス	タ　イ

1995（平成7）年

ビルマ	マレーシア	ブルネイ	シンガポール	インドネシア	フィリピン
報告官・横田洋三国際基督教大学教授、ヤンゴン空港で記者会見、軍事政権とNLD双方とも対話再開に意欲と発言 　読売新聞社販売第4部連合会調査団、林業省と植林プロジェクト協力に合意 10・18　丸紅、農業公社と共同で輸出用農産物の開発で合意 10・23　日本政府、軍事政権との間で43億円の債務救済無償援助に関する公文を交換 10・25　日本政府、9月にザガイン管区の大規模水害に対し、1507万円相当の緊急援助を決定 10・30　日本政府、軍事政権との間で看護大学拡充のための16億2500万円無償援助供与に関する公文を交換 11・4　オウン・ヂョオ外相、国連総会の帰途、日本を訪問（―8日）。7日に福田康夫外務政務次官と会談 11・7　小和田恒駐国連大使、ビルマを訪問、キン・ニュン第一書記、アウン・サン・スー・チーNLD書記長と個別に会談 11・29　NLD、制憲国民会議への出席ボイコットに踏み切る 11・30　軍事政権、制憲国民会議からNLD代表86名全員を除名（軍事政権とNLDとの関係悪化、日本政府の早期円借款再開の方針も見送りに） 12・3　トヨタ自動車、ヤンゴンにアフターサービスの拠点を開設 12・6　日本とビルマの航空交渉終了。 12・22　富士銀行、ヤンゴンに代表事務所を開設 12・26　マンダレー都市開発計画を千代田化工建設が受注					件に計27億1400万円） 10・1　在日フィリピン人コミュニティー向け月刊誌「クムスタ」、東京で創刊 10・13　マニラで水死を装って保険金詐欺を企てた元病院理事長の日本人男性、逮捕 　食糧増産援助（16億5000万円） 10・18　マニラのスラムなどでの医療体験をもとにした太田靖之氏の小説「緊急呼出し」が大森一樹監督で映画化され、一般公開 11・9　有力財閥の当主で、日系企業とも関係が深いA・ユーチェンコ元中国大使が第10代駐日大使に着任（シアゾン大使は外相に就任） 11・16　ラモス大統領、大阪で開催のAPEC非公式首脳会議（18〜19日）を前に「一村一品運動」の大分県を視察 12・7　東京で世銀主催の第5回MAI会議（―8日）。MAIとしての会議は、これが最終回 12・15　元慰安婦として名乗り出たマリア・ロサ・ヘンソンの自伝が『ある日本軍「慰安婦」の回想』と題して日本で翻訳出版

参考文献一覧

特に重要な文献はゴチで表記

【日本語】

（新聞・要覧・年表等）

朝日新聞社『朝日新聞縮刷版』
朝日新聞社『朝日新聞データベース』
日本経済新聞社『日本経済新聞縮刷版』
毎日新聞社『毎日新聞縮刷版』
読売新聞社『読売新聞縮刷版』
アジア経済研究所『アジア動向年報』1970-1981、1989-1996
アジア経済研究所『アジア・中東動向年報』1982-1988
アジア経済研究所『月報・アジアの動向』1963-1969
アジア経済研究所『日本・インドネシア関係史小年表1958-1972』（動向分析資料No.74）、1973
岩波書店編集部編『近代日本総合年表（第3版）』1991
大蔵省財政史室編『昭和財政史―終戦から講和まで』全16巻、東洋経済新報社、1976-84
大蔵省財政史室編『昭和財政史 昭和27―47年度』全20巻、東洋経済新報社、1990-2000
外務省『わが外交の近況』1957-1996

外務省編『日本外交年表並主要文書』全2巻、原書房、1965、1966
外務省アジア局編『世界各国便覧叢書―ビルマ』日本国際問題研究所、1960
外務省アジア局編『世界各国便覧叢書―ビルマ連邦便覧』日本国際問題研究所、1964
外務省アジア局監修『世界各国便覧―ビルマ』日本国際問題研究所、1974
外務省外交史料館日本外交史事典編纂委員会編『日本外交史辞典（新版）』山川出版社、1992
外務省経済局アジア課編『ビルマの経済貿易外観1959年』外務省経亜資料第88号、1960
外務省経済協力局編『我が国の政府開発援助』下巻、1998
外務省百年史編纂委員会編『外務省の百年』上下2巻、1968
外務省南東アジア第二課『ブルネイの政治・経済情勢と日・ブルネイ関係』1989
鹿島平和研究所編『日本外交主要文書・年表』第1-4巻、原書房、1983-1995
倉沢（猪俣）愛子編『戦後日本・インドネシア関係史年表』（私家版）、1992
経済団体連合会『経済団体連合会十年史』上下巻、経済団体連合会、

1962、1963

高坂正・佐古丞・安部文司編著『戦後日米関係年表』PHP研究所、1995年

厚生省『援護五十年史』1987

厚生省『引揚げと援護30年の歩み』（非売品）1978

厚生省『続・引揚援護の記録』（非売品）1955

厚生省『続々・引揚援護の記録』（非売品）1963

在タイ日本大使館公式ホームページ

在ビルマ日本国大使館（編）『ビルマ事情』1984

在ミャンマー日本国大使館（編）『ミャンマー事情』1999

在ラオス日本国大使館『ラオス概況』1997

通商産業省『経済協力の現状と問題点』1996

通商産業省『経済協力の現状と問題点』1999

通商産業省編『通商白書』

通商産業省通商産業政策史編纂委員会編『通商産業政策史』通商産業調査会

通商産業調査会通商産業政策史研究所編『通商産業政策史・法令年表』1986

東南アジア調査会『東南アジア要覧』1959-1992

東南アジア調査会『東南アジア重要年誌　1971-1980』1981

東南アジア調査会『東南アジア月報』1971-1996

東洋経済新報社編『索引政治経済大年表』全4巻、1971

永野信利編著『日本外交ハンドブック：重要資料・解説・年表』サイマル出版会、1981

西嶋英樹編『西嶋重忠年表』（私家版）2000

日本国際問題研究所インドネシア部会編『インドネシア資料集』上・下、1973

深見純生編『日本占領期インドネシア年表』（私家版）1993

矢部洋三、古賀義弘、渡辺広明、飯島正義編著『新訂　現代日本経済史年表』日本経済評論社、2001

歴史学研究会編『世界史年表』岩波書店、1995

（著書・論文等）

アムネスティ・インターナショナル日本支部編『ビルマ：自由へのはるかなる道のり』1995

綾部恒雄、石井米雄編『もっと知りたいラオス』弘文堂、1996

石井昌司『アジア投資新事情：一体化する日本・ASEAN・NIEs』中央経済社、1996

石井米雄他編『東南アジアを知る事典』平凡社、1999

石井米雄監修『フィリピンの事典』同朋舎出版、1992

猪木武徳・高木保興編著『アジアの経済発展：ASEAN・NIEs・日本』同文舘出版、1993

クントン・インタラタイ（かつ代・インタラタイ訳）『アセアンと日本：ASEAN発展の道』谷沢書房、1982

梅津和郎『アジア太平洋共同体：ASEAN、APEC、NAFTA』晃洋書房、1996

浦野起央『アジアの国際関係』（浦野起央著作集9）南窓社、1997

大来佐武郎・小島清編『アジア太平洋経済圏』日本国際問題研究所、1973

大畑弥七・浦田秀次郎編『アセアンの経済・日本の役割』有斐閣、1992

貝出昭編『マレーシア・シンガポール：経済と投資環境』アジア経済研究所、1971

梶容子「戦後日本・マラヤ経済関係における両国貿易再開過程について」（東京外国語大学修士論文）1996

片野彦二『ASEANと日本経済』（アジアを見る目53）、アジア経済研究所、1980

上東輝夫『現代ラオス概説』同文館、1992

木村汎、グエン・ズイ・ズン、古田元夫編『日本・ベトナム関係を学ぶ人のために』世界思想社、2000

慶應義塾大学地域研究センター編『アジア・太平洋新秩序の模索』（地域研究講座）慶應通信、1994

後藤乾一『近代日本とインドネシア』北樹出版、1989

後藤乾一『近代日本と東南アジア：南進の「衝撃」と「遺産」』岩波書店、1995

小浜裕久編著『直接投資と工業化：日本・NIES・ASEAN』日本貿易振興会（JETRO）、1992

小林一彦、野中正孝『ジョホール河畔―岩田喜雄南方録』アジア出版、1985

小林英夫他編著『アセアン諸国の工業化と外国企業』中央経済社、1993

小林英夫『戦後日本資本主義と「東アジア経済圏」』御茶ノ水書房、1983

小林英夫『東南アジアの日系企業』日本評論社、1992

佐久間平喜『ビルマ（ミャンマー）現代政治史―増補版』勁草書房、1993

佐々木毅他編『戦後史大事典』三省堂、1991

信夫清三郎『「太平洋戦争」と「もう一つの太平洋戦争」：第2次大戦における日本と東南アジア』勁草書房、1988

清水元編『英国立公文書館の日本・東南アジア関係史料』（文献解題36）アジア経済研究所、1992

涂照彦編著『アジアにおける地域協力と日本』（名古屋大学国際経済動態研究センター叢書6）御茶ノ水書房、1999

鈴木孝『ビルマという国―その歴史と回想』国際PHP研究所、1977

竹下秀邦『シンガポール・リー・クアンユウの時代』アジア経済研究所、1995

田辺寿夫『ドキュメント―ビルマ民主化運動』梨の木舎、1988

西原正、ジェームス・W・モーリー編『台頭するベトナム：日本はどう関わるか』中央公論社、1996

日越貿易協会『日本ベトナム貿易』1976

日本学術振興会学術月報編集委員会編『東南アジア諸国及び中国との学術交流』1981

日本経済調査委員会編『ASEANと日本』（調査報告79-4）1980

日本国際政治学会編『東南アジアの研究』（国際政治第16号）1961

日本国際政治学会編『アジアの民族と国家：東南アジアを中心として』（国際政治第84号）1987

日本国際問題研究所『アジア太平洋の地域主義と日本外交』1994

日本国際問題研究所編『日本とASEAN：太平洋時代に向けて　東京国際シンポジウム』1988

日本在外企業協会編『ASEAN諸国における日系企業の現地貢献状況に関する調査研究：タイ・インドネシアを中心に』1980

日本大学農獣医学部国際地域研究所編『東南アジアの技術協力をめぐる諸問題』（日本大学農獣医学部国際地域研究所叢書10）龍渓書舎、1996

日本大学農獣医学部国際地域研究所編『東南アジア農業と日本』（日本大学農獣医学部国際地域研究所叢書5）龍渓書舎、1991

日本ベトナム友好協会『日本とベトナム友好運動の30年』1985

日本弁護士連合会公害対策・環境保全委員会編『日本の公害輸出と環境破壊：東南アジアにおける企業進出とODA』日本評論社、1991

日本貿易振興会編『東南アジアをめぐる日本と中国との経済関係』1973

朴洪英（パク・ホンヨン）「日本援助外交政策の変容—対ベトナム援助に見る国内外的影響要因の分析」（東京大学博士論文）2000

八江正吉『私家版・イラワジの誓い』（長崎県諌早市）、1967

林博史『裁かれた戦争犯罪—イギリス対日戦犯裁判』岩波書店、1998

林知己夫・穐山貞登編『日本と東南アジアの文化摩擦』出光書店、1982

林茂、辻清明（共編）『日本内閣史録 6』第一法規出版、1981

原不二夫編『東南アジア華僑と中国』アジア経済研究所、1993

原不二夫「日本とマレーシア経済：第 2 次大戦直後の賠償問題決着の経緯とその経済的意義」原編『マレーシアにおける企業グループの形成と再編』アジア経済研究所、1994

疋田康行編著『南方共栄圏：戦時日本の東南アジア経済支配』多賀出版、1995

平川均「戦後日本のシンガポールへの経済的回帰」『アジア経済』第37巻第 9 号、1996

平川均「輸入代替工業化期のシンガポールと日本経済」『アジア経済』第37巻第10号、1996

藤田知也「日本におけるベトナム戦争報道に関する研究—新聞報道の内容分析を中心に（1964年 9 月—1967年12月）」（早稲田大学修士論文）2000

「ベトナムに平和を！」市民連合編『資料・「ベ平連」運動』（上・中・下）河出書房新社、1974

パスク・ポンパイチット（松本保美訳）『日本のアセアン投資：要因と展望』文眞堂、1991

ミャミャウィン（根津博訳）『カンチャマ：在日ビルマ人「難民認定」の3,000日』ダイヤモンド社、1997

宮元静雄『東南アジア連合軍の終戦処理：第二次世界大戦における』東南アジア連合軍の終戦処理刊行会、1985

宮本忠『日本と東南アジア：環境問題・法の視座から』高文堂出版社、1982

村嶋英治「日タイ関係1945-1952年」『アジア太平洋討究』創刊号、2000

森井淳吉『発展途上国の農業問題：現代の東南アジアと日本』（阪南大学叢書42）ミネルヴァ書房、1993

矢野暢他編『東南アジアと日本（講座東南アジア学：第10巻）』弘文堂、1991

矢野暢『日本の「南進」と東南アジア』日本経済新聞社、1975

山影進『ASEAN：シンボルからシステムへ』東京大学出版会、1991

山影進『ASEANパワー：アジア太平洋の中核へ』東京大学出版会、1997

吉川洋子『日比賠償外交交渉の研究』勁草書房、1991

吉川利治編著『近現代史のなかの日本と東南アジア』東京書籍、1992

嘉田良平他著『開発援助の光と影：援助する側・される側』（全集世界の食糧世界の農村11）農山漁村文化協会、1995

林華生（中川多喜雄・吉村雄策訳）『日本・ASEAN共存の構図：脱米入亜時代のために』文眞堂、1995

ジョイス・C・レブラ（村田克己他訳）『東南アジアの解放と日本の遺産』秀英書房、1981

デービッド・ワーフェル（大野拓司訳）『現代フィリピンの政治と社会』明石書店、1997

渡辺昭夫『アジア・太平洋の国際関係と日本』東京大学出版会、1992

（社史・会報・報告書等）

インドネシア石油株式会社編『30年のあゆみ』（非売品）1996

川端隆史氏（外務省）提供資料

クアラルンプール日本人会　home page：http://jckl.org.my/

シンガポール日本人会編『「南十字星」記念復刻版』シンガポール日本人会、1978

世界の動き社『日本とASEAN』1981-1996

泰国日本人会『泰国日本人会創立50周年記念号』1963

大都工業株式会社『大都工業五十年のあゆみ』1991

東京外国語大学アジア・アフリカ言語文化研究所編『アジア・アフリカ言語文化研究所：言語研修報告書1967-1993』1994

飛島建設株式会社『飛島建設株式会社国際事業部海外拠点案内』1999

土木学会『土木学会誌』1977

日本インドネシア協会『月刊インドネシア』1950-1995

日本ブルネイ協会『日本ブルネイ協会ニュースレター』1984

日本ブルネイ友好協会『ブルネイニュース』(No.1 -No.61) 1984-1996

日本マレイシア協会『月刊マレイシア』

根本博（元在ビルマ日本国大使館参事官）「個人ノート」

バンコク日本人商工会議所『バンコク日本人商工会議所、所報』282号、1985年8月号、30周年記念特集号

ファーイーストオイルトレーディング株式会社編『ファーイーストオイルトレーディング20年史』（非売品）1985

フィリピン協会『フィリピン総攬』（非売品）1960

フィリピン協会『日比関係記録集』（非売品）1985

三井建設『三井建設社史』1993

三菱商事LNG事業本部『Information』1999年作成

ヤンゴン日本人学校創立30周年記念誌編集委員会編『30年の歩み』ヤンゴン日本人学校、1994

「勇士はここに眠れるか」編纂委員会編『勇士はここに眠れるか』全ビルマ戦友団体連絡協議会、1980

【外 国 語】

Agoncillo, Teodoro A. and Gurrero, Milagros C., *History of the Filipino People*, Quezon City, R.P. Garcia Publishing Co., 1973

Akrasanee, N., ed., *ASEAN-Japan Relations: Trade and Development*, Institute of Southeast Asian Studies, 1983

Allen, Louis, *Burma the Longest War 1941-45*, J.M. Dent, 1984

Brunei State Chamber of Commerce, *Brunei State Chamber of Commerce Jubilee Journal 1980-1981*, Bandar Seri Begawan

Brunei State Chamber of Commerce, *Brunei State Chamber of Commerce Chamber Journal 1982-1983*, Bandar Seri Begawan

Buyong Adil, Haji, *Sejarah Perlis*, Kuala Lumpur, Dewan Bahasa & Pustaka, 1981

Buyong Adil, Haji, *Sejarah Selangor*, Kuala Lumpur, Dewan Bahasa & Pustaka, 1981

Dewan Bahasa dan Pustaka, *PERPUSPAAN 1 OGOS 1968*, Brunei, 1968

Dewan Bahasa dan Pustaka, *Memperingati penukaran nama Bandar Brunei menjadi bandar SERI BEGAWAN*, Brunei, 1970

Dewan Bahasa dan Pustaka, *TITAH 1959-67 Kebawah DYMM Paduka Seri Baginda Maulana Al-Sultan SIR MUDA OMAR ALI SAIFUDDIN Sa'adul Khairi Waddin*, Brunei, 1971

Dirgahayu, *Kenang-Kenangan Sempena Hari Keputeraan Kebawah Duli Yang Maha Mulia Paduka Seri Baginda Sultan dan Yang Di-Pertuan Negara Brunei Darussalam yang Ke-50 Tahun*, 1996

Donnison, F.S.V., *British Militatry Administration in the Far East 1943-46*, Her Majesty's Stationery Office, 1956

Federation of Malaya, *Memorandum on Proposals for a Malayan War Damage Compensation Scheme*, Kuala Lumpur, 1948

Harper, G.C., *The Discovery and Development of the Seria Oilfield*, Musium Brunei, 1975

英国旧インド省附属図書公文書館（IOLR）所蔵資料，IOR-M/4/2597，M/4/2714, M/4/2721, M/5/101

Japan External Trade Organization, *Japanese Affiliated Companies in ASEAN Countries*, 1990

Kementerian Penerangan, *Konflik Ichisar sekitar Perundingan-perundingan Indonesia-Inggris/Belanda*, Jogjagarta, Kementerian Penerangan Indonesia, 1946

Leiher, Michael, *Dictionary of the Modern Politics of South-East Asia*, London, Routledge, 1996

Luu Van Loi, *Nam Muoi Nam Ngoai Giao Viet Nam: 1945-1995, Tap 1, Tap 2*, Ha Noi, Nha Xuat Ban Cong An Nhan Dan, 1996, 1997

Martin Stuart-Fox and Mary Kooyman, *Historical Dictionary of Laos*, Metuchen,N.J., London, The Scarecrow Press Inc., 1992

Meyer, Milton W., *A Diplomatic History of the Philippines*, Hawaii, University of Hawaii Press, 1965

Mohamed Deli bin Ahmad, *BRUNEI DARUSSALAM*, Brunei Darussalam, 1992

NEGARA BRUNEI DARUSSALAM 83-84, *Jabatan Penyiaran dan Penerangan*, Jabatan Perdana Menteri

Office of the President, *Official Gazette*（1945-1971）

Ohno, Takushi, *War Reparations and Peace Settlement, Philippines-Japan Relations: 1945–1956,* Manila, Solidaridad Publishing House, 1986

Panglaykim, J., *Japanese direct investment in ASEAN: the Indonesian Experience*, Maruzen Asia, 1983

Raul S. Manglapus, *Japan in Southeast Asia : Collision Course Carnegie Endowment for International Peace*, 1976

Romulo, Carlos P., *Official Text: Our Fight for Reparations in the Far East Commission*, Aug. 21, 1951

Shiraishi, Masaya, *Japanese Relations with Vietnam: 1951–1984*, Ithaca, New York, Cornell University, 1990

Sueo Sudo, *The Fukuda Doctrine and ASEAN: New Dimensions in Japanese Foreign Policy*, Institute of Southeast Asian Studies, 1992

Tanaka, Yoshiro, *A Study of Japanese Educational Asistance to ASEAN Nations*, University Microfilms International, 1985

Theeravit, Khien, Stillman, Grant B. eds., *Regional cooperation and culture in Asia-Pacific: proceedings of the concluding Japan-ASEAN Forum (Japan-ASEAN Forum 5)*, United Nations University, 1995

Tokyo Electric Power Company, *LNG (Liquified Natural gas)*, 1987

Trung Tam Khoa Hoc Xa Hoi va Nhan Van Quoc Gia, Trung Tam Nghien Cuu Nhat Ban, *25 Nam Quan He Viet Nam—Nhat Ban: 1973–1998*, Ha Noi, Nha Xuat Ban Khoa Hoc Xa Hoi, 1999

United Nations Commission on Human Rights, *Report on Direct Contacts with the Government of the Union of Myanmar (Ogata Report)*, 1991

United Nations Commission on Human Rights, *Report on Direct Contacts with the Government of the Union of Myanmar (Yokota Report)*, 1992

United Nations Commission on Human Rights, *Report on the Situation of Human Rights in Myanmar (Yokota Report)*, 1993

United Nations University, *The Japan Society for International Development*, United Nations University

United Nations University, *Development and ODA: Japan-ASEAN Forum, Tokyo, 19–20 November 1990*, United Nations University, 1991

Wan Ramli Wan Mohd., *Pengakuan Tengku Ali*, Kuala Lumpur, Penerbit Fajar Bakti, 1993

MEMPERINGATI ULANG TAHUN KE-10 PERPUSPAAN 1968–1978 (COMMEMORATING THE 10TH ANNIVERSARY OF THE CORONATION), Musium Brunei, 1978

Manila Chronicle

Manila Times

New Straits Times

New York Times

Philippine Herald

Straits Times

The Brunei Darussalam State, *Chamber of Commerce Review Independence Year Issue 1984*, Brunei Darussalam, Williams Associations Limited

Japan Foundation Dialogue: Southeast Asia and Japan: Symposium on Cultural Exchange (Japan Foundation Reference Series 1), 1977

略 語 一 覧

AA研	自民党アジアアフリカ問題研究会	JETRO	日本貿易振興会	SBMA	スビック湾都市開発庁
ABSDF	全ビルマ学生民主戦線	JICA	国際協力事業団	SEAC	（連合軍）東南アジア軍司令部
ADB	アジア開発銀行	JOCV	青年海外協力隊	SEATO	東南アジア条約機構
AJDC	日本ASEAN開発会社	KNDO	カレン民族防衛機構	SEC	証券取引委員会
APEC	アジア太平洋経済協力閣僚会議	KNU	カレン民族同盟	Simex	国際金融取引所
APO	アジア生産性本部	LDC	後発発展途上国（最貧国）	Sisir	規格・工業研究所
ASEAN	東南アジア諸国連合	MAI	多国間協力による大型援助計画	SLORC	国家法秩序回復評議会
ASPAC	アジア太平洋閣僚会議	MIDA	工業開発庁	UMNO	統一マレー国民組織
A研	自民党アジア問題研究会	MWDCL	マラヤ戦争災害請求委員会	UNCTAD	国連貿易開発会議
BSPP	ビルマ社会主義計画党	NCGUB	ビルマ連邦国民連合政府	UNDP	国連開発計画
CED	アメリカ経済開発委員会	NDC	国家開発公社	UNHCR	国連難民高等弁務官事務所
CEDA	オーストラリア経済開発委員会	NGO	非政府組織	UNICE	欧州産業連盟
CPP	フィリピン共産党	NHK	日本放送協会	UP	国立フィリピン大学
DAC	OECD開発援助委員会	NIES	新興工業経済地域	USDA	連邦団結開発協会
DBS	開発銀行	NLD	国民民主連盟	WHO	世界保健機関
ECAFE	国連極東アジア経済委員会	NPA	新人民軍	アジア開銀	アジア開発銀行
EPZ	輸出加工区	NSB	国家船員局	アジ研	アジア経済研究所
ESCAP	国連アジア太平洋経済社会委員会	ODA	政府開発援助	開発閣僚会議	東南アジア開発閣僚会議
FAO	国連食糧農業機関	OECD	経済協力開発機構	原水禁	原水爆禁止国民会議
FEC	極東委員会	OECF	海外経済協力基金	公館長会議	アジア太平洋地域公館長会議
FECCC	極東キリスト教会評議会	OEDB	海外雇用開発局	全農	全国農業共同組合連合会
Felda	連邦土地開発庁	PCGG	大統領行政規律委員会	日経調	日本経済調査協議会
GHQ	連合国軍総司令部	PECC	太平洋経済協力会議	パサパラ	反ファシスト人民自由連盟
IBRD	国際復交開発銀行（世銀）	Petronas	石油公社	輸銀	日本輸出入銀行
IMF	国際通貨基金	PKO	平和維持活動	ユネスコ	国連教育科学文化機関
JAIC	日本アセアン投資株式会社	Proton社	国民車製造合弁企業		
JAIDO	日本国際協力機構	RAC	対日賠償諮問委員会		

外国人名原文表記一覧
(五十音順表記)

ア行

アイゼンハワー　Eisenhower, D.D.
アイディット、D.N.　Aidit, D.N.
アウン・サン　Aung San
アウン・サン・スー・チー　Aung San Suu Kyi
アウン・ヂー　Aung Gyi
アウン・チョオ・ミン　Aung Kyaw Myint
アキノ、C.　Aquino, Corazon C.
アキノ、B.　Aquino, Baltazar
アキノ、B. Jr.　Aquino, Benigno Jr.
アグラバ、C.J.　Agrava, Corazon J.
アザハリ　Sheikh Azahari
アシャリ、ダヌディルジョ　Ashari, D.
アスピラス、J.D.　Aspiras, Jose D.
アスマウン　Asmaun
アズラン・シャー　Azlan Muhibbuddin Shah, Sultan
アダム・マリク　Malik, Adam
アーチ・N・ブース　Booth, A.N.
アチソン、D.G　Acheson, Dean G.
アデバ、M.A.　Adeva, Manuel A.
アドモハンドヨ　Atmohandojo, L. Hamzah
アナック・アグン・グデ・アグン　Anak Agung Gde Agung, Ide

アーナット　Anat
アナン・パンヤラチュン　Anan Panyarachun
アパイウォン　Aphaiwong
アブドゥル・アジス、ハジ　Pehin Haji Abdul Aziz
アブドゥル・ハリス・ナスティオン　Nasution, Abdul Haris
アブドゥル・ラフマン・ラムリ　Ramli, Abdul Rahman
アブドゥル・ラーマン（ブルネイ枢密院閣僚会議事務局長）　Abdul Rahman
アブドゥル・ラーマン（開発相）　Pehin Haji Abdul Rahman
アブドゥル・ラーマン（産業主要資源相）　Abdul Rahman
アブドゥル・ラフマン・ジャラル　Abdul Rahman bin Jalal
アブドゥルラフマン・スルヨミハルジョ　Abdurachman Surjomihardjo
アブドラー・バダウィ　Abdullah bin Ahmad Badawi
アブ・ハナフィアー、ハジ　Haji Abu Hanafiah
アフリカ、B.　Africa, Bernabe
アベラ、B.　Abera, Bernardo
アーマッド・ガザリ、ハジ　Haji Ahamad Gazali
アーマッド・タジュディン　Sultan Ahmad Tajuddin
アマレート　Amaret
アムヌアイ・ウィラワン　Amnuay Wirawan
アモン・シリガヤ　Amon Sirikaya
アラタス、アリ　Alatas, Ali
アラム　Aram
アラムシャ　Alamsja
アリ・サストロアミジョヨ　Sastroamijoyo, Ali

アリ・サディキン	Sadikin, Ali	ウイスナー	Wisner, Frank
アリシャバナ、スタン・タクディル	Alisjahbana, Sutan Takdir	ウィチットワータカーン	Wichitwathakan
アリフィン・スリアトマジャ	Suriatmadja, Alifin	ウィトウン・ヤサワット	Withun Yasawat
アリムルトポ	Moertopo, Ali	ウィトノ・サルサント	Witno Sarsanto
アリ・ワルダナ	Wardana, Ali	ウィナイ	Winai
アン・コクペン	Ang Kok Peng	ウィー・モンチェン	Wee Mon Cheng
アンドリュース	Andrews	ウィヨゴ・アトモダルミント	Wiyogo, Atmodarminto
アンポン	Amphon	ウィラハディクスマ	Wirahadikusuma
アンワール	Anwar bin Ibrahim	ウィルソン	Wilson
イアット・ボウンテン	Eat Bunten	ウィン・ナイン	Win Naing
イウ・コウエス	Ieu Koeus	ウィン・マウン	Win Maung
イェー・ガウン	Ye Gaung	ヴェッシー	Vessey, J.
イエム・サムヴォウル	Yem Sambaur	ウォン・カンセン	Wong Kan Seng
イエン・サリ	Ieng Sary	ウォン・サワン	Vong Savang
イエン・ティリト	Ieng Thirit	ウー・ソオ	Saw, U
イスナエニ	Isnaeni	ウタイ	Uthai
イスハック、イスカンダル	Ishaq, Iskandar	ウー・タン（ウ・タント）	Thant, U
イスマイル	Ismail	ウトーン	Outhong, Souvannavong
イスマイル・サレー	Saleh, Ismail	ウー・ヌ	Nu, U
イブヌ・ストウォ	Sutowo, Ibnu	ウボンラタナ	Ubonratana
イリ・サスミタアトマジャ	Sasmitaatmadja, Iri	ウマルヤディ	Umaryadi
イン・キエト	Ing Keat	ウー・ルウィン	Lwin, U
インシー・チャントラサテト	Insi Chantrasathet	エイベル	Abel
イン・タム	In Tam	エク・イ・ウゥン	Ek Yi Oun
イン・フォット	Ung Hout	エリザベスII世	Queen Elizabeth II
インペリアル、J.F.	Imperial, Jose F.	エリサルデ、M.	Elizalde, Manuel
イン・ユデット	In Yudeth	エルナンデス、J.	Hernandez, Jaime
ヴァル・キム・ホン	Var Kim Hong	エンリレ、J.	Enrile, Juan Ponce
ウィジョヨ・ニィティサストロ	Widjojo Nitisastro	オウム・チェアン・グオン	Oum Chheang Khun

オゥン・チーアン　Oum Chheang Sun
オウン・ヂョオ　Ohn Gyaw
オシアス、C.　Osias, Camilo
オマール　Omar
オマール・アリ・サイフディンⅢ世　Sultan Haji Omar Ali Saifuddien III
オン・テンチョン　Ong Teng Cheong

カ行

カイソーン　Kaysone, Phomvihan
カストロ、O.　Castero, Oscar
カセームサモーソーン　Kasemsamorson
カーター　Carter, Jimmy
ガファール　Ghafar bin Baba
ガフル　Gafur, Abdul
カムシン　Khamsing, Sayakone
カムタイ　Khamtay, Siphandon
カムパイ　Khamphay, Boupha
カムパン　Khamphan, Panya
カムヒン　Khamhing（Tiao Khamhing）
カムマーオ　Khammao（Tiao Khammao）
ガラヤニ　Kalayani
ガリオン　Gallion
ガルシア、C.P.　Garcia, Carlos P.
ガルシア、D.R.　Garcia, Delfin R.
カルタサスミタ、フセイン　Kartasasmita, Husein
カングレオン、R.　Kangleon, Ruperto
キィエウ・ヴァン　Keo Bun
キイ・ベン・ホン　Ke Veng Hong

ギエム、トゥオク　Nghiem Thuoc
ギエム、バ・ドック　Nghiem Ba Duc
キーコ、F.　Kiko, Francisco
キッシンジャー　Kissinger, Henry A.
ギナンジャール・カルタサスミタ　Kartasasmita, Ginandjar
キム・ティット　Khim Tit
金東祚（キム・ドンチョ）　Kim Dong Jo
キュウ（キュー）・サムポン　Khieu Samphan
ギリエゴ、B.　Gilleego, Bonifacio
キリノ、E.　Quirino, Elpidio
キン・オウン　Khin Ohn
キンタナール、R.　Kintanar, Romulo
キンテロ、E.　Quintero, Eduardo
キン・ニュン　Khin Nyunt
キン・マウン・イー　Khin Maung Yi
キン・マウン・エイ　Khin Maung Aye
キン・マウン・ヂー　Khin Maung Gyi
クアン　Khwang
グイ、ニュー・コントゥム　Guy Nhu Com Tem
グエン・コ・タック　Nguyen Co Thach
グエン・ザップ　Nguyen Giap
グエン・ジー・ニエン　Nguyen Di Nien
グエン・ズイ・チン　Nguyen Duy Trinh
グエン・ズォン　Nguyen Duong
グエン・ダン・ホア　Nguyen Dang Hoa
グエン・チェン・ヒュー　Nguyen Tren Huu
グエン・チョン・ディエウ　Nguyen Chon Dieu
グエン・ティエン　Nguyen Tien
グエン・テイ・ゴク・フォン　Nguyen Thi Ngoc Phon

グエン・テイ・ビン　Nguyen Thi Binh
グエン・ディン・チ　Nguyen Dinh Tri
グエン・ディン・ティ　Nguyen Dinh Thi
グエン・ドック・クイ　Nguyen Duc Quy
グエン・ドック・タム　Nguyen Duc Tam
グエン・ニュー・ヒュー　Nguyen Nhu Huu
グエン・バン・イック　Nguyen Van Ich
グエン・バン・チャン　Nguyen Van Tran
グエン・バン・ヒエウ　Nguyen Van Hieu
グエン・バン・リン　Nguyen Van Linh
グエン・フー・ト　Ngyen Huu Tho
グエン・マイン・カム　Nguyen Manh Cam
クネタ、S.　Cuneta, Shalon
クユガン、V.l.　Cuyugan, Vesta I.
クラセー　Krasae
クリアンサック・チャマナン　Kriangsak Chomanan
クリストファー　Christopher, W.
ケネディ、ロバート　Kennedy, Robert
コウン・ウィック　Koun Wick
コーエン、M.M.　Cowen, Myron M.
ゴー・ケンスイ　Goh Keng Swee
コサマク　Kosamak
コサル・チュム　Coesal Chhum
ゴーソン　Koson
ゴー・チョクトン　Goh Chok Tong
ゴー、ディン・ジエム　Ngo Dinh Diem
ゴードン、R.　Gordon, Richard
ゴー・ホクグアン　Goh Hoch Guan
コン・R.L.　ウォン・サニット　Kong R.L. Vong Sanit

コン・サム・オル　Khong Sam Ol
コンセプシオン、J.　Concepcion, Jose
ゴンドクスモ、ジョディ　Gondokusumo, Djody
コン・レー　Kong, Le

サ行

サイスリー・チュティワン　Saisuri Chutiwan
サイディマン・スルヨハディプロジョ　Surjohadiprojo, Saidiman
ザイナル・アビディン　Zainal Abidin
ザイニ　Dr. Zaini
サガー・ニンカムヘーン　Sanga Ninkhamhaeng
ザカリア　Dato Haji Zakaria
サドリ、モハマッド　Sadli, Mohammad
サナン　Sanan
サニエル、J.M.　Saniel, Josefa M.
サム・サリ　Sam Sary
サムラン　Samran
ザムロニ　Zamuroni
サリ・ウォンカムサオ　Sali, Vongkhamsao
サリ・カムシー　Saly, Khamsy
サリット　Sarit
サルトノ・カルトディルジョ　Kartodirdjo, Sartono
サルビニ　Sarbini
サレー　Saleh
サレー・アフィフ　Afif, Saleh
サレハ　Pengiran Anak Hajah Saleha
サロート　Salot
サワン・ワッタナー　Savang, Vatthana

サンチャゴ、M.D.	Santiago, Miriam Defensor	シリク・マタク	Sirik Matak
サントス・クユガン、R.	Santos-Cuyugan, Ruben	シリワット・シリ・マタク	Sirivuth Sirimatak
サンビクトレス、B.F.	Sanvictores, Benjamin F.	シリントーン王女	Sirinthon
サン・ユ	San Yu	シワベッシ	Siwabesi
サン・ユン	San Yun	シン、J.	Sin, Jaime
シアゾン、D.L.	Siazon, Domingo L.	スアン・トイ	Xuan Thuy
ジェク・ユエントン	Jek YuenThong	スカムダニ	Sukamdani
ジェフリ・ボルキア	Pengiran Muda Haji Jefri Bolkiah	スカルノ	Soekarno
シーサワット	Sisavath, Keobounphan	スケンダール	Sukendar
シーサワンウォン	Sisavang, Vong	スザンナ	Suzanna
シーセーナー	Sisena	スジャルウォ	Sudjarwo
シソワット・ユテヴォン	Sisowath Youtevong	スジャロー	Sadjaro
シソワット・ワチャヤヴォン	Sisowath Watchayavong	スジョノ	Sudjono
シッティ・サウェートシラー	Siddhi Savetsila	R・スジョノ	Sudjono, R
シティ・サヤムカーン	Sitthi Sayamkan	スジョノ・フマルダニ	Sudjono Humardani
シーボルト	Sebald, W.J.	スダルソノ	Sudarsono
シム・ヴァル	Sim Var	スダルモノ	Sudarmono
シャイフ	Sjahif	スティー	Suthy
ジャティアスモロ、バスキ	Jatiasumoro, Baski	ステープ	Suthep
シャナック	Sa Nak	ストウォ	Sutowoa, Ibnu
ジュアンダ	Kartawidjaja, Djuanda	ストライク、C.	Strike, Clifford
周恩来(しゅうおんらい)	Chou, En-Lai	スナルヨ	Sunarjo
シュルツ、G.	Shultz, George	スパチャイ・パニチャパク	Suphachai Phanitchaphak
蒋介石(しょうかいせき)	Chiang Kai-shek	スパット・スタータム	Suphat Suthatham
ジョハール、ハジ	Dr. Haji Johar	スバルジョ、アフマッド	Subardjo, Ahmad
ジョンストン、P.	Johnston, Percy	スハルト	Suharto
ジョンソン	Johnson, U.A.	スバン	Souban, Srithirath
シラク	Chirac, J.	スパンタフアンシー	Souphanthaheuangsi, Sisaleumsak
シリキット	Sirikit	スバンドリオ	Subandrio

スピン　Sipin
スブロト　Subroto
スフリ・ボルキア　Pengiran Muda Haji Sufri Bolkiah
スマルリン　Sumarlin, Johannes
スミトロ（中将）　Soemitro
スミトロ（商務相）　Soemitro
スヨノ　Suyono Haryono
スラマリット　Suramarit
スリー　Suri
スロノ　Surono
スワルジョノ　Suwardjono
スントン・ホンラダーロム　Sunthon Hongladarom
スン・マニット　Sun Manith
セイン・アウン　Sein Aung
セイン・ウイン　Sein Win
セイン・ティン　Sein Tin
セイン・トゥン　Sein Htun
セイン・ルウィン　Sein Lwin
セダ　Seda, Franciscus Xaverius
セーニー　Seni
ソウカム・コイ　Saukham Khoy
ソウ・ニュン　Soe Nyunt
ソオ・トゥン　Saw Htun
ソオ・マウン　Saw Maung
ソビラン　Sobiran, P
ソムサワット　Somsavath, Lengsavath
ソムサワリ　Somsawali
ソムポン・テーパシッター　Somphon Thepsittha
ソン・ゴク・タン　Son Ngoc Thanh

ソン・サン　Son Sann
ソン・スベール　Son Soubert
ソンマイ・フントラクーン　Sommai Huntrakun

タ行

タイ　Thai
タイブ、ハジ　Haji Taibu
ダイム　Daim bin Zainuddin
ダウドユスフ　Yusf, Daud
タウン・ミン　Thaung Myint
タウン・ルウイン　Thaung Lwin
タエブ・モハマッド・ゴーベル　Mohammad Gobel, Tahier
ダオ、フイ・ゴック　Dao Huy Ngoc
タキン・コウドオ・フマイン　Kodaw Hmaing, Thakin
タキン・ソウ　Soe, Thakin
ダナオ、B.　Danao, Bimbo
タナット・コーマン　Thanat Khoman
ダナバラン　Dhanabalan, S.
ターニン・クライライチアン　Thanin Kraivichian
タノーム・キティカチョン　Thanom Kittikachon
タパナ・ブンナーク　Thaphana Bunnag
ダムロン・ラッタピパット　Damrong Latthaphiphat
タ・モク　Ta Mok
ダルヤトモ　Daryatomo
ダヤンク・マリヤニ　Dr. Dayangku Mariyani
ダレス、J.F.　Dulles, John Foster
ダン、ギエム・ホアン　Dan Nghiem Hoan
タン・シュウシン　Tan Siew Sin, Tun

タン・シュエ	Than Shwe
タン・ジン	Thant Zin
ダン、タイ・ソン	Dang Thai Son
タン・ニュン	Than Nyunt
ダン、フー	Dang Huu
チア・シム	Chea Sim
チェン・トンファト	Cheng Tong Fatt
チェン・ヘン	Cheng Heng
チッ	Chit
チッ・コウ・コウ	Chit Ko Ko
チッ・スウェ	Chit Swe
チッ・フライン	Chit Hlaing
チナワット	Chinawat
チャクトン・トンヤイ	Chakthong Thongyai
チャクラポン	Chakrapong
チャチャーイ・チュンハワン	Chatichai Choonhavan
チャートリー	Chatri
チャベス、F.	Chavez, Francisco
チャムロン・シームアン	Chamlong Srimuang
チャルーン・カンタウォン	Charoon Kanthawong
チャワリット・ヨンチャイユット	Chavalit Yongchaiyuth
チャーン・アンスチョート	Chan Angsuchot
チャン・ヴェン	Chan Venn
チャン、クアン・コー	Tran Quan Co
チャン、ザイン・トゥアン	Tran Danh Tuan
チャン・シ	Chan Si
チャン・タン	Tran Thang
チャーンチャイ・リーターウォン	Chanchai Lithawon
チャン、チュン	Tran Chung
チャン、チョン・キム	Tran Trong Kim
チャン、ドク・トエ	Tran Duc Thoe
チャン・ナック	Chan Nak
チャンパサック	Sisouk Na Champassak
チャン・バン・ド	Tran Van Do
チャン、ホアイ・ナム	Tran Hoai Nam
チュアン	Chuan
チュアン・フィチュアン	Chuang Hui Tsuan
チュオン、タイ・サン	Truong, Tay Xan
チュオン、チン	Truong, Trinh
チューチープ	Chuchip
チュラポーン	Chulaphon
チョオ・ウィン	Kyaw Wim
チョウ・シン・モ	Chow, C.M.
チョウ・ティン	Cho Tin
チョオ・ニェイン	Kyaw Nyein
チョクロプラノロ	Tjokropranolo
チョンコン・キッティカチョン	Chongkon Kittikhachon
チラーユ	Chirayu
チン・ヤム・チン	Dr. Chin Yam Chin
B.M. ディア	Diah, B.M.
ティエウ	Nguyen Van Thieu
ディエンデル	Dien Del
ティナコン・パンカラウィー	Thinakon Phankrawi
ティラユット・ブンミー	Thirayut Bunmi
ティン・ウー	Tin U
ティン・スウェ	Tin Swe
ディン、ニョ・リエム	Dinh Nho Liem
テイン・ハン	Thein Han

テイン・マウン　Thein Maung
デヴィ・スカルノ（根本七保子）　Soekarno, Ratna Dewi
テオ・ボーン・ペン　Teo Boon Peng
テジョクスクマナ　Tedjasukmana, I
テップ・パン　Tep Pann
デルロサリオ、R.V.　Del Rosario, Ramon V.
トゥアンク・アブドゥル・ラーマン　Yang Di-Pertuan Agong Persekutuan Tanah Melayu, Tuanku Abdul Rahman
トゥートポン　Thertphon
ドゥル・ヌット・キム・サン　Doul Nut Kim San
トゥン・チー　Htun Kyi
トゥン・ティン　Htun Tin
ドクちゃん　Duc
ドッジ　Dodge, J.M.
トビン、エルカナ　Tobing, Elkana
ド、ムオイ　Do Muoi
トルオン・メアリ　Troung Marie
トーレス、R.　Torres, Ruben
ドレーバー、W.　Draper, William
トンサイ　Thongsay, Bodhisane
ドン、スアン・フォン　Dong Xuan Phong
トン、ドゥク・タン　Ton, Doc Thang

ナ行

D. ナイア　Nair, Devan
ナジール　Nazir, Col.
ナシール、モハマッド　Natsir, Mohammad
ナロン・キティカチョン　Narong Kittikachon

ニエク・チュウロン　Nhiek Tioulong
ニクソン　Nixon, Richard M.
ニット、シンハラ　Nith, Singharaj
ニット、ノーカム　Chau Nith Nokham
ニュエン・ヴァン・タム　Nguyen Van Tam
ニュン・スウェ　Nyunt Swe
ニョト　Njoto
ヌグロホ・ノトスサント　Notosusanto, Nugroho
ヌーハク　Nouhak, Phoumsavan
ネアク・ティウロン　Nhiek Tioulong
ネイ・ウィン　Ne Win
ネリ、F.　Neri, Felino
ノルシア、ハッジャ　Hajah Norsiah
ノロドム・カントウル　Norodom Kantol
ノロドム・シハヌーク　Norodom Sihanouk
ノロドム・スラマリット　Norodom Suramarit
ノン、トック・マイン　Nong Duc Mahn

ハ行

ハエルル・サレー　Saleh, Chairul
バオ、ダイ　Bao Dai
朴正煕（パク・チョンヒ）　Park Jung-Hee
パクリヴァン　Phakrivan
ハサナル・ボルキア　Sultan Haji Hassanal Bolkiah Mu'izaddin Waddaulah
ハズナン　Haznan
ハ、ティン・ラム　Ha Thanh Lam
パチャラキティヤパー　Phacharakitiyapha
ハッタ、モハマッド　Hatta, Mohammad

パテルノ、V. Paterno, Vicente	ピーター、ポロムカ P. Peter
バ・トゥイン Ba Thwin	ピチャイ・ラッタクン Pichai Rattakal
バトゥバラ、コスマス Batubara, Cosmas	ピブーン・ソンクラーム Luang Phibun Songkharam
バハルディン、ハラハップ Harahap, Bahardin	ピポップ Phiphop
ハ、バン・ラウ Ha Van Lau	ヒュイ・カントウル Huy Kanthoul
ハビビ、B.J. Habibie, B.J.	ヒューバート・ランス Rance, Hubert
ハミッド Hamid	ビラタ、C. Virata, Cesar
ハメンクブウォノ Hamengkubuwono, Sri Sultan, IX	プー Phou, Rassaphon
バ・モオ Ba Maw	ファイン Fine, S.
ハリマン Harriman, A.	ファム、バン・ドン Pham, Van Dong
ハリン Harin	ファン、ニュ・クオン Phan Nhu Quang
バルガス、J. Vargas, Jorge	ファン・バイ・カイ Phan Van Khai
ハルソノ Harsono, Col	ファン、バン・チョン Phan Van Trong
ハルソノ・レクソアトモジョ Reksoatmodjo, Harsono	ファン、ヒエン Phan Hien
ハルタルト Hartarto	ブイ、クォク・ウイ Bui Quoc Uy
ハルティニ・スカルノ Soekarno, Hartini	プーイ・サナニコーン Phoui, Sananikaone
バルデス、C.J. Valdez, Carlos J.	フィッツジェラルド Fitzgerald
ハルヨノ、P. Haryono, P	フーヴァー Hoover, Herbert Jr.
パンガベアン Panggabean, Maraden	フェルナンデス、J.B. Fernandez, Jose B. Jr.
バーンズ Byrnes, J.F.	フォルティッチ、A. Fortich, Antonio
バンチャード・チョンラウィチヤーン Banchert Chonlawichan	フーコ、E. Juco, Estelita
ハン・トゥン・ハック Hang Thun Hak	ブー、コアン Vu Khoan
バン、パオ Vang, Pao	プジ・クンタルソ Pudji Kuntarso
バンハーン・シンパアーチャー Banharn Silpa-archa	ブスエゴ、R.S. Busuego, Romeo S.
バンバン・スゲン Sugeng, Bambang	フセイン・モハメド Hussein Mohamed bin Osman
万里（ばんり） Wan Li	フセイン Pehin Haji Hussain
バンヤット Banyat	ブッシュ、G. Bush, George
ピサーン Phisan	フー・ツタウ Hu Tsu Tau, Richard
ピスット Phisit	ブー、ディン・コア Vu Dhin Khoa

ブー、トゥアン　Vu Tuan	フン・セン　Hun Sen
ブトロ・ブトロス-ガリ　Boutros-Ghali, Boutros	ブンチャナ・アッターコン　Bunchana Atthakon
A・ブニエ　Bunye, A	ブンチュー　Bunchu
プーマ　Souvanna Phouma	ブンナポン　Phao Bounnaphon
フマルダニ、スジョノ　Hoemardani, Soedjono	ベイカー　Baker, J.
プーミ　Phoumi, Vongvichit	ペイ・ティン　Pe Tin
プーミポン・アドゥンヤデート　Bhumibol Adulyadej	ベトちゃん　Viet
F．ブラウニング　Browning, F.	ペドロサ、P.　Pedrosa, Pio
ブラガ　Braga	ベネディクト、R.S.　Benedicto, Roberto S.
プラク・サリン　Prak Sarin	ペーヒン・イサ　Pehin Haji Isa
プラシット・ガンチャナワット　Prasit Kanchanawat	ヘム・パンラシイ　Hem Panrasy
プラソン　Prasong	ペラエス、E.　Pelaez, Emanuel
プラチュアップ　Prachuap	ベラノ、F.　Verano, Felixberto
プラパート・チャルサティエン　Praphas Charusathien	ペルディセス、L.C.　Perdices, Luis C.
プラマーン　Praman	ヘン・サムリン　Heng Samrin
プラムアン　Pramuan	ヘンソン、M.R.　Henson, Maria Rosa
O・ブリャンテス　Brilliantes, O	ヘンドラニングラット、ルクミト　Hendraningrat, Rukmito
プリンス・モニポン　Prince Monipong	ペン・ヌート　Penn Nouth
プリンス・モニレット　Prince Monireth	ホセ、E.　Jose, Eflem
プリンス・ラナリット　Prince Ranarith	ホー、チ・ミン　Ho Chi Minh
フレク・フオウン　Plek Huon	ポック・ティエウン　Pok Te Eang
フレディー・アギラー　Freddie Aguilar	ポット・サーラシン　Phot Sarasin
プレーム・ティンスラノン　Prem Tinsulanond	ボー、ドン・ザン　Vo Dong Dan
プーン　Phoun, Sipraseuth	ポハン　Pohan, E.S.
プンギラン・アナック・プティ　Pengiran Anak Putih	ボー、バン・キエト　Vo Van Kiet
プンギラン・ハジ・イドリス　Pengiran Haji Idris	ボー・バン・スン　Vo Van Xuan
プンギラン・ハジ・ユソフ　Pengiran Haji Yusof	ボ・プルン　Pho Proeung
プンギラン・バーリン　Pengiran Haji Bahrin	ボルハ、J.C.　Borja, Jacinto C.
プンギラン・マイディン　Pengiran Maidin	ホルブルック　Holbrooke, Richard

ポル・ポト（サロト・サル）　Pol Pot (Saloth Sar)
ポーレー，E.　Pauley, Edwin W.
ホン・スイセン　Hon Sui Sen

マ行

マイケル・アリス　Aris, Michael
マイ、チ・トー　Mai Chi Tho
マウン・シュエ　Maung Shwe
マウン・チョウ　Maung Cho
L．マウントバッテン　Mountbatten, Louis
マウン・マウン　Maung Maung
マウン・マウン・カ　Maung Maung Hka
マーカット　Marquat, William F.
マカパガル、D.　Macapagal, Diosdado
マグサイサイ、R.　Magsaysay, Ramon
マクドナルド　MacDonald, Malcolm
マジッド　Majid
マセダ、J.　Maceda, Jose
マッカーサー，D.　MacArthur, Douglas
マッコイ、F　Macky, F.
マハティール　Mahathir bin Mohamad
D・マペソ　Mapeso, D.
マニカヴァサガム　Manickavasagam, M
マライ・ユヌス　Malai Yunus
マリアム　Peniran Isteri Hajah Mariam
マリアム、ハッジャ　Hajah Mariam
マリア・ロサ・ヘンソン　Maria Rosa Henson
マルコス、F.E.　Marcos, Ferdinand E.
マルコス、M.　Marcos, Mariano
マルコス、イメルダ　Marcos, Imelda R.
マルセリーノ、J.　Marcelino, Jose
マルタディナタ　Martadinata
マールット　Marut
マングラプス、R.　Manglapus, Raul
マンスフィールド　Mansfield, Michhael J.
ミコヤン　Mikoyan, A.L.
ミャ・テイン　Mya Thein
ミャ・マウン　Mya Maung
ミャ・ミャ・ウィン　Mya Mya Win
ムサ・イタム　Musa bin Hitam
ムルダニ　Murdani
ムルサリン　Mulsarin
メス・チャン・リープ　Meas Chan Rip
メレンシオ、J.P.　Melencio, Jose P.
メンデス、M.　Mendez, Mauro
毛沢東（もうたくとう）　Mao Tse-tung
モニク　Monique
モニポン　Monipong
モニレット　Monireth
モハマッド・アリ　Dato Haji Mohammad Ali
モハメッド・ボルキア　Pengiran Muda Mahamed Bolkiah
モフタル　Kusumaatmaji, Mochtar
モレノ、R.　Moreno, Ruby
モロー　Morrow
モントリー　Montri

ヤ行

ヤニ　Yani, Ahmad
ヤミン、ムハマッド　Yamin, Mohammad
ユスフ　Yusuf
ユスフ・ハッサン　Yusuf Hassan
ユスフ・ラムリ　Ramly, Yusuf
ユーチェンコ、A.T.　Yuchengco, Alfonso T.
ユドノ・スンボノ　Sumbono, Yudono
ユラ・プルカサ、ハジ　Pengiran Haji Yura Purkasa
ヨガ・スガマ　Yoga Sugama
ヨギ・スパルディ　Yogi Soepardi
ヨー・チュウトン　Yeo Cheow Tong
ヨハン　Johan
ヨンユット　Yongyut

ラ行

ラウレル、J.B.　Laurel Jose B.
ラウレル、J.P.　Laurel, Jose P.
ラウレル、J.3世　Laurel, Jose S, 3rd
ラウレル、S.　Laurel, Salvador H.
ラザク　Abdul Razak bin Datuk Hussein, Tun
ラザック　Razak
ラザリィ　Tengku Razaleigh bin Hamzah
ラジャラトナム　Rajaratnam
ラスク　Rusk, Dean
ラディウス・プラウィロ　Prawiro, Radius
ラニエル　Ranel
ラヌーサ、C.　Lanuza, Cesar
ラネ　Lane, Pathammavong
ラフィダ・アジズ　Rafidah binti Aziz
ラフマッド・サレー　Saleh, Rachmt
ラフマン・アブドゥル　Abdul Rahman bin Abdul
ラフマン・タリブ　Abdul Rahman bin Talib
ラフマン　Tengku Abdul Rahman
ラモス、F.V.　Ramos, Fidel V.
ラヤ、J.　Laya, Jaime
ラングレー、J.　Langley, James
ランパイパニー　Ramphaiphanni
リー・クアンユー　Lee Kuan Yew
リー・クンチョイ　Lee Khoon Choy
リサール、ホセ　Rizal, Jose
リー・シェンロン　Lee Hsien Loong
リッジウェイ　Ridgway, M.B.
リー・ティアンケン　Lee Tiang Kheng
リー・ハウシク　Lee Hau Shic, Tun Sir
リム　Lim
リム・キムサン　Lim Kim San
リム・スイアン　Lim Swee Aun
リム・ユウホク　Lim Yew Hock
ルイス、ウィスベル　Loeis, Wisber
ルシアー・サルジョノ　Sardjojono, Rusiah
ルディニ　Rudini
レイ・マウン　Lay Maung
レ、クアン・ダオ　Le Quang Dao
レ、ズアン　Le Duan

レ、ディン・タム　Le Dihn Tam
レ、ドク・アイン　Le Duc Anh
レ、バン・タム　Le Van Tam
レ、マイ　Le Mai
レン・ゲット　Leng Ngeth
ロイ・シム・チアン　Loy Sim Chheang
ロイヤル、K.　Royal, Kenneth
ロカナサン　Lokanathan, Palamadai S.
ロドリゲス、F.　Rodriguez, Felimon
ロハス、M.　Roxas, Manuel A.
ロハス、R.　Roxas, Regelio
ロバートソン　Robertson, Walter S.
ロペス、F.　Lopez, Fernando
ロムロ、C.P.　Romulo, Carlos P.
ロン・ノル　Lon Nol
ロン・ボレ　Lon Boret

ワ行

ワチラロンコン　Wachiralongkon
ワン・ワイタヤコン　Wan Waithayakon

人　名　索　引

索引の見方　年―月―国別略語の順
（J日本　Vベトナム　Cカンボジア　Lラオス　Tタイ　Bビルマ　Mマレーシア　Sシンガポール　Iインドネシア　Brブルネイ　Pフィリピン）

［日本人］

あ 行

愛知　揆一	54-5J　69-2J　69-4J　69-4T　70-3J　70-4J　70-5J　70-5C　70-6C　70-6J　70-6T　70-5I　70-8J　71-5J　71-12I　72-10I　72-10M
青木　正久	72-10J　72-10L
青木　盛夫	67-12V
赤城　宗徳	65-5I
明石　康	92-1C　92-3C　92-4C　92-6C　92-7C　92-8C　93-1C　93-4C　93-5C　93-6C　93-7C　93-9C
赤津　勇一	51-3P
秋篠宮御夫妻	90-7Br　92-9T　92-11T　95-9T
秋田　大助	67-3I
明仁皇太子（天皇）	62-1I　90-11V
秋山　和慶	94-11Br
浅井　基文	80-8C
浅尾　吉昭	89-3L　89-5L　89-3T　89-9T
浅尾新一郎	85-5V
朝海浩一郎	56-8P　56-9P　68-2J
飛鳥田一雄	77-11L　77-11V
阿曽村邦明	91-1V
我孫子藤吉	81-6I
安倍　勲	70-7J　79-2J
安倍晋太郎	83-1J　83-3B　83-3J　83-6C　83-6J　83-6L　83-6T　84-1I　84-1J　84-4C　84-4V　84-5C　84-7B　84-7I　84-7J　84-7T　85-2J　85-6C　85-7C　85-7J　85-7T　85-9L　86-2P　86-6J　86-6T　86-6P　86-8T
アマノキヨツグ	93-9Br
礼　宮	85-8T　87-8T　89-7T
鮎川　義介	56-6I　57-10I
新井　弘一	92-4P
荒船清十郎	65-8I
有田　圭輔	76-2V　77-3J　77-4I　86-2P
有田　武夫	82-8M
淡路　恵子	55-12P
安西　邦夫	88-3Br
安西　浩	85-2Br　90-4Br
安藤　茂美	90-6L　92-10L
飯野	64-10I
井口　貞夫	51-9I
池田　勇人	51-9J　52-5J　58-10J　60-9J　61-1J　61-11T　61-11B　61-11J　61-12J　62-8L　63-9I　63-9P　64-1I　64-5V　64-6J
池田　維	89-8C　92-8C
石射猪太郎	45-8B　51-9J　52-5J
石井　喬	56-4C
石井　一	81-9C　81-9V
石井光次郎	57-10J　69-9I
石川　潔	71-2B
石川　要三	90-5T
石川　六郎	88-4P　92-9P
石坂　泰三	52-6J　56-2J
石田幸四郎	92-5J
石田　武雄	75-1B　76-1B
石橋　湛山	55-10J
石原　周夫	77-4I　79-11B
石牟礼道子	73-8P
和泉　覚	66-2I
伊関祐二郎	61-1J
板垣征四郎	45-4S

281

板垣　　修	57-10I　62-6P	
一井　秀男	56-8C	
市川　　忍	64-10J	
市川　房枝	74-8P　74-8P	
市川　雄一	94-2J	
市来　龍夫	49-1I　58-2I　58-5I	
一万田尚登	55-4T　56-8C　56-9J　57-9J　58-2J　59-9J　59-10I　59-10J	
伊藤　武雄	58-7P	
テッドイトー（伊藤哲司）	90-12P	
伊東　正義	80-7J　80-8B　80-8J　80-8T　80-9J　80-10J　80-11J　81-1I　81-1S　81-1V　81-4B　81-4V　85-12P	
稲垣　実男	83-8B　83-9B	
稲垣平太郎	52-8J　53-8B　54-12B	
稲村　利幸	87-8T	
稲山　嘉寛	85-1J　85-1S　85-2J　85-2P	
犬丸　　直	73-4B	
井上　一成	88-2P	
井上　一哉	92-1B	
井上吉三郎	73-4V	
井上　四郎	72-11V	
今川　幸雄	75-10V　90-8C　91-2C　91-9C　92-3C　92-4C　93-7C	
今澄　　勇	59-2I	
岩崎　　玄	76-1P	
岩崎　純三	92-4T	
岩田　嘉男	54-3I	
岩動　道行	84-4I	

岩村　　忍	71-11I	
岩村　　昇	93-8P	
上田　常光	66-4S	
植村甲午郎	55-1C　56-3J　56-3V　57-12V　58-3V	
牛場　信彦	67-8I　67-8J　78-7I　78-7T	
後宮　虎郎	63-10M　68-4T	
内田　富夫	73-4V	
内山岩太郎	56-2P	
宇都宮徳馬	65-5I	
宇野　宗佑	61-8J　88-4B　88-5I　88-5S　88-7J　88-7T　88-8C　88-9V　88-10V　89-1C　89-5Br	
卜部　敏男	54-5P　56-4P　56-7P　69-12P	
江口　朴郎	74-6L	
江崎　真澄	82-7M　82-7P　82-9I　83-8Br　83-8S　84-2Br	
江畑　朔弥	47-7T	
枝村　純郎	77-7J　87-11I	
衛藤　瀋吉	73-4B	
江森　盛久	72-8J	
黄田多喜夫	50-5J　58-7I　60-8I	
大内　啓伍	93-10B	
大内　兵衛	65-4V	
大江　　晃	59-4T　62-1T	
大川　美雄	83-1P	
大来佐武郎	52-12J　70-8P　72-11J　80-5J　80-6J　80-6V　83-4I　85-12T　87-5P　91-10V	
大沢　　清	84-7P	

大慈弥嘉久	72-1P
太田　一郎	52-11T　55-10L
大鷹　市郎	87-11Br
大鷹　　弘	78-1I　87-4B　88-10B　89-2B　89-4B
太田　昌秀	94-4P
太田　靖之	95-10P
大西　正治	87-4I
大野　勝巳	52-6I　53-11P　54-1P　54-4P　65-4T
大野　　徹	79-3B
大橋　忠一	59-9C
大平　正芳	62-7L　62-8L　63-1B　64-1I　72-12V　73-1V　73-2J　73-3J　73-4J　73-5J　73-6V　73-11V　74-4L　79-1T　79-3J　79-5J　79-5P　79-12P　79-12V　80-6B　80-7B　80-7C　80-7I　80-7P
大森　一樹	95-10P
大森　敬治	95-9J
大森　誠一	74-9L　74-9L
大宅　壮一	67-6I
岡崎　勝男	52-3P　52-12P　53-7I　53-9J　53-10B　54-1J　54-2I　54-8B　54-8J　54-11B
岡崎　久彦	88-11T
小笠　公韶	65-1I
岡田　　晃	71-6V
緒方　貞子	90-11B　93-7B
緒方　信一	58-8S
緒方　竹虎	52-5I　52-5J　52-5S　52-6J
岡田　春夫	74-2J　83-8I
岡部　長景	54-4P

岡村　昭彦	65-4V		加川　隆明	61-5C		河辺虎四郎	45-8P
岡本　三夫	93-8P		柿沢　弘冶	92-1Br 92-3C 92-3J 92-7B 92-9T		川村　知也	84-8Br 85-5Br 87-1Br 87-7Br 90
小川　平二	82-10M			93-4L 93-3B 93-10B　94-6B 94-11B			-4B
小川平四郎	75-10C		鹿島守之助	61-4J		川本　邦衛	76-3J
小木曽本雄	80-1T		柏井　秋久	70-11Br　77-3B		瓦　　　力	88-6I 88-6J
荻原　弘明	72-11B		粕谷　孝夫	64-10T　66-4J		菅　　直人	93-9B 93-9L
奥田　敬和	85-10V		加瀬　俊一	55-4I　56-6J		菅野和太郎	59-11J
奥田　新三	58-8I		片岡　　秋	59-6C		木内　四郎	72-3J
小倉　和夫	94-8V　95-1V		片山	65-6J		木内　昭胤	83-4Br 86-2T　94-10V
小沢　辰男	81-4B　82-9B　91-5B　94-7B		勝間田清一	51-12J　65-4I		木川田一隆	67-9J
小高　文直	81-12L		加藤　紘一	92-7I 92-7J　93-9B		菊池　輝武	79-6I
小田　静穂	54-3I		加藤登紀子	78-9P		岸　　信介	57-4J 57-4S 57-5B 57-5C 57-5J 57-
小田部謙一	86-1B		加藤　万吉	65-5V			5T 57-6J 57-6T 57-7I 57-8J 57-9I
小田　　実	65-4V		鹿取　泰衛	94-2P			57-10I 57-11C 57-11I 57-11J 57-11L
小野　草水	61-10J		金勢さき子	58-11I　59-9I			57-11M 57-11V 57-12P　58-1J 58-3
小野田寛夫	51-3P　72-11J　74-2P　74-3P　74-10P		金子　一平	79-5J　79-5T			L 58-1I 58-6J 58-12J 59-1V 59-3C
小野　正昭	95-7B		金田　義男 （金貴河）	66-12C			59-5J 59-9J　65-12P　68-12P　69-6 P 69-7P 78-11I
小山　一平	91-5S		金丸　　信	91-4T			
小和田　恒	90-4V　95-11B		加納　久朗	56-3I		北嶋千代吉	69-3I
恩田　　宗	94-1T		鎌田　英夫	86-3P		衣笠　駿雄	72-3J 72-3V
			亀井　静香	94-11B		木下　　茂	58-2I
## か　行			亀井	81-6C		木村　武雄	65-8M　69-1I　71-8I　73-2I 2J　74- 8I
			亀岡　高夫	81-1I 81-1S 81-8B			
海原　　峻	67-6V		河合　良成	62-4V		木村　俊夫	77-9J
海部　俊樹	89-11L 89-12P　90-4T 90-5I 90-5J		川喜田二郎	84-8P		吉良　秀通	77-1I
	90-9I 90-9J 90-10V 90-11T 90-12J		川崎　寛治	72-5J		桐生　　稔	92-7B
	91-3C 91-4Br 91-4J 91-4M 91-4T		川島正次郎	64-4I 64-4J　65-3I 65-4T 65-4I 65- 4M 65-8I 65-9B 65-11I		楠　　政俊	81-2C
	91-5M 91-5P 91-5S 92-6P					国広　道彦	90-2I
甲斐文比古	52-10I　53-10I		川端　正雄	53-5J		久保田貫一郎	58-5V
加賀屋秀忍	49-10P　73-10C					久保田真司	93-1V

久保田　豊	58-7V		小杉　　隆	94-11B	佐々木更三	65-4V
熊谷　　弘	93-10J		小杉　　真	51-8J	佐々木利敦	91-10Br
熊田　　徹	88-11B		小滝　　彬	54-2I	佐々木　直	72-4J
倉石　忠雄	74-6J		小塚　金七	72-10P	佐々木義武	80-1J　80-1S
倉成　　正	63-9J　77-4T　86-10V　87-6J　87-9		後藤　利雄	85-7V　90-11P	佐藤　正二	78-6C　78-9C
	V　87-8T　88-1B		後藤　光三	51-12P	佐藤　栄作	64-11I　65-1I　65-1J　65-4J　65-4L　65
栗野　　鳳	73-11C　86-3C		五島　　昇	73-10P		-4M　65-4V　65-5V　65-8M　65-8V　65
黒木　　博	74-8P　74-8P		小西　英雄	57-2P		-9V　66-1V　66-4L　67-3S　67-5M
黒沢　　明	65-8P		小林　　中	52-6J　57-8J　57-8T　57-9S　57-10I		67-8C　67-9B　67-9C　67-9J　67-9L　67
黒田音四郎	73-4B			57-11I　57-12I　58-2I　59-5J　62-6J		-9M　67-9S　67-9T　67-10I　67-10J　67
黒柳　　明	86-3J		小林　良正	49-2I		-10P　67-10V　67-11V　67-12I　68-5T
小泉　文雄	92-3P		近藤　鉄雄	78-7B		68-12V　69-9I　70-5J　72-5V　75-6
皇　　　后	56-4C					P　59-9J
（昭和）			**さ　行**		佐藤　邦夫	85-10I
向後　元彦	95-6V				佐藤　信英	78-4I
功刀　達朗	84-8C　85-4C　85-11C		斉藤英四郎	89-5P	佐藤　尚武	50-10J　58-8I
皇太子夫妻	70-6T		斎藤　邦吉	74-3J	沢木　正男	74-9P　74-9P　80-2I
皇太子妃美智子殿下	85-9Br		斉藤　邦彦	91-12B	沢田　教一	65-12V　66-5V　70-10c
河野　一郎	55-7J　57-11J　58-8J		斉藤　　玄	64-11V	椎名悦三郎	64-9I　64-9L　64-10I　64-11J　64-12J
河野　雅治	89-10B		斎藤　鎮男	64-9I　65-11I　65-12I		65-2J　65-7J　66-6J　66-10I　66-10J
河野　洋平	94-7T　94-10B　95-2L　95-7B　95-7Br		斉藤　　昇			66-10T　61-4T
	95-8C　95-8T		崔　　洋一	94-1P	志賀　　節	79-3J
河本　敏夫	75-4T　78-4J　78-5I　78-5M　78-5S		坂井　弘臣	95-10L	鹿江　　隆	56-6Br
	78-9J　78-9T		坂田　道太	75-4J	重光　　葵	45-3T　45-8B　54-12I　55-4T
小金　義照	53-5J　53-8J		坂本三十次	84-9I　84-9J　84-9S　84-9T　90-2T	始関　伊平	82-9I　82-10M　82-10S
国府　弘子	93-9Br		桜井　　新	93-9B	篠崎　　護	51-1S　51-8M
古在　由重	72-2V		桜内　義雄	74-5V　74-5V　80-10V　82-6J　82-6	篠原　勝弘	92-3C
小坂善太郎	60-8I　60-9I　60-9J　61-1B　61-4T　61			M　82-6S　82-10L　85-1V　86-10L	渋沢　信一	56-3L　56-5T　56-12L　57-8T　58-1T
	-11B　61-11J　62-6J　70-7J　76-11B			88-6C　88-6L　88-6V　91-7V		59-9L
	86-11P　87-11P		笹川　良一	80-8P	島田　庄一	54-5P

島津　久大	63-1T		-7J 81-9J	田沢　喜一	93-3P
嶋本啓三郎	71-2L	染井　新一	86-2J 86-2P	田島　高志	93-5B
志村	81-2C			多田　敏孝	79-5C 84-11L 85-1L 85-7L
下田　吉人	67-7L 68-11L 70-1L 70-2L		た　行	橘　　正則	89-11Br
下田　武三	66-3J			橘　　正忠	80-11B 83-10T 85-8T 85-12T
昭和天皇	45-8J 53-12P 89-1T 52-12P	高木　広一	57-6I 58-4I	田中伊三次	73-3J
白石　代吾	60-12C	高碕達之助	52-6J 55-4I 55-4J 56-5P 56-8C	田中　栄一	71-7J 71-7P
白柳　誠一	95-2P		56-12C 57-7P 58-8J 59-5J	田中　角栄	72-8J 73-1J 73-2I 73-5B 73-9L 73
神保　信彦	52-2P	高島　益郎	75-5J		-11B 73-12T 74-1I 74-1M 74-1P
菅沼　　潔	73-8L 75-12L	高杉　晋一	68-9I 70-2I		74-1S 74-1T 74-1V 74-11B 81-4B
杉井　　満	81-1B	高田　勝善	55-1C	田中　清明	90-1M
杉浦　　徳	71-1C	高田　晴行	93-5C	田中　竜夫	77-9T
鈴木　一弘	66-2I	高野　　功	79-3V	田中　常雄	88-3P 95-7P
鈴木　敬司	81-4B	高橋　　彰	86-11P	田中　秀穂	80-1P 82-9P
鈴木　俊一	90-4J 90-4I	高橋　武智	67-6V	田中　弘人	63-8S 72-8I
鈴木　善幸	74-3P 74-3P 80-10I 80-10V 80-11	高原須美子	90-1T	田中　六助	80-9B 80-9M 80-9J 80-9T 80-11S
	V 80-12J 81-1I 81-1J 81-1M 81-1	高円宮	92-2T		81-4B
	P 81-1S 81-1T 81-1V 81-4B 82-7	高山　右近	77-11P 95-2P	田辺　　誠	92-1J
	M 83-7J 83-7T 85-9I 85-8J 85-8	田口	77-7T	谷　　盛規	70-11L
	M 90-2P	竹内　春海	65-2P	谷野作太郎	90-2V 92-7C
鈴木　　孝	70-2B	竹下　　登	61-8J 83-5M 86-4P 87-11Br 87-	谷　　正之	55-4I 58-8I
鈴木みさを	81-4B		12C 87-12I 87-12J 87-12P 88-3L	高橋　八郎	81-1B
砂田　重民	78-6J 78-6T		88-4B 88-8C 88-10M 89-2T 89-3T	田村　幸久	64-7C
須之部量三	73-12I 76-12I 83-4J 90-2I 90-2J		89-4I 89-4J 89-4T 89-5M 89-5P 89	田村　　豊	64-5C
角谷　　清	85-9P 86-2P		-5T 89-5V	田村　　元	87-1T 88-7P
平成天皇皇后	91-9J 91-9M 91-9T 91-10I 91-10J	武田　　実	78-10L 90-11L	秩父宮妃	85-3T
瀬木　博基	80-5C	竹田　和弘	89-9J	塚本　三郎	77-9I 86-3J
関守　三郎	67-6T	竹中　繁雄	87-1C	塚本　政雄	83-11B
園田　　直	78-6J 78-6T 78-12V 79-3J 79-2V	武村　正義	95-1M 95-4J	津島　寿一	52-1I 52-1P
	79-3V 79-7I 79-7J 79-7V 81-6P 81	竹山　道雄	48-10B 72-3B	土屋　　隼	61-3P

土屋　義彦	94-10B			-4J 83-5Br 83-5M 83-5P 83-5S 83-	西嶋　重忠	49-2I 53-3I 56-6I 57-10I 58-2I
堤　　功一	84-3V 86-7V			5T 84-4Br 84-5C 84-5J 84-7B 84-		58-5I 85-10I 91-5I 91-5J
鶴見　清彦	57-6I			8T 84-10M 84-12J 85-3J 85-6C 85	西堀　正弘	81-10J
寺内　寿一	45-8I 45-8V 46-6M			-7T 85-8M 85-11P 86-4S 86-6P 86	西村　英一	73-9T
寺島	90-10C			-9B 86-10M 87-9T	西銘　順治	78-7I
土井たか子	87-10J 90-12B	中田　厚仁	93-4C		西本三十二	69-8P
土井　正治	71-3P	中谷　義男	58-2I		西山　　昭	67-1I 67-2I 67-4I 67-5I 74-8V 74
東畑　精一	55-7J 58-12I 68-8P 59-5J	永田　雅之	53-7S			-8V
東家　嘉幸	92-6L 92-6T 92-7T 95-11L	永野　茂門	78-11S		二宮　　謙	52-10S
徳川　頼貞	47-7P	永野　　護	61-2P		沼田多稼蔵	45-8B
徳永　正利	81-7I 81-7J		75-4V		根本七保子	
土光　敏夫	68-1I 77-7J	中村　輝夫	74-12I 74-12I		（ラトゥ・デヴイ・スカルノを参照）	
登坂重次郎	66-8J	中村　輝彦	70-12C		根本竜太郎	52-4S
戸崎　誠喜	87-11J	中村　晴彦	93-9V		野坂　参三	79-7L
豊島　　中	58-11I	中村　泰夫	91-12Br		紀宮	94-11T
豊田章一郎	95-2J 95-2V 95-4P 95-6Br	中森　勤重	65-5V		野呂　恭一	78-7I
		中山伊知郎	61-4P			
な 行		中山　太郎	89-8C 90-1J 90-1M 90-1T 90-3C		**は 行**	
			90-7I 90-7J 90-8J 90-8L 90-8T 90-			
内藤ジュアン	90-11P		8T 90-9P 91-6I 91-6J 91-6V 91-7J		芳賀　四郎	61-6C
中井　　奥	94-6B		91-10B 91-11L 92-11L		袴田　里見	65-5I
永井　重信	94-1Br	中山　賀博	67-6V		萩尾　行利	82-5P 95-6P
永井幸太郎	48-11J	中山　素平	65-1J 65-2S		橋本　恵之	90-1M
中尾　栄一	91-8S 8T	那須　　皓	67-8P		橋本　　恕	83-3J 83-12V
中川　一郎	81-7I	楢橋　　渡	69-8I		橋本龍太郎	90-5T 91-10T 94-9T 94-11J 95-
中川　　融	52-10P	成田　知巳	70-9V 71-11J			8I 95-8J
永田　敏生	74-11J	新納　克巳	46-2T		橋本　龍伍	53-1I
永積　　昭	86-2J	西尾　　哲	93-2V		蓮見　幸雄	61-12L 64-1L
中曽根康弘	73-1T 73-1V 77-9I 77-9J 82-11J	西垣　　昭	92-11V		長谷川周重	82-8S
	82-12J 83-1J 83-2J 83-3J 83-4I 83	西沢　富夫	65-5I 79-7C		長谷川孝昭	76-3V

畠山　襄	95-5L	浩宮殿下	80-80T　85-9Br　87-3T　87-11Br	平成天皇	90-11P　91-9I
羽田　孜	93-9J 93-9T 93-10B 93-10L	深田　祐介	71-11P	別府　節弥	59-2L
鳩山威一郎	77-5J　77-8J	福岡　正信	89-8P	坊　秀男	77-4J
鳩山　一郎	55-3P　56-3P　56-1I	福島　譲二	90-1T	細川　護煕	93-8J
鳩山由紀夫	94-11B	福島	82-1C	細見　卓	83-2B　83-3B
英　正道	75-6J	福田　赳夫	64-6J　67-7I　68-9I　69-4I　69-4J	本間　雅晴	46-4P
花森　安治	72-8P		70-8C　71-4S　72-4V　72-5I　74-4J		
羽生　三七	71-3J		77-3J　77-4I　77-5S　77-7J　77-8B　77-8		ま　行
浜口　雄彦	52-11I		I 77-8J　77-8M　77-8T　77-8P　77-8S		
浜野　剛	87-1B		78-2J　78-9T　79-7J　79-7P　79-7T	前尾繁三郎	74-9I　74-9I
早川　照男	87-6L　88-5L		81-4B　81-9I　81-9J　82-1P　82-8S	前田　勲男	95-5T
林　馨	58-7V		86-9T　87-2T　87-8I　90-10T　95-7	前田　憲作	63-3S
林　敬三	59-11P		P	前田　精	45-8I　58-2I　63-7I　77-12I　85-8I
原田　憲	91-7L	福田　博	94-12V	牧野　隆守	89-3L 3T
原田　正春	79-3B	福田　康夫	95-11B	正木　千冬	72-12V
春名　和雄	94-6B	福永　健司	53-7J	正森　成二	86-3J
ハルン和子	92-2Br	藤井　崇治	59-9J	真島　一男	95-5J
東　澄夫	85-10I	藤井　宏昭	92-6T	増田甲子七	68-2I
久野　忠治	73-4J	藤尾　正行	85-3J　85-5J　85-5T　85-8J	股野　景親	86-11V
常陸宮夫妻	88-1T	藤崎　万里	72-2T	松尾泰一郎	78-10J　78-10P
人見　宏	76-2T	藤田　公郎	86-3P　87-8V　87-9V　87-10L　92-10	松沢　達雄	58-9I　64-7I
平井　勇	57-9M		I	松谷	67-7V
平井　卓志	87-10Br	藤山愛一郎	54-4J　54-5I　56-3P　57-9J　57-10I	松田　慶文	94-3P
平岩　外四	91-12T		58-1I　58-8J　59-3C　59-4B　59-5C　59	松永　信雄	84-4L　94-2J　94-2I
平賀　豊英	61-11J		-5J　59-5L　59-5V　60-2J	松永　光	85-7J
平田　豊	65-7T	船田　中	56-5J	松永安左衛門	54-4I　56-6I　57-6I　58-2I
平野義太郎	54-6V　64-11V	船田　元	90-7L	松野　頼三	66-11J　66-10L
平原　定志	83-11T	古内　広雄	62-11I	松原	89-4Br
平松　守彦	95-8P	古川　義三	49-7P	松本　重治	80-8P
広川　弘禅	52-7J	不破　哲三	84-9C　84-9V　95-4V	松本　十郎	80-3T

丸山　修	87-6P	
丸目　静雄	92-4I 92-4J	
三浦　朱門	73-4B	
御巫　清尚	77-6P 80-3J	
三木　行治	64-8P	
三木　武夫	56-1I 63-11J 67-1J 67-4J 67-4P	
	67-8C 67-9V 68-3J 68-4S 68-5T	
	68-7J 70-6I 74-12I 74-12I 76-1J	
	76-2J 76-11B 81-4B 84-5I 84-5J	
	84-5S 84-5T	
水島　理志	88-4Br	
水田三喜男	67-10I	
水野　清	73-10L	
水野　文雄	90-5P 90-8P	
三塚　博	89-7Br 89-7C 89-7J 89-7S	
峯　弘道	68-3V	
三原　朝雄	83-8P	
三村　起一	59-8I	
宮入　正人	62-5Br 62-12Br	
三宅　和助	72-1V 72-2V 72-4V 73-4V 79-6J	
	79-1V 90-3C	
宮沢　喜一	71-4J 73-4B 74-12I 74-12L 74-	
	12I 74-12L 75-3J 75-4J 75-4V 75-	
	5J 75-5V 81-1C 91-6I 91-6J 91-6	
	T 91-12I 91-12J 91-12M 92-1L 92	
	-4B 92-4I 92-9I 92-9J 92-9T 92-11	
	B 92-11B 93-1Br 93-1I 93-1J 93-1	
	M 93-1V 93-1T 93-1T 93-2P 93-5J	
	93-7C 93-7I 93-7J	
宮谷　勇	56-10M	

宮原　武雄	52-4T 53-6T	
宮本　顕治	64-9I 71-8J 79-7J	
宮本　太郎	81-1C	
三好俊吉郎	82-10I 54-3I	
武藤　嘉文	93-4J 93-5B 93-7J	
武藤　利昭	85-1I	
村井　資長	74-8I	
村田敬次郎	85-1S 85-8I 85-8J 85-8M	
村田　秀三	78-7I	
村田　省蔵	51-7P 54-4P 54-6P 56-8P	
村山　富市	94-8J 94-8M 94-8P 94-8S 94-8V 94	
	-10I 94-10J 95-5I 95-6L 95-8I 95-	
	8M	
毛利　晃	84-12I	
本野　盛幸	73-7L	
森川　金寿	66-11V 67-4V 74-10V 74-10V	
盛田　昭夫	73-4B	
森　敬湖	46-10M	
森永貞一郎	60-3B 71-1J 71-1P 75-4J	
森山　真弓	93-4J 93-5T	
森　喜朗	93-5J 93-5Br 93-5I	

や　行

八木　正男	69-1I 70-4I	
矢口　麓蔵	56-2C	
谷沢　竜次	52-9S	
安川　壮	67-4P 79-6J	
矢田部厚彦	81-11V 82-9V	
矢野　泰男	76-7L	

山口　敏夫	89-12P	
山口　正義	51-9P	
山崎　拓	90-11I 90-11J 92-5V	
山崎　敏夫	82-5I	
山下　孝三	93-1V	
山下新太郎	86-5C 87-1C	
山下　太郎	57-12I	
山下　奉文	45-9P 45-10P 95-9P	
山田　正雄	70-5I	
山田　元八	92-5B	
山根　良人	76-4L 82-7L	
山本　熊一	46-5T	
屋良　朝苗	68-12V	
湯浅　克孝	65-5V	
湯川　盛夫	57-6P	
湯下　博之	91-3V	
横田　洋三	91-10B 92-12B 93-11B 94-2B 94	
	-11B 95-3B 95-6B 95-7B 95-10B	
横山　正幸	66-2J	
横山	66-4C	
吉岡　範武	53-11C 54-5C 54-12C 55-2C 56-	
	11C 57-11C 67-9C	
吉川　紀彦	60-12L	
吉住留五郎	58-2I 58-5I	
吉田　健三	73-1J 73-1V	
吉田　重信	90-9Br 93-12Br	
吉田　茂	51-2P 52-1J 52-4S 52-9J 52-12P	
	53-1I 53-5J 53-7J 54-11J 54-11P	
	59-10I 59-11J	
吉田太郎一	79-3B	

吉野　文大	76-1J

ら・わ 行

力石健次郎	67-10C
若王子信行	86-11P　87-3P　88-9P
若月　俊一	76-8P
脇坂　智子	90-4Br
倭島　英二	52-12P　53-1I 53-1J　54-1I　56-9I
	57-4I
鷲見　　正	87-10Br　92-7Br
和田　周作	64-6L
和田　博雄	65-4V
和田　雅夫	93-1L　94-3L
渡辺	67-9I
渡部　恒三	92-3V　92-9M　92-9T　92-10I　92-10J
渡辺　泰造	94-7I
渡辺　　武	65-6J　66-11J 66-12P　70-4J
渡辺はま子	52-12P
渡辺美智雄	82-4I　86-8I　90-8B　91-3P　91-11M
	91-11V　92-3V　92-4I　92-4J 92-5V
	92-10M　94-10C 94-10V　95-4V
綿貫　民輔	90-8J 90-8T
渡部	58-10J

[外国人]

ローマ字表記は巻末を参照

ア 行

アイゼンハワー	54-11J 54-11T
アイディット、D.N.	63-11I 64-9I 65-2I
アウン・サン	47-1B 47-4B 48-5B 73-1B 81-1B 81-2B 81-4B 83-10B
アウン・サン・スー・チー	88-8B 88-9B 89-7B 90-8B 91-10B 91-12B 95-3B 95-6B 95-7B 95-10B 95-11B
アウン・ヂー	63-1B 63-2B 88-5B
アウン・チョオ・ミン	86-2B
アキノ、B.	83-8P 84-2P 3P 88-8P 89-2P
アキノ、B.Jr.	72-9P
アキノ、C.	86-2J 86-2P 86-3P 86-4P 86-5P 86-8P 86-9P 86-11P 87-4P 87-7P 87-12P 88-5P 89-2P 89-7P 89-12P 90-4P 90-10P 90-11P 91-3P 91-6P 91-11P 92-4P
アグラバ、C.J.	84-2P
アザハリ	62-12Br
アジャム、ジャマナル	
アシャリ、ダヌディルジョ	69-2I
アスピラス、J.D.	73-8P 77-7P
アスマウン	58-7I
アズラン・シャー	90-11M
アダム・マリク	56-8I 64-7I 64-10I 64-11I 66-10I 67-3I 67-4I 68-3I 70-1I 70-6C 70-4I 70-10I 70-12I 71-9I 72-5I 74-8I 74-12I 74-8I 74-12I 76-12I 77-9I 79-9I 82-4I 82-12I 83-2I 84-9I
アーチ・N・ブース	61-11J
アチソン、D.G	50-1P 50-5J
アデバ、M.A.	58-7P
アドモハンドヨ	65-5I
アナック・アグン・グデ・アグン	55-8I
アーナット	81-9T
アナン・パンヤラチュン	91-6T 91-12T
アパイウォン	45-3T
アブドゥル・アジス、ハジ	85-10Br
アブ・ハナフィアー、ハジ	90-9Br
	60-10I 63-11I 71-4I
アブドゥル・ラフマン・ラムリ	84-8I
アブドゥル・ラーマン	85-11Br
アブドゥル・ラーマン	84-7Br 85-6Br 93-8Br 94-4Br 95-11Br
アブドゥル・ラフマン・ジャラル	74-1M
アブドゥルラフマン・スルヨミハルジョ	91-5I 91-5J
アブドラー・バダウィ	92-10M
アフマッド・スバルジョ	51-9I 52-5I 57-6I 57-10I
アフリカ、B.	48-9P
アベラ、B.	47-10P
アーマッド・ガザリ、ハジ	85-12Br
アーマッド・タジュディン	47-7Br 50-6Br
アマレート	91-6T
アムヌアイ・ウィラワン	70-1T 80-10T 95-11T
アモン・シリガーヤ	80-9T 81-11T
アラム	79-3T
アラムシャ	68-1I 81-6I 82-10I 85-8I
アラタス、アリ	53-10I 90-6I 90-11I 90-11J 91-7J 92-2I 95-8I
アリ・サストロアミジョヨ	54-7I 61-6I 65-4I
アリ・サディキン	65-6I
アリシャバナ、スタン・タクディル	87-11I
アリフィン・スリアトマジャ	66-11I
アリ・ムルトポ	67-7I 71-9I 84-12I
アリ・ワルダナ	80-5I 86-6I
アン・コクペン	68-5S
アンドリュース	52-7J
アンポン	62-4T
アンワール	94-8M
イウ・コウエス	49-9C
イェー・ガウン	80-7B 80-9B 81-8B 84-7B 86-9B
イエム・サムヴォウル	49-2C 49-9C
イエン・サリ	60-9C 76-1C 79-8C 79-10C 80-7C

イエン・ティリト	80-5C 81-6C 82-4C 83-5C 85-4C	ウィン・ナイン	92-4B	オシアス、C.	52-12P
		ウィン・マウン	78-7B	オマール	47-7Br
イスナエニ	70-10I	ヴェッシー	87-8V	オマール・アリ・サイフディンⅢ世	50-6Br 51-5Br 59-1Br
イスハック、イスカンダル	57-7I 58-5I	ウォン	93-5S		59-3Br 67-10Br 86-9Br
イスマイル	93-10Br	ウォン・カンセン	90-11S	オン・テンチョン	90-5S
イスマイル・サレー	84-1I 90-3J	ウォン・サワン	65-4L 67-11L		
イセット・ボウン・テン	65-8C	ウー・ソオ	46-1B 47-7B 48-5B	カ 行	
イブヌ・ストウォ	58-5I 59-3I	ウタイ	93-7T		
イリ・サスミタアトマジャ	58-2I	ウー・タン(ウ・タント)	74-12B	カイソーン	79-7L 89-10L 89-11L
イワ・クスマ・スマントリ		ウトーン	60-4L 61-1L		92-11L
イン・キエト	93-6C	ウー・ヌ	55-4B 55-7B 57-5B 57- 9B 60-2B 60-4B 69-4B 69-10B 95-2B	カストロ、O.	53-6P
インシー・チャントラサテト	77-5T			カセームサモーソーン	95-8T 95-11T
イン・タム	73-5C			カーター	78-1J
イン・フォト	95-2C	ウボンラタナ	92-7T	ガファール	87-9M 89-9M
イン・フォット	95-2C	ウマルヤディ	66-5I 78-1I 81-11I	ガフル	82-9I
インペリアル、J.F.	53-2P 56-7P	ウー・ルウィン	76-11B	カムシン	90-5L
イン・ユデット	64-4C	エイベル	89-11B 90-4V 90-6V 93-9B	カムタイ	95-2L 95-5L 95-6L
ヴァル・キム・ホン	68-12C			カムパイ	78-10L 82-10L 87-4L
ウイジョヨ	79-6I 80-4I 82-5I	エク・イ・ウゥン	58-1C	カムパン	70-1L 71-4L 87-10L
ウイスナー	92-4P	エミル・サリム		カムヒン	72-9L 72-11L
ウィチットワータカーン	51-12T	エリザベスⅡ世	72-2Br	カムマーオ	56-10L
ウィトウン・ヤサワット	51-7J 51-8J 52-4J 76- 10T	エリサルデ、M.	52-1P 52-11P 53-1P	ガラヤニ	89-10T 90-2T 93-11T
		エルナンデス、J.	54-4P 54-8P	ガリオン	51-8L
ウィトノ・サルサント	76-4I	エンリレ、J.	85-8P 86-2P	ガルシア、C.P.	54-1P 54-4P
ウィナイ	92-12T	オウム・チェアン・グオン	57-6C	ガルシア、D.R.	64-6P
ウィー・モンチェン	73-6S	オゥン・チーアン	51-3C 56-1C	カルタサスミタ、フセイン	84-5I
ウィヨゴ・アトモダルミント	83-10I 90-4J 90-4I	オウン・ヂョオ	89-2B 91-10B 91-12B 92-1B 92-9B 92-10B 93 -10B 94-6B 94-7B 95- 7B 95-7B 95-11B	カルトディルジョ、サルトノ	91-5I
ウィラハディクスマ	71-4I			カングレオン、R.	48-2P
ウィルソン	51-7J 51-8J 52-4J			キィエウ・ヴァン	56-1C
ウィルベル・ルイス	95-1I 95-1J			キイ・ベン・ホン	74-3C

291

ギエム、トゥオク	85-2V	グエン・ザップ	76-6V 79-10V 82-9V		75-4C
ギエム、バ・ドック	62-3V	グエン・ジー・ニエン	87-9V	コーエン、M.M.	51-8P
キーコ、F.	93-3P	グエン・ズイ・チン	59-7V 78-12V	ゴー・ケンスイ	80-2S
キッシンジャー	73-2J 75-5J	グエン・ゾン	60-4V	コサマク	75-4C
ギナンジャール	85-9I 86-10I 86-11I 88	グエン・ダン・ホア	88-6V	コサル・チュム	62-8C
	-9I 89-6I 90-9I 90-9J	グエン・チェン・ヒュー	71-7V	ゴーソン	84-8T 84-10T 85-6T
	95-6I	グエン・チョン・ディエウ	95-3V	ゴー・チョクトン	89-6S 90-11S 93-5S
キム・ティット	56-3C	グエン・ティエン	81-2V 81-4V		95-2S 95-11S
金東祚（キム・ドンチョ）	75-4J	グエン・ティ・ゴク・フォン	92-3V	ゴー・ディン・ジエム	55-10V 57-11V 63-11V
キュウ（キュー）・サムポン	76-1C 76-4C 82-7C 84	グエン・テイ・ビン	87-9V	ゴードン、R.	93-6P
	-4C 91-11C 92-6C 92-	グエン・ディン・チ	83-7V	ゴー・ホクグアン	67-3M
	7C 92-8C 93-4C	グエン・ディン・ティ	70-9V	コン・R.L. ウォン・サニット	55-2C
ギリエゴ、B.	92-9P 95-5P	グエン・ドック・クイ	62-5V	コン・サム・オル	89-8C
キリノ、E.	48-4P 48-9P 49-7P 49-8	グエン・ドック・タム	85-11V	コンセプシオン、J.	88-7P
	P 49-11P 51-3P 51-8P	グエン・ニュー・ヒュー	72-8V	ゴンドクスモ、ジョディ	53-4I
	51-11P 52-11P 53-2P	グエン・バン・イック	84-4V	コン・レー	60-8L
	53-6P 55-5P 56-2P	グエン・バン・チャン	73-11V		
キン・オウン	79-9B	グエン・バン・ヒエウ	80-9V		**サ 行**
キンタナール、R.	90-4P	グエン・バン・リン	86-12V 87-6V 88-7V		
キンテロ、E.	56-9P		90-9C 91-6V	サイスリー・チュティワン	92-10T
キン・ニュン	91-11B 92-7B 93-9B	グエン・フー・ト	90-11V	サイディマン・スルヨハディプロジョ	79-7I
	93-10B 94-9B 94-11B	グエン・マイン・カム	92-10V	ザイナル・アビディン	52-8I
	95-2B 95-4B 95-11B	クネタ、S.	92-7P	ザイニ	87-10Br
キン・マウン・イー	82-3B	クユガン、V.I.	86-3P	サガー・ニンカムヘーン	52-9T
キン・マウン・エイ	82-7B 88-11B	クラセー	95-2T	ザカリア	93-11Br
キン・マウン・ヂー	81-8B 86-1B	クリアンサック・チャマナン	78-6T 78-9T 78-12T 79	サドリ、モハマッド	67-12I 87-11J
クアン	46-2T		-1T	サナン	93-5T
グイ・ニュー・コンツム	72-8V	クリストファー、W	95-8V	サニエル、J.M.	69-1P
グエン・コ・タック	84-9V 85-1V 85-7V	ケネディ、ロバート	64-1I 64-1J	サム・サリ	55-10C
	90-9V 90-10V	コウン・ウィック	64-11C 64-12C 74-7C	サムラン	74-5T

ザムロニ	67-5I		6T 10T 88-11T 89-10T 90-1T		60-8I 60-9I 60-9J 61-6I 61-7I 61-9I 62-2I 62-11I
サリ・ウォンカムサオ	87-4L				
サリ・カムシー	80-9L	シティ・サヤムカーン	46-4T 5T 84-10T 90-1T		63-3I 63-5I 63-7I 64-1I 64-3I 64-6I 64-6J 64-9I
サリット	57-9T 58-10T 61-11T				
サルトノ・カルトディルジョ	91-5I	シーボルト	50-2J		64-10I 64-12I 65-1I 65-5I 65-12I 66-3I
サルドン		シム・ヴァル	57-7C 57-11C 58-4C 58-9C 70-9C 74-3C		
サルビニ	65-11I 66-2I 67-2I			スケンダール	71-11I
サレー	86-10I	シャイフ	67-10I	スザンナ	60-4I
サレー・アフィフ	89-6I	ジャティアスモロ、バスキ	58-6I	スジャルウォ	83-11I
サレハ	65-7Br	シャナック	53-11C	スジャロー	65-5I
サロート	92-8C	ジュアンダ	51-12I 52-1I 57-11I 12I 62-9I	スジョノ	57-10I
サワン・ワッタナー	51-9L 57-11L			スジョノ・フヌルダニ	69-2I 69-9I 70-7I 71-3I 71-11I 72-9I 83-12I 86-1I
サンチャゴ、M.D.	88-6P	周恩来	56-2C		
サントス・クユガン、R.	69-1P	シュルツ、G	86-6P		
サンビクトレス、B.F.	92-7P	蒋介石	49-7P	スジョノ、R	51-4I 51-6I 51-10I
サン・ユ	80-9B 81-11B 83-3B 83-7B 83-11B 84-7B 87-4B	ジョハール、ハジ	84-10Br	スダルソノ	53-7I 53-12I
		ジョンストン、P.	48-5J	スダルモノ	92-4I
		ジョンソン、U.A	68-10I	スティー	86-11T 87-4T
サン・ユン	56-10C 57-3C	シラク、J	75-5J	ステープ	94-9T
シアゾン、D.L.	93-2P 95-11P	シリキット	81-3T 93-4T	ストウォ	69-6I
ジェク・ユエントン	68-10S	シリク・マタク	56-1C 68-2C 71-5C 72-3c	ストライク、C.	47-1P 47-2P 48-1P 48-2J 48-2P 48-3J
ジェフリ・ボルキア	89-2Br 95-11Br				
シーサワット	88-11L	シリワット・シリ・マタク	66-9C	スナルヨ	54-2I 55-4I
シーサワット・ウィエンチャン	88-11L	シリントーン王女	83-10T 90-6T 94-11T	スパチャイ・パニチャパク	94-10T
シーサワンウォン	45-4L 55-10L	シワベッシ	67-6I 69-10I	スパット・スタータム	77-6T 78-3T 78-4T
シーセーナー	46-3T	シン、J.	88-9P 90-11P	スハルト	66-3I 66-10I 67-3I 67-5I 67-10I 68-3I 68-12I 69-4I 69-9I 70-6C 70-7I 72-5I 72-10I 75-7I 77-9I 78-7I 78-11I 79-6I
シソワット・ユテヴォン	46-12C	スアン・トイ	54-6V		
シソワット・ワチャヤヴォン	47-7C	スカムダニ	86-11I		
シッティ・サウェートシラー	80-8T 81-1T 81-6T 84-1T 85-8T 85-10T 86-	スカルノ	45-8I 53-3I 57-11I 58-1I 59-6I 59-11I 60-5I		

		セイン・ティン	86-1B		**タ 行**
	80-4I 82-10I 83-4I 84	セイン・トゥン	81-8B		
	-5I 84-12I 87-12I 89-2I	セイン・ルウィン	88-7B 88-8B		
	90-5J 90-11I 90-11J 91-	セダ、フランス	67-2I 68-3I 70-3I	タイ	90-4V
	5I 91-6I 91-6J 92-9I 92	セーニー	45-9T	タイブ・ハジ	93-8Br
	-9J 92-10I 92-10J 92-11I	ソウカム・コイ	75-4C	ダイム	86-2M
	92-11J 93-5J 93-5I 93-7	ソウ・ニュン	86-6B 91-11B	ダウドユスフ	82-9I
	I 93-7J 95-8I 95-8J 95-	ソオ・トゥン	80-5B	タウン・ミン	94-5B
	11I	ソオ・マウン	88-9B 89-10B 90-4B	タウン・ルウイン	75-7B
スバン	84-4L 92-10L		90-6B 90-7B 90-8B 91-	タエブ・モハマッド・ゴーベル	81-11I
スパンタフアンシー	83-9L		2B 92-1V 92-4V	ダオ、フイ・ゴック	84-9V
スバンドリオ	57-9I 58-1I 58-3I 58-4I	ソカム・コイ		タキン・コウドオ・フマイン	76-3B
	59-9I 59-10I 60-11I 61	ソビラン	68-7I	タキン・ソウ	73-1B
	-10I 61-12I 62-3I 62-8I	ソムサワット	93-10L	ダナオ、B.	55-12P
	62-11I 63-6I 63-9I 64-	ソムサワリ	90-8T 91-4T	タナット・コーマン	62-1T 65-4T 68-5T
	11I 67-9I	ソムポン・テーパシッター	71-6T 71-7T		69-8T 69-10T 70-6T
スピン	86-10T	ソン・ゴク・タン	45-8C 45-10C 51-10C		81-12T
スブロト	73-10I 78-10I 86-1I		52-3C 60-6C 72-3c	ダナバラン	82-5S 87-5S
スフリ・ボルキア	89-2Br		53-11C 67-5C 67-8C	ターニン・クライライチアン	77-7T 77-8T 77-9T
スマルリン	85-9I 86-8I 89-5I	ソン・サン	79-10C 81-2C 82-5C	タノーム・キティカチョン	58-1T 65-4T 67-9T
スミトロ	71-1I		82-7C 83-6C 85-6C		68-5T 71-11T 73-1T
スミトロ・ジョヨハディクスモ	69-4I		88-8C 90-6C 91-3C	タパナ・ブンナーク	70-4T
スヨノ	85-8I 86-9I		92-6C 93-6C 95-8C	ダムロン・ラッタピパット	76-7T
スラマリット	59-8C	ソン・スベール	93-10C	タ・モク	95-1C
スリー	84-11T 85-12T	ソン・セン		ダルヤトモ	58-1C 80-10I
スロノ	80-7I 91-6I	ソンマイ・フントラクーン	74-10T 82-7T 82-9T	ダヤンク・マリヤニ	87-10Br
スワルジョノ	80-11B 83-11I		84-5T 84-9T 84-11T 85	ダレス、J.F	51-1J 51-2P 57-9J
スントン・ホンラダーロム	61-9T 78-6T		-3T 85-6T 85-10T 86-2	ダン・ギエム・ホアン	83-4V
スン・マニット	74-5C		T 86-7T	タン・シュウシン	58-7M 70-11M
セイン・アウン	89-4B 92-11B			タン・シュエ	92-4B 93-5B 94-9B
セイン・ウィン	94-11B				

タン・ジン	94-6B	チャン・タン	87-11V	ディエンデル	81-6C
ダン・タイ・ソン	81-6V 83-9V	チャーンチャイ・リーターウォン	73-12T	ティナコン・パンカラウィー	82-2T
タン・ニュン	93-10B	チャン・チュン	88-6V	ティラユット・ブンミー	73-1T
ダン・フー	85-7V	チャン・チョン・キム	45-4V	ティン・ウー	89-7B
チア・シム	92-11C 93-6C 93-10C 94-7C	チャン・ドク・トエ	76-1V	ティン・スウェ	79-11B 84-7B 86-1B
		チャン・ナック	53-11C	ディン・ニョ・リエム	90-4V
チェン・トンファト	88-6S	チャンパサック	64-9L 74-12L 74-12L	テイン・ハン	91-6B 92-4B 93-1B
チェン・ヘン	70-3C	チャン・バン・ド	67-6V	テイン・マウン	46-5B 79-6B
チッ	86-10B	チャン・ホアイ・ナム	80-3V	デヴィ・スカルノ（根本七保子）	59-6I 64-10I 65-6I 66-1I 67-5I 70-6I
チッ・コウ・コウ	71-1B	チュアン	82-12T 84-3T 87-12T 93-9T 94-9T		
チッ・スウェ	89-4B			テオ・ボーン・ペン	85-11Br
チッ・フライン	82-9B 84-7B	チュアン・フィチュアン	56-8S	テジョクスクマナ	54-5I
チナワット	94-7T	チュオン・タイ・サン	45-11J 95-5V	テップ・パン	61-7C
チャクトン・トンセイ	69-11T	チュオン・チン	86-7V	デルロサリオ、R.V.	86-6P
チャクラポン	93-6C	チューチープ	95-11T	トゥアンク・アブドゥル・ラーマン	59-1Br
チャチャーイ・チュンハワン	73-10T 75-10T 80-8T 82-8T 88-12T 89-2T 89-4T 89-5T 90-1T 90-4T 90-5T 90-11T 92-9T	チュラポーン	87-8T 88-1T 89-4T 89-12T 90-11T 91-5T 91-10T 91-11T 92-1T 92-7T 95-1T 95-10T 95-11T	トゥート・ポン	93-1T
				ドゥル・ヌット・キム・サン	70-10C
				トゥン・チー	95-1B
				トゥン・ティン	78-9B 79-4B 79-11B 80-6B 80-9B 81-8B 82-7B 83-2B 83-9B 87-4B 88-4B
チャートリー	91-10T				
チャベス、F.	91-12P	チョオ・ウィン	94-2B		
チャムロン・シームアン	95-1T	チョウ・シン・モ	52-5I		
チャルーン・カンタウォン	71-1T 72-11T	チョウ・ティン	86-9B	ドクちゃん	86-6V 88-10V
チャワリット・ヨンチャイユット	90-6T	チョオ・ニェイン	54-8B 54-9B 54-11B	ドッジ	51-9J
チャーン	84-4T	チョクロプラノロ	80-10I	トビン、エルカナ	61-7I
チャーン・アンスチョート	82-2T 82-10T 86-3T	チョンコン・キッティカチョン	68-5T	ド、ムオイ	91-6V 91-7V 93-10V 94-8V 95-2V 95-4V
チャン・ヴェン	82-7C	チラーユ	85-6T		
チャン・クアン・コー	88-11V	チン・ヤム・チン	84-11Br	トリストリスノ	
チャン・ザイン・トゥアン	80-3V	B.M. ディア	54-4I	トルオン・メアリ	94-12C
チャン・シ	82-2C 83-2C	ティエウ	73-10V 74-1I 75-4V	トーレス、R.	91-10P

ドレーバー、W.	48-4P 48-5J
トンサイ	95-9L
ドン・スアン・フォン	75-11V
トン・ドゥク・タン	59-6V 59-11V

ナ 行

D. ナイア	67-3M
ナシール、モマハッド	68-9I
ナジール	58-6I
ナスティオン、A.H	60-10I 63-11I 71-4I
ナロン・キッチカチョン	72-7T 83-6T
ニエク・チュウロン	56-4C 62-2C
ニクソン	71-8J 72-8J
ニット、シンハラ	64-9L
ニット、ノーカム	68-10L
ニュエン・ヴァン・タム	53-12C
ニュン・スウェ	93-3B
ニョト	61-8I 65-8I
ヌグロホ・ノトスサント	85-6I
ヌーハク	92-1L
ネアク・ティウロン	55-5C
ネイ・ウィン	62-3B 62-7B 63-2B 69-10B 70-4B 70-5B 71-2B 71-12B 73-4B 74-3B 80-6B 80-8B 80-9B 80-11B 81-2B 81-4B 81-11B 88-7B
ネリ、F.	56-5P 56-9P
ノルシア、ハッジャ	90-9Br
ノロドム・カントウル	54-5C 62-10C 64-11C
ノロドム・シハヌーク	45-3C 50-5C 52-1C 52-6C 53-1C 53-4C 53-5C 53-7C 53-10C 53-11C 54-4C 55-2C 55-4C 55-9C 55-10C 55-12C 56-1C 56-2C 56-3C 56-7C 56-9C 56-10C 57-4C 58-7C 58-10C 59-8C 60-6C 61-1C 61-10C 61-11C 64-3C 66-11C 67-7C 67-9C 67-11C 68-8C 69-8C 70-3C 70-5C 73-4C 75-4C 76-1C 76-4C 79-1V 81-3C 82-7C 84-5C 87-5C 87-12C 88-1C 88-7C 88-8C 89-1C 89-5C 89-7J 90-1C 90-2C 90-6C 91-2C 91-5C 91-7C 91-11C 92-1C 92-2C 92-6C 92-8C 93-2C 93-3C 93-4C 93-5C 93-6C 93-9C 93-10C 94-1C 94-2C 95-1C 95-2C 95-8C
ノロドム・スラマリット	55-2C 55-3C 57-3C 57-11C 60-4C
ノン・トック・マイン	95-12V

ハ 行

ハエルル・サレー	64-5I 90-3I
バオ・ダイ	45-3V 45-8V 49-7V 50-2C 51-9V 52-5V 53-1V 55-10V
朴正煕	73-10V
パクリヴァン	59-8C
ハサナル・ボルキア	46-7Br 47-7Br 61-8Br 65-7Br 66-1Br 67-10Br 68-8Br 72-7Br 81-10Br 84-4Br 84-6Br 85-10Br 89-2Br 95-11Br
ハズナン・ジャカルタ・ロイド	57-12I
ハ・ティン・ラム	73-7V
パチャラキティヤパー	90-8T 91-4T
ハッタ、モママッド	45-8I 57-10I 80-3I
パテルノ、V.	72-10P 74-9P 74-9P
バ・トゥイン	88-5B
バトゥバラ・コスマス	86-5I
バハルディン、ハラハップ	56-1I
ハ（ハー）・バン・ラウ	83-3V 83-4V 83-12V 84-4V
ハビビ、B.J	80-11I 82-3I 82-6I 84-4I 84-6I 85-8I 88-10I 90-11J
ハミッド	93-10Br
ハメンクブウォノ	66-5I 66-10I 67-3I 71-8I 81-5I

バ・モオ	45-8B 46-1B 46-7B 77-5B	ビラタ、C.	74-9P 81-8P 82-7P 83-4P 83-9P 83-11P 84-5P 84-9P 84-11P 85-7P	C A・ブニエ	57-11P
ハリマン、A	66-1V			プーマ	56-12L 57-11L 58-3L 62-8L 64-6L 66-4L 67-9L 69-9L 69-10L 71-10L 72-1L 72-10L 73-9L
ハリン	81-12T	プー	91-8L		
バルガス、J.	51-10P	ファイン	49-6J		
ハルソノ	64-12I 65-5I 65-11I 66-4I	ファム・バン・ドン	73-1V 83-4V		
		ファン・ニュ・クオン	87-5V		
ハルソノ・レクソアトモジョ	64-5I	ファン・バイ・カイ	93-5V	プーミ	85-6L 90-8L 90-11L
ハルタルト	84-4I 88-9I 89-10I	ファン・バン・チョン	92-11V	プーミポン・アドゥンヤデート	46-6T 50-5T 72-11T
ハルティニ・スカルノ	61-4I	ファン・バン・ドン	59-12V	F. ブラウニング	45-8B
バルデス、C.J.	78-3P	ファン・ヒエン	78-7V	ブラガ	57-4S
ハルヨノ、ビエト	78-10I	ブイ・クォク・ウイ	82-4V	プラク・サリン	56-1C
パーンガベアン	71-9I 79-6I	プーイ・サナニコーン	54-5L	ブラシット・ガンチャナワット	72-6T
バンズ、J.F.	77-6J	フィッツジェラルド	58-2J	プラソン	93-9T
バンチャード・チョンラウィチヤーン	61-4T	フーヴァー	55-10J	プラチュアップ	89-1T
ハン・トゥン・ハック	72-10C 73-4C	フェルナンデス、J.B.	88-7P	プラパート	68-3T
バン、パオ	83-2L	フォルティッチ、A.	90-8P	プラパート・チャルサティエン	72-11T 72-12T 83-11T
バンハーン・シンパアーチャー	95-8T 95-11T	フーコ、E.	62-4P	プラマーン	81-5T
バンバン・スゲン	60-2I 60-8I	ブー・コアン	90-2V 94-8V 94-12V 95-1V	プラムアン	86-10T
万里	82-9V			ブリャンテス、O	66-3P
バンヤット	86-12T	プジ・クンタルソ	91-5I 91-9I	プリンス・モニポン	50-6C
ピサーン	93-4T	ブスエゴ、R.S.	58-6P	プリンス・モニレット	
ピスット	71-8T	フセイン・オン		プリンス・ラナリット	87-6C 92-6C 93-6C 93-9C 93-10C 95-3C
ピチャイ・ラッタクン	84-12J 85-4T	フセイン・モハメド	68-9M		
ピブーン・ソンクラーム	50-2T 52-8T 55-4T 57-6T 57-9T 58-9T 64-6T	フセイン	94-6Br 94-10Br	フレク・フオウン	57-11C
		ブッシュ、G.	88-5P 95-9V	フレディー・アギラー	78-9P
		フー・ツタウ	86-6S	プレーム・ティンスラノン	79-10T 80-7T 80-9T 81-11T 83-5T 84-8T 85-5T 87-1T 87-10T 88-7T
ピポップ	86-1T	ブー・ディン・コア	59-7V		
ヒュイ・カントウル	51-10C	ブー・トゥアン	86-6V		
ヒューバート・ランス	46-8B	ブトロス・ガリ、ブトロス	92-1P 92-2C 93-5C 93-9		

プーン	85-9L 88-3L 89-2L		-1C 82-2C 83-2C 88-1C 89-6C 89-10C	ホン・スイセン	68-10S
プンギラン・アナック・プティ	86-8Br				
プンギラン・ハジ・イドリス	87-5Br 93-9Br 94-11Br	ヘンソン、M.R.	92-9P		**マ 行**
プンギラン・ハジ・ユソフ	74-11Br 85-4Br 85-5Br 92-8Br 94-10Br	ヘンドラニングラット、ルクミト	66-4I	マイケル・アリス	91-12B
		ペン・ヌート	48-8C 53-1C 7C 11C 54-4C 54-8C 58-1C 62	マイ・チ・トー	87-11V
プンギラン・バダルディン				マウン・シュエ	64-9B 72-2B
プンギラン・バーリン	94-12Br		-2C 68-1C 70-5C 75-4T 76-4C	マウン・チョウ	79-11B 80-9B 86-9B
プンギラン・マイディン	86-7Br				
フン・セン	85-1C 87-12C 88-1C 88-7C 88-8C 88-11C 89 -5C 90-6C 90-8C 91-5 C 92-3C 92-6C 93-6C 93-9C 93-10C 94-5C 95-3C	ホセ、E.	93-11P	L. マウントバッテン	79-8B
		ホセ・リサール	61-6P 76-1P	マウン・マウン	88-8B
		ホー・チ・ミン	45-8V 45-9V 56-7V 58 -2V 69-9V	マウン・マウン・カ	77-8B 81-8B 83-2B 86-9B 87-1B 88-1B
		ポック・ティエウン	69-1C 69-10C	マーカット	51-5J
		ポット・サーラシン	57-9T 69-7T 72-4T	マカパガル、D.	51-9P 61-12P 63-7I 64-6J 64-6P 70-6P
ブンチャナ・アッターコン	69-4T 69-7T 69-11T 70 -11T 71-1T 71-3T 71-4 T 73-10T	ボー・ドン・ザン	86-10V		
		ポハン	52-5I	マグサイサイ、R.	53-12P 54-4P 54-8P 55 -3P 55-8P 57-3P 74-8P 74-8P 76-8P 80-8P 84 -8P
		ボー・バン・キエト	92-5V 93-3V 94-8V 95-2V		
ブンチュー	72-11T				
ブンナポン	95-2L	ボー・バン・スン	88-10V		
ベイカー	90-9V	ボ・プルン	60-4C 60-7C 61-1C	マクドナルド	52-6M 52-7J
ペイ・ティン	89-2B	ポ・ポルウン		マジッド	87-1Br
ベトちゃん	86-6V 88-10V	ボルハ、J.C.	64-10P	マセダ、J.	92-3P
ペドロサ、P.	47-3P	ホルブルック、R.	79-9C	マッカーサー、D.	45-8P 57-5J 58-8J
ベネディクト、R.S.	72-3P 86-5V	ポル・ポト(サロト・サル)	60-9C 62-8C 77-9C 78-9C 79-8C 80-8T 84-7V 85-9C 88-11C 95-1C	マッコイ、F.	49-5J 49-5P
ペーヒン・イサ	88-6Br 95-11Br			マハティール	78-10M 81-12M 82-5M 83-1M
ヘム・パンラシイ	64-12C 65-8C				
ペラエス、E	63-4P			マペソ、D.	94-10P
ベラノ、F.	51-3P	ポロムカ、ピーター	67-9I	マニカヴァサガム	68-8M
ペルディセス、L.C.	77-7P	ポーレー、E.	45-11J 45-12P 46-5J 47 -2P	マライ・ユヌス	95-7Br
ヘン・サムリン	79-2V 79-1C 80-8C 81			マリアム	81-10Br

マリアム、ハッジャ	90-9Br	ムルサリン	68-9I	ヨギ・スパルディ	87-10I
マリア・ロサ・ヘンソン	95-12P	メス・チャン・リープ	95-8C	ヨー・チュウトン	91-12S 95-11S
マルコス、F.E.	65-12P 66-5P 66-9P 67-9P 68-5P 69-3P 69-11P 72-1P 72-3P 72-9P 73-1P 73-2P 73-5P 73-6P 73-8P 73-12P 74-3P 77-8P 79-12P 80-8P 81-1P 81-4P 81-6P 82-1P 83-5P 84-1P 85-11P 86-1P 86-2P 86-3J 86-3P 86-4P 86-5P 86-7P 86-8P 87-11P 88-8P 89-9P 91-12P	メレンシオ、J.P.	50-2P 51-10P 52-3P 52-12P	ヨハン	60-9I
		メンデス、M.	62-4P	ヨンユット	79-3T
		毛沢東	68-12P		
		モニク	91-11C	**ラ 行**	
		モニポン	50-6C		
		モニレット	45-10C	ラウレル、J.B.	60-2P
		モハマッド・アリ	87-11I 92-6Br	ラウレル、J.P.	45-9P 46-7P 48-1P 49-11P 54-4P 54-11P 59-11P 60-2P 66-4P
		モハメッド・ボルキア	66-1Br 89-5Br 95-3Br		
		モフタル	79-2I 80-10I 81-1V 81-3I 81-9I 82-10I 83-10I 84-1I 84-5I 87-2I 87-7C 92-9I 92-9J	ラウレル、J.S	72-1P
				ラウレル、J 3世	66-4P
				ラウレル、S.H.	81-4P
マルコス、イメルダ	70-6P 75-6P 76-5P 77-5P 79-4P 80-7P 85-11P 91-11P	モレノ、R.	94-1P	ラウレル、S	86-6P 89-9P
		モロー	51-9J	ラザク	61-10M 64-6M 66-4M 70-9M 71-10M 72-11M 73-7M 84-10Br
		モントリー	87-10T		
マルコス、M.	84-5P				
マルセリーノ、J.	49-12P			ラザック	84-10Br
マルタディナタ	60-6I	**ヤ 行**		ラザリィ	72-5M 78-11M 80-5L
マールット	85-1T 86-4T			ラジャラトナム	75-3S
マングラプス、R.	90-9P	ヤニ	61-12I	ラスク、D	64-12J
マンスフィールド	77-8J	ヤミン、ムハマッド	58-3I	ラディウス・プラウィロ	67-10I 81-6I 82-9I 88-6I 90-6I 92-10I 92-10J
ミコヤン	61-8J	ユスフ	70-6I		
ミャ・テイン	89-8B	ユスフ・ハッサン	64-9I		
ミャ・マウン	78-11B	ユスフ・ラムリ	72-4I	ラニエル	53-7C
ミャ・ミャ・ウィン	92-4B	ユーチェンコ、A.T.	95-11P	ラヌーサ、C.	55-3P 56-4P
ムサ・イタム	83-8M	ユドノ・スンボノ	83-9I	ラネ	76-4L
ムハマッド・ヤミン	58-3I	ユラ・プルカサ、ハジ	91-11Br	ラフィダ	89-6M
ムルダニ、ベニー	88-6I	ヨガ・スガマ	90-4I	ラフィダ・アジズ	91-4M

ラフマッド・サレー	83-11I	リム・スイアン	64-9M	ロン・ボレ	73-12C 74-6C 75-3C
ラフマン・アブドゥル	58-10M	リム・ユウホク	57-8S		
ラフマン・タリブ	59-3M	ルイス・ウィスベル			ワ 行
ラフマン	58-5M 63-10M 64-5M	ルシアー・サルジョノ	64-4I		
	64-6M 65-5M 65-8M	ルディニ	84-9I	ワチラロンコン	71-11T 87-9T 87-10T
	67-2M 67-5M 68-8M 68	レイ・マウン	80-8B		89-2T 90-11T
	-9M 70-7M 70-8M	レ・クアン・ダオ	89-2V 92-4V	ワン・ワイタヤコン	55-3T 55-4T 55-7T 55-8
ラモス、F.V.	91-4P 92-6P 92-9P 93-	レ・ズアン	86-7V		T 57-8T 57-11T
	3P 94-8P 94-10P 95-1P	レ・ディン・タム	54-6V		
	95-4P 95-7P 95-9P 95-11	レ・ドク・アイン	94-8V 95-8V		
	P	レ・バン・タム	70-4V		
ラヤ、J.	83-9P	レ・マイ	91-11V		
ラングレー、J.	55-9P 74-7P	レン・ゲット	55-1C 55-10C		
ランパイパニー	72-9T	ロイ・シム・チアン	93-10C		
リー・クアンユー	59-6S 63-3S 63-8S 66-	ロイヤル、K.	48-1P		
	6S 67-3S 68-10S 68-12	ロカナサン	49-6J		
	S 70-11S 73-5S 75-3S	ロドリゲス、F.	51-1P		
	77-5S 79-10S 80-11S	ロハス、M.	46-4P 47-3P 47-7P 48-		
	81-3S 82-8S 83-3S 83-		4P 52-2P		
	8S 86-4S 86-6S 86-10S	ロハス、R	71-12P		
	88-7S 89-2S 89-5S 90-	ロバートソン	56-3J		
	11S 95-12S	ロペス、F.	52-9P 66-5P		
リー・クンチョイ	84-5S	ロムロ、C.P.	49-5P 51-9P 69-1P 76		
リサール、ホセ	61-6P 76-1P 95-9P		-7P 77-6P 79-1P 82-9		
リー・シェンロン	86-5S 87-4S		P 85-12P		
リッジウェイ	52-1C	ロン・ノル	66-10C 66-11C 69-8C		
リー・ティアンケン	58-11M		70-3C 70-10C 71-4C 71		
リー・ハウシク	57-10M		-5C 71-7C 71-10C 72-3		
リム	93-2Br		C 72-6C 73-4C 75-4C		
リム・キムサン	66-4S		85-11C		

作成者紹介

遠 藤　　　聡（えんどう さとし）　横浜国立大学教育人間科学部他非常勤講師
大 野 拓 司（おおの たくし）　朝日新聞記者（現シドニー支局長）
小 倉 貞 男（おぐら さだお）　中部大学国際関係学部教授
菊 池 陽 子（きくち ようこ）　東京外国語大学外国語学部専任講師
後 藤 乾 一（ごとう けんいち）　早稲田大学大学院アジア太平洋研究科教授
小 林 純 子（こばやし じゅんこ）　㈶日本経済研究所研究員
小 林 英 夫（こばやし ひでお）　早稲田大学大学院アジア太平洋研究科教授
白 石 昌 也（しらいし まさや）　早稲田大学大学院アジア太平洋研究科教授
根 本　　　敬（ねもと けい）　東京外国語大学アジア・アフリカ言語文化研究所助教授
波多野 澄 雄（はたの すみお）　筑波大学社会科学系教授
樋 口 敏 広（ひぐち としひろ）　筑波大学大学院博士後期課程
原　　　不二夫（はら ふじお）　南山大学外国語学部教授
村 嶋 英 治（むらしま えいじ）　早稲田大学大学院アジア太平洋研究科教授
森　　　元 繁（もり もとしげ）　東京外国語大学・日本大学・東洋大学講師
山 﨑　　　功（やまざき いさお）　佐賀大学文化教育学部専任講師

編集協力者紹介

岡 田 有 加（おかだ ゆか）　早稲田大学大学院アジア太平洋研究科修士課程
小 林 真 生（こばやし まさお）　早稲田大学大学院アジア太平洋研究科博士後期課程
杉 山 健太郎（すぎやま けんたろう）　早稲田大学大学院アジア太平洋研究科修士課程
田 中 康 友（たなか やすとも）　㈶平和・安全保障研究所研究員
玉 腰 辰 巳（たまこし たつみ）　早稲田大学大学院アジア太平洋研究科博士後期課程
宮 浦 直 子（みやうら なおこ）　早稲田大学大学院アジア太平洋研究科修士課程
山 崎 あすか（やまざき あすか）　早稲田大学大学院アジア太平洋研究科修士課程
山 田 直 子（やまだ なおこ）　早稲田大学大学院アジア太平洋研究科博士後期課程

南方軍政関係史料㉖

戦後日本・東南アジア関係史総合年表

2003年5月25日　発行

定価 19,800 円
（本体価格 18,000 円+税）

編　　者	早稲田大学アジア太平洋研究センター 「戦後日本・東南アジア関係史総合年表」編集委員会
発 行 者	北　村　正　光
発 行 所	株式会社 龍 溪 書 舎

〒173　東京都板橋区南町43―4―103
TEL　　03(3554)8045　振替 00130-1-76123
FAX　　03(3554)8444

ISBN4-8447-1454-6　　　　　　　　　　　　　　　　　印刷所　勝美印刷
ⓒPrimted in Japan　　　　　　　　　　　　　　　　　　製本所　高橋製本